Buch

Einen »Tanz zwischen Ruinen« hat der *Observer* die Berliner Tagebücher der 23jährigen russischen Prinzessin genannt; »Hinter den Kulissen des Staatsstreichs« überschrieb das *Wall Street Journal* den Bericht über dieses Buch; von einer »Heldin ihrer Zeit« sprach der *Spectator* und von »Aristokraten und Rebellen« die *Times.* Kaum je – die Bücher von Böll und Grass vielleicht ausgenommen – hat ein Bericht aus Deutschland in der westlichen Welt so viele spalten- und seitenlange Kritiken bekommen wie diese gar nicht für die Öffentlichkeit geschriebenen, ganz und gar privaten Tagebücher einer aus dem Rußland Lenins in das Deutschland Hitlers geflohenen jungen Frau. In Berlin gerät die 23jährige in eine Atmosphäre von militärischem Sieg, politischem Terror und verschwörerischem Widerstand, während die Reichshauptstadt unter dem Bombenhagel der Alliierten, auf die doch eigentlich alle warten, allmählich in Schutt und Asche sinkt.

Autorin

Marie (Missie) Wassiltschikow wurde am 11. Januar 1917 in St. Petersburg geboren und starb in London am 12. August 1978 an Leukämie. Die Familie hatte Rußland im Frühjahr 1919 verlassen und war nach Stationen in Paris und Litauen 1940 nach Berlin gezogen. Missie ist 23 Jahre, als sie im Auswärtigen Amt eine Anstellung findet – ihre Schwester heiratet später den Fürsten Metternich. Missies Tagebuchnotizen erschienen erstmals 1985 in England, herausgegeben von ihrem Sohn. Zwei Jahre später wurden ihre Aufzeichnungen von der *New York Times Book Review* in die Riege der besten Bücher des Jahres aufgenommen.

Die Berliner Tagebücher der Marie ›Missie‹ Wassiltschikow 1940–1945

Aus dem Englischen
von Elke Jessett

btb

Titel der Originalausgabe:
»The Berlin Diaries 1940–1945
of Marie ›Missie‹ Vassiltchikov«

Umwelthinweis:
Alle bedruckten Materialien dieses Taschenbuches
sind chlorfrei und umweltschonend.

btb Taschenbücher erscheinen im Goldmann Verlag,
einem Unternehmen der Verlagsgruppe Bertelsmann.

1. Auflage
Genehmigte Taschenbuchausgabe November 1996

Umschlaggestaltung: Design Team München
RK · Herstellung: Augustin Wiesbeck
Made in Germany
ISBN 3-442-72121-0

Inhalt

Es gibt wohl Zeiten, die der Irrsinn lenkt.
Dann sind's die besten Köpfe, die man henkt.

(ALBRECHT HAUSHOFER,
Moabiter Sonette)

Vorwort

Die Autorin dieses Tagebuches, Marie (Missie) Wassiltschikow, wurde am 11. Januar 1917 in St. Petersburg geboren. Sie starb an Leukämie in London am 12. August 1978.

Missie war das vierte von fünf Kindern (und die dritte Tochter) des Fürsten Illarion und der Fürstin Lydia Wassiltschikow. Die Familie hatte Rußland im Frühjahr 1919 verlassen; Missie war als Flüchtling in Deutschland, in Frankreich – wo sie die Schule besuchte – und in Litauen aufgewachsen, das von 1918 bis 1940 eine unabhängige Republik war und wo die Familie ihres Vaters vor der Revolution Besitzungen gehabt hatte. In Litauen arbeitete Missie eine Zeitlang als Sekretärin an der britischen Gesandtschaft.

Bei Ausbruch des Zweiten Weltkriegs befand sie sich in Deutschland; mit ihrer zweiten Schwester Tatjana (der späteren Fürstin Metternich) verbrachte sie den Sommer bei Gräfin Olga Pückler, einer Jugendfreundin ihrer Mutter, auf deren Landsitz Schloß Friedland in Schlesien. Die übrige Familie war verstreut: die Eltern und der jüngere Bruder George (»Georgie«) lebten noch in Litauen, die älteste Schwester Irena in Rom. Der älteste Bruder, Alexander, war Anfang des Jahres siebenundzwanzigjährig in der Schweiz an Tuberkulose gestorben.

Seit der Weltwirtschaftskrise in den frühen dreißiger Jahren war es für Ausländer praktisch unmöglich geworden, in den westlichen Demokratien eine Arbeitserlaubnis zu bekommen. Nur im faschistischen Italien und vor allem im nationalsozialistischen Deutschland war man der Arbeitslosigkeit mehr oder weniger Herr geworden – durch staatliche Arbeitsprogramme und natürlich durch die Aufrüstung. Aus diesem Grunde konnten selbst staatenlose Personen wie die Schwestern Wassiltschikow, vorausgesetzt, sie besaßen die notwendigen Kenntnisse, in diesen Ländern sich ihren Lebensunterhalt verdienen.

Im Januar 1940 siedelten die beiden Schwestern nach Berlin über und suchten dort Arbeit. Missies Tagebuch beginnt mit der Ankunft in der Reichshauptstadt, wo das Leben im ersten Kriegswinter, von Verdunkelung und strenger Lebensmittelrationierung abgesehen, erstaunlich »normal« weiterlief. Erst mit der deutschen Besetzung Dänemarks und Norwegens im April begann der Krieg mit all seinen Schrecken und alsbald auch mit moralischen Herausforderungen sich immer stärker bemerkbar zu machen, um im weiteren Verlauf schließlich alles andere zu verdrängen.

Obgleich Missie Ausländerin war, fand sie dank ihrer Sprachkenntnisse bald eine Stellung, zunächst beim Drahtlosen Dienst des Deutschen Rundfunks, später in der Informationsabteilung beziehungsweise der Kulturpolitischen Abteilung des Auswärtigen Amtes. Hier arbeitete sie eng mit einer Gruppe überzeugter Gegner des NS-Regimes zusammen, die aktiv an dem Anschlag mitwirkten, der als der »20. Juli 1944« in die Geschichte eingehen sollte. Ihre täglichen, zuweilen stündlichen Beschreibungen von Graf Stauffenbergs fehlgeschlagenem Versuch, Hitler zu töten, sowie der anschließenden Wochen des Terrors stellen, soweit bekannt, den einzigen vorhandenen Tagebuchbericht eines unmittelbaren Zeugen dar. Nachdem es ihr endlich gelungen war, den Trümmern des ausgebombten Berlin zu entkommen, sollte sie die letzten Kriegsmonate, abermals unter alliiertem Bombenhagel, als Krankenschwester in Wien arbeiten.

Missie führte Tagebuch aus Leidenschaft. Täglich gab sie eine Zusammenfassung des Geschehens. Nur die längeren Schilderungen, wie zum Beispiel die der Bombenangriffe auf Berlin im November 1943, schrieb sie hinterher, aber stets unter dem unmittelbaren Eindruck der Ereignisse. Sie führte ihr Tagebuch auf Englisch, eine Sprache, die ihr von Kindheit an vertraut war. Die maschinegeschriebenen Seiten hob sie, zwischen offiziellen Unterlagen verborgen, in einem Aktenschrank ihres Büros auf. Sobald diese Papierbündel einen gewissen Umfang erreichten, nahm sie sie mit nach Haus und versteckte sie dort oder gelegentlich auch in den Landhäusern, wo sie zu Besuch weilte. Anfänglich handhabte sie all dies so offen, daß ihre Chefs ihr des öfteren erklärten: »Kommen Sie, Missie, legen Sie endlich Ihr Tagebuch weg, es wird Zeit, daß wir ein bißchen arbeiten!« Erst mit dem Anschlag auf Hitler am 20. Juli 1944 und der darauf folgenden Schreckensherrschaft, während der viele ihrer engsten Freunde hingerichtet oder verhaftet wurden, traf sie sehr viel sorgfältigere Vorsichtsmaßnahmen und verfaßte ihren Bericht über diese ganze Periode in einer von ihr selbst erfundenen Kurzschrift.

Obwohl Missie aus einer Reihe von Wohnungen ausgebombt wurde und auch aus dem belagerten Wien, um ihr Leben zu retten, fliehen mußte, ist dennoch ein großer Teil ihres Tagebuches, einschließlich der historisch bedeutsamsten Abschnitte, erhalten geblieben. Nur die Aufzeichnungen von Juli 1941 bis Anfang des Jahres 1943 fehlen zum größten Teil, entweder weil sie von Missie selber vernichtet wurden, verlorengingen oder heute nicht mehr zugänglich sind.

Kurz nach dem Krieg schrieb Missie die in Kurzschrift notierten Teile mit der Maschine ab und verfaßte eine Reinschrift des ganzen Tagebuches. Diese zweite Fassung blieb über ein Vierteljahrhundert lang unangetastet, bis sich Missie im Jahre 1976, nach langen inneren Zweifeln und wiederholter Aufmunterung von seiten ihrer Familie und Freunde, endlich zur Veröffentlichung entschloß. Sie entschied zugleich, sowenig wie möglich zu kürzen und nichts Wesentliches abzuändern. Alle Änderungen, die sie vornahm, blieben auf rein Sprachliches oder Stilistisches beschränkt sowie auf die Setzung von Namen an Stelle von Initialen. Missie war fest davon überzeugt, daß ihr Tagebuch, wenn überhaupt, nur einen Wert besaß, weil sie es ursprünglich nicht im Hinblick auf eine Veröffentlichung geschrieben hatte und es daher vollkommen spontan, unverblümt und ehrlich war. Ihre Augenzeugenberichte und die Aufzeichnungen ihrer unmittelbaren Reaktionen und Gefühle sprachen nach ihrer Meinung für sich selbst und hätten nur an Interesse verloren, wenn sie durch rückblickende Einsichten verfälscht oder gar zensiert worden wären, nur um sich selbst Peinlichkeiten zu ersparen oder die Gefühle anderer zu schonen.

Die dritte und endgültige Niederschrift stellte Missie wenige Wochen vor ihrem Tode fertig.

Zu den größten Freuden, die mir während der Vorbereitungen zur Veröffentlichung des Tagebuchs meiner Schwester widerfuhren, zählten die spontane Zustimmung und die große Hilfsbereitschaft (sowie auch gelegentliche Gastfreundschaft), die mir von fast allen zuteil wurde, an die ich mich wegen zusätzlicher persönlicher oder sachlicher Informationen, Erläuterungen, Quellen- oder Bildmaterial wandte, und zwar unabhängig davon, ob sie meine Schwester Missie persönlich gekannt hatten oder nicht. Für manche bedeutete dies, Erinnerungen wachzurufen, die sie – wie bewunderswert ihre politische Einstellung und ihr persönliches Verhalten in jener dunklen Zeit auch gewesen sein mochten – mit Mühe aus ihrem Bewußtsein zu tilgen versucht hatten. Um so dankbarer empfand ich ein so großzügiges Entgegenkommen.

Mein Dank gilt in erster Linie Gräfin Elisabeth (»Sisi«) Andrassy (geb. Gräfin Wilczek), deren Beschreibung der letzten gemeinsam durchlebten Kriegswochen eine wesentliche Lücke in Missies Erinnerungen schloß; ebenso Frau Dr. Clarita von Trott zu Solz, die einer der wenigen Menschen war, denen Missie noch ein paar Wochen vor ihrem Tode das fertiggestellte Manuskript zeigte, und die mir auch weiterhin alle nur mögliche Unterstützung gewährte, einschließlich der Verwendung von Auszügen aus Briefen ihres Mannes; und schließlich Dr. Hasso von Etzdorf, dessen Ermutigung und Empfehlungen – vom reichen Schatz seiner persönlichen Erinnerungen ganz zu schweigen – eine große Hilfe waren.

Graf Hans Henrich Coudenhove hat das Manuskript auf das genaueste durchgesehen, wobei seine Kenntnisse der Zeitgeschichte sowie seine persönliche Bekanntschaft mit vielen der darin vorkommenden Personen äußerst wertvoll waren. Ähnliches gilt für Dr. Rainer Blasius in Bonn und Dr. Georg Meyer in Freiburg i. Br., deren Fachwissen auf dem Gebiete der deutschen und alliierten Politik sowie der Militärgeschichte in dem fraglichen Zeitabschnitt, vor allem aber in bezug auf die Geschichte des deutschen Widerstands meinen Anmerkungen zugute gekommen ist.

Besonderer Dank gebührt Gordon Brook-Shepherd und den Redakteuren des *Sunday Telegraph,* die Missie und ihr Tagebuch der englischen Öffentlichkeit als erste vorstellten.

Missies Tochter Alexandra Harnden übernahm die mühevolle Aufgabe der Erstellung des ersten Namenregisters.

Die Mitarbeiter des Goethe-Instituts in London und auch der Bibliothek der Vereinten Nationen in Genf (wo ich die meisten meiner Nachforschungen anstellte), zeigten sich stets hilfreich. Das gleiche gilt für die Archivare der Wiener Library in London; des Auswärtigen Amtes; des Presse- und Informationsamtes und des Bundesarchivs in Bonn sowie auch des Berlin Document Center.

Zu weiteren Personen, denen ich in der einen oder anderen Weise zu Dank verpflichtet bin, zählen The Hon. David Astor; Mr. Antoni Balinski; Graf Andreas von Bismarck-Schönhausen; Herr Herbert Blankenhorn; Mrs. Barbara Brooks (geb. Gräfin von Bismarck-Schönhausen); Freiherr und Freifrau

Axel von dem Bussche-Streithorst; Graf Johannes und Gräfin Sybilla von und zu Eltz; Baronin Hermine von Essen; Prinzessin Petronella Farman-Fermayan; Gräfin Rosemarie von Fugger-Babenhausen; Professor Peter Hoffmann (McGill-Universität, Montreal); Mrs. Linda Kelly; Dr. E. Klausa; Frau Sigrid Kurrer (geb. Gräfin Schlitz von Görtz); Frau Caroline de Lacerna (geb. Prinzessin Schönburg-Hartenstein); Dr. I. Miller; Frau M. von Moltke; Herr William I. Nichols; Herr C. C. von Pfuel; Sir Ronald Preston, Bart.; Frau E. Rhomberg; der Marques de Santa Cruz; Freiherr Anton Saurma von der Jeltsch; Gräfin Dorothea von Schönborn-Wiesentheid (geb. Gräfin Pappenheim); Prinzessin Carmen zu Solms-Braunfels (geb. Prinzessin Wrede); Mrs. Christina Sutherland; Baron Philippe de Vendeuvre; Herr und Frau S. von Watzdorf und Frau Lore Wolf.

Nicht zuletzt möchte ich Mr. Anthony Gorland danken, der sich um die Vergabe der deutschen Rechte bemühte, und Mrs. Elke Jessett für ihre sorgfältige Übertragung des englischen Originals. Ein besonderer Dank gebührt Herrn Thomas Karlauf vom Siedler Verlag, der mit Umsicht und Engagement die deutsche Ausgabe von Missies Tagebüchern betreute.

London, im Frühjahr 1987 *George Vassiltchikov*

Januar 1940–Juni 1941

Schloß Friedland, Montag, 1. Januar: Sylvester haben Olga Pückler, Tatjana und ich friedlich auf Schloß Friedland verbracht. Wir zündeten den Christbaum an und versuchten, mit Wachs- und Bleigießen die Zukunft vorauszusagen. Jede Minute erwarten wir Mamas und Georgies Erscheinen aus Litauen. Sie haben ihre Ankunft wiederholt angekündigt. Um Mitternacht begannen im Dorf die Glocken zu läuten. Wir lehnten uns aus dem Fenster und lauschten – das erste Neujahr dieses neuen Weltkriegs.

Bei Ausbruch des Zweiten Weltkriegs am 1. September 1939 war Litauen, wo Missies Eltern und ihr Bruder George lebten, noch eine unabhängige Republik. Infolge eines geheimen Zusatzprotokolls zum deutsch-sowjetischen »Grenz- und Freundschaftsvertrag« vom 28. September (der den von Molotow und Ribbentrop am 23. August abgeschlossenen Nichtangriffspakt ergänzte), war es jedoch dem Einflußbereich der UdSSR zugesprochen worden, und seit dem Abschluß eines »Beistandspaktes« zwischen Litauen und der UdSSR am 10. Oktober 1939 waren Truppenteile der Sowjetarmee in strategisch wichtigen Städten und auf Flughäfen stationiert worden. Von diesem Zeitpunkt an hatte sich Missies Familie auf die Flucht in den Westen vorbereitet.

Berlin, Mittwoch, 3. Januar: Wir reisten mit elf Gepäckstükken, einschließlich eines Grammophons, nach Berlin ab. Um fünf Uhr morgens brachen wir auf. Es war noch pechschwarze Nacht. Der Gutsverwalter brachte uns mit dem Wagen nach Oppeln. Olga Pückler hat uns genug Geld geliehen, daß wir drei Wochen davon leben können. Bis dann müssen wir eine Arbeit gefunden haben. Tatjana hat an Jake Beam geschrieben, einen jungen Mann an der amerikanischen Botschaft, den sie im vorigen Frühjahr kennengelernt hatte. Vielleicht erweist es sich als nützlich, daß wir schon an der englischen Gesandtschaft in Kowno gearbeitet haben. *[Die USA und das deutsche Reich unterhielten bis zu Hitlers Kriegserklärung an die USA am 11. Dezember 1941 diplomatische Beziehungen.]*

Der Zug war gerammelt voll, und wir mußten im Gang stehen. Zum Glück halfen uns zwei Soldaten mit dem Gepäck, sonst hätten wir es niemals geschafft, uns hineinzuzwängen. In Berlin kamen wir mit drei Stunden Verspätung an. Kaum in der Wohnung angelangt, die uns die Pücklers freundlicherweise fürs erste überlassen hatten, setzte sich Tatjana ans Telefon und rief Freunde an; so fühlten wir uns weniger verlassen. Die Wohnung in der Lietzenburger Straße, einer Parallelstraße zum Kurfürstendamm, ist sehr groß, aber Olga hat uns gebeten, auf fremde Haushilfe zu verzichten, wegen der vielen dort befindlichen Wertsachen. So benutzen wir nur ein Schlafzimmer, ein Bad und die Küche. Alles andere ist mit Laken abgedeckt.

Donnerstag, 4. Januar: Wir haben fast den ganzen Tag damit verbracht, die Fenster zu verdunkeln, da seit Kriegsbeginn im vorigen September noch niemand hier gewohnt hat.

Samstag, 6. Januar: Nachdem wir uns in Schale geworfen hatten, machten wir uns in der Dunkelheit beherzt auf den Weg und fanden auf dem Kurfürstendamm zum Glück ein Taxi, das uns zum Ball auf die chilenische Botschaft im Tiergartenviertel brachte. Unser Gastgeber, Morla, war bei Ausbruch des spanischen Bürgerkriegs chilenischer Botschafter in Madrid. Obgleich seine Regierung auf seiten der Republikaner stand, boten die Morlas dennoch über 3000 Menschen, die sonst erschossen worden wären, Zuflucht. Sie blieben drei Jahre lang im Schutz der chilenischen Botschaft, schliefen auf Fluren und Treppen, wo immer sich ein Platz fand. Trotz stärksten Drucks seitens der republikanischen Regierung weigerten sich die Morlas, auch nur einen einzigen Menschen auszuliefern. Um so bewundernswerter, wenn man bedenkt, daß der Bruder des Herzogs von Alba, ein Nachfahre der Stuarts, in der britischen Botschaft Zuflucht gesucht hatte, aber höflich abgewiesen worden war; später wurde er verhaftet und erschossen.

Der Ball war sehr schön, ganz wie in Vorkriegszeiten. Zuerst fürchtete ich völlig fremd zu sein, stellte aber bald fest, daß ich vom letzten Winter her eine ganze Reihe von Leuten kannte. *[Missie hatte Tatjana im Winter 1938/39 in Berlin besucht.]* Zu neuen Bekanntschaften zählten die beiden Welczeck-Mädchen, beide sehr schön und äußerst elegant gekleidet. Ihr Vater war der letzte deutsche Botschafter in Paris vor Kriegsausbruch. Ihr Bruder Hansi und seine reizende Verlobte Siggi von Lafert befanden sich ebenfalls unter den Gästen sowie viele andere Freunde, darunter Ronnie Clary, ein sehr gutaussehender Junge, der gerade die Universität von Löwen absolviert hat. Er sprach perfekt Englisch, was eine rechte Erleichterung war, denn mit meinem Deutsch ist noch kein großer Staat zu machen. Die meisten der anwesenden jungen Männer kamen aus Krampnitz, einer Panzertruppenschule für Offiziere, ganz in der Nähe von Berlin. Später trat Rosita Serrano auf und sang den kleinen neunzehnjährigen Eddie Wrede als »Bel Ami« an, was ihm ganz enorm schmeichelte. Wir hatten schon seit endloser Zeit nicht mehr getanzt und kamen um fünf Uhr morgens nach Haus, alle in das Auto von Cartier gezwängt, einem belgischen Diplomaten, der mit den Welczecks befreundet ist.

Sonntag, 7. Januar: Wir sind noch immer auf der mühsamen Suche nach Arbeit. Wir haben beschlossen, nicht Freunde um Hilfe zu bitten, sondern geschäftliche Verbindungen zu nutzen.

Montag, 8. Januar: Heute nachmittag waren wir zum Konsul auf die amerikanische Botschaft bestellt. Er war recht freundlich, unterzog uns aber sofort einer Prüfung, was uns aus der Fassung brachte, da wir seelisch nicht darauf vorbereitet waren. Schreibmaschinen und Stenoblöcke wurden herbeigeholt, und dann fing er an, mit rasender Geschwindigkeit und einem so ausgeprägten amerikanischen Akzent zu diktieren, daß wir nicht alles verstanden. Schlimmer noch, unsere beiden Versionen des von ihm diktierten Briefes fielen verschieden aus. Er versprach, uns anzurufen, sobald eine Stelle frei würde. Lange können wir jedoch nicht warten, und wenn sich unterdessen etwas anderes ergibt, müssen wir es annehmen. Da fast alle internationalen Geschäfte zum Stillstand gekommen sind, gibt es leider keine Firmen mehr, die Französisch oder Englisch sprechende Sekretärinnen benötigen.

Donnerstag, 11. Januar: Mein 23. Geburtstag. Siggi Lafert, Hansi Welczecks Verlobte, kam zum Tee. Sie ist auffallend hübsch, und viele nennen sie den »Inbegriff der deutschen Schönheit«. Am Abend führte uns Reinhard Spitzy ins Kino und danach in ein Nachtlokal, die Ciro-Bar, wo wir Champagner tranken und der Musik zuhörten; in der Öffentlichkeit darf nicht mehr getanzt werden.

Samstag, 13. Januar: Mama und Georgie kamen in aller Frühe an. Ich hatte Georgie seit einem Jahr nicht mehr gesehen. Er hat sich nicht verändert, war charmant und sehr reizend zu Mama, die recht elend und abgespannt aussieht. In Litauen, das langsam immer mehr sowjetisiert wird, haben sie eine Reihe recht beängstigender Erlebnisse gehabt. Es war höchste Zeit, daß die Familie Litauen verließ. Papa ist allerdings noch geblieben, eines großen Geschäfts wegen, das noch in der Schwebe war.

Sonntag, 14. Januar: Wir haben Mama und Georgie in der Pücklerschen Wohnung untergebracht, so brauchen sie kein Geld für ein Hotel auszugeben. Ohnehin besitzen beide zusammen nur vierzig Dollar. Wir haben noch immer keine Arbeit, und unsere Finanzlage ist daher fatal. Die beiden spielen mit dem Gedanken, in Berlin zu bleiben. Das wäre ein Fehler: hier ist es eiskalt, es gibt wenig zu essen, und die politische Situation ist mehr als unsicher. Wir versuchen, sie zu überreden, nach Rom weiterzureisen, wo Mama viele Freunde hat und wo es auch eine große weißrussische Emigrantengemeinde gibt. Hier wäre sie einsam, denn mit Ausnahme der ausländischen Botschaften, deren Zahl rapide abnimmt, da sich der Krieg wie ein Ölfilm ausbreitet, gibt es eigentlich kaum noch ein Familienleben. Berlin ist heutzutage eine Junggesellenstadt, voll von Angehörigen unserer Generation, die entweder beim Militär sind oder den ganzen Tag in Büros arbeiten und die übrige Zeit in Nachtlokalen verbringen. In Rom hat sich Irena inzwischen sehr hübsch etabliert; das Leben dort wäre viel leichter, allein schon des Klimas wegen, und sobald wir eine Arbeit haben, könnten wir auch regelmäßig Geld schicken.

Montag, 15. Januar: Eine neue Verordnung der Regierung: Es darf nur noch samstags und sonntags gebadet werden. Dies ist ein harter Schlag, da man in einer großen Stadt erstaunlich dreckig wird und es im übrigen auch eine der wenigen Methoden ist, sich aufzuwärmen.

Mittwoch, 17. Januar: Wir sind viel zu Haus, um uns mehr der Familie zu widmen. Mamas Nerven sind in schlechtem Zustand, alles, was sie seit Alexanders Tod hat durchmachen müssen, beginnt sich jetzt auszuwirken.

Donnerstag, 18. Januar: Georgie hat einen Bärenhunger, und unsere Lebensmittelvorräte – wir brachten Butter und Wurst aus Friedland mit – nehmen sehr rasch ab: ein zusätzliches Argument für eine Weiterreise nach Rom. Hier wäre er sehr schnell unterernährt, während Italien gottlob noch nicht im Krieg ist und die Lebensmittel dort nicht rationiert sind.

Freitag, 19. Januar: Katja Kleinmichel arbeitet in der Englischen Abteilung des D. D. *[Der DD (Drahtloser Dienst) war der Nachrichtendienst der Reichsrundfunkgesellschaft (RRG).]* Vielleicht gelingt es ihr, mich auch dort unterzubringen. Wir sind so ziemlich am Ende unseres Lateins, da wir noch nichts von der amerikanischen Botschaft gehört haben, aber dort auch nicht drängeln können. Wir sind völlig pleite, und durch die Ankunft der Familie ist unser weniges Geld noch schneller dahingeschmolzen. Wir waren zu einem Mann bei IG-Farben bestellt, aber die brauchen Leute mit perfekter deutscher Stenographie, und das ist leider nicht gerade unsere Stärke.

Montag, 22. Januar: Heute war ich in Katja Kleinmichels Büro in der Friedrichstraße und habe den ganzen Morgen damit verbracht, englisches Diktat direkt in die Maschine zu schreiben. Dies war meine erste Prüfung, und sie hätte nicht leichter ausfallen können. Es war ein Geschwindigkeitstest, und mir wurde gesagt, man werde sich zu gegebener Zeit an mich wenden. Das Büro gleicht einem Narrenhaus, da alles in größter Eile geschehen muß, um in den Stundenplan der Nachrichtensendungen zu passen. Unter meinen mutmaßlichen zukünftigen Kollegen begegnete ich Roderich Menzel, dem in der Tschechoslowakei geborenen Tennisweltmeister.

Samstag, 27. Januar: Tatjana hat bei den Wrede-Zwillingen einen Mann kennengelernt, der ihr vorgeschlagen hat, in seinem Büro zu arbeiten, das zum Auswärtigen Amt gehört. Sie brauchen Leute mit guten Französischkenntnissen. Die meisten unserer Freunde raten uns ab, an der amerikanischen Botschaft zu arbeiten, da wir als Ausländerinnen vermutlich ohnehin schon unter den Argusaugen der Gestapo stehen. Es ist schon schlimm genug, daß wir Weißrussen sind, in Anbetracht des gegenwärtigen Bündnisses zwischen Deutschland und der Sowjetunion. Darüber hinaus haben wir bereits an einer englischen Gesandtschaft gearbeitet. Wie dem auch sei, wir sind inzwischen derart abgebrannt, daß wir die erste Arbeit annehmen müssen, einerlei, was es ist. Die amerikanische Botschaft hüllt sich in Schweigen.

Neulich wurde ich bei Freunden mit Frau von Dirksen bekannt gemacht. Sie ist eine der wichtigsten offiziellen Gastgeberinnen hier. Sie strich mir mit der Hand über den Kopf – was ich schon nicht ausstehen konnte – und fragte, ob wir weiße oder rote Russen seien; falls letzteres, dann »sind Sie unser Feind«. Eine überraschende Bemerkung, wenn man bedenkt, wie gut sich Deutschland und Sowjetrußland heutzutage stehen!

Montag, 29. Januar: Heute haben wir beide zu arbeiten begonnen: ich beim D. D. und Tatjana im Auswärtigen Amt, besser bekannt als A. A. In meinem Büro scheint man nicht zu wissen, wer der oberste Chef ist, da jeder gleichzeitig Befehle erteilt. Es heißt allerdings, der Reichspropagandaminister Dr. Joseph Goebbels habe das letzte Wort. Wir verdienen beide je 300 Mark, 110 Mark werden für Steuern abgezogen, so daß uns 190 Mark zum Leben bleiben. Wir müssen versuchen, damit auszukommen.

Dienstag, 30. Januar: Meine erste Aufgabe war, ein langes Diktat über Ronnie Cross aufzunehmen, den englischen Minister für Wirtschaftskriegsführung, bei dem Tatjana, als sie vor dem Krieg England besuchte, Hausgast war. Mein unmittelbarer Chef, Herr E., trägt einen Walroßbart; er hat offenbar den größten Teil seines Lebens in England verbracht. Seine Frau arbeitet im gleichen Raum wie wir. Sie sind beide mittleren Alters und werden sich offensichtlich sehr bald zu einer Plage entwickeln. Den ganzen Tag lang diktiert er endlose Schmähartikel, die er so verschachtelt formuliert, daß sie gelegentlich gänzlich unverständlich sind. Wenn die Deutschen eine andere Sprache zu gut beherrschen, passiert ihnen das leicht. Ich tippe von sieben Uhr früh bis fünf Uhr nachmittags. Sobald ich einen Papierbogen aus der Maschine ziehe, stürzt sich Frau E. darauf, um etwaige Fehler zu korrigieren. Es ist Schichtarbeit, Tag und Nacht. *[In einigen Fällen, die jedoch politisch nicht relevant sind, benutzte Missie nur Anfangsbuchstaben, um die Gefühle noch Lebender oder ihrer Angehörigen zu schonen.]*

Heute rief die amerikanische Botschaft an und bot uns Stellen an, die weit besser bezahlt werden als unsere jetzige Arbeit. Zu spät.

Dienstag, 13. Februar: Mama und Georgie sind heute morgen zu einem Besuch bei Olga Pückler nach Schlesien abgereist. Wir hoffen, daß sie lange genug dort bleiben, um sich etwas zu erholen, ehe sie nach Rom weiterfahren.

Mittwoch, 14. Februar: Von Tatjana sehe ich im Augenblick nicht viel, da ich schon um halb sechs aufstehe und erst gegen sechs Uhr abends wieder nach Hause komme. Die Reise quer durch die Stadt ist endlos. Tatjana arbeitet von zehn Uhr früh bis acht Uhr abends und oft auch länger.

Donnerstag, 22. Februar: Heute erhielt ich eine Postanweisung als Zahlung für die beiden Probetage. Ein Glück, denn wir bekommen keinen Gehaltsvorschuß.

Samstag, 2. März: Eine große Cocktailparty heute abend bei den Brasilianern. Die Wohnung des Botschafters liegt etwas außerhalb der Stadt. Es ging mir gegen den Strich, eine wunderschöne Ikone über dem Grammophon hängen zu sehen. Diese Vorliebe der Ausländer für Ikonen und ihre Art, sie aufzuhängen, ist für uns Orthodoxe recht schockierend. Ich ging zeitig weg und verirrte mich auf dem Heimweg.

Aschwin zur Lippe-Biesterfeld tauchte plötzlich auf, vom Westwall kommend.

Sonntag, 3. März: Der Gesang in der russischen Kirche heute morgen war wunderschön. Im allgemeinen muß ich auch sonntags arbeiten. Hinterher blieb ich zu Haus und spielte Klavier, umgeben von Olga Pücklers geisterhaften, mit Laken verhüllten Möbeln.

Montag, 4. März: Ich bin erkältet und habe vor, die nächsten Abende zu Hause zu bleiben. Tatjana ist jeden Abend aus und unterhält eine ausgedehnte Korrespondenz mit verschiedenen Jungs an der Westfront.

Dienstag, 12. März: Mama (auf dem Wege von Schlesien nach Rom) telephonierte aus Wien, um zu berichten, daß Georgie verschwunden sei. Als der Zug unterwegs auf einer kleinen Station hielt, wollte er nach dem Gepäck sehen. Ohne daß er es bemerkte, wurde der Gepäckwagen vom Zug abgekoppelt und an einen andern angehängt. Jetzt eilt er in Richtung Warschau durch die Lande. Er hat beide Fahrkarten, dafür aber keinen Paß und nur fünf Mark in der Tasche. Mama wartet voller Hoffnung in Wien auf ihn.

Mittwoch, 13. März: Eine Party bei den Wredes. Die Zwillinge, Edda (›Dickie‹) und Carmen (›Sita‹) waren noch allein, als ich eintraf, und schwatzten mit mir im Bad, während ich mich neu frisierte. Sie zeigten mir stolz Briefe von den Generälen Yague und Moscardo, noch aus der Zeit, als beide im spanischen Bürgerkrieg Krankenschwestern in der Legion Condor waren. Sie kennen auf dieser Welt alles, was Rang und Namen hat, selbst den Papst. Sie betreiben das als eine Art Hobby.

Donnerstag, 14. März: Heute nachmittag ging ich mit Ella Pückler zu Elena Benazzo. Sie ist gebürtige Russin, spricht aber kein Wort Russisch, obgleich ihre Eltern, die beide auch da waren, offenbar waschechte Russen sind. Ihr Mann, Agostino, arbeitet an der italienischen Botschaft. Später erschienen eine Reihe italienischer Damen. Sie strickten winzige Kleidungsstücke für Görings Baby. Kommt mir recht übertrieben vor.

Samstag, 16. März: Helene Biron kam zum Tee, ebenso Carl Friedrich Pückler, unser Friedländer und auch gegenwärtiger Gastgeber. Er ist wie immer optimistisch und meint, der Krieg sei bis Pfingsten zu Ende. Obgleich er sich uns gegenüber als sehr hilfreich erwiesen hat und auch recht intelligent ist, kann ich mich in seiner Gegenwart nie ganz wohl fühlen.

Später tagten wir weiter bei unserer Nachbarin, Aga von Fürstenberg, wo der Sekt in Strömen floß.

Montag, 18. März: Mein freier Tag. Habe bis elf Uhr geschlafen. Holte Tatjana in ihrem Büro zum Mittagessen ab. Wir gingen im Tiergarten spazieren, der noch immer sehr winterlich wirkt. Später am Nachmittag fand eine große Party bei den de Witts statt; er ist der holländische Botschafter.

Mittwoch, 20. März: Heute abend sind wir beide früh zu Bett gegangen. In Frankreich ist Daladier zurückgetreten.

Edouard Daladier (1884–1970) war dreimal französischer Premierminister, zuletzt von 1918 bis 1940; seit September 1939 war er zugleich Außenminister. Beim Abschluß des Münchener Abkommens hatte er eine wesentliche Rolle gespielt. Sein Nachfolger wurde der Finanzminister Paul Reynaud (1878–1966), unter dem Daladier bis zum 18. Mai 1940 Kriegs-, danach Außenminister war.

Freitag, 22. März: Heute ist Karfreitag, mußte mich aber trotzdem furchtbar abrackern. Habe neun Stunden lang ohne Unterlaß getippt. Wenn mein Chef, Herr E., sieht, daß ich kurz vor dem Zusammenbruch bin, holt er Schnaps, der mich zwar aufmuntert, aber scheußlich schmeckt. Er und seine Frau streiten sich unausgesetzt. Wenn ich die beiden so sehe und höre, fühle ich mich in meiner Abneigung gegen die Zusammenarbeit von Eheleuten mal wieder vollkommen bestätigt. Ich kann ihn nicht ausstehen und bin immer versucht, ihm einen Schubs zu geben, wenn er sich nach den Streitereien weit zum Fenster hinauslehnt, um Luft zu schöpfen. Katja Kleinmichel geht es ebenso. Ich sehe sie momentan sehr häufig, da sie in der gleichen Schicht arbeitet wie ich. Wenn uns der Anblick des Ehepaares auf die Nerven geht, lösen wir uns öfters an der Schreibmaschine ab. Wir sind in ein anderes Gebäude in der Charlottenstraße umgezogen. Es macht unsere Chefs unabhängiger von Goebbels' fortwährendem Dazwischenpfuschen. Solange unsere Büros noch näher beieinanderlagen, zitierte der Herr Minister sie fast jede Stunde zu sich. Jetzt kann er sich nur per Telephon alterieren.

Ich komme immer völlig erledigt nach Haus.

Montag, 25. März: Hatte den ganzen Tag frei. Tatjana und ich fuhren nach Potsdam hinaus. Das Wetter war herrlich. Ich war noch nie dort – eine reizende kleine Garnisonsstadt, die den Charme hat, der Berlin so völlig abgeht. Wir kehrten nach Berlin zurück und kamen gerade rechtzeitig zu einem Konzert der weißrussischen Schwarzmeerkosaken. Ein voller Erfolg. Den Deutschen gefällt so etwas.

Dienstag, 26. März: Aß mit Katja Kleinmichel zu Mittag. Sie kann äußerst amüsant sein, und es ist nett, sie im gleichen Büro zu haben. Auf der Straße und in Restaurants sprechen wir gewöhnlich Englisch, aber es hat sich hier nie jemand daran gestoßen.

Donnerstag, 28. März: Ein Brief aus Rom: Mama und Georgie sind wohlbehalten angekommen, allerdings um einige Habseligkeiten erleichtert, die ihnen in Venedig gestohlen wurden. Darunter auch *objets d'art,* die Mama noch aus russischen Zeiten gerettet hatte, Fabergé-Emailrahmen und ähnliches. Georgies Koffer mit seinen wenigen Kleidungsstücken ist vertauscht worden mit einem, der gar keine Kleider enthielt. Die Abenteuer der beiden scheinen kein Ende zu nehmen.

Freitag, 29. März: Abendessen bei den Schaumburg-Lippes in Kladow. Es waren nur wenige Leute geladen. Später, als wir um den Kamin saßen, erzählte Prinz August-Wilhelm von Preußen, der vierte Sohn des früheren Kaisers, ein Mann in den Sechzigern, viele amüsante Geschichten aus alten Zeiten.

Sonntag, 31. März: Abendessen im »Roma« mit Freunden. Italienische Lokale sind zur Zeit sehr beliebt wegen der Nahrhaftigkeit ihrer Pasta, für die man keine Lebensmittelmarken abzugeben braucht.

Montag, 1. April: Mein freier Tag. War einkaufen. »Einkaufen« bedeutet heutzutage im wesentlichen, Nahrungsmittel zu besorgen. Alles ist rationiert und kostet Zeit, und vor den meisten Läden stehen lange Schlangen. Am Abend aßen Tatjana und ich bei Hans von Flotow. Als Besitzer einer kriegswichtigen Fabrik ist Hans noch Zivilist.

Dienstag, 2. April: War mit Mario Gasperi, dem italienischen Luftfahrtattaché, im Kino und dann im »Roma«. Er hat einen neuen Fiat in der Größe eines Rundfunkgeräts, Modell Topolino. Es ist schon ein merkwürdiges Gefühl, wieder in einem Auto zu sitzen.

Mittwoch, 3. April: Bin erst um zehn Uhr ins Büro gegangen. Die Arbeitszeiten sind jetzt etwas weniger anstrengend, da wir öfter wechseln. Heute hatte ich meine erste selbständige Übersetzung zu machen, vermutlich weil mein Chef in Urlaub ist. Das Thema war Wirtschaft. Die Vormittagsschicht besteht aus Katja Kleinmichel, mir und einem jungen Mann vom A. A. Er ist gutmütig, spricht aber nicht besonders gut Englisch, so daß wir ihn ziemlich in der Hand haben. Das weiß er auch und behandelt uns dementsprechend, so leben wir ganz harmonisch zusammen. Um so deutlicher fällt uns auf, wie anstrengend die E.s als Mitarbeiter sind. Ich höre, letzterer will mich als Privatsekretärin haben, denn bei seiner Rückkehr soll er zum Chefredakteur befördert werden. Lieber kündige ich!

Donnerstag, 4.April: Täglich erhalten wir sämtliche Abhörberichte der BBC sowie anderer ausländischer Sendungen im Wortlaut. Sie tragen den Vermerk »Streng geheim«; die Farbe des Papiers hängt von der Geheimhaltungsstufe ab – rosa ist am allergeheimsten. In Deutschland darf keiner wissen, was in der übrigen Welt vor sich geht; man erfährt nur, was in den Tageszeitungen veröffentlicht wird, und das ist wenig. Unser D. D. ist eine Ausnahme. Heute erschien unser Kollege vom Auswärtigen Amt nach dem Mittagessen und sah völlig verstört aus – er hatte eine dieser Geheimakten in einem Restaurant liegenlassen. Dies ist ein sehr schweres Vergehen, und bei dem Gedanken an die Todesstrafe – durch das Beil (die neueste Erfindung unserer Herrscher) – überrieselte es ihn eiskalt. Wie ein geölter Blitz raste er in sein Ministerium zur »Beichte«.

Die übliche Hinrichtungsmethode im Deutschen Reich war Enthauptung durch die Guillotine. Für bestimmte Fälle hatte Hitler jedoch die Hinrichtung mit dem Handbeil befohlen.

Dienstag, 9. April: Heute haben deutsche Truppen Dänemark besetzt und sind in Norwegen eingedrungen. Als Folge mußten wir alle wie die Besessenen arbeiten, da ja diese Handstreiche in den Augen der Welt gerechtfertigt werden müssen und endlose Memoranden hin- und herflogen, wie dies am besten zu bewerkstelligen sei.

Ich kam mit Fieber nach Hause. Mario Gasperi rief an; er war gerade vom Westwall zurückgekehrt, den er gemeinsam mit anderen Militärattachés inspiziert hatte.

Dänemark leistete keinen nennenswerten Widerstand und fand sich unter Protest mit der deutschen Besetzung ab. Die Regierung amtierte bis 1945 unter einem deutschen »Reichsbevollmächtigten«, übte aber seit August 1943 ihre Funktionen nicht mehr aus. Der Widerstand in Norwegen dauerte bis Anfang Juni; während dieser Zeit unternahmen die Alliierten mehrere erfolglose Versuche, in Nordnorwegen einen Stützpunkt zu errichten. Anfang Juni, nach dem Erfolg der deutschen Offensive im Westen vom 10. Mai an, zogen sich die alliierten Streitkräfte jedoch zurück. Norwegen kapitulierte, König Haakon VII. verließ mit seinen Ministern das Land und bildete in England eine Exilregierung. Hitler hatte seinen zweiten bedeutenden militärischen Sieg errungen: die Ostsee war praktisch zu einem deutschen Binnenmeer geworden, die Ausfuhr des schwedischen Eisenerzes über Narvik gesichert. Die Wehrmacht hatte, allerdings unter erheblichen Verlusten der Kriegsmarine, ihre Operationsbasis stark erweitert.

Mittwoch, 10. April: Heute morgen hatte ich 39,5° Fieber.

Donnerstag, 11. April: Jetzt hat es auch Tatjana erwischt. Sie kam mittags aus dem Büro zurück, nach einem langwierigen Verhör durch die Gestapo – man interessierte sich dort für unseren Briefwechsel mit Rom –, und ging geradenwegs ins Bett. Unsere jeweiligen Büros rufen pausenlos an – besorgt, aufgeregt, verärgert.

Freitag, 12. April: Unsere Grippe dauert an. Wir fühlen uns sehr schwach.

Samstag, 13. April: Der Arzt hat mir fünf weitere Tage das Arbeiten verboten. Welche Erleichterung! Anscheinend ist diese Grippe, wenn man so unterernährt ist wie wir, schädlich fürs Herz.

Sonntag, 14. April: Britische Truppen sind in Norwegen gelandet.

Dienstag, 16. April: Abendessen bei Lutz Hartdegen. Wie jetzt so oft, waren sehr viel mehr Männer anwesend als Frauen. Vetti Schaffgotsch erschien unerwartet. Er war gerade im Begriff, über Rußland in die Vereinigten Staaten zu reisen, aber die Gestapo hatte etwas gegen seinen diplomatischen Auftrag und pfiff ihn aus Moskau zurück. Jetzt hat er sich zum Militär gemeldet.

Mittwoch, 17. April: Habe Ostereinkäufe gemacht und eine ausgefallene Krawatte für Georgie erstanden. Kleiderpunkte brauchte man nicht.

Habe einen Mann namens Hasso von Etzdorf kennengelernt, der als sehr intelligent und verläßlich gilt. Mir erschien er etwas steif, aber die Preußen brauchen eine Weile, ehe sie auftauen. Zur Zeit ist er der Verbindungsmann des Auswärtigen Amts zum OKH.

Hasso von Etzdorf, im Ersten Weltkrieg schwer verwundet, war 1928 in den diplomatischen Dienst eingetreten. Als Missie ihn kennenlernte, war er Vortragender Legationsrat und Vertreter des Auswärtigen Amtes beim Oberkommando des Heeres, mit guten Verbindungen zum Chef des Generalstabes, Generaloberst Franz Halder, der Hitler kritisch gegenüberstand. Da Etzdorf auch zu anderen hohen Militärs enge Beziehungen unterhielt, hatte er zu Beginn des Krieges versucht, sie zum Handeln zu bewegen. Die von den Westmächten vor Ausbruch des Krieges verfolgte Appeasement-Politik sowie Hitlers Erfolge zu Beginn des Krieges nahmen seinen Gegnern jedoch den Wind aus den Segeln.

Palmsamstag, 20. April: Heute morgen machten wir einen halboffiziellen Besuch bei Kira, der Frau des Prinzen Louis Ferdinand von Preußen. Er ist der zweite Sohn des Kronprinzen und sie die Tochter des Großfürsten Kiril Wladimirowitsch, der einer der wenigen Überlebenden der Romanow-Familie und ihr jetziges Oberhaupt ist. Sie hat zwei kleine Kinder.

Montag, 22. April: Mama ist an einer Thrombose im Bein erkrankt. Das macht uns große Sorgen. Wir fasten ziemlich eisern. Unsere Kirche erlaubt uns zwar, in Kriegszeiten die Fastenregel wegen der allgemeinen Unterernährung zu vernachlässigen, aber wir haben ohnehin so wenig zu essen, daß wir uns lieber einige Lebensmittelmarken für Ostern aufsparen.

Dienstag, 23. April: Kirche.

Mittwoch, 24. April: Kirche.

Donnerstag, 25. April: Heute abend in der Kirche die traditionellen zwölf Lesungen aus den Evangelien.

Freitag, 26. April: Wir haben so brav gefastet, daß wir jetzt halb verhungert sind.

Samstag, 27. April: Unsere jeweiligen Büros gaben uns frei, so daß wir zur Beichte und Kommunion gehen konnten. Die Morgenmesse dauerte bis zwei Uhr. Bei der Mitternachtsmesse in der russischen Kathedrale war ein solcher Andrang, daß wir auf die Straße hinausgeschoben wurden. Später trafen wir uns mit Freunden bei Dicky Eltz und blieben bis fünf Uhr auf. Wir waren beide schon lange nicht mehr ausgegangen. Die Brüder Eltz sind Österreicher mit Besitzungen in Jugoslawien. Dicky ist der einzige von ihnen, der noch nicht eingezogen worden ist.

Sonntag, 28. April: Der russische Ostertag. Wir fuhren nach Potsdam hinaus und begegneten Prinz Oskar, dem Vater Burchards von Preußen. Er ist ein weiterer Sohn des früheren Kaisers, ein alter Herr in einer prächtigen roten und goldenen Uniform.

Wir haben sogar eine *Paskha* fabriziert, auf die wir sehr stolz sind bei den knappen Zutaten. Sie schmeckte köstlich.

Das fast völlige Verschwinden so vieler notwendiger Dinge seit Beginn des Krieges hatte in meinem Büro ein belustigendes Nachspiel: seit geraumer Zeit beschwerten sich unsere Chefs über den völlig unerklärlich starken Verbrauch von Klosettpapier. Zuerst nahmen sie an, die ganze Belegschaft leide unter einer neuen Art Durchfallepidemie, doch die Wochen gingen ins Land, und der Verbrauch wurde nicht geringer. Schließlich kamen sie darauf, daß jeder einfach zehnmal mehr abriß, als er brauchte, und den Rest nach Hause schmuggelte. Inzwischen ist eine neue Verordnung erlassen worden: alle Angestellten müssen sich zu einer zentralen Verteilungsstelle begeben, wo ihnen die für ihre tägliche Notdurft als ausreichend erachtete Menge feierlich ausgehändigt wird!

Donnerstag, 2. Mai: Chamberlain hat bekanntgegeben, daß die Briten Norwegen räumen werden. Hier ist man ziemlich überrascht über diesen voreiligen Rückzug. Viele Deutsche hegen insgeheim noch immer Bewunderung für die Engländer.

Samstag, 4. Mai: War auf einem großen Diplomatenempfang. Die Leute vom Auswärtigen Amt sind inzwischen gezwungen, eine sehr unkleidsame Uniform zu tragen, dunkelblau mit einem breiten weißen Gurt. Man hatte ein enormes Buffet aufgebaut, aber keiner traute sich, mit zu großem Eifer darüber herzufallen.

Bei uns im D. D. arbeitet ein seltsamer Mann. Er heißt Illion. Er geht in Lumpen einher, trägt dicke Brillen, hat einen amerikanischen Paß, ist in Finnland geboren und hat den größten Teil seines Lebens in Tibet zugebracht, im Gefolge des Dalai Lama, und sich, wie er prahlt, niemals gewaschen. Obgleich er ein ganz ordentliches Gehalt bezieht, wäscht er sich auch jetzt nicht, was für die anderen nicht sehr komisch ist. Gelegentlich bringt er Katja Kleinmichel und mir kurze Sätze auf Tibetanisch bei.

Dienstag, 7. Mai: Habe gerade eine ganz besonders geheime Nachricht in die Finger bekommen: Molotow hat die deutsche Regierung ersucht, die russische Kirche in Berlin unter keinen Umständen zu unterstützen, da ihre Führung den Sowjets nicht wohlgesinnt sei!

Mein etwas kunterbuntes Abendbrot bestand aus Brötchen, Joghurt, aufgewärmtem Tee und Marmelade. Joghurt ist noch nicht rationiert, und wenn wir zu Haus sind, stellt er unsere Hauptnahrung dar, gelegentlich ergänzt durch in Wasser gekochten Haferbrei. Uns steht pro Kopf ungefähr ein Glas Marmelade im Monat zu, und da die Butter so knapp ist, reicht das nicht weit. Tatjana schlug vor, große Schilder über dem Küchentisch aufzuhängen mit der Aufschrift »Frühstück«, »Mittagessen«, »Abendbrot«, je nach Tageszeit, da der Speisezettel selbst weitgehend unverändert bleibt. Ich habe mit einem holländischen Milchmann Freundschaft geschlossen, der mir gelegentlich eine Flasche Milch aus den Vorräten für »werdende Mütter« zusteckt, aber leider kehrt er jetzt nach Holland zurück. Manchmal bin ich ziemlich verzweifelt, wenn ich nach der Arbeit noch anstehen muß, nur um ein Stück Käse, nicht größer als mein Finger, zu ergattern. Aber die Leute in den Läden sind weiterhin freundlich und nehmen noch immer alles mit einem Lächeln.

Donnerstag, 9. Mai: Arbeitete bis spät und traf mich dann mit einem Herrn von Pfuel (besser bekannt als C. C.) bei Aga Fürstenberg. Sie gaben eine Party für die schöne Nini de Witt, die Frau des holländischen Botschafters.

Freitag, 10. Mai: Die Deutschen sind in Belgien und Holland einmarschiert. Und trotzdem war Nini de Witt gestern auf der Party anscheinend völlig ahnungslos! Ich rief Tatjana vom Büro aus an, und wir beschlossen, uns über Mittag zu treffen und über die Lage zu beraten. Es ist ein arger Schock, denn das bedeutet das Ende des »Sitzkriegs«. Antwerpen ist von den Deutschen bombardiert worden, Freiburg im Breisgau von den Alliierten. *[Schon während des Krieges war es ein offenes Geheimnis, daß Freiburg i. Br. versehentlich von deutschen Flugzeugen bombardiert worden war. Unter Verschleierung des Sachverhalts diente dieser Fehlabwurf als propagandistische Rechtfertigung für deutsche »Vergeltungsangriffe«.]* In beiden Städten gab es viele Tote. Paris wird evakuiert, Chamberlain ist zurückgetreten, und Churchill ist inzwischen Premierminister. Hiermit ist wohl jegliche Hoffnung auf Frieden mit den Alliierten erloschen.

Der verhältnismäßig ereignislose erste Kriegswinter, das Ausbleiben unmißverständlicher alliierter Reaktionen sowie Wunschdenken in breiten Kreisen der Bevölkerung trugen innerhalb Deutschlands zu der Illusion bei – die auch bei Missie ein Echo findet –, daß ein Frieden auf Verhandlungsbasis noch möglich sei. Die deutsche Offensive hatte in der Nacht vom 9. zum 10. Mai unter anderem mit massiertem Einsatz von Luftlandetruppen und Lastenseglern im neutralen Holland und Belgien begonnen. Die holländische Armee kapitulierte am 15. Mai, die belgische am 28. Mai. Paris fiel am 14. Juni. Am 22. Juni unterzeichnete Frankreich einen Waffenstillstandsvertrag, der große Teile des Landes, vor allem die Atlantik- und Kanalküste, ganz unter deutsche Oberhoheit stellte; der bis Anfang November 1942 unbesetzte Rest, landläufig als »Vichy-Frankreich« bezeichnet, wurde von Marschall Philippe Pétain verwaltet.

Am Abend ein Abschiedsempfang für die Attolicos (der scheidende italienische Botschafter). Alles stand mit trauriger Miene herum.

Samstag, 11. Mai: Antoinette und Loulou von Croy erschienen unverhofft bei uns. Beide sind außergewöhnlich hübsch. Ihre Mutter ist halb Amerikanerin, halb Dänin; ihr Vater, der Fürst, hat französisches, belgisches und deutsches Blut. Nicht leicht in heutiger Zeit.

Montag, 13. Mai: Seit Wochen habe ich keinen freien Tag genommen und spare mir alle so gewonnene Zeit für meine

Ferien auf, um die Clarys im böhmischen Teplitz zu besuchen. Ich habe sie seit Venedig nicht mehr gesehen und möchte auch, daß Tatjana sie kennenlernt.

Burchard von Preußen hat ihr aus Köln geschrieben, er ist auf dem Weg an die Front.

Donnerstag, 16. Mai: Seit gestern ist eine große Offensive im Gang. Genug, einem schlaflose Nächte zu bereiten.

Freitag, 17. Mai: Ich erinnere meinen Aushilfschef ständig an meine geplante Reise nach Teplitz. Steter Tropfen höhlt den Stein; so hoffe ich, daß ihm die Idee ins Gehirn eindringt.

Sonntag, 19. Mai: Abends ein Spaghetti-Picknick in der Küche der Wrede-Zwillinge. Tino Soldati, der neue Schweizer Attaché, lief ständig zum Telephon. Er sagte, auch die Schweizer befürchteten jederzeit eine Invasion.

Montag, 20. Mai: Mein Chef, Herr E., kam heute zurück, sonnenverbrannt, aber wutschnaubend. Er rennt im Kreis herum und schreit nur: »Schweinerei! Saubande!« – womit er vermutlich uns meint. Während seiner Abwesenheit haben wir nämlich eine Art Palastrevolution durchgeführt. Ich wurde sogar vor einen höheren Vorgesetzten, einen Herrn von Witzleben, zitiert und gefragt, ob es zutreffe, daß ich mit »Ultimaten um mich werfe«. Zum Glück ist E. unbeliebt und »wir« haben gewonnen.

Tatjana hat eine Gehaltserhöhung bekommen. Ich grolle, denn mein Salär scheint eingefroren.

Mittwoch, 22. Mai: Der neue italienische Botschafter, Alfieri, gab einen Empfang. Ganz unerwartet erschien Max Schaumburg-Lippe, direkt aus Namur, mit dem ersten Augenzeugenbericht von der Front. Offenbar ist Friedrich Braun von Stumm gefallen. Seine Mutter war auf dem italienischen Empfang, aber keiner wagte es ihr zu sagen.

Samstag, 25. Mai: Um sieben Uhr früh traten Tatjana und ich die Reise nach Teplitz an, dem böhmischen Schloß der Clarys. Im Taxi überkamen mich Zweifel, ob ich das elektrische Bügeleisen in der Küche abgeschaltet hatte oder nicht, schlug mir das dann aber bald aus dem Sinn. Wir wurden von Alfy Clary (einem entfernten Vetter von Mama) empfangen und von seiner Schwester, Elisalex de Baillet-Latour, die mit dem belgischen Präsidenten des Internationalen Olympischen Komitees verheiratet ist. Jetzt lebt sie meist hier. Wir machten auch Alfys Mutter Therese einen Besuch, einer wunderschönen alten Dame, geborene Gräfin Kinsky, die in ihrer Jugend von Sargent gemalt wurde. Das Porträt hing über ihr an der Wand.

Teplitz, Sonntag, 26. Mai: Fronleichnam. Wir waren alle in der Kirche. Alfy Clary führte die Prozession an, hinter dem Priester. Wir sahen von einem Fenster aus zu. Bisher haben sie keine Nachricht von den beiden ältesten Söhnen, Ronnie und Markus, die beide in Frankreich kämpfen. Nur der jüngste, der sechzehnjährige Charlie, ist noch zu Haus. Er sieht genau aus wie Harold Lloyd und erwies sich auch als überaus geschickter Steptänzer. *[Im späteren Verlauf des Krieges wurde auch Charlie eingezogen und sollte 1944 in Kämpfen mit jugoslawischen Partisanen fallen.]*

Montag, 27. Mai: Lidi Clary erwähnt die Jungen nie, aber gestern in der Kirche hat sie geweint. Alfy scheint zutiefst besorgt. Heute haben wir Bridge gespielt; am Abend verließ uns Tatjana. Ich bleibe noch eine Weile. Wir haben die Stadt besucht, Peter der Große war einmal zur Kur hier – Teplitz ist ein bekannter Badeort –, und es gibt eine Reihe von Andenken an seinen Besuch.

Der älteste Sohn des Kronprinzen, Prinz Wilhelm von Preußen, starb heute in einem Brüsseler Lazarett an den Folgen einer Lungen- und Magenverwundung, die er am 13. erlitten hatte.

Dienstag, 28. Mai: Der belgische König Leopold hat kapituliert. Elisalex Baillet-Latour ist glücklich, da sie hofft, daß auf diese Weise vielen Belgiern das Leben gerettet werden kann.

Endlich sind Briefe von den beiden Clary-Söhnen eingetroffen. Ronnies Regiment hat ihren jungen französischen Vetter gefangengenommen. Alfy überlegt hin und her, wie er es der Familie mitteilen kann. Seine eigenen Vorstellungen sind die eines idealistischen Patrioten des 19. Jahrhunderts, und er scheint den Realitäten der Gegenwart sehr beziehungslos gegenüberzustehen.

Heute sahen wir den Luftangriff auf Rotterdam in der Wochenschau. Absolut grauenvoll. Es läßt einen um Paris zittern.

Die Bombardierung Rotterdams am 14. Mai 1940 erfolgte, während bereits Kapitulationsverhandlungen im Gange waren. Sie sollte sich als eine folgenschwere psychologische Fehlentscheidung erweisen. Es bestanden nur ganz unzulängliche Fernmeldeverbindungen zwischen den am Boden kämpfenden Fallschirmjägern und den zu ihrer Unterstützung eingesetzten Bombengeschwadern, deren erste Welle zudem die vom Boden abgefeuerten roten Leuchtkugeln übersah, die den Angriff in letzter Minute verhindern sollten. Der größte Teil der Stadt wurde dem Erdboden gleichgemacht; die Zahl der Opfer, von der alliierten Propaganda mit 25 000 bis 30 000 angegeben, belief sich in Wirklichkeit auf 814. Dennoch ist die Bombardierung Rotterdams als beispielhaft für die hemmungslose Brutalität der Deutschen ebenso in die Geschichte eingegangen wie die späteren Bombenangriffe auf englische Städte, die viel dazu beitrugen, daß die öffentliche Meinung in England sich für den uneingeschränkten Luftkrieg gegen Deutschland aussprach.

Berlin, Mittwoch, 29. Mai: Als Tatjana nach Haus kam, war ich bereits im Bett. Sie war wütend auf mich, da bei ihrer Rückkehr aus Teplitz das Bügeleisen noch immer eingeschaltet war. Das Brett, auf dem es stand, war durchgebrannt, aber zum Glück war das Bügeleisen auf dem Herd gelandet. Als Tatjana drei Tage später die Küche betrat, züngelte bereits eine Flamme an der Wand hoch. Ich bin völlig erledigt. Ich weiß gar nicht, was ich getan hätte, wenn die Pücklersche Wohnung in Flammen aufgegangen wäre.

Heute fand in Potsdam Prinz Wilhelms Beerdigung statt. Es heißt, die Monarchisten hätten eine ganz beachtliche Demonstration inszeniert.

Donnerstag, 30. Mai: Ein angenehmes, ruhiges Abendessen bei den Benazzos. Agostino ist ein engagierter Antifaschist und macht, zum Unterschied von vielen seiner Kollegen, gar kein Hehl daraus. Er prophezeit ganz Europa ein grauenhaftes Schicksal.

Sonntag, 2. Juni: Gestern sind wir einkaufen gegangen, da Zahltag war. Gegen Monatsende haben wir nie auch nur einen roten Heller übrig, was nicht überrascht, wenn man unsere Gehälter in Betracht zieht. Zusammen verdienen wir jetzt 450 Mark, wovon 100 Mark an die Familie in Rom gehen, weitere

100 Mark zur Rückzahlung unserer Schulden und ungefähr 200 für Nahrung, Fahrgeld und so weiter. So bleiben etwa 50 Mark für unsere persönlichen Ausgaben, Kleider, Post und dergleichen. Diesmal hatte ich jedoch gespart und konnte mir ein Kleid kaufen, auf das ich es schon seit Monaten abgesehen habe. Ich hatte auch genug Kleiderpunkte zusammengespart, aber im Laden vergaßen sie zum Glück, sie mir abzuverlangen.

Heute abend ein Bad. Jetzt, da selbst das Baden rationiert ist, ist dies ein Ereignis.

Montag, 3. Juni: Heute wurde Paris zum ersten Mal bombardiert. Die Deutschen haben ihre bisherigen Verluste im Westen bekanntgegeben: 10 000 gefallen, 8000 vermißt, vermutlich auch tot. Bisher sind 1 200 000 alliierte Soldaten in Kriegsgefangenschaft.

Donnerstag, 6. Juni: Aga Fürstenbergs Bruder Gofy hat Sonderurlaub erhalten für außergewöhnliche Tapferkeit. Er soll auf eine Offizierschule kommen. Anscheinend hat er sich, obwohl er nie beim Militär war, wie ein perfekter Held benommen; man hat ihm das Eiserne Kreuz und das Panzerabzeichen verliehen. Dabei haßt er den Krieg und hat vor Kriegsausbruch hauptsächlich in Paris gelebt.

Sonntag, 9. Juni: P. G. Wodehouse ist in der Nähe von Abbéville beim Golfspielen in Kriegsgefangenschaft geraten. Das deutsche Oberkommando möchte, daß er eine Zeitung für britische Kriegsgefangene redigiert, und hat ihn nach Berlin gebracht.

Zu Beginn des Krieges lebte der englische Romanschriftsteller P. G. Wodehouse mit seiner Frau in seinem Haus in Le Touquet, wo ihn die Deutschen festnahmen. Als »feindlicher Ausländer« interniert, wurde er auf Betreiben der Vereinigten Staaten freigelassen. In Berlin veranlaßte ihn der Vertreter des American Broadcasting System, eine Serie von fünf Rundfunksendungen für das amerikanische Publikum zu schreiben und seine Erlebnisse zu schildern. Diese Sendungen, in denen die Deutschen mit viel Witz der Lächerlichkeit preisgegeben wurden, waren vollkommen apolitisch. Da Wodehouse jedoch deutsche Sendeanlagen benutzte, hatte er sich faktisch der »Zusammenarbeit mit dem Feind« schuldig gemacht, was in England großes Ärgernis erregte. Man riet ihm, den Boden seines Heimatlandes nie wieder zu betreten. Er fiel in Ungnade und wurde erst kurz vor seinem Tod rehabilitiert.

Heute nachmittag, nach Büroschluß, holten mich einige ungarische Freunde ab, und wir fuhren zu Helga-Lee Schaumburg hinaus und legten uns dort in die Sonne. Gofy Fürstenberg kam auch; er sah abgezehrt aus, wirkte völlig erschöpft und vermochte kaum an der Unterhaltung teilzunehmen. Aschwin Lippe ist fristlos entlassen worden, weil sein älterer Bruder, der holländische Prinzgemahl, Königin Wilhelmina nach England gefolgt ist. Am Ende wird das vermutlich Aschwins Leben retten, aber er ist sehr unglücklich: er hängt an seiner Truppe, hat mit ihr den Polen- und Frankreichfeldzug mitgemacht und fühlt sich jetzt wie ein Ausgestoßener. Besonders schlimm ist, daß der Familienbesitz auf den Namen seines Bruders läuft und nun zweifellos beschlagnahmt werden wird.

Montag, 10. Juni: Burchard von Preußen kocht vor Zorn, weil nach dem Tode seines Vetters Wilhelm alle Prinzen aus ehemals regierenden Häusern vom Frontdienst ausgeschlossen worden sind und bestenfalls noch beim Stab »geduldet« werden. Adolf will nicht, daß sie sich auszeichnen und auf diese Weise »ungesunde Beliebtheit« erwerben – denn sie haben sich sämtlich als gute Soldaten erwiesen.

Gestern haben die Alliierten Narvik geräumt, und Norwegen hat kapituliert. Heute nachmittag hat Mussolini den Eintritt Italiens in den Krieg bekanntgegeben. Von der Torheit ganz abgesehen, ist es nicht gerade elegant, in der elften Stunde des Frankreichfeldzugs »siegreich« in Südfrankreich einzumarschieren.

Mittwoch, 12. Juni: Es gehen Gerüchte, daß Paris verteidigt werden soll. Ich hoffe nicht; es würde ja doch nichts ändern.

Donnerstag, 13. Juni: War mit C. C. Pfuel im Theater und sah Fiesco mit Gustaf Gründgens. Das war ein großes Ereignis, da man heutzutage nur selten Karten bekommt, sie sind entweder ausverkauft oder für Urlauber reserviert. Hinterher nahmen wir einen Imbiß in einem kleinen Restaurant und sprachen über den Krieg. C. C., der intelligent ist, glaubt nicht an ein baldiges Ende und ist im großen ganzen pessimistisch.

Freitag, 14. Juni: Paris hat sich heute ergeben. Seltsam, wie lauwarm die Reaktion hier ist. Keine Rede von irgendwelchen Hochgefühlen.

Samstag, 15. Juni: Es heißt gerüchteweise, Frankreich habe kapituliert. Wir verbrachten den Abend mit Siggi Lafert und Freunden im Grunewald, fuhren Boot und saßen später im Garten. Plötzlich erschien Agostino Benazzo, zog uns beiseite und flüsterte: »Die Russen haben Litauen annektiert!« Und Papa ist noch immer dort! Wir kehrten sofort nach Haus zurück und verbrachten die ganze Nacht damit, uns mit Leuten vom A. A. in Verbindung zu setzen, die uns vielleicht helfen können. Alle verhielten sich äußerst ausweichend aus Angst, das Bündnis mit Sowjetrußland zu gefährden.

Sonntag, 16. Juni: Burchard von Preußen begleitete mich in die Kirche, während es Tatjana nochmals mit dem A. A. versuchte. Burchard bemüht sich auch, einen Weg für Papas Rettung zu finden, ehe es zu spät ist.

Montag, 17. Juni: Habe die letzten Nächte kaum geschlafen. Es heißt, der litauische Präsident Smetona und die meisten seiner Kabinettsmitglieder hätten sich über die deutsche Grenze in Sicherheit gebracht.

Obgleich Litauen infolge des Geheimprotokolls vom 28. September 1939 dem sowjetischen Einflußbereich zugesprochen worden war, zeigte sich Hitler nicht bereit, der Annexion des Landes durch die Sowjetunion zuzustimmen. Die Aktion, der noch die sowjetische Besetzung des zu Rumänien gehörenden Bessarabien sowie der nördlichen Bukowina folgte – was die sowjetischen Luftstreitkräfte in Reichweite der Ölfelder von Ploeşti brachte, Deutschlands hauptsächliche Erdölversorgung –, sah Hitler als Vertrauensbruch an, der ihn in seiner langgehegten Absicht, die Sowjetunion anzugreifen und zu erobern, nur noch bestärkte. Präsident Antanas Smetona, der Litauen seit 1926 als »sanfter Diktator« regiert hatte, gelang es, in die Vereinigten Staaten zu entkommen, wo er 1944 starb. Die sowjetischen Behörden begannen sofort mit einer »Säuberung« im ganzen Land: über 5000 Personen wurden sogleich erschossen und zwischen 20000 und 40000 nach Sowjetrußland verschleppt, von denen die meisten in Lagern umkamen.

Albert Eltz hat gerade angerufen und berichtet, daß Marschall Pétain im Namen Frankreichs kapituliert habe. Das französische Kabinett scheint sich in alle Winde zerstreut zu haben. All dies erscheint kaum glaublich nach nur zwei Monaten des Kampfes.

Dienstag, 18. Juni: Frankreich wird im Eiltempo besetzt. C. C. Pfuel und Burchard von Preußen haben Nachforschungen nach Papa eingeleitet mit Hilfe eines Oberst Oster von der Abwehr. Bisher noch keine Nachricht.

Mittwoch, 19. Juni: Die Familie Tillmanns ist aus Litauen eingetroffen. Sie sind deutsch-russischer Abstammung und waren dort bedeutende Industrielle. Zwei Stunden vor der sowjetischen Machtübernahme wurden sie sowohl vom deutschen Gesandten, Dr. Zechlin, als auch von meinem früheren Chef, dem englischen Gesandten, Mr. Thomas Preston, gewarnt und zur Abreise gedrängt. Ihr Sohn ist zurückgeblieben in der Hoffnung, mit Hilfe seines deutschen Passes einiges von ihrem Besitz zu retten.

Donnerstag, 20. Juni: Als ich heute abend nach Hause kam, fand ich ein Telegramm von Papa aus Tilsit in Ostpreußen vor. Es lautete: »Glücklich angekommen«; Papa bat um Reisegeld, damit er zu uns kommen könne.

Freitag, 21. Juni: Ein Krebsessen bei C. C. Pfuel mit Luisa Welczeck und Burchard von Preußen; letzterer brachte uns in seinem Wagen nach Haus, was gänzlich illegal ist. Wir waren gerade im Begriff, ins Bett zu gehen, als die Sirenen Fliegeralarm gaben. Wir saßen unten auf der Treppe und schwatzten mit dem Portier, der zugleich Luftschutzwart ist. Später hörten wir, daß Bomben auf Potsdam gefallen seien, aber keine auf Berlin.

Samstag, 22. Juni: Verbrachte den Abend bei Tino Soldati. Der Waffenstillstand im Westen wurde bekanntgegeben und im Radio »Wir treten zum Beten« gesungen. Alle Anwesenden ließen sich sehr verächtlich über die Italiener aus, die Frankreich erst angegriffen haben, als andere längst die Kastanien aus dem Feuer geholt hatten.

Montag, 24. Juni: Abendessen in Gatow, am See, mit einer Gruppe italienischer Freunde. Kam früh nach Haus, da die anderen noch auf eine Party wollten, die von der amerikanischen Frau eines hiesigen italienischen Diplomaten gegeben wurde. Es dünkt mich ziemlich unpassend, so vergnügt zu sein, wenn man bedenkt, was jetzt in Frankreich geschieht.

Dienstag, 25. Juni: Als ich nach Haus kam, war Papa da, der erstaunlich munter aussah, wenn man in Betracht zieht, was er gerade durchgemacht hat. Seine einzige irdische Habe sind Rasierzeug, zwei schmutzige Taschentücher und ein Hemd. Sobald er deutschen Boden unter den Füßen hatte, wurde er von der deutschen Grenzpolizei offenbar sehr gut behandelt – dank der Fürsprache von Oberst Oster. Man bot ihm sogar Geld an, damit er zu uns reisen könne. Zuvor hatte er jedoch eine recht aufregende Zeit, mußte sich in den Wäldern seines früheren Gutes verstecken und im Schutz der Nacht mit Hilfe eines ehemaligen Wilderers über die Grenze gehen. Dies stellte sich als keineswegs einfach heraus, da mitten im Sommer das Unterholz knochentrocken ist und bei jedem Schritt vernehmlich knackt.

Als sowjetische Truppen Litauen besetzten, hielt sich Missies Vater gerade in Wilna auf, der alten Hauptstadt des Landes, die die Sowjets nach der Teilung Polens im Herbst zuvor an Litauen zurückgegeben hatten. Er reiste mit dem ersten Zug nach Kowno zurück, seinem Wohnsitz, verbrachte die Nacht bei Freunden, ohne nach Hause zurückzukehren, und schiffte sich dann auf einem Memeldampfer bis Georgenburg ein, wo einst die Güter der Familie gelegen hatten. Die Wassiltschikows waren bei der Bevölkerung noch immer beliebt, und es fanden sich Helfer, die sich erboten, ihn über die Grenze nach Deutschland zu geleiten, ehemalige Wilderer, die in seinen Wäldern ihre »Reviere« gehabt hatten. Als sie Deutschland erreichten und er sie bezahlen wollte, wiesen sie dies mit den Worten zurück: »Wir sind längst vielfach belohnt worden . . . als Sie noch hier lebten!«

Montag, 1. Juli: Nach der Arbeit besuchte ich Luisa Welzceck und Tatjana in ihrem Büro in der früheren tschechischen Gesandtschaft in der Rauchstraße. Luisas Chef ist ein sehr netter Diplomat, Josias von Rantzau, der früher in Dänemark und den Vereinigten Staaten Dienst tat. Er hat einen ausgeprägten

Sinn für Humor, der ihm auch gut zustatten kommt, da Luisa sehr schöne Knittelverse über das gesamte Büropersonal verfaßt und ihn oft und gründlich neckt. Man bot uns etwas ziemlich Hochprozentiges zu trinken an, und die Atmosphäre schien überhaupt angenehm entspannt zu sein.

Dienstag, 2. Juli: Ein Abendessen mit Otto von Bismarck, den Benazzos, Helene Biron und einem jungen Schweden, von Helgow, von der hiesigen Gesandtschaft. Wir verbrachten den Rest des Abends in dessen Wohnung in der Nähe des Tiergartens, die mit Wedgewood-Nippes vollgestopft ist. In heutiger Zeit riskant.

Fürst Otto von Bismarck (1897–1975), der älteste Enkel des Reichskanzlers, hatte seine Laufbahn als Reichstagsabgeordneter der politischen Rechten begonnen. Später trat er in den diplomatischen Dienst ein, war in Stockholm und London und schließlich von 1940–1943 Gesandter an der deutschen Botschaft in Rom. Nach dem Krieg kehrte er in die Politik zurück und war von 1963 bis 1965 Bundestagsabgeordneter der CDU.

Sonntag, 7. Juli: Tatjana, Luisa Welczeck und ich waren in die Residenz des italienischen Botschafters am Wannsee »zu einem gemütlichen Schwimmen« eingeladen. Es stellte sich heraus, daß dies zu Ehren des Außenministers Ciano geschah, der hier ist, um an einer Gedenkfeier für Marschall Italo Balbo teilzunehmen, der kürzlich bei einem Flugzeugunglück in Libyen ums Leben gekommen ist.

Zu diesem Anlaß schien die Botschaft die hübschesten Mädchen von Berlin eingeladen zu haben, aber nicht *einen* jungen Mann, den wir gekannt hätten. Cianos eigenes Gefolge stellte sich als eher unattraktiv heraus, Blasco d'Ayetta, sein Kabinettschef, war die einzige Ausnahme. Uns kam die ganze Sache sehr verdächtig vor. Bei strömendem Regen kurvte man mit uns in zahlreichen Motorbooten auf dem Wannsee herum. Wieder am Ufer angelangt, beschlossen wir, nach Haus zu gehen, sobald sich ein fahrbarer Untersatz finden ließe. Als es soweit war, unserm Gastgeber zu danken und uns zu verabschieden, fanden wir ihn und Ciano in einem abgedunkelten Raum, wo sie mit den beiden leichtlebigsten Damen, die Berlin zu bieten hat, eng umschlungen tanzten. Und dies an einem Tag angeblicher, offizieller Trauer! Wir gingen recht degoutiert von dannen, und Luisa hat sich sogar bei ihrem Vater beschwert.

Donnerstag, 11. Juli: Mein junger Kollege vom Auswärtigen Amt will eine Party geben und hat Katja Kleinmichel und mich eingeladen. Katja meint, er habe auch Baillie-Stewart eingeladen. Letzterer ist ein englischer Offizier, der vor einigen Jahren gewisse Pläne an Deutschland verraten hat, eine Weile im Tower eingesperrt war und jetzt hier lebt. Ich bat Katja, unserem Kollegen zu sagen, ich zöge es vor, nicht zu erscheinen, da ich dem Kerl nicht begegnen wolle. Unser Freund nahm dies sehr übel und erklärte, Baillie-Stewart sei der anständigste Engländer, den er je kennengelernt habe. Ich konnte nicht umhin zu antworten, daß er nicht sehr viele Engländer kennengelernt zu haben scheine, aber wenn er recht habe, dann »God save the King!« Er drohte die ganze Party abzusagen, und alles wegen meiner Dummheit. So gab ich schließlich nach und verbrachte den größtenTeil des Abends damit, den andern beim Pokerspiel zuzusehen. Ansonsten verläuft unsere Zusammenarbeit harmonisch.

Unser Chef, Herr E., ist in seine eigene Kabüse verbannt worden, aus der er nie zum Vorschein kommt.

Freitag, 12. Juli: Heute abend gaben die Bielenbergs eine kleine Party in Dahlem. Peter Bielenberg ist ein Rechtsanwalt aus Hamburg. Er ist über zwei Meter groß, sieht glänzend aus und hat den Teint eines indischen Radschas. Er ist mit einer reizenden Engländerin, Christabel, verheiratet, die, soviel ich weiß, eine Nichte von Lord Northcliffe ist. Sie haben zwei kleine Buben. Der ältere, siebenjährig, flog aus der Schule, weil er protestierte, als sein Lehrer die Engländer Schweine nannte. Seinen Eltern liegt daran, weitere derartige Vorfälle zu vermeiden, und Chris wird mit den beiden Söhnen nach Tirol ziehen, um dort das Kriegsende abzuwarten. Sie sind ein sehr attraktives Paar. Ein alter Studienfreund von Peter, Adam von Trott zu Solz, war auch da. Ich war ihm schon einmal zuvor in Josias Rantzaus Büro begegnet. Er hat bemerkenswerte Augen.

Adam von Trott zu Solz (1909–1944), Sohn eines früheren preußischen Kultusministers und Enkel einer amerikanischen Urgroßmutter, ging nach seinem Studium in München, Göttingen und Berlin als Rhodes-Stipendiat an das Balliol College in Oxford. Nach kurzer juristischer Tätigkeit in Deutschland verbrachte Trott 1937–38 einige Zeit in den Vereinigten Staaten und unternahm eine ausgedehnte Chinareise. Im Jahr 1939 war er abermals in England, wo er, mit Unterstützung der Astors und Lord Lothians, von Premierminister Neville Chamberlain und Außenminister Lord Halifax empfangen wurde. Im September 1939 (nach Ausbruch des Krieges) hielt er sich auf Einladung des Institute of Pacific Relations wieder in den USA auf. Wo immer er war, wann immer er einem Politiker gegenüberstand, vertrat er stets seine zweifache Botschaft: Die Westmächte sollten sich gegen Hitler zur Wehr setzen und die deutsche Opposition ermutigen, Deutschlands nationale Interessen aber respektieren. Inzwischen war jedoch deutscher Patriotismus im westlichen Ausland grundsätzlich fragwürdig geworden, und man betrachtete Trott in vielen Kreisen mit Mißtrauen; einige hielten ihn sogar für doppelzüngig. Trott kehrte 1940 über Sibirien nach Deutschland zurück und nahm seine Arbeit im Auswärtigen Amt auf, wo sich eine aktive Widerstandsgruppe zu bilden begann. Durch seinen Kollegen Hans-Bernd von Haeften wurde Trott in den »Kreisauer Kreis« des Grafen Moltke eingeführt, ein bedeutendes geistiges Zentrum des Widerstandes, in dem viel über die Neuordnung Deutschlands nach dem Sturz Hitlers nachgedacht wurde. Trott machte sich jede seiner Auslandsreisen zunutze, um für die Vorstellungen dieser Gruppe zu werben.

Samstag, 13. Juli: Ich begleitete Tatjana zur Gestapo, wo uns ein besonders gräßlicher Kerl empfing. Unsere Rechtslage wird immer prekärer. Was die Deutschen angeht, so sind unsere litauischen Pässe seit der sowjetischen Annektierung des Baltikums ungültig. Nun wird von den Bürgern dieser Länder verlangt, sich um die sowjetische Staatsangehörigkeit zu bewerben. Das werden wir selbstverständlich nicht tun.

Sonntag, 14. Juli: Am Abend kam ein Freund von Papa vorbei, ein Baron Klodt, ein früherer russischer Seeheld noch aus der Zeit des russisch-japanischen Kriegs 1904/05, sowie Mischa Butenjew. Er ist ein sehr gescheiter junger Russe, der einen ganzen Winter lang mit seinen Geschwistern in einem Warschauer Keller zugebracht hat, nachdem sie aus dem russisch besetzten Ostpolen geflüchtet waren. Sein Vater ist in die UdSSR verschleppt worden. Welche Ironie des Schicksals, daß dies gerade jetzt, zwanzig Jahre nach seiner ersten Flucht vor der russischen Revolution, geschehen ist! Mischa hat die siebenjährigen Zwillinge seiner Schwester bei sich. Sie werden anständig behandelt, da sie in den Vereinigten Staaten geboren sind.

Dienstag, 16. Juli: Paul Mertz ist gefallen. Er ist in seinem Flugzeug über Belgien abgeschossen worden. Er war ein junger Luftwaffenoffizier, den wir im vorigen Sommer in Schlesien kennengelernt haben. Als er in den Krieg zog, vermachte er uns seinen Hund »Sherry«. Da wir Sherry nicht mit nach Berlin nehmen konnten, gaben wir ihn in Pflege.

Heute im Büro bekam ich irrtümlicherweise einen Bogen Papier mit einem gelben Querstrich. Diese Bögen sind für besonders wichtige Nachrichten reserviert. Da ich nichts Besseres zu tun hatte, setzte ich ein Gerücht über einen angeblichen Volksaufstand in London auf, bei dem man den König am Geländer des Buckingham-Palasts aufgeknüpft habe, und reichte diesen Bericht an ein idiotisches Mädchen weiter, das ihn auch brav übersetzte und einer für Südafrika gedachten Nachrichtensendung hinzufügte. Unser Chef, der alle hinausgehenden Nachrichten zu überprüfen hat, erkannte mich an einigen grammatikalischen Fehlern im deutschen Text als Urheberin. Aber er hatte seinen milden Tag und nahm es nicht übel.

Mittwoch, 17. Juli: Bei Tino Soldati hatte ich heute abend ein langes Gespräch mit Hasso von Etzdorf über Frankreich. Er steht im Ruf, ein sehr guter Mann zu sein, aber diese Was-geht-es-mich-an-Einstellung statt offener Kritik, die selbst einige der besten Deutschen als eine Art Selbstschutz an den Tag legen, während sie sich zugleich von den gegenwärtigen Herren des Landes und deren Taten distanzieren, beängstigt mich zuweilen. Denn wenn sie nicht für ihre Überzeugungen einstehen, wo soll dann alles enden? *[Erst nach dem Scheitern des Attentats vom 20. Juli erfuhr Missie, daß Hasso von Etzdorf eine aktive Rolle im Widerstand gegen die Nationalsozialisten gespielt hatte.]*

Montag, 22. Juli: Hörte zu Haus im Rundfunk ein wundervolles Konzert der Berliner Philharmoniker. Darussia Gortschakow hat uns gerade aus der Schweiz eine Liste junger weißrussischer Emigranten geschickt, die im französischen Heer gekämpft haben und seit dem Ende des Frankreichfeldzugs als vermißt gemeldet sind. Unter anderen auch unser Vetter ersten

Grades Jim Wjasemsky sowie Mischa Kantakuzene und Aljoscha Tatischtschew. Bisher war es unmöglich, etwas über ihren Verbleib zu erfahren.

Dienstag, 23. Juli: Mischa Kantakuzene ist gefunden worden, aber wir machen uns Sorgen um Jim Wjasemsky, der zuletzt in Flandern gesehen worden ist. Auch keinerlei Nachrichten von unsern Kusinen Schtscherbatow in Paris.

Donnerstag, 25. Juli: Abendessen bei den Horstmanns, zur Feier von Freddies Geburtstag. Zum ersten Mal seit dem Ball bei den Chilenen haben wir wieder lange Kleider getragen. Die Unterhaltung drehte sich um Gasmasken. Wir besitzen keine, was einige Überraschung hervorrief, denn Gerüchten zufolge hat man in den Trümmern eines vor kurzem abgeschossenen englischen Flugzeugs Gasbomben gefunden.

›Freddie‹ Horstmann, ein reicher, leidenschaftlicher Kunstsammler, war eine der interessantesten und unvergeßlichen Erscheinungen im Berlin der Vorkriegs- und noch der Kriegsjahre. Wegen der jüdischen Herkunft seiner Frau Lally war er bald nach Hitlers Machtergreifung gezwungen, als Diplomat seinen Abschied zu nehmen. Als Missie die Horstmanns kennenlernte, stellte deren kleine, aber kostbar eingerichtete Wohnung am Steinplatz eine Insel der Kultur in einem immer höher brandenden Meer der Barbarei dar. Umgeben von Freddies Kunstsammlungen, traf sich dort ein sorgfältig ausgewählter Freundeskreis – zu dem stets auch einige der schönsten Frauen Europas zählten – in einer kultivierten, behaglichen und anregenden Atmosphäre. Obgleich Politik als Gesprächsthema tabu war, war allein die Existenz eines solchen Salons eine subtile – und für manche suspekte – Herausforderung an alles Nationalsozialistische.

Freitag, 26. Juli: Heute abend schneite Albert Eltz herein. Er brachte uns Kuchen und Kolynos-Zahnpasta – eine Kostbarkeit, die man jetzt nur noch in Siemensstadt ergattern kann. Er ist bei der Flak auf dem Dach des dortigen Werkgebäudes und war vor kurzem eingesperrt, weil man ihn erwischt hatte, als er einen englischen Roman las, statt den Himmel nach englischen Flugzeugen abzusuchen.

Montag, 29. Juli: Ich bleibe montags jetzt immer gern zu Haus wegen der Philharmoniekonzerte, die jede Woche übertragen werden.

Tatjana hat schon wieder eine Gehaltserhöhung bekommen. Ich dagegen hinke mal wieder traurig hinterher.

Donnerstag, 1. August: Allmählich lerne ich Tatjanas Chef, Josias Rantzau, etwas besser kennen. Er ist mir sehr sympathisch. Er erinnert an einen etwas trägen Jagdhund und hat einen ausgeprägten Sinn für Humor.

Samstag, 3. August: Über ein neutrales Land haben wir endlich von Mara Schtscherbatow gehört. Alle Kusinen sind wieder in Paris, haben aber keine Arbeit. André Ignatjew, ein alter Freund von ihnen, hat an der französischen Front ein Bein verloren.

Sonntag, 4. August: Nach der Kirche trafen wir uns mit einigen Freunden im Hotel Eden, wo Luisa Welczeck mit einem jungen Mann namens Paul Metternich zu Mittag aß. Er ist der Urenkel des berühmten Kanzlers und halber Spanier. Hinterher waren wir alle bei den Schaumburgs draußen in Kladow eingeladen und machten uns in verschiedenen Autos auf den Weg, Paul Metternich im Notsitz mit Tatjana, Nagy und mir. Der Arme hat fast kein Haar auf dem Kopf, nur Stoppeln, da er irgendwo als einfacher Soldat dient. Wegen dieses unerwarteten Eindringlings mußte der arme Burchard von Preußen mit der Bahn fahren. Offensichtlich ist Paul von Tatjana hingerissen.

Donnerstag, 8. August: Zum Kaffee bei Luisa Welczeck und Josias Rantzau in deren Büro. Später kam auch noch Adam Trott hinzu, dessen Aussehen mich fasziniert. Vielleicht ist es seine Intensität, die einen so beeindruckt. Aß mit Tatjana, Burchard von Preußen und Rantzau bei Luisa zu Abend in ihrem Hotel am Steinplatz. Luisa tanzte Flamenco, nachdem sie sich passend angezogen hatte. Sie machte das wirklich vorzüglich.

Dienstag, 13. August: Heute abend ist es C. C. Pfuel, zwei weiteren Gästen und mir gelungen, 120 Krebse zu verspeisen. Um elf Uhr abends rief Tatjana an, Papa sei in der Dunkelheit gestürzt und habe sich am Bordstein den Kopf aufgeschlagen. Er blutete stark, und da wir kein Verbandszeug im Haus hatten, machten wir uns auf die Suche nach einer Apotheke. Kaum hatten wir Papa verarztet, als ein Luftangriff kam. Es bedurfte der allergrößten Überredungskünste, ihn zu bewegen, in den Keller zu kommen (unsere Wohnung liegt im vierten Stock). Er hatte Sorge, die Nachbarn könnten denken, er sei in eine Schlägerei verwickelt gewesen. Es wurde viel geschossen, und erst um drei Uhr kam die Entwarnung. Gegen England werden jetzt schwere Luftangriffe geführt, und dies war vermutlich als Vergeltung gedacht.

Nach der Niederlage Frankreichs hatte Hitler in der Hoffnung, England werde nun um Frieden ersuchen, in seiner Triumphrede am 19. Juli ein formelles Friedensangebot unterbreitet. Churchill antwortete mit der Forderung, Deutschland solle sich auf die Grenzen von 1938 zurückziehen. Bereits Mitte Juli hatte Hitler die erste Phase des »Unternehmens Seelöwe« in Gang gesetzt – der Deckname für die Invasion Großbritanniens. Am 13. August 1940 begann die Luftwaffe mit einer Großoffensive, die später als »Luftschlacht um England« bezeichnet wurde.

Freitag, 16. August: Josias Rantzau hat uns vier Mädchen eine Kollektion guter französischer Parfums geschenkt mit exotischen und vielversprechenden Namen wie Mitsouko, Ma Griffe, Je Reviens und so weiter, von denen ich bisher noch nie gehört hatte.

Dienstag, 20. August: Tatjana und ich haben mit einigen Angehörigen der Schweizer Gesandtschaft gesprochen, um herauszubekommen, wie man mit unserm Vetter Jim Wjasemsky Verbindung aufnehmen könnte. Wir haben inzwischen erfahren, daß er unversehrt in einem Kriegsgefangenenlager irgendwo in Deutschland ist.

Sonntag, 25. August: Heute nacht kam wieder ein Luftangriff. Tatjana war aus. Zuerst blieb ich im Bett, aber dann schoß es so wild, daß das ganze Schlafzimmer gelegentlich hell erleuchtet war. Ich bin schließlich doch in den Keller gegangen und zwang Papa, mitzukommen.

In der »Luftschlacht um England« sollte zunächst die britische Jagdwaffe ausgeschaltet und nach Erringung der Luftüberlegenheit in erster Linie das Versorgungszentrum London bombardiert werden. Bis Mitte Juli 1940 hatte die deutsche Luftwaffe Bombeneinsätze gegen britische Städte allerdings vermieden. Das britische Kabinett hatte demgegenüber schon am 11. Mai 1940 den Bombenkrieg im deutschen Hinterland freigegeben. Nachdem am 24. August einige Bomben auf London gefallen waren, schlug die Royal Air Force in der folgenden Nacht – der Nacht, die Missie beschreibt – in einem Angriff mit achtzig Bombenflugzeugen auf Berlin zurück. Hitler befahl hierauf, die Bombardierung britischer Industrieanlagen sowie Bodeninstallationen der RAF einzustellen und sich statt dessen auf London zu konzentrieren. Diese Entscheidung hat zur deutschen Niederlage in der »Luftschlacht um England« beigetragen, denn sie gewährte der RAF eine Atempause just in einem Augenblick, als ein deutscher Luftsieg nicht auszuschließen war.

Montag, 26. August: Wieder ein Angriff. Wir blieben im Bett, obwohl die Hausmeister in allen Häusern inzwischen Befehl haben, sämtliche Bewohner zu zwingen, in die Luftschutzkeller zu gehen. Unserer kam auch und klapperte mit einem Kochtopf, um uns aufzuscheuchen. Diesmal dauerte der Krawall jedoch nur eine halbe Stunde.

Dienstag, 27. August: Bin nach der Arbeit kurz bei Tatjana im Büro gewesen. Aus dem Nachbarraum, einem Bad, ertönte lautes Geplätscher. Ihr Chef machte sich offensichtlich den Umstand zunutze, daß es in Regierungsgebäuden noch unbeschränkt heißes Wasser gibt.

Abendessen bei Freunden, einschließlich der Brüder Kiekebusch. Beide sind in Frankreich schwer verwundet worden. Mäxchen war drei Monate lang gelähmt. Claus' Panzer ging in Flammen auf, er wurde mit schwer verbranntem Gesicht hinausgeschleudert, hat sich aber recht gut erholt, und man sieht nicht sehr viel. Zum Glück, denn er ist auf sein gutes Aussehen stolz. Zwei Mann seiner Besatzung sind jedoch umgekommen.

Mittwoch, 28. August: Heute kam ich im Bus gerade an der Gedächtniskirche vorbei, als die Sirenen zu heulen begannen. Der Bus hielt, und alle Fahrgäste wurden in den Keller des KaDeWe gescheucht. Die Sonne strahlte, und es passierte gar nichts. Aber heute abend, als wir in Grunewald aßen, ging es ganz munter zu. Wir standen im Garten und sahen uns die vielen grünen und roten »Christbäume« an, die über der Stadt abgeworfen wurden. Sehr bald mußten wir allerdings im Haus Schutz wegen der Flaksplitter suchen. Diesmal scheint es zahlreiche Opfer gegeben zu haben. Wir kamen erst nach vier Uhr früh nach Haus.

Montag, 2. September: Obgleich wir einen Luftangriff erwarteten, blieben wir zu Haus, weil wir schlafen wollten. Unser Keller ist ganz gut organisiert. Die kleinen Kinder liegen in Gitterbettchen und lutschen am Daumen. Tatjana und ich spielen gewöhnlich Schach. Sie schlägt mich regelmäßig.

Dienstag, 3. September: Ein Luftangriff um Mitternacht, aber da Tatjana Temperatur hatte, blieben wir oben. Unsere Betten stehen an gegenüberliegenden Seiten des Zimmers, und Tatjana hatte Angst, das Haus könnte getroffen und ich in den Abgrund geschleudert werden, während sie oben hängenbliebe. So kroch ich in ihr Bett, und die nächsten zwei Stunden verbrachten wir eng aneinandergeschmiegt. Der Lärm war entsetzlich. Immer wieder wurde unser Zimmer von plötzlichen Lichtblitzen hell beleuchtet. Die Flugzeuge flogen so niedrig, daß man sie ganz deutlich hören konnte. Zuweilen schien es, als seien sie direkt über unsern Köpfen. Ein sehr unangenehmes Gefühl. Selbst Papa war etwas beunruhigt und besuchte uns auf einen Schwatz.

Freitag, 6. September: Diese allnächtlichen Luftangriffe werden langsam anstrengend, da man höchstens drei oder vier Stunden Schlaf hat. Nächste Woche machen wir Ferien im Rheinland und besuchen die Hatzfeldts. Die Leute lachen uns aus, daß wir ausgerechnet ins Rheinland reisen, »um den Bomben zu entgehen«, aber auf dem Lande geht es noch relativ friedlich zu, und das Ruhrgebiet – Hauptziel der alliierten Bomber – ist weit entfernt.

Samstag, 7. September: Heute sind wir aus der Pücklerschen Wohnung in Ditti Mandelslohs *pied-à-terre* umgezogen. Er ist an der Front und will nicht, daß es leersteht, aus Angst, ein Parteibonze könnte es requirieren. Es liegt in der Hardenbergstraße, nahe am Bahnhof Zoo, eine schlechte Gegend, was

Bombenangriffe betrifft, aber es ist winzig und daher praktisch. Das Ganze hat nicht mal einen Vorraum, sondern besteht lediglich aus einem kleinen Salon, einem Schlafzimmer, einem netten Bad (obwohl es nur selten heißes Wasser gibt), einer winzigen Küche und einem Flur, der an der ganzen Rückseite entlangläuft. Wir werden das eine Ende davon in ein Zimmer für Papa verwandeln. Die Wohnung geht auf einen dunklen Hof hinaus und ist Teil eines großen Bürogebäudes, das nachts unbewohnt ist mit Ausnahme einer Hausmeisterin, die bei uns etwas putzen wird.

Sonntag, 8. September: Ich besuchte Lally Horstmann, die direkt um die Ecke wohnt, und wir unterhielten uns darüber, was wohl aus unsern englischen und französischen Freunden geworden sein mag. Die Bombenangriffe auf England haben wieder begonnen, und es heißt, in London wüteten fürchterliche Brände.

Montag, 9. September: Wieder ein Luftangriff. Ich habe die ganze Sache verschlafen und weder die Sirene noch die Bomben noch die Entwarnung gehört. Das zeigt, wie erschöpft ich bin.

Dienstag, 10. September: Ging früh schlafen. Um Mitternacht wieder Alarm. Diesmal ist das Hedwig-Krankenhaus getroffen worden. Eine der Bomben landete in Antoinette Croys Zimmer (die gerade operiert worden war) und setzte es in Brand. Zum Glück war sie noch eben rechtzeitig in den Keller getragen worden. Der Reichstag brannte auch, und einige Bomben fielen in den Garten der amerikanischen Botschaft.

Mittwoch, 11. September: Luftangriff. Ein amerikanischer Freund, Dick Metz, nahm mich zu einem Besuch bei Antoinette Croy mit, die quietschvergnügt ist und sehr stolz die Trümmer ihres Krankenzimmers vorzeigt. Er ist inoffiziell mit ihrer Schwester Loulou verlobt.

Morgen machen wir uns auf den Weg zu einem zehntägigen Besuch bei den Hatzfeldts.

Donnerstag, 12. September: Wir reisten mit dem Schlafwagen nach Köln. Der Zug fuhr rasend schnell, und ich wartete die ganze Zeit auf einen Zusammenstoß. An vielen Orten, durch die wir kamen, war der Himmel rot, und eine Stadt stand in Flammen. In Köln frühstückten wir mit Bally Hatzfeldt, die wir im Zug irgendwie verpaßt hatten. Dann gingen wir in den Dom. Viele der berühmten Glasfenster sind herausgenommen und in Sicherheit gebracht worden. Da wir irgend etwas kaufen wollten, einerlei was, entschieden wir uns schließlich für Taschentücher. Mittags bestiegen wir einen unglaublich langsamen Zug nach Wissen, wo uns das Hatzfeldtsche Auto abholte.

Crottorf, Samstag, 14. September: Schloß Crottorf ist wunderschön. Wie viele westfälische Schlösser ist es von zwei Wassergräben umgeben und sieht von außen recht abweisend aus. Innen jedoch ist es sehr wohnlich, voller schöner Bilder, guter Möbel und Unmengen von Büchern. Es ist von bewaldeten Hügeln umgeben und wird im Moment von Lalla, der ältesten Hatzfeldttochter, und ihren Eltern bewohnt. Der einzige Sohn, Bübchen, ist neunzehn Jahre alt und Soldat.

Donnerstag, 19. September: Man versinkt im Nichtstun. Wir stehen um zehn Uhr auf, frühstücken mit den Töchtern des Hauses, schreiben bis Mittag Briefe, danach sitzen wir bei der Fürstin, und von drei bis fünf Uhr nachmittags ziehen wir uns zu Lektüre und Schlaf auf unsere Zimmer zurück. Um fünf Uhr wird der Tee genommen. Es regnet unaufhörlich, nur am Spätnachmittag hellt sich das Wetter im allgemeinen etwas auf, und wir machen lange Spaziergänge und suchen Pilze. Jene Bally, die man aus Berlin als glanzvolle Schönheit kennt, ist hier spurlos verschwunden: sie stapft in dicken Halbschuhen und mit Motorradfahrerbrille umher, hat aber noch immer die längsten und gebogensten Wimpern, die ich je gesehen habe. Manchmal spielen wir auch Karten, aber nur, wenn wir einen besonderen Tatendrang verspüren. Um sieben Uhr nehmen wir ein Bad und ziehen uns Abendkleider an. Später sitzt alles bis zehn Uhr um den Kamin, und dann fallen wir erschöpft ins Bett. Nach dem Abendessen wird der Fürst lebendig und kann dann sehr witzig sein, obgleich er steinalt ist. Das Essen ist immer köstlich, und wir denken deprimiert an unseren üblichen Fraß in Berlin.

Freitag, 20. September: Jim Wjasemsky hat uns auf Deutsch aus seinem Kriegsgefangenenlager geschrieben. Er bittet um Lebensmittel, Tabak und Kleidung. Er sagt, er habe sein ganzes Zeug in seinem Wagen vor dem Rathaus von Beauvais gelassen, und scheint zu hoffen, daß wir es dort irgendwie auflesen können. Einige seiner Freunde sind im gleichen Lager, und er darf lange Spaziergänge machen.

Montag, 23. September: Tatjana fühlt sich schlecht, und wir haben Sorge, daß es eine Blinddarmentzündung sein könnte. Überhaupt ist sie recht elend.

Dienstag, 24. September: Tatjana war in Wissen beim Arzt. Seine Diagnose: Blinddarm und beginnende Blutvergiftung. Er will sofort operieren! Wir haben die Sache für Donnerstag anberaumt, da ich am Freitag abreisen muß und Tatjana vor meiner Abfahrt noch über das Ärgste hinweghelfen möchte.

Donnerstag, 26. September: Die Operation ist gut verlaufen, der Arzt ist zufrieden, aber Tatjana tut sich selbst noch sehr leid. Sie muß zehn Tage im Krankenhaus bleiben, danach wird sie zur Erholung nach Crottorf zurückkehren. Ich blieb den ganzen Tag bei ihr und nahm abends in Köln den Schlafwagen nach Berlin.

Berlin, Freitag, 27. September: Kam an; Papa saß beim Frühstück. Offenbar finden Luftangriffe jetzt jede Nacht statt. Heute wurde das Dreimächteabkommen zwischen Deutschland, Italien und Japan bekanntgegeben.

In dem als »Dreimächtepakt« bekannten Abkommen vom 27. September 1940 erkannte Japan die Führungsrolle Deutschlands und Italiens bei der angestrebten »Neuordnung« in Europa an, während Deutschland und Italien die Führungsrolle Japans in »Großostasien« unterstrichen. Die vertragschließenden Parteien kamen ferner überein, sich gegenseitig zu Hilfe zu kommen, falls sie von dritter Seite, also von den USA, angegriffen würden.

Sonntag, 29. September: Fliegeralarm. Da wir jetzt im Parterre wohnen, gehen wir nicht mehr in den Keller, und ich bleibe im Bett. Die Leute beginnen, den Kellern zu mißtrauen. Vor ein paar Nächten wurde ein Haus in der Nähe von einer Bombe getroffen, und zwar von der Seite. Das Haus selbst blieb stehen, aber im Keller zerbarsten sämtliche Rohre, und die Insassen ertranken.

Montag, 30. September: Gusti Biron ist von einem Einsatz über England nicht zurückgekehrt. Seine Schwester Helene ist verzweifelt.

Der Angriff heute nacht dauerte von elf Uhr bis um vier. Ich blieb im Bett, las fast die ganze Zeit und schlief noch vor der Entwarnung ein.

Dienstag, 1. Oktober: Ich hatte bei Freunden in Dahlem zu Abend gegessen und wurde am Bahnhof Zoo vom Fliegeralarm überrascht. Ich entwischte rechtzeitig und bin den ganzen Weg nach Haus gerannt. Die Vorstellung, bei einem Angriff in irgendeinem fremden Keller festzusitzen, ist unerträglich. Früher oder später wird mir das ganz sicher passieren, denn sobald die Sirenen losgehen, darf niemand mehr draußen auf der Straße sein.

Mittwoch, 2. Oktober: Wenn wir zu Haus bleiben, kocht Papa. Er hat ausgesprochenes Talent, tut nur an alles zuviel Pfeffer. Er hat begonnen, Russischunterricht zu geben.

Heute gab es nur einen kurzen Fliegeralarm.

Sonntag, 6. Oktober: Abendessen mit Konstantin von Bayern und Bübchen Hatzfeldt. Letzterer wurde von einem Oberst am Nachbartisch abgekanzelt, weil er ihn nicht gegrüßt hatte. Sehr überflüssig und für alle peinlich.

Dienstag, 8. Oktober: Der Angriff heute nacht war der längste bisher; er dauerte fünf Stunden, mit viel Schießerei, einigen Bomben und nachfolgenden Bränden. Wir blieben im Bett.

Donnerstag, 10. Oktober: In London ist Tante Katja Galitzin von einer Bombe getötet worden, die den Bus, in dem sie fuhr, traf. Heute morgen war ein Gedenkgottesdienst für sie hier in Berlin.

Ich lese Wladimir Solowjews Weissagungen, die nicht gerade ermutigend sind.

Wladimir Solowjew (1853–1900), ein Freund und Jünger Dostojewskis, ein bedeutender russischer Dichter, Philosoph und Mystiker. Missie bezieht sich hier auf sein Buch »Die Erzählung vom Antichrist«, in dem alle Entsetzlichkeiten des modernen Totalitarismus mit erschreckender Präzision vorausgesagt werden.

Heute abend war ich auf einer Party, als es Fliegeralarm gab. Die Schießerei war sehr laut, und der arme Mäxchen Kieckebusch, dessen Nerven seit einer Rückgratverletzung in Frankreich zerrüttet sind, wälzte sich auf dem Boden und stöhnte in einem fort: »Ich kann das nicht mehr hören.« Nach meinem Fortgang feierten die andern noch weiter, und ein betrunkener Schweizer gab einen Schuß ab, der Mäxchen um ein Haar getroffen hätte.

Freitag, 18. Oktober: Tatjana ist zurück, bleich und elend.

Sonntag, 20. Oktober: Ronnie Clary ist für einen Tag hier. Er ist entschieden einer der anziehendsten und begabtesten jungen Männer unserer Generation. Er hat sich gerade verlobt.

Abends bei Wolly Saldern in Grunewald. Er ist auf Urlaub und wohnt bei seiner Familie. Das Haus ist voll von guten Büchern und guter Musik. Wir waren gerade im Begriff, in Zichys Wagen nach Haus zu fahren, als die Sirenen losgingen. Da nur Diplomaten bei Fliegeralarm auf den Straßen sein dürfen, fuhr uns Zichy zu den Salderns zurück, wo wir bis um zwei Uhr nachts Schallplatten hörten. Dann machte ich mich mit Konstantin von Bayern auf den Heimweg, eine Wanderung von über fünf Kilometern. Nachdem wir die Halenseebrücke überquert hatten, heulten die Sirenen schon wieder. Da uns niemand aufhielt, gingen wir weiter, aber bald wurde die Schießerei unangenehm, und auf dem Kurfürstendamm schob uns ein Polizist in einen Luftschutzkeller. Dort saßen wir, vor Kälte zitternd, drei Stunden lang auf dem Fußboden. Ich hatte keinen Mantel, so kauerten wir beide unter Konstantins Regenmantel. Zeitweilig dösten wir oder hörten den Gesprächen anderer zu. In Krisenzeiten zeigen sich die Berliner von ihrer besten Seite und können sehr komisch sein. Um sechs Uhr kam die Entwarnung. Selbstverständlich waren weder Straßenbahnen noch Taxis zu haben; so liefen wir um die Wette den Kurfürstendamm hinunter und trieben schließlich ein Taxi auf, das uns nach Haus brachte. In der Nähe meiner Wohnung mußten wir einen Umweg machen. Zwei Krankenwagen waren zusammengestoßen, nachdem man gerade einige Leute aus unserm Nachbarhaus, das jetzt in Schutt und Asche liegt, ausgegraben hatte. Drei Menschen, die den Treffer überlebt hatten, wurden beim Zusammenstoß getötet.

Zu Haus wartete Tatjana; sie war sehr besorgt, denn die

Bombe hatte unser Haus nur knapp verfehlt. Ich zog einen Pullover über, legte mich eine halbe Stunde hin und mußte dann ins Büro. Zum Arbeiten war ich viel zu müde. Auf Katja Kleinmichels Vorschlag streckte ich mich auf einem Feldbett aus (das für Notfälle bereitsteht) und wachte drei Stunden später auf, da mein Chef vor mir stand und mich mißbilligend musterte. Den ganzen Tag über riefen Leute an und erkundigten sich, ob ich noch lebe, denn unsere Gegend ist offenbar schwer heimgesucht worden, und zwischen unserm Haus und Luisa Welczecks Hotel, das um die Ecke liegt, sind mehrere Bomben gefallen.

Samstag, 26. Oktober: Nach der Arbeit fuhr ich mit Tatjana in Tino Soldatis Auto zu C. C. Pfuel hinaus. Dort saßen wir um den Kamin, nahmen ein heißes Bad, schliefen und bemühten uns, die Luftangriffe zu vergessen.

Montag, 28. Oktober: Heute haben die Italiener Griechenland angegriffen. Treffen zwischen Hitler und Mussolini. Im Radio großes Trara.

Italien hatte Albanien bereits im April 1939 annektiert. Jetzt, am 28. Oktober, drangen italienische Streitkräfte in Griechenland ein. Nicht nur war Hitler über diese Absicht in Unkenntnis gelassen worden, sondern er hatte Mussolini ausdrücklich vor einem derartigen Unternehmen gewarnt, das seinen ehrgeizigsten Plan, die Eroberung der Sowjetunion, gefährdete. Nichts konnte ihm ungelegener sein als eine britische Intervention an der südlichsten Flanke der deutschen Streitkräfte, die er – in Vorbereitung des Überfalls auf die Sowjetunion – bereits zusammenzuziehen begonnen hatte. Hinzu kam, daß der griechische Diktator, General Metaxas, durchaus deutschfreundlich war. Als Hitler Mussolini am 28. Oktober in Florenz traf – den Berichten zufolge ihre stürmischste Zusammenkunft –, war die Invasion Griechenlands jedoch ein Fait accompli.

Dienstag, 29. Oktober: Die Engländer sind in Kreta gelandet.

Freitag, 1. November: Zwei Luftangriffe heute nacht, der eine dauerte von halb zehn bis eins, der zweite von halb drei bis sechs Uhr früh. Unsere Parterrewohnung ist ein Segen.

Sonntag, 3. November: Britische Truppen sind auf dem griechischen Festland gelandet.

Montag, 4. November: Da ich an Bewegungsmangel leide, habe ich begonnen, Turnstunden zu nehmen, und fühle mich auch bereits besser, allerdings etwas steif. Die Lehrerin glaubt, sie könne eine Athletin aus mir machen, nur weil ich lang und dünn bin.

Mittwoch, 6. November: Paul Metternich ist seit sechs Tagen hier, und Tatjana ist fast die ganze Zeit mit ihm aus.

Freitag, 8. November: Heute ist Paul Metternich abgereist, und Tatjana blieb zur Abwechslung mal zu Haus.

Sonntag, 10. November: Fuhr mit Luisa Welczeck, Tatjana und Josias Rantzau zu Adam Trott nach Dahlem. Er hat vor kurzem Clarita Tiefenbacher geheiratet. Er hat eine Weile als Rhodes-Stipendiat in England studiert und ist ein sehr außergewöhnlicher Mensch. Ribbentrops Privatsekretär und sein Verbindungsmann zu Hitler, Gesandter Walther Hewel, war da, der den Belgier Cartier sehr in Verlegenheit setzte, als er ihn fragte, wie denn Luisa und ihre Freunde zum Regime eingestellt seien. Er ist unbeholfen, und es wird behauptet, er sei relativ harmlos; Hewel ist der einzige aus dem »inneren« Regierungskreis, der gelegentlich auch in andern Kreisen auftaucht. Manche scheinen die Hoffnung zu hegen, durch ihn positiven Einfluß nehmen zu können.

Montag, 11. November: Sideravicius, der frühere Chef der litauischen Polizei, der hier unser nächster Nachbar ist, hat erzählt, er habe vor einem Metzgerladen Schlange gestanden und gesehen, wie ein toter Esel zur Hintertür hineingetragen wurde. Er habe ihn an den Hufen und Ohren, die unter der Zeltplane hervorlugten, erkannt. Daher also kommen unsere Schnitzel einmal die Woche!

Donnerstag, 14. November: Paul Metternich ist zurück. Tatjana sieht ihn ständig.

Mittwoch, 27. November: War zum Abendessen im »Savarin« mit Tatjana, Paul Metternich und Dicky Eltz. Aß Hummer und andere nichtrationierte plutokratische Köstlichkeiten. Wenn Tatjana zu Haus ist, nachdem sie den ganzen Abend mit Paul aus war, ruft er gewöhnlich mitten in der Nacht noch an, und sie reden und reden. Zum Glück hat das Telephon ein langes Kabel, so daß ich sie ins Wohnzimmer verjagen kann, sonst bekäme ich überhaupt keinen Schlaf mehr.

Bei der Lebensmittelversorgung in den vom Deutschen Reich besetzten Gebieten Europas kam es bisweilen zu kuriosen Auswüchsen. So war zwar Fisch entweder gar nicht erhältlich oder streng rationiert, da die Hochseefischerei zum Erliegen gekommen war; an den Küsten gefischte Schalentiere hingegen, einschließlich begehrter Delikatessen wie Hummer und Austern, waren bis zur Landung der Alliierten im Jahre 1944 reichlich zu haben. Ähnlich verhielt es sich auch mit Getränken: wohlschmeckendes, gehaltvolles Bier war selbst in Deutschland bald nicht mehr erhältlich, während französische Weine und Champagner – obwohl in Frankreich selbst rationiert – in Deutschland in Strömen flossen.

Sonntag, 1. Dezember: Konstantin von Bayern begleitete mich in die russische Kirche, die ihn sehr interessiert. Danach besuchten wir den Zoo und das Aquarium; dort schwammen eine Menge ekelhafter Wasserschlangen und andere Reptilien umher. Erstaunlich, daß sie angesichts der immer heftigeren Luftangriffe weiter dort gehalten werden.

Montag, 2. Dezember: Die Leute machen indiskrete Bemerkungen über Paul Metternich und Tatjana. Es ist lästig, ständig ihre Verlobung leugnen zu müssen, aber sie wollen sie jetzt noch nicht bekanntgeben, da sie vorhaben, erst im Spätsommer des nächsten Jahres zu heiraten.

Die Griechen fegen die Italiener aus Albanien hinaus. Letztere halten noch Durazzo und Valona. Ein Witz, der in Berlin gerade die Runde macht: Die Franzosen haben an der Riviera ein Schild aufgestellt mit der Aufschrift: »Griechen, halt! Hier beginnt Frankreich!«

Dienstag, 3. Dezember: Der frühere Pariser Polizeipräfekt Chiappe ist auf dem Flug nach Syrien im Nahen Osten abgeschossen worden. Vor kurzem wurden zwei ägyptische Minister vom gleichen Schicksal ereilt. Die deutsche Propaganda spuckt große Töne über das »perfide Albion«, das lästig gewordene ausländische Staatsmänner um die Ecke bringt.

Jean Chiappe (1878–1940), konservativer Politiker und früherer Pariser Polizeichef, war von Marschall Pétain zum Hochkommissar in Syrien ernannt worden, das im Juni 1941 von einer gemeinsamen britisch-gaullistischen Streitmacht besetzt wurde.

Donnerstag, 5. Dezember: Wir sind seit geraumer Zeit ohne Nachricht aus Rom. Marschall Badoglio ist zurückgetreten. Er war der oberste Befehlshaber der italienischen Armee. Ebenso Admiral Cavagnari, der Befehlshaber der italienischen Kriegsmarine. Die Italiener scheinen auf ihren Griechenlandfeldzug überhaupt nicht vorbereitet gewesen zu sein; ihre Verluste sind horrend.

Die italienische Invasion in Griechenland hatte sich zu einem militärischen Desaster entwickelt. Die griechische Armee hatte entschiedenen Widerstand geleistet, innerhalb von Wochen den Feind zurückgeschlagen und in dessen Verfolgung Albanien erreicht. Und wie es Hitler befürchtet hatte, waren inzwischen britische Truppen und für Griechenland bestimmte militärische Ausrüstung auf dem griechischen Festland und den vorgelagerten Inseln eingetroffen.

Samstag, 7. Dezember: Abendandacht. Wurde von Tatjana und Paul Metternich, die auf dem Weg ins Theater waren, an unserer Kirche abgesetzt. Anschließend in der Oper, um Karajan zu hören. Er ist sehr in Mode, und manche Leute halten ihn für besser als Furtwängler, was Unsinn ist. Er ist zweifellos genial und hat sehr viel Temperament, ist aber nicht frei von Eitelkeit.

Sonntag, 8. Dezember: Mittagessen im Hotel Adlon mit Tatjana, Paul Metternich und den Oyarzabals (die hier an der spanischen Botschaft sind). Wir hatten gehofft, gut zu essen, aber wie sich herausstellte, gab es Eintopf – ein ungenießbarer Mischmasch, den alle Restaurants einmal in der Woche zu servieren gezwungen sind. Wir fuhren sehr enttäuscht zu C. C. Pfuel hinaus.

Mittwoch, 11. Dezember: Jetzt werden die Italiener auch in Afrika geschlagen. Die Engländer haben dort mit einer Offensive begonnen. Ein italienischer General ist bereits gefallen.

Donnerstag, 12. Dezember: Die Briten haben die Eroberung von Sidi Barrani bekanntgegeben. Die Italiener werden weiter systematisch aus Albanien vertrieben. Man kann nicht umhin, Mitleid zu empfinden mit so vielen anständigen Menschen, die trotz allem stolze italienische Patrioten sind.

Montag, 16. Dezember: Gestern nacht fielen Bomben in der Tauentzienstraße, einer von Berlins Haupteinkaufsstraßen, und haben fast sämtliche Fenster zertrümmert. Die ganze Straße ist mit Glasscherben übersät.

Dienstag, 17. Dezember: Gestern war ich zu einem Abendessen bei den San Martinos. Die meisten der anwesenden Italiener wirbelten in verrückten Tänzen herum. Ihre militärischen Niederlagen bedrücken sie offenbar nicht allzusehr.

Mittwoch, 18. Dezember: Adam Trott hat Tatjana vorgeschlagen, ich solle als seine Privatsekretärin im A. A. arbeiten. Er ist von überragender Intelligenz, und ich müßte da sehr hohen Ansprüchen genügen. Aber die Atmosphäre im A. A. ist weitaus angenehmer als in unserm D. D. Die meisten seiner Kollegen haben einen Teil ihres Lebens im Ausland verbracht und daher mehr als nur das Dritte Reich gesehen. Darüber hinaus wird meine jetzige Arbeit immer mehr zu langweiliger Routine. Mein Vertrag läuft jedoch noch bis März. Ich muß daher einen stichhaltigen Kündigungsgrund finden. In Kriegszeiten ist es schwierig, den Arbeitsplatz zu wechseln.

Neulich haben wir eine Liste aller Gerichte aufgestellt, die in unserer Kantine serviert werden. Sie ist kurz und nicht gerade phantasievoll:

Montag: Rotkohl mit Fleischsauce.

Dienstag: Fleischloser Tag. Kabeljau mit Senfsauce.

Mittwoch: Teufelsfischpastetchen (schmecken genau wie ihr Name).

Donnerstag: Bunte Gemüseplatte (Rotkohl, Weißkohl, Kartoffeln, Rotkohl, Weißkohl . . .).

Freitag: Muscheln in Weinsauce (dies ist ein »Spezialgericht«, das innerhalb weniger Minuten verschwunden ist, so daß man auf Kartoffelklöße und Sauce zurückgreifen muß).

Samstag: eines der obigen Gerichte.
Sonntag: ein anderes der obigen Gerichte.
Nachspeise während der ganzen Woche: Vanillepudding mit Himbeersauce.

Montag, 23. Dezember: Nach dem Büro hatte ich ein Gespräch mit Adam Trott. Die Arbeit klingt interessant, ist aber schwer definierbar. Offensichtlich würde er gern eine Art Privatfaktotum aus mir machen. Er tut vielerlei Dinge gleichzeitig, alles unter dem offiziellen Titel »Freies Indien« getarnt.

Kurz vor Beginn des Zweiten Weltkriegs hatte sich die nationalistische Bewegung in Indien gespalten: der extreme Flügel unter Subhas Chandra Bose (1897–1945) befürwortete den raschen Sturz der britischen Herrschaft in Indien mit gewaltsamen Mitteln, während Gandhi und Nehru dem Konzept der Gewaltlosigkeit treu blieben. Bose hielt das nationalsozialistische Deutschland für seinen natürlichen Verbündeten, und es gelang ihm im Januar 1941, nach Berlin zu kommen. Dort nahm ihn das Sonderreferat Indien des Auswärtigen Amts in Obhut. Nominell unterstand dieses Referat zwar einem Nationalsozialisten, Staatssekretär Wilhelm Keppler, in Wirklichkeit wurde es jedoch von zwei überzeugten Gegnern des NS-Regimes geleitet: Adam von Trott zu Solz und Dr. Alexander Werth. Im Laufe der Zeit erhielt Bose die Genehmigung, ein »Zentrum Freies Indien« zu gründen – dem auch diplomatischer Status gewährt wurde – und von hier aus antibritische Rundfunkpropaganda in verschiedenen indischen Sprachen zu senden. Bose erklärte England »im Namen des freien Indien« sogar den Krieg. Eine »indische Legion«, rekrutiert aus indischen, in Nordafrika gefangengenommenen britischen Soldaten, kam trotz Duldung Himmlers nicht über erste Anfänge hinaus. Als größtes Hindernis erwies sich außer dem Mangel an Freiwilligen Hitler selbst, der ein nicht zu überwindendes Vorurteil gegen Farbige hegte und insgeheim stets die imperiale Rolle Großbritanniens bewunderte.

Mittwoch, 25. Dezember: Mit Paul Metternich zur Mitternachtsmesse. Als wir zur Kirche kamen, nachdem wir erst mühsam durch den Schnee gestapft waren, stellten wir fest, daß die Messe wegen der Gefahr weiterer Luftangriffe auf morgen verschoben worden ist.

Montag, 30. Dezember: Paul Metternich reiste heute zu seinem Regiment zurück.

Dienstag, 31. Dezember: Zum Abendessen in einem Séparée bei »Horcher« mit Tino Soldati und anderen Freunden. Später gingen wir zu Tino, wo eine Reihe von Leuten zusammengekommen war, um auf das neue Jahr anzustoßen. Es gab dort eine sehr gute Kapelle, die zur allgemeinen Bestürzung um Mitternacht »Deutschland, Deutschland über alles« anstimmte. Zum Glück war Tino gerade aus dem Haus geschlüpft, um seinem Chef an der Schweizer Gesandtschaft zum neuen Jahr zu gratulieren.

*

Donnerstag, 2. Januar: Heute morgen habe ich beim D. D. gekündigt. Sie haben sich einverstanden erklärt, mich gehen zu lassen, falls ich für Ersatz sorge. Dies könnte sich als schwierig erweisen.

Sonntag, 5. Januar: Freddie Horstmann nahm Tatjana und mich in ein Karajan-Konzert mit. Es ist eiskalt. Ich bin schon zum dritten Mal in diesem Winter krank.

Dienstag, 7. Januar: Unser russisches Weihnachten. Wir gingen in die Abendgottesdienste. Wundervoll.

Freitag, 17. Januar: Habe den größten Teil des Vormittags damit verbracht, mich von den Kollegen im Büro zu verabschieden, denn es ist mir doch gelungen, mich aus dieser Anstellung zu befreien. Ich bin froh, den D. D. zu verlassen, das Milieu ist grau und trostlos. Tatjana liegt mit einer Erkältung im Bett.

Samstag, 18. Januar: Langweiliger Abend bei den Horstmanns. Manchmal frage ich mich, warum wir abends so oft ausgehen. Es muß wohl eine Art Rastlosigkeit sein.

Montag, 20. Januar: Abendessen mit Bally und Bübchen Hatzfeldt. Sie haben eine riesige Wohnung im Tiergartenviertel. Ich war in Bübchens Zimmer, um mich zu frisieren, und dabei fiel mein Blick auf einen offenstehenden Schrank. Ich war gänzlich überwältigt von den zahllosen Anzügen, die darin hingen; darunter standen ebenso viele Paare Schuhe. Ich konnte nicht umhin, daran zu denken, was Georgie und Alexander darum gegeben hätten, auch nur zwei davon zu besitzen. Unser bettelarmes Emigrantendasein erreichte seinen Höhepunkt, als sie gerade achtzehn wurden, ein Alter, in dem Kleidung für Jungens oft ebenso wichtig ist wie für Mädchen.

Mittwoch, 22. Januar: Der erste Tag in meiner neuen Stelle bei der Informationsabteilung des Auswärtigen Amts. Ich fühle mich bedrückt, da mir alles fremd ist. Adam Trott hat mich vorläufig in einer Art Forschungsstelle untergebracht, die seiner Indienabteilung angegliedert ist, um seine Chefs nicht mißtrauisch zu machen, da wir beide nicht nur ähnliche politische Anschauungen haben, sondern auch zusammen arbeiten. Meine unmittelbare Vorgesetzte ist eine ältere Journalistin, deren Spezialgebiet indische Angelegenheiten sind. Adam hofft offenbar, daß ich sie, sobald ich mich in meiner Arbeit auskenne, langsam auf für ihn nützliche Weise beeinflussen kann; ich fürchte allerdings, daß er meine Fähigkeiten überschätzt. Deutsche Frauen, wenn sie großen Büros vorstehen, können sehr schwierig sein, da ihre Weiblichkeit irgendwie in den Hintergrund gedrängt wird.

Freitag, 24. Januar: Aß mit Adam Trott zu Mittag. Er fasziniert mich. Er steckt voller konstruktiver Ideen und Pläne, während ich mich völlig mutlos fühle. Ich wage jedoch nicht, es ihm zu zeigen.

Samstag, 25. Januar: Wir haben einen Fasan geschenkt bekommen und Papa zwei Anzüge.

Sonntag, 26. Januar: War in der Kirche und machte dann mit Tatjana einen langen Spaziergang. Wir betrachteten die neuen Botschaften im Tiergarten; sie sind in dem prätentiösen Monumentalstil gebaut, der das neue Nazi-Berlin kennzeichnen wird. Überall Säulen und Marmor, überdimensional groß – jenseits aller menschlichen Proportionen. Sie haben sogar mit einer neuen englischen Botschaft begonnen, da die alte, in der Nähe des Brandenburger Tors, angeblich zu klein war. Glauben die Nazis *wirklich,* daß England schließlich klein beigeben wird?

Freitag, 31. Januar: Mein neues Büro scheint mit mir zufrieden zu sein.

Samstag, 1. Februar: Mittagessen bei den Rocamoras (er ist der hiesige spanische Militärattaché). Sie wohnen genau meinem neuen Büro gegenüber. Ich fange an, mich an letzteres zu gewöhnen, wenn es nur nicht so kalt wäre! Auch dringt kaum Tageslicht herein, wir arbeiten bei elektrischem Licht, und da wir hauptsächlich mit der Durchsicht von Kleingedrucktem beschäftigt sind, strengt es die Augen sehr an. Adam Trott kam mit einem Freund, Dr. Alex Werth, vorbei. Sie hielten eine kleine Besprechung und zogen mich hinzu. Ich saß da und lauschte ihren hochfliegenden Gedanken.

Dr. Alexander Werth war ein enger Freund Adam von Trotts seit ihrer gemeinsamen Studienzeit in Göttingen. 1934 war Werth vorübergehend in einem Konzentrationslager interniert gewesen. Später hatte er als Jurist in London praktiziert und war kurz vor Ausbruch des Krieges nach Deutschland zurückgekehrt. Nach kurzer Dienstzeit in der Wehrmacht war er dem A. A. zugeteilt worden.

Sonntag, 2. Februar: Heute nachmittag schneite Markus Clary unverhofft herein. Er ist Alfys zweiter Sohn und seinem Vater aus dem Gesicht geschnitten. Er lechzt nach jeglicher Form von Unterhaltung, da er bis jetzt an der Front war und obendrein noch eine schwere Armverwundung erlitten hat. Inzwischen ist er auf einer Offizierschule in der Nähe von Berlin. Wir nahmen ihn auf eine Party mit.

Loulou Croy ist im Begriff, nach Portugal auszureißen, um dort ihren Amerikaner, Dick Metz, gegen den Willen ihres Vaters zu heiraten.

Dienstag, 11. Februar: Tee bei den Horstmanns, um »Loulou« de Vilmorin kennenzulernen, die zur Zeit mit einem ungarischen Magnaten, dem Grafen »Tommy« Esterhazy, verheiratet ist. Jung ist sie nicht mehr, aber ungemein anziehend und elegant.

Montag, 17. Febraur: Vorige Woche hat mich Adam Trott in seine Abteilung geholt. Ich bin froh, da die Atmosphäre dort sehr viel angenehmer ist. Adam hat ein Büro, daran schließt sich ein weiteres für mich und zwei Sekretärinnen an, dann folgt ein anderes großes Zimmer, in dem Alex Werth sitzt sowie ein Mann namens Hans Richter, den alle »Judgie« nennen; dann gibt es noch ein winziges Loch, in dem Herr Wolf, von allen »Wölfchen« genannt, und Lore Wolff, seine Sekretärin, arbeiten. Wölfchen ist öfters beschwipst, aber gescheit und nett. Tatjana arbeitet unten, in der zweckentfremdeten Garage, mit Josias Rantzau und Louisette Quadt. Luisa Welczeck ist vor kurzem endgültig ausgeschieden, da sich ihre Familie, durch die Luftangriffe verschreckt, entschlossen hat, nach Wien zu übersiedeln. Wir vermissen sie sehr. Vorläufig deckt mich Adam mit Übersetzungen und Buchrezensionen ein. Zur Zeit muß ich eine Arbeit machen, für die mir nur zwei Tage zur Verfügung stehen. Gelegentlich muß ich auch aushilfsweise deutsches Diktat aufnehmen. Meine Umgebung ist über meine grammatikalischen Schnitzer entsetzt.

Dienstag, 18. Februar: Alle diese neuen Unterabteilungen des A. A. sind in den Gebäuden verschiedener ausländischer Missionen untergebracht, die Berlin verlassen haben. Daher sind sie voll ausgestattet mit Bädern, Küchen und so weiter. Ich liebe die Atmosphäre und bin sehr viel glücklicher. Die Bürostunden sind allerdings unberechenbar. Offiziell beginnt die Arbeit nach neun Uhr und endet gegen sechs. Zur Mittagsstunde verschwinden jedoch die Chefs von der Bildfläche; wir auch, obwohl es offiziell nicht erlaubt ist. Die Herren kehren fast nie vor vier Uhr zurück, manchmal wird es auch noch später; nachher ist viel aufzuholen, und wir arbeiten gelegentlich bis zehn Uhr. Der oberste Chef, der Gesandte Altenburg, ein besonders netter und von allen geachteter Mann, ist gerade durch einen Vogel ganz anderen Gefieders ersetzt worden, einen jungen, aggressiven SS-Brigadeführer namens Stahlekker, der in Schaftstiefeln einherstolziert, eine Reitpeitsche schwingt und einen Schäferhund an der Seite hat. Alle sind über diesen Wechsel beunruhigt.

SS-Brigadeführer Franz Stahlecker war schon früh in die Vorbereitungen zur »Endlösung der Judenfrage« eingeweiht. Zu Beginn des Rußlandfeldzugs befehligte er die im Baltikum eingesetzte »Einsatzgruppe A«. Stahlecker prahlte später damit, daß allein seine Einsatzgruppe in den ersten vier Monaten des Feldzugs mit 135 000 Menschen »aufgeräumt« habe. Er geriet im

März 1942 in Estland in einen Hinterhalt von Partisanen und wurde getötet.

Donnerstag, 20. Februar: Tatjana hat hohes Fieber. Ich aß bei den Horstmanns zu Abend, wo C. C. Pfuels Verlobung mit Blanche Geyr von Schweppenburg gefeiert wurde; sie ist die Tochter eines bekannten Panzergenerals und sehr hübsch.

Die Rocamoras sind gerade aus Rom zurückgekehrt mit einem Paket Briefe von der Familie, die sehr aufgeregt ist über Tatjanas Verlobung mit Paul Metternich, die sie ihnen gerade offenbart hat. Es kam als völlige Überraschung.

Samstag, 22. Februar: C. C. Pfuels Hochzeit. Er bat mich, Brautjungfer zu sein. Die ganze Angelegenheit war sehr hochgestochen mit einem Empfang im Hotel Kaiserhof. Für uns war es recht anstrengend, da wir sämtliche Gäste beiden Elternpaaren vorstellen mußten, die gerade vom Lande herbeigereist waren und keine Seele kannten. C. C. sah abgehetzt aus. Ich war schließlich so müde, daß ich selbst dem Taxifahrer, der mich nach Haus fuhr, die Hand schüttelte. Er erwiderte es mit einem Handkuß.

Dienstag, 25. Februar: Aß mit Josias Rantzau zu Abend und besprach Tatjanas Verlobung, die er gutheißt. Er fungiert als unser aller Schutzengel und Mentor.

Mittwoch, 26. Februar: Tajana und ich aßen mit Graf Adelmann, einem Freund von Papa, zu Mittag. Er ist gerade aus Litauen zurückgekehrt, wo er Botschaftsrat an der deutschen Gesandtschaft war. Er hat vielen Nichtdeutschen geholfen, den Sowjets zu entkommen, indem er ihnen einfach deutsche Pässe ausstellte.

Es gehen Gerüchte um, daß König Alfonso von Spanien gestorben sei. Er ist Paul Metternichs Patenonkel. Wenn es wahr ist, wird es für Paul und seine Mutter ein harter Schlag sein. Nach seiner Abdankung im Jahre 1931 hat er viel Zeit in Königswart, dem Metternichschen Besitz in der Tschechoslowakei, verbracht.

Donnerstag, 27. Februar: Paul Metternich, Josias Rantzau, Tatjana und ich aßen heute mittag bei »Horcher« und haben richtig geschlemmt. Als bestes Restaurant am Platze hat es für Lebensmittelkarten lediglich Verachtung.

Missie zu Anfang des
Krieges

Die Schwestern Wassiltschikow am Arm ihrer Mutter; links Tatjana, die spätere Fürstin Metternich

Der Bruder George, der im September 1942 von Berlin nach Paris übersiedelte und Missie erst nach Kriegsende wiedersehen sollte

Missies Vater war nach der Besetzung Litauens durch sowjetische Truppen im Juni 1940 nach Berlin geflohen; während der gesamten Dauer des Krieges hielt Missie engen Kontakt zu ihm

Irena, die älteste der Wassiltschikow-Schwestern, lebte seit 1939 in Rom; die Aufnahme zeigt sie zusammen mit C. C. von Pfuel

Fürst Paul von Metternich heiratete am 6. September 1941 Missies Schwester Tatjana

Missie mit ihren Freundinnen Siggi von Welczeck und Antoinette von Croy (oben)
Zu den jungen Offizieren aus Missies Freundes- und Bekanntenkreis, die im Krieg fielen, zählten Hugo zu Windisch-Graetz, der im August 1942 bei einem Flugzeugabsturz ums Leben kam (links), und Heinrich zu Sayn-Wittgenstein-Sayn, einer der erfolgreichsten Jagdflieger des Deutschen Reiches

Mittwoch, 5. März: Pan Medekscha, ein polnischer Grundbesitzer in Litauen und alter Freund der Familie, kam zum Abendbrot. Er ist vor kurzem entkommen, unter Zurücklassung seiner gesamten Habe. Sein großes, altes, aus Holz gebautes Herrenhaus war ein typisches »adeliges Nest« – großzügige Gastlichkeit, reichliche Mahlzeiten, ein riesiger, vernachlässigter Garten, ein überwucherter Teich, eine Ahnengalerie... Der Ärmste, es muß hart sein, mit über sechzig Jahren wieder neu anzufangen.

Die deutsche Wehrmacht ist in Bulgarien einmarschiert.

Der italienische Überfall auf Griechenland und die darauf folgende britische Intervention brachte die RAF in Reichweite der rumänischen Ölfelder in Ploeşti. Hitler ordnete nun seinerseits die Eroberung Griechenlands durch deutsche Truppen an, wofür er zunächst die Durchmarschrechte durch Ungarn, Rumänien und Bulgarien sichern mußte. Ungarn, die Slowakei und Rumänien waren am 23. November 1940 dem Dreimächtepakt beigetreten, Bulgarien am 1. März 1941. Schon am Tage darauf marschierte die 12. Armee unter dem Befehl des Generalfeldmarschalls Wilhelm List, die mit der Eroberung Griechenlands beauftragt worden war, in das Land ein.

Donnerstag, 6. März: Wir haben zufällig mal etwas Geld und planen, in Italien Ferien zu machen. Es wäre schön, die Familie wiederzusehen. Paul Metternich ist zum Skilaufen nach Kitzbühel gefahren. Viele Leute sind momentan auf Skiferien, und das Leben in Berlin ist daher ruhiger geworden.

Es sieht so aus, als stehe eine Serbienkrise vor der Tür.

Sonntag, 9. März: Am Abend kamen Albert Eltz, Aga Fürstenberg und Claus Ahlefeldt sowie Burchard von Preußen unerwartet vorbei. Papa war schockiert, weil Claus neben Aga saß und seinen Arm um sie gelegt hatte. »Zu meiner Zeit...«

Samstag, 15. März: Wir sind in letzter Zeit sehr häuslich gewesen und haben ein ruhiges Leben geführt. Besonders Tatjana ist erschöpft, und wir denken sehnsüchtig an unsere bevorstehende Romreise.

Montag, 24. März: Sämtliche Mitarbeiter unseres Büros sind zu einer dringenden Arbeit im Zusammenhang mit einer japanischen Ausstellung herangezogen worden. Nur Adam Trott ist nicht davon betroffen; er ist entzückt und spottet über uns, die wir bis spät nachts über unsere Schreibmaschinen gebeugt schuften. Wölfchen ist unsere Rettung, da er mehr oder weniger höfliche Beziehungen zu unserm neuen Chef Stahlecker unterhält und uns auf diese Weise Feuerschutz gibt. Alle übrigen machen um Stahlecker einen so großen Bogen wie möglich. Es geht etwas Böses von ihm aus.

Vater Schachowskoy aß bei uns zu Abend.

Vater Fürst Johann Schachowskoy, einer der bedeutendsten Kleriker der Emigrantenkirche, wurde nach dem Kriege russisch-orthodoxer Erzbischof von San Franzisko.

Donnerstag, 27. März: Es herrscht große Aufregung, weil die jugoslawischen Minister, die vor kurzem in Wien den Vertrag mit Deutschland unterzeichnet haben, bei ihrer Rückkehr nach Belgrad von einer Gruppe pro-alliierter Militärs verhaftet worden sind. Inzwischen ist eine neue, provisorische Regierung angetreten, und der Regent, Prinz Paul, ist nach Griechenland geflohen. Dies kann jetzt auch Krieg mit Jugoslawien bedeuten. Welch ein Schlamassel!

Jugoslawien hatte seit langem unter deutschem Druck gestanden. Der Erfolg Griechenlands bei der Abwehr der italienischen Invasion, das Erscheinen der Briten auf dem Balkan sowie die britischen Erfolge in Nordafrika hatten das Land zum Widerstand ermutigt. Erst am 25. März 1941 trat auch Jugoslawien dem erweiterten Dreimächtepakt bei. Zwei Tage später wurde Prinzregent Paul durch einen Militärputsch abgesetzt, der siebzehnjährige Kronprinz Peter zum König erklärt und eine den Alliierten freundliche Regierung unter General Simović gebildet. Hitler ordnete an, Jugoslawien mit »gnadenloser Brutalität« niederzuschlagen.

Samstag, 29. März: Besuchte mit Paul Metternich, der sich einen neuen Anzug zugelegt hat und sich darin noch etwas befangen fühlt, Espinosa, einen spanischen Diplomaten, und hörte dort ausgezeichnete russische Schallplatten. Pauls Garderobe ist zweifellos auffrischungsbedürftig. Er trägt tagtäglich die gleiche fadenscheinige schwarze Strickkrawatte, eine müde, grüne Tweedjacke und Flanellhosen. Abgesehen von seiner Uniform habe ich ihn nie in anderer Kleidung gesehen, und die Uniform fängt auch an, schäbig zu werden. Seit seinem achtzehnten Lebensjahr hat er nichts als Krieg erlebt, angefangen mit dem spanischen Bürgerkrieg, in dem er als Freiwilliger auf der Seite der Nationalisten gekämpft hat.

Dicky Eltz nahm mich mit nach Potsdam, um mich mit Gottfried Bismarck, Ottos Bruder, bekanntzumachen, der dort Regierungspräsident ist. Er war mir sehr sympathisch. Er ist mit Melanie Hoyos verheiratet, die halb Österreicherin, halb Französin ist. Eine österreichische Kusine von ihm, Loremarie Schönburg, war auch dort, und wir kehrten alle gemeinsam sehr spät nach Berlin zurück.

Gottfried Graf von Bismarck-Schönhausen (1901–1949), ein jüngerer Enkel des »eisernen Kanzlers«, hatte zunächst mit der nationalsozialistischen Bewegung sympathisiert, da er sich von ihr eine »nationale Wiedergeburt« erhoffte. Seit 1933 war er Reichstagsabgeordneter der NSDAP und Regierungspräsident von Potsdam; ehrenhalber war ihm der Rang eines SS-Oberführers verliehen worden. Als Missie ihm begegnete, war er bereits ein überzeugter Gegner des NS-Regimes und zählte dann zu den besonders aktiven Angehörigen des deutschen Widerstandes.

Donnerstag, 3. April: Habe mit Josias Rantzau bei den Trotts in Dahlem zu Abend gegessen. Professor Preetorius, der Kunsthistoriker, Bühnenbildner und große Chinaexperte, war auch dort. Adam Trott interessiert sich leidenschaftlich für China, wo er eine Weile gelebt und sich auch mit Peter Fleming befreundet hat. Die Unterhaltung drehte sich hauptsächlich um den Fernen Osten.

Es gibt Gerüchte, daß Graf Teleki, der ungarische Ministerpräsident, Selbstmord begangen habe.

Als Premierminister war Graf Pál Teleki seit 1939 vergeblich bemüht, eine deutsche Herrschaft über Ungarn zu verhindern. Der Staatsstreich in Jugoslawien führte zu verstärktem deutschem Druck. Teleki gab nicht nach und wählte am 2. April 1941 den Freitod.

Freitag, 4. April: Abendessen bei den Hako Czernins. Es waren nur Österreicher anwesend, einschließlich Dicky Eltz und Josef Schwarzenberg. Sie verbreiteten sich wehmütig über »die guten alten Zeiten« in Wien und Salzburg und erzählten die erstaunlichsten Geschichten über das Leben der *Jeunesse dorée* in den zwanziger Jahren.

Sonntag, 6. April: Heute morgen ist die deutsche Wehrmacht in Jugoslawien und Griechenland einmarschiert.

Freitag, 11. April: Gestern abend nach der Arbeit raste ich zum Stettiner Bahnhof, wo Dicky Eltz auf mich wartete, um über Ostern gemeinsam nach Reinfeld, Gottfried Bismarcks Besitz in Pommern, zu fahren. Statt der üblichen drei dauerte die Reise sieben Stunden. Am Bahnhof holte uns der Bismarcksche Pferdewagen ab, mit dem wir bei Mondschein nach Reinfeld fuhren. Wir kamen um drei Uhr in der Früh an; Gottfried Bismarck empfing uns mit einem leichten Imbiß und viel frischer Milch. Köstlich!

Heute morgen ein Frühstück, und zwar ein richtiges, danach ein heißes Bad. Reinfeld ist eine reizende Mischung von kleinem Bauernhof und Landsitz – weißgestrichene, bequeme Möbel und viele Bücher. Wir machten einen Waldspaziergang, und Dicky Eltz schoß einen Eichelhäher. Am Nachmittag ritten wir aus. Ich saß zum ersten Mal zu Pferde, aber ich bekam glücklicherweise trotzdem keinen Muskelkater, was wahrscheinlich den Gymnastikübungen zu danken ist.

Reinfeld, Samstag, 12. April: Bin wieder mit Gottfried Bismarck ausgeritten; danach sind wir auf die Pirsch gegangen.

Belgrad ist heute erobert worden, und Kroatien hat seine Unabhängigkeit erklärt.

Ostersonntag (westlicher Kalender), 13. April: Nach dem Tee übten wir vom Wohnzimmerfenster aus Scheibenschießen. Die Scheibe war an einem Baum befestigt. Ich hatte noch nie in meinem Leben geschossen und kniff zunächst das falsche Auge zu. Dennoch schoß ich am besten – typisches Anfängerglück. Als wir es dann mit Pistolen versuchten, versagte ich jedoch auf der ganzen Linie. Die Pistole war zu schwer und hatte einen harten Rückstoß. Wir versteckten Ostereier für die Kinder, aber sie waren noch zu klein, um zu begreifen, worum es ging. Sie sehen alle sehr gut ernährt aus, sind fast ein bißchen zu rundlich. Der kleine Bub, Andreas, obgleich noch kaum ein Jahr alt, ist schon eine ausgesprochene Persönlichkeit mit rotem Haar und einem intensiven blauen Blick, wie sein Urgroßvater, der eiserne Kanzler.

Montag, 14. April: Das Wetter ist umgeschlagen, es ist warm, aber ohne daß die Sonne scheint. Dicky Eltz ist nach Berlin abgereist. Er ist bei der Ritter-Bank, eine Arbeit, die ihn bisher vor dem Militärdienst bewahrt hat. Ich bleibe noch einen Tag. Heute nachmittag sind wir abermals ausgeritten. Es regnete in schweren Schauern. Auf dem Heimweg beobachtete Gottfried Bismarck einige Kinder, die Stroh vom Dach einer Scheune stahlen. Er galoppierte hinter ihnen her, mein Pferd folgte, und mir blieb nichts anderes übrig, als mich völlig verzweifelt an seine Mähne zu klammern.

Berlin, Donnerstag, 17. April: Die zwölf Lesungen der Evangelien heute abend in der russischen Kirche. Dies ist *unsere* Karwoche. Meine Füße schmerzen schon vom Stehen während der langen Gottesdienste. Tatjana hat vor, am 6. Mai nach Rom abzureisen. Leider kann ich nicht mitfahren, da ich in meiner Arbeit noch zu neu bin.

Jugoslawien hat kapituliert.

Mit der Kapitulation Jugoslawiens am 17. April hatte das Land zu existieren aufgehört: Kroatien wurde »unabhängig«, Dalmatien von Italien annektiert und die Überreste Serbiens ab Ende August 1941 von einer von Deutschland abhängigen Marionettenregierung verwaltet. In den Gebirgen im Landesinnern wuchs der Widerstand – zuerst waren es General Draža Mihajlovič und seine königstreuen ›Četniks‹, später Titos kommunistische Partisanen. Griechenland hielt noch bis zum 20. April 1941 stand, dann wurden seine restlichen Streitkräfte sowie der größte Teil des britischen Expeditionskorps nach Kreta evakuiert. Die Eroberung des Balkans sollte Hitlers letzter großer militärischer und politischer Erfolg sein. Der verbissene Widerstand Jugoslawiens und Griechenlands hatte jedoch verhängnisvolle Folgen. Zum ersten Mal in achtzehn Monaten hatte Hitler zunächst einen Rückschlag erlitten; vor allem aber zwang ihn der Balkanfeldzug zu einer Verschiebung des Angriffs auf die Sowjetunion.

Samstag, 19. April: Zwei Stunden im Büro, danach Kirche und Kommunion. Paul Metternich ist hier, auf dem Wege nach Spanien und dann Rom. Die ganze Reise – offiziell in dienstlicher Mission – ist von Wölfchen arrangiert worden, der für ihn und Tatjana eine Schwäche hat. Unsere Mitternachtsmesse fand wegen der Luftangriffe um sieben Uhr abends statt. Sie wurde in einer lutherischen Kirche gehalten, da unsere für die Menschenmengen, die sich stets einstellen, zu klein ist. Wir nahmen Paul Metternich und Loremarie Schönburg mit.

Sonntag, 20. April: Der russische Ostertag. Papa bestand darauf, daß wir ihn bei seiner herkömmlichen Visite bei der ganzen hiesigen russischen Kolonie begleiteten.

Wir haben gerade gehört, daß zur Zeit des Belgrader Putsches der arme kleine König Peter von Jugoslawien nachts aus dem Bett gezerrt wurde, um der Hinrichtung seines Privatlehrers, eines Generals, beizuwohnen *[Dies Gerücht sollte sich als falsch erweisen.]*

Dienstag, 22. April: Ich sitze noch immer an mühsamen Übersetzungen. Adam Trott möchte, daß ich seine sämtlichen Routinearbeiten übernehme, so daß er sich in noch vergeistigtere Höhen emporschwingen kann und vom Amtsschimmel nicht mehr belästigt wird. Ich begann meine neue Aufgabe damit, seinen Schreibtisch aufzuräumen, während er beim Mittagessen war. Ich saß auf dem Boden, leerte eine Schublade nach der andern aus und fing angesichts solcher Unordnung fast zu weinen an. Seine kleine Sekretärin, die ihm treu ergeben ist, kam herein und tröstete mich: »Herr von Trott ist ein Genie, und von einem Genie kann man so etwas wie Ordnung gar nicht verlangen.« Ich erzählte es ihm bei seiner Rückkehr, und er war offensichtlich gerührt. Er hat einige Jahre als Rhodes-Stipendiat in England verbracht, ist auch in China und den Vereinigten Staaten gewesen, und wir sprechen gewöhnlich Englisch miteinander. In dieser Sprache fühle ich mich viel wohler mit ihm. Wenn er Deutsch spricht, wird er so intellektuell, daß ich ihm nicht immer folgen kann, zumindest nicht, wenn er mir diktiert. Dann wirft er den Anfang eines Satzes in die Luft, hält eine Sekunde inne, und dann purzelt der Rest hinterdrein. Später, wenn ich über meinen Hieroglyphen sitze, stelle ich zumeist fest, daß ich die Hälfte nicht mitgekriegt habe. Mein Deutsch ist einfach noch nicht gut genug. Judgie Richter und Alex Werth sprechen auch oft Englisch mit mir – Judgie hat viele Jahre seines Lebens in Australien verbracht. Wir werden gelegentlich das »House of Lords« genannt.

Mittwoch, 23. April: Inès Welczeck arbeitet als Landjahrmädchen bei Hanna von Bredow in Potsdam. Hanna ist eine Schwester der Bismarcks und hat acht Kinder. Die drei jüngsten werden jetzt von Inès betreut. Sie wäscht sie, zieht sie an und bringt sie zur Schule. Im ganzen keine allzu schwere Bürde; es hätte nämlich leicht geschehen können, daß sie Feldarbeit verrichten oder Kühe melken muß. Wir haben heute im »Atelier« ihren Geburtstag gefeiert. Paul Metternich saß mit dem spanischen Botschafter in einer anderen Ecke und zwinkerte uns ständig zu.

Freitag, 25. April: Aß mit Tatjana bei den Hoyos zu Abend. Unser Gastgeber, Jean-Georges, ist Melanie Bismarcks Bruder. Gottfried Bismarck, Helene Biron und die Czernins waren da. Wir geben die großen Partys langsam auf und besuchen nur noch ein rundes Dutzend Leute zu Hause, in oft recht beengten Wohnverhältnissen.

Heute nacht gab es wieder einen Luftangriff. Unsere Wohnung liegt in der Nähe des Zoobunkers, der gerade aus schwerem Eisenbeton gebaut worden ist. Er ist sehr hoch, mit Flak-Geschützen bestückt und gilt als der sicherste Luftschutzkeller des Stadtteils. Wenn die Geschütze zu feuern anfangen, erzittert die Erde, und selbst in unserer Wohnung ist der Krach dann ohrenbetäubend.

Samstag, 26. April: Gestern wurden nur zwei Bomben abgeworfen, aber beide wogen je 500 Kilo. Wir haben eine Tür entdeckt, die auf einen Hinterhofgarten hinausführt. Sie könnte als Notausgang nützlich sein, falls uns der Weg durch Feuer versperrt wird. Allerdings ist der Garten auf allen Seiten von Mauern umgeben. Meine Gymnastikstunden erweisen sich dann vielleicht als nützlich, wenn ich in der Lage sein werde, über diese Mauern zu klettern.

War in der italienischen Oper, die hier aus Rom gastiert: *Romeo e Julia* von Zandonai. Ich hatte noch nie zuvor von ihr gehört. Der Gesang war gut.

Sonntag, 27. April: Nach der Kirche aßen wir bei den Steensons zu Mittag. Er ist der dänische *Chargé d'affaires,* ein älterer Herr mit fünf kleinen Kindern und einer reizenden Frau.

Der Krieg in Griechenland ist so gut wie beendet.

Donnerstag, 1. Mai: Ein öffentlicher Feiertag seit Hitlers Machtübernahme, um den Kommunisten den Wind aus den Segeln zu nehmen. Saß im Tiergarten und las Briefe von der Familie.

Sonntag, 4. Mai: Ging in die neue kleine russische Kirche in der Fasanenstraße. Der Chor singt wunderschön, verstärkt durch die Baßstimme eines früheren sowjetischen Opernsängers.

Montag, 5. Mai: Nach fieberhaften Vorbereitungen reiste Tatjana heute nach Rom. Helene Biron hatte mich angerufen, sie würde bei ihrem Portier einen Brief für Tatjana hinterlegen, den sie persönlich mit nach Rom nehmen solle. Als ich ihn abholen wollte, wurde mir gesagt, ein Herr habe ihn soeben in meinem Namen abgeholt und der Portier habe ihn ausgehändigt. Ich war entsetzt, da ich wußte, daß er wichtige Informationen über den Verbleib polnischer Kriegsgefangener enthielt, die Helene sich vom Roten Kreuz, bei dem sie arbeitet, illegal verschafft hatte. Wir vergessen nur zu oft, daß auch unsere Bürotelefone abgehört werden können. Im Geiste bereite ich mich schon darauf vor, bei der Gestapo vorgeladen zu werden.

Es regnet in Strömen.

Donnerstag, 8. Mai: Fliegerangriff. Meine Angst vor ihnen wächst. Jetzt bumpert mein Herz schon, sobald die Sirenen heulen. Josias Rantzau neckt mich deswegen.

Freitag, 9. Mai: Heute nachmittag ging ich Hüte anprobieren. Jetzt, da Kleider bewirtschaftet sind, Hüte jedoch nicht, haben letztere ihre große Zeit. Sie sorgen für Abwechslung, und langsam bekommen wir eine Kollektion zusammen. Wenigstens helfen sie, das Aussehen ein bißchen zu verändern.

Als wir heute abend bei einer kleinen Abendeinladung waren, gab die BBC bekannt, daß Rudolf Heß in England gelandet sei! Großes Rätselraten, warum er dies wohl getan habe; jeder hatte eine andere Auslegung.

Diese bizarre Episode mit Vertuschungsmanövern auf beiden Seiten löste sofort den bis heute nicht verstummten Verdacht aus, den seinerzeit auch Roosevelt und Stalin teilten, daß Deutschland insgeheim einen Kompromißfrieden anstrebte.

Dienstag, 13. Mai: Bei den Lanzas, die der italienischen Botschaft angehören, saß ich in einer Ecke mit Hasso Etzdorf; wir sprachen über Heß und künftige Entwicklungen. Alle finden die Sache eher komisch.

Mittwoch, 14. Mai: Aß mit Paul Metternich im »Atelier« zu Mittag. Er ist gerade aus Rom zurückgekehrt. Er schilderte seine erste Begegnung mit »der Familie« sehr anschaulich und zog alles ins Komische; es muß für ihn trotzdem eine ziemliche Feuerprobe gewesen sein.

Nach dem Mittagessen versuchten wir, eine Ansichtspostkarte von Heß zu kaufen, aber sie scheinen über Nacht aus dem Verkehr gezogen worden zu sein und sind um nichts in der Welt mehr zu haben. Im Gegenteil, in einem Laden sagte eine Frau ganz aggressiv: »Wozu brauchen Sie ihn denn? Er ist ja wahnsinnig geworden!« Das ist die offizielle Lesart. Um sie zu beruhigen, taten wir so, als seien wir an dem gesamten »Zoo« interessiert, und kauften Ansichtskarten von Goebbels und Göring. Danach kehrten wir in mein Büro zurück.

In Tatjanas Abwesenheit sucht Paul ständig das Amt heim. Er haßt Berlin und hat auch keine engen Freunde hier. Ebenso wie beim D. D. erhalten wir auch hier täglich Stöße von streng geheimen rosa Bögen mit den neuesten Nachrichten aus aller Welt sowie ausländischen Presseausschnitten. Außer einigen wenigen Auserwählten darf sie eigentlich niemand lesen, aber der Bote verteilt sie unversiegelt. Paul, der nach Informationen lechzt, verschlingt alles, da in den deutschen Zeitungen heutzutage überhaupt nichts mehr steht. Wenn man ihn dabei unverhofft erwischte, wäre die Hölle los, aber da Tatjanas Büro (in dem ich vorübergehend arbeite) in einer Garage liegt, stehen wir mit den übrigen Mitarbeitern der Abteilung lediglich in telefonischer Verbindung. Die einzige Ausnahme bilden Rantzau und Louisette Quadt, die auch hier unten arbeiten, aber denen ist es völlig einerlei.

Nach dem Mittagessen lernte ich Edgar von Uexküll kennen, einen alten baltischen Baron, der vor 1914 in russischen diplomatischen Diensten gestanden hat. Er sprach reizend von Papa und erklärte, er sei einer der vielversprechendsten jungen Männer Rußlands gewesen und wäre mit der Zeit sicherlich Ministerpräsident geworden. Der arme Papa!

Es gibt Gerüchte, daß Stalin eingewilligt habe, die Ukraine für 99 Jahre an Deutschland abzutreten. Ich bin empört!

Dieses Gerücht hatte seinen Ursprung vermutlich im Wunschdenken der deutschen Bevölkerung, der drohende Konflikt mit der Sowjetunion könne durch einen abermaligen »Tauschhandel« der beiden Kontrahenten abgewendet werden.

Sonntag, 18. Mai: Die Berliner, deren Witz berühmt ist, haben längst begonnen, komische Geschichten über die Flucht von Heß in die Welt zu setzen. Zum Beispiel:

»Augsburg (von wo er abflog): Stadt des deutschen Aufstiegs.«

»BBC: ›Weitere Einflüge von deutschen Staatsministern fanden in der Nacht zum Sonntag nicht mehr statt.‹«

»OKW-Bericht: ›Göring und Goebbels sind noch fest in deutscher Hand.‹«

»Das tausendjährige Reich ist nun ein hundertjähriges geworden; eine Null ist weg.«

»Det unsere Regierung verrückt is, det wissen wir schon lange, aber det se det zugibt, det is neu.«

»Churchill fragt Heß: ›Sie sind also der Verrückte?‹ – ›Nein, nur der Stellvertreter.‹«

Diesem allem fügt Aga Fürstenberg, die wegen ihres Snobismus und ihres Witzes bekannt ist, hinzu: »Wenn es so weitergeht, sind wir bald wieder unter uns.«

Samstag, 24. Mai: Paul Metternich ist nach Berlin zurückberufen worden, wo er beim OKW arbeiten soll; das ist eine große Beruhigung. Man spricht immer häufiger von Truppenzusammenziehungen an der russischen Grenze. Fast alle uns bekannten Männer werden vom Westen in den Osten verlegt. Das kann nur eines bedeuten.

Der Feldzug im Westen war kaum beendet, als Hitler sich Ende Juli 1940 dem Plan zuwandte, in absehbarer Zeit die Sowjetunion anzugreifen. Seine Überlegungen trafen sich mit vorausschauenden Planungen und Maßnahmen des Generalstabes des Heeres. Anfang September wurden die ersten deutschen Divisionen aus dem Westen abgezogen und zur Verstärkung in den Osten verlegt. Am 18. Dezember 1940 billigte Hitler den endgültigen Operationsplan mit dem Decknamen »Barbarossa«.

Es hat eine große Seeschlacht stattgefunden zwischen der »Hood« und der »Bismarck«. Die »Hood« wurde von einer einzigen Salve, die den Munitionsspeicher traf, versenkt. Fast die gesamte Besatzung ist umgekommen. Schrecklich! Die »Bismarck« versucht nun zu entkommen, ist aber in den größten Schwierigkeiten, da sie von der gesamten britischen Flotte verfolgt wird.

Montag, 26. Mai: Aß bei den Hoyos zu Abend, um ein amerikanisches Ehepaar kennenzulernen, George Kennan und Frau, die viele Jahre lang an der amerikanischen Botschaft in Moskau waren. Sie sind nun zeitweilig an der hiesigen Botschaft. Er hat hochintelligente Augen, spricht aber nicht offen. Die Situation ist allerdings auch recht zweideutig, da die Deutschen noch immer Verbündete der Sowjets sind. Anstelle von ernsten Gesprächen gaben uns daher Claus Ahlefeldt und Vinzi Windisch-Graetz eine Kostprobe der Reize der dänischen und ungarischen Sprache. Wir entschieden uns einstimmig für Ungarisch, obwohl uns keine von beiden Sprachen durch Wohllaut betörte.

Dienstag, 27. Mai: Heute ist die »Bismarck« versenkt worden. Admiral Lütjens ist mit ihr untergegangen.

Freitag, 30. Mai: Blieb zu Haus, um zu waschen, zu bügeln, zu stopfen und so weiter. Das macht eine ganze Menge Arbeit, da man nichts außer Haus geben kann. Echte Seife ist nicht mehr zu kriegen, und man muß versuchen, mit synthetischem Ersatz auszukommen, der ebenfalls rationiert ist.

Dienstag, 3. Juni: Adam hat mir einen ganzen Berg von Büchern gegeben, die ich für ihn lesen soll. Wenn sie sich lohnen, reiche ich sie an ihn weiter, sonst kommen sie in irgendeine Ablage und verschwinden auf Nimmerwiedersehen. Er bekommt eine Vielzahl von Büchern, die in England oder den Vereinigten Staaten neu erscheinen. Manchmal ist es auch unterhaltsame Lektüre, wie zum Beispiel Peter Flemings »Flying Visit«, das von Hand zu Hand geht und uns alle köstlich amüsiert. Die Konkurrenz, wer diese Bücher zuerst lesen darf, ist gewaltig, aber im allgemeinen behaupte ich mich recht gut.

Donnerstag, 5. Juni: Heute ist der frühere Kaiser Wilhelm II. in Doorn, seinem holländischen Exil seit 1918, gestorben. Die Nachricht wird mit bemerkenswerter Zurückhaltung behandelt.

Sonntag, 8. Juni: Das russische Pfingsten. Paul Metternich und ich fuhren in einem von den Spaniern geliehenen Wagen zum Bahnhof, um Tatjana abzuholen. Sie erschien mit vielen neuen Sachen und sah nach einem so gründlichen Tapetenwechsel strahlend und sehr erholt aus. Es war ein Vergnügen, sie anzuschauen. Wir aßen gemeinsam zu Abend.

Montag, 9. Juni: Paul Metternich und Tatjana haben sich endlich entschlossen, ihre Verlobung in aller Form bekanntzugeben. Überraschen wird es niemand. Papa wünscht, daß Paul ihm eine offizielle Aufwartung macht und um Tatjanas Hand anhält. Wir necken Paul und mahnen ihn, zu dieser Gelegenheit weiße Glacéhandschuhe zu tragen. Der Gedanke an diesen Besuch macht Tatjana sehr viel nervöser als Paul.

Dienstag, 10. Juni: Abendessen mit Josias Rantzau, Louisette Quadt und Ulrich von Hassell, der zehn Jahre lang deutscher Botschafter in Rom war. Er ist ein sehr charmanter und gebildeter Herr. Später gingen wir noch bei Aga Fürstenberg vorbei, die eine Abschiedsparty für Albert Eltz gab, ehe er nach Griechenland abrückt.

Der größte Teil des deutschen Heeres scheint an der russischen Grenze zusammengezogen zu werden.

Ulrich von Hassell (1881–1944), von 1911 bis 1914 und wieder von 1919 bis 1938 im diplomatischen Dienst, zuletzt, seit 1932, als Botschafter in Italien. Als liberaler Konservativer alter Schule war er ein leidenschaftlicher Gegner des Regimes und zählte zu den herausragenden Verschwörern gegen Hitler. Als Missie ihn kennenlernte, war er im Vorstand des »Mitteleuropäischen Wirtschaftstages«, eine Stellung, die ihm zahlreiche Auslandsreisen gestattete. Jede seiner Reisen diente ihm dazu, seine vielfältigen Kontakte mit alliierten und neutralen Kreisen zu pflegen.

Mittwoch, 11. Juni: Albert und Dicky Eltz kamen vorbei. Auf dem Heimweg stolperten sie auf der Straße über einen Toten. Er war offenbar von einem Bus überfahren worden, aber wegen der Verdunkelung hatte das niemand bemerkt. So etwas muß ausgerechnet Albert passieren!

Samstag, 14. Juni: Loremarie Schönburg kam, um sich Kleider für eine Party zu leihen. Sie nimmt Schauspielunterricht und sollte eben ihr Debüt in einem Shakespeare-Stück geben, als der Hauptdarsteller während der Proben von einer Leiter fiel und die ganze Sache abgesagt wurde. Wer weiß, vielleicht ist auf diese Weise eine Karriere im Keim erstickt worden!

Freitag, 20. Juni: Adam Trott rief an. Er ist einer der wenigen Männer, die ich kenne, die am Telefon gern einen Schwatz halten. Er hat eine Aufgabe für mich im Sinn, »um mich von andern Dingen abzulenken«, womit der bevorstehende Krieg mit Rußland gemeint ist, der jetzt unvermeidlich erscheint.

Sonntag, 22. Juni: Das deutsche Heer ist auf der ganzen Länge der Ostgrenze zur Offensive übergegangen. Hako Czernin rief mich bei Morgengrauen an, um es mir mitzuteilen. Eine neue Phase des Krieges beginnt. Wir haben es kommen sehen. Dennoch waren wir wie vom Blitz getroffen!

Missies Anmerkung (September 1945): Von diesem Tage an fehlen fast zwei Jahre meines Tagesbuches, obgleich ich weiterhin fast täglich Eintragungen machte. Einige Seiten habe ich selbst vernichtet, andere hatte ich im Landhaus eines Freundes versteckt, das im Ostteil Europas liegt. Es kann gut sein, daß sie noch immer dort ruhen; vielleicht hat man sie aber auch entdeckt und entweder in ein örtliches Archiv gebracht oder, was wahrscheinlicher ist, als Altpapier verbrannt. In Anbetracht der Wirrnisse und der Hektik der Jahre ist es ohnehin ein Wunder, daß so große Teile meines Tagebuches erhalten geblieben sind.

Zwischenspiel: Juli 1941–Juli 1943

Missies Anmerkung (Frühjahr 1978): Obwohl ich mein Tagebuch weiterhin fast täglich führte, ist es so gut wie unmöglich, mich im einzelnen an all das zu erinnern, was ich zwischen dem 22. Juni 1941 und dem 20. Juli 1943 erlebte. Ich will jedoch versuchen, kurz jene Begebenheiten zu schildern, die von Einfluß auf unser Leben waren, und zu rekonstruieren, was mit mir, meiner Familie und einigen meiner Freunde während dieser Zeit geschah. Es dürfte dem Leser dann leichterfallen, dort, wo die täglichen Berichte wieder einsetzen, anzuknüpfen.

Im Frühjahr 1978 hatte sich Missies Gesundheitszustand bereits so verschlechtert, daß sie nur zwei Episoden beschreiben konnte: die Hochzeit ihrer Schwester Tatjana und die Bemühungen ihrer Mutter, sowjetischen Kriegsgefangenen zu helfen. Bei der Ordnung ihres Nachlasses fand sich jedoch eine Reihe zusätzlicher Tagebucheintragungen, die auf den Sommer 1942 zurückgehen. Auch sind Briefe von und an Missie erhalten, die im folgenden auszugsweise zitiert werden. Dieses Material stellt eine lebendige, wenn auch lückenhafte Verbindung her zwischen dem Abbruch des Tagebuchs im Juni 1941 und seiner Wiederaufnahme im Juli 1943. Der Herausgeber hat sich darauf beschränkt, ein kurzes Resümee der Hauptereignisse im Leben Missies und ihrer Familie zu geben.

Missie aus Berlin an ihren Bruder George in Rom, 1. Juli 1941: Burchard von Preußen war gerade hier, nachdem man ihn von der Ostfront zurückgeschickt hat, da er ein »Königlicher« ist. Er erzählt, es sei einfach bestialisch. Auf beiden Seiten würden kaum Gefangene gemacht. Die Russen kämpften und folterten wie Verbrecher, nicht wie Soldaten; sie höben die Hände hoch, und wenn sich ihnen die Deutschen dann näherten, feuerten sie *à bout portant.* Sie schössen sogar noch hinter den deutschen Sanitätern her, wenn diese sich um russische Verwundete bemühten. Sie seien jedoch sehr tapfer, und die Kämpfe seien überall heftig. Alle drei Clary-Söhne sind jetzt im Osten, was für ihre armen Eltern grauenhaft sein muß.

Ich begegnete den Wrede-Mädchen, die gerade erfahren hatten, daß ihr Bruder gefallen ist. Er war erst zwanzig und so voller Lebenslust. Ganz allgemein sind die Verluste jetzt unvergleichlich viel größer als in den früheren Feldzügen. Dennoch kommt der deutsche Vormarsch gut voran, wie zu erwarten war . . .

Hitlers Einmarsch in die Sowjetunion war wohl der größte militärische Überfall der Geschichte. Den über drei Millionen Truppen der Achsenmächte standen zu Beginn des Feldzugs 4,7 Millionen sowjetische Soldaten gegenüber. Während die deutschen Reserven jedoch sehr bald bis zum Äußersten beansprucht waren, gelang es der Sowjetunion im Laufe der Zeit, weitere zwölf Millionen Soldaten zu mobilisieren. Alles hing daher von einem abermaligen deutschen »Blitzsieg« ab. Hitler war voller Zuversicht: »Wir brauchen nur die Tür aufzubrechen, und das ganze morsche Gebäude fällt ein.« Die sowjetischen Armeen sollten gleich zu Anfang des Feldzugs mit der üblichen deutschen Strategie vernichtet werden: tief in das Land vordringende Zangenoperationen der Panzertruppen. Das Ziel war, eine Frontlinie von Archangelsk bis Astrachan noch vor Einbruch des Winters aufzubauen. Nach einer Siegesparade auf dem Roten Platz in Moskau sollte die Stadt dem Erdboden gleichgemacht werden. Der Feldzug, als »antibolschewistischer Kreuzzug« ausgegeben, hatte im Grunde kein anderes Ziel als die brutale Eroberung des russischen Landes, die Plünderung seiner natürlichen Schätze und die Ausrottung oder Versklavung seiner Bevölkerung. Dieser Krieg sollte, wie Hitler seinen Generalen vor der Invasion ganz offen erklärte, kein normaler Feldzug sein, sondern ein »Weltanschauungskrieg«; da die Russen Untermenschen seien, komme ihnen gegenüber auch soldatische Ritterlichkeit nicht in Frage; Ausschreitungen sollten daher nicht bestraft oder kriegsgerichtlich verfolgt werden. Zunächst einmal seien alle gefangengenommenen politischen Kommissare sowie Mitglieder der Kommunistischen Partei unverzüglich zu erschießen. Es gereicht einer ganzen Anzahl deutscher Militärs zur Ehre, daß sie diese Befehle ignorierten. Aus ihren Reihen rekrutierte sich eine Anzahl der Verschwörer des 20. Juli.

Aus Missies Erinnerungen, 1978: Tatjana heiratete Paul Metternich am 6. September 1941. Es war ein heiteres Ereignis, an dem alle unsere Freunde teilnahmen, natürlich mit Ausnahme derer, die an der Front standen, bereits gefallen oder zu schwer verwundet waren. Selbst Mama, Irena und Georgie war es gelungen, aus Rom herbeizureisen. Der Empfang fand bei den Rocamaras statt; Paul und seine Mutter hatten in Königswart monatelang gehamstert.

In dieser Nacht erlitt Berlin einen der bis dahin schwersten Luftangriffe. Gott sei Dank fielen die Bomben hauptsächlich in den Vororten.

Tatjana und Paul waren schon unterwegs nach Wien; von dort reisten sie später nach Spanien, wo sie bis zum folgenden Frühling blieben. Irena kehrte sofort nach Rom zurück. Mama und Georgie hingegen beschlossen, zwei Monate in Berlin zu bleiben. Dies sollte sich als schicksalsschwerer Entschluß herausstellen, denn als sich die Lage an der Ostfront verschlechterte, wurde Ausländern die Ein- und Ausreise verboten. Da die ganze Familie noch immer litauische Pässe hatte, saßen beide in Deutschland fest, Mama bis zum Ende des Krieges und Georgie bis zum folgenden Herbst, als es ihm gelang, nach Paris zu entwischen.

Tatjana fehlte mir enorm, denn seit unserer Kindheit hatten wir uns sehr nahe gestanden und die schwierigsten Zeiten unseres Lebens gemeinsam erlebt. Zum Glück zog Georgie mit in die Wohnung in der Hardenbergstraße und blieb bis zum folgenden Frühling bei mir ... *(Hier bricht die Aufzeichnung ab.)*

Im November 1941 verbrachte Missie einige Ferienwochen in Italien. Drei Briefe, die sie während dieser Reise an ihre Mutter schrieb, sind erhalten geblieben.

Missie aus Rom an ihre Mutter in Berlin, 10. November, 1941
Ich finde das Essen hier ganz anständig, ungleich viel abwechslungsreicher als in Berlin. Die grünen Blätter an den Bäumen nach dem Grau unserer Berliner Straßen sind auch eine Erfrischung.

Die Via Veneto, voller flanierender junger Gecken, hat mich eher schockiert, wenn ich daran denke, wie es heutzutage in Deutschland aussieht.

Morgen will ich einkaufen gehen, mache mir aber keine zu großen Hoffnungen, da alles, wozu man keine Bezugsscheine benötigt (und von denen werden nur sehr wenige ausgeteilt), nur unter Vorweisung einer Kennkarte gekauft werden kann. Selbst Irena, die drei Jahre in Italien ist, besitzt noch keine; Du kannst Dir denken, welche Chancen ich da habe. So wandere ich mit hungrigen Augen umher, unfähig, einen Pfennig auszugeben ...

Missie aus Rom an ihre Mutter in Berlin, 13. November 1941
Die russische Kolonie hier ist in größter Aufregung. Vorigen Monat erschien in einer Lokalzeitung unter Pseudonym ein Artikel, dessen Autor seinem Erstaunen und seiner Empörung darüber Ausdruck gab, daß so viele Weißrussen keinerlei Enthusiasmus für den Rußlandfeldzug an den Tag legten: Vielleicht sollten sie in Anbetracht dieser Tatsache aufgefordert werden, ihren Wohnsitz an einem andern Ort zu nehmen. Sofort gingen Gerüchte, dieser Artikel sei »von oben« eingegeben worden, was die Wellen der Emotion unter unseren Landsleuten noch höher schlagen ließ. Einige von ihnen taten sich zusammen, um ein geharnischtes Antwortschreiben zu verfassen, während andere überall versuchten, in Erfahrung zu bringen, wer der Autor des Artikels sei.

Vor zwei Tagen lud Lony Arrivabene Irena und mich zum Abendessen in den Circolo della Caccia ein, gemeinsam mit einem seiner Vettern, der sich als Journalist entpuppte. Nach einer Weile kam das Gespräch selbstverständlich auf den berüchtigten Artikel. Bald gab der Vetter zu, er sei der Urheber gewesen; »von oben« habe ihn niemand inspiriert; es sei lediglich ein *cri de coeur* gewesen, hervorgerufen durch eine Diskussion mit einigen unserer russischen Landsleute hier. Wie Du Dir denken kannst, habe ich ihm tüchtig die Meinung gesagt. Dem armen Lony war es unendlich peinlich ...

Missie aus Capri an ihre Mutter in Berlin, 20. November 1941
... Am Montag aß ich in Rom mit Hugo Windisch-Graetz und einem seiner Freunde, einem Prinzen Serignano, zu Abend. Als dieser von meiner Absicht hörte, nach Capri zu gehen, schlug er mir vor, in seinem Hause hier zu wohnen, da er mehrere Wochen nicht dort sei und es inzwischen leerstehe. Da bin ich nun.

Das Haus ist klein, weiß angestrichen, liegt zu ebener Erde und hat eine Terrasse, von der aus man die ganze Insel und dahinter das Meer sehen kann. Es steht ganz für sich allein auf einem Hügel, einigen größeren Villen gegenüber. Es hat zwei Zimmer und ein sehr elegantes, grüngekacheltes Bad, für das das Wasser allerdings stundenlang heraufgepumpt werden muß; eine Küche gibt es auch. Rundherum Weinberge und Zypressen. Ich wohne allein hier; ein junges italienisches Mädchen namens Bettina kommt jeden Morgen aus dem Dorf herauf, um zu putzen, mein Frühstück zuzubereiten und mein Bad einzulassen. Ich habe vor, viel zu lesen, zu schlafen, spazierenzugehen, falls die Sonne scheint, zu schwimmen und niemanden zu sehen. Otto Bismarck (der Gesandter an der hiesigen deutschen Botschaft ist) hat mir viele Bücher geliehen. Heute werde ich einkaufen gehen, um für Vorräte zu sorgen, dann ziehe ich mich vor der Welt zurück.

Der Vesuv ist sehr viel aktiver als in den vergangenen Jahren, und es heißt, wenn nicht Krieg wäre, würden die Leute anfangen, sich Sorgen zu machen. Nachts kann man sehen, wie oben die rote Lava hervorbricht und an den Abhängen herabsickert. Sehr aufregend! Man kann auch die Luftangriffe auf Neapel beobachten: von hier aus sehen sie allerdings recht harmlos aus. Auf Capri gehen dann alle Lichter aus; das erste Mal war ich in der Klemme, da ich keine Zeit gehabt hatte, Kerzen zu kaufen, und sie schon früh kamen . . .

Inzwischen waren die Deutschen nach aufsehenerregenden Anfangserfolgen auf Schwierigkeiten gestoßen, denn für jede russische Division, die sie ausschalteten, erschienen wie aus dem Boden gestampft neue, die bald besser geführt, besser ausgebildet und besser ausgerüstet waren. Allmählich sahen sich die Deutschen in die unermeßliche Weite Rußlands hineingesogen, während ihr Ziel, die Vernichtung der sowjetischen Militärmacht, immer illusorischer wurde.

Aus Missies engerem Kreis waren außer Eddie Wrede (dessen Tod sie in einer der letzten Tagebucheintragungen im Jahre 1941 erwähnt) drei weitere Freunde in den ersten Wochen des Rußlandfeldzugs gefallen: Ronnie Clary, Bübchen Hatzfeldt und Gofi Fürstenberg.

Hitler blieb zuversichtlich und erklärte am 15. Oktober: »Rußland ist bereits geschlagen!« Aber wieder, wie so oft in der Geschichte, kam »General Winter« Rußland zu Hilfe. Anfang Dezember 1941, als die Kremltürme bereits in Sicht waren, blieben die deutschen Panzer vor Moskau im Schnee stecken. Gleichzeitig begannen frische, aus Sibirien herbeigeführte Divisionen die erste große Gegenoffensive. Vom 22. Juni bis zum 1. Dezember 1941 hatte das deutsche Ostheer etwa ein Viertel seiner ursprünglichen Stärke verloren. Zwar waren die russi-

schen Verluste weitaus höher, dennoch erachteten viele deutsche Generale den Krieg im Osten bereits als verloren.

Am 7. Dezember 1941 überfielen die Japaner Pearl Harbor, und die Vereinigten Staaten traten aktiv in den Krieg ein. Die Alliierten erlitten in diesem Winter zwar schwere Rückschläge im Pazifik, wobei der größte Teil Südostasiens den Japanern zufiel. Dennoch sorgte Amerika, »Zeughaus der Demokratie«, von nun an für eine stetig zunehmende materielle Überlegenheit.

Im Frühjahr 1942 kehrten die Metternichs wieder nach Deutschland zurück. Paul kam auf eine Offizierschule und wurde später Verbindungsoffzier zur 250. (span.) »Blauen Division«, die vor Leningrad lag, während Tatjana hauptsächlich in Königswart lebte, dem Metternichschen Gut in Nordböhmen, wo die übrige Familie sie von Zeit zu Zeit besuchte.

Aus dieser Zeit sind zwei Briefe Missies an ihre Mutter sowie eine längere Tagebucheintragung erhalten:

Missie aus Berlin an ihre Mutter auf Schloß Königswart, 17. Juli 1942

Gestern waren Georgie und ich in der chilenischen Botschaft zum Abendessen eingeladen. Unter den Gästen waren die Schauspielerin Jenny Jugo und Viktor de Kowa (der auch ein bekannter Schauspieler und Regisseur ist) mit seiner japanischen Frau. Die Party dauerte sehr lange, und es wurde viel getanzt.

Inzwischen war das Tanzen in der Öffentlichkeit verboten. Verstöße dagegen wurden schwer bestraft; nur in den diplomatischen Vertretungen war Tanzen noch erlaubt.

Ich unterhielt mich lange mit Viktor de Kowa, den ich als sehr junges Mädchen in Litauen angehimmelt hatte. Jetzt trägt er eine Riesenbrille, da er kurzsichtig ist. Er entpuppte sich als scheuer, aber sehr witziger Mann. Als ich klagte, daß es heutzutage schier unmöglich sei, Theaterkarten aufzutreiben, erklärte er, ich brauchte ihn nur anzurufen und er würde mir eine ganze Loge zur Verfügung stellen; wenn ich mich langweilte, müßte ich dennoch bis zum Ende aushalten, da er mich im Auge behalten würde. Obgleich er sich strikt weigerte zu tanzen und behauptete, er könne es nicht, zog ich ihn doch aufs Parkett, auf dem er sich mit Märtyrermiene abmühte. Später gerieten sich er und Jenny Jugo mit den Wrede-Zwillingen in die Haare, die mich mal wieder angegriffen hatten wegen meines angeblichen »Mangels an Begeisterung« über ... Du kannst Dir denken was *[gemeint war der Rußlandfeldzug]*.

Georgie läuft neuerdings mit so langem Haar herum, daß alle Leute mich drängen, ich solle ihn überreden, es schneiden zu lassen. Er hat sich den Ruf erworben, der beste Tänzer in Berlin zu sein – sehr zu Hans Flotows Kummer ...

Missie aus Berlin an ihre Mutter in Königswart, 30. Juli 1942
Ich bin in den letzten drei Wochen jeden Abend ausgegangen und habe einen Zustand völliger Erschöpfung erreicht. Aber das ist die einzige Methode, wenigstens einmal am Tag anständig zu essen, denn in unserer Bürokantine ist das Essen entsetzlich geworden. Antoinette Croy ist aus ihrer Stellung in Paris mit nur zweitägiger Frist entlassen und nach Deutschland zurückgeschickt worden – nur wegen ihres Titels und ihrer ausländischen Verbindungen. Aus Gefälligkeit erlaubte ihr Botschafter Abetz (der Deutschland im besetzten Teil Frankreichs vertritt), einige Wochen länger zu bleiben, damit sie ihre Mutter sehen könne.

Am Sonntag gingen sie und ich hinaus zu Alfieri (dem italienischen Botschafter), wo wir einen köstlichen Tee bekamen und uns dann auf der Terrasse, die auf den See geht, gemütlich aalten. Gestern hat er mich wieder eingeladen, aber ich habe abgelehnt. Daraufhin hat er mich heute abend zum Essen eingeladen. Diesmal habe ich akzeptiert, da die Emos auch hingehen.

Einige Auszüge aus Missies Tagebuch, die nach ihrem Tode entdeckt wurden:

Dienstag, 11. August 1942: Der ekelhafte Personalchef hat es abgelehnt, mir die vier Wochen Ferien zu bewilligen, die ich beantragt hatte, und mir nur sechzehn Tage gewährt. Ich werde mich an den Amtsarzt des A. A. wenden und ihn um vier Wochen im Winter ersuchen und dann in die Berge gehen. Georgie und ich nahmen den Zug nach Potsdam, um mit Gottfried Bismarck zu Abend zu essen.

Königswart, Mittwoch, 12. August: Nahm den Nachtzug nach Eger, wo ich um ein Uhr früh ankam. Paul Metternichs Sekretär Thanhofer holte mich ab und fuhr mich nach Königswart. Das ganze Haus schlief, nur Tatjana wartete auf mich, halb dösend, mit einem kalten Abendbrot neben sich. Nahm ein kurzes Bad, schwatzte noch lang und ging erst um drei Uhr schlafen.

Donnerstag, 13. August: Heute morgen hörte man im Dorf Gerüchte, daß es im Rheinland schwere Luftangriffe gegeben habe. Mainz sei praktisch ausradiert worden, achtzig Prozent der Stadt lägen in Trümmern. Später traf ein Telegramm von Paul Metternich ein, in dem er mitteilte, daß er seine Mutter abholen werde. Was bedeutet das? Schließlich ist Schloß Johannisberg, wo sie lebt, ein gutes Stück von Mainz entfernt.

Sonntag, 16. August: Nach der Kirche wurde Tatjana aus Berlin angerufen. Das Gespräch dauerte eine Stunde. Unterdessen saß ich im Garten und stopfte Strümpfe. Als sie erschien, war sie kreideweiß im Gesicht. »Johannisberg existiert nicht mehr«, sagte sie mit belegter Stimme.

Offenbar war Paul Metternichs Mutter Isabel Donnerstag nacht von einem fürchterlichen Krach geweckt worden: eine Bombe war auf das Schloß gefallen. Sie und ihre Kusine Marischa Borkowska zogen sich Morgenmantel und Pantoffeln an und hasteten zusammen mit dem Stubenmädchen die Treppe hinunter, über den Hof und in einen Keller. Inzwischen hagelte es Bombe auf Bombe auf Haus, Kirche und Nebengebäude. Im ganzen sind über dreihundert abgeworfen worden von jeglicher Sorte – sogenannte Lufttorpedos, Sprengbomben, Brandbomben und so weiter. Ein Torpedo traf die Kirche, die sofort in Flammen aufging –, ein junger Mann stürzte hinein, ergriff die Hostie und trug sie ins Freie, wobei er sich die Hände schwer verbrannte. Fünfzig Flugzeuge nahmen an dem Angriff teil, der zwei Stunden lang dauerte. Ein über Mainz abgeschossener Flieger trug, wie sich später herausstellte, eine Karte bei sich, auf der drei Ziele klar eingezeichnet waren: Mainz selbst, Schloß Johannisberg und Schloß Aßmanshausen. Alle drei sind pflichtbewußt ausradiert worden. Als die Feuerwehr erschien, konnte sie fast nichts mehr ausrichten. Das Gutspersonal, einschließlich des Verwalters, Herrn Labontes, benahm sich fabelhaft, eilte immer wieder ins Haus, bemüht, Bilder, Porzellan, Silber, Wäsche und so weiter zu retten. Die Mumms, die in der Nachbarschaft wohnen, hatten die Flammen gesehen und waren herbeigeeilt. Olili Mumm, den Stahlhelm in einem feschen Winkel von 45 Grad auf dem Kopf, sprang auf die

Stühle und schnitt mit der Schere die Bilder aus ihren Rahmen. Aus dem Parterre konnte eine ganze Menge gerettet werden, aber oben ist alles vernichtet worden, einschließlich der Kleider, Pelze und persönlichen Sachen von Isabel. Um es Tatjana leichter zu machen, hatte sie taktvollerweise darauf bestanden, ihre Sachen von Königswart nach Johannisberg schaffen zu lassen, wo sie ihren Wohnsitz nehmen wollte. Die beiden letzten Kisten sind vor zwei Wochen abgegangen, und wir hoffen, daß sie noch unterwegs sind. Zum Glück hatte sie ein Paar Schuhe ins Dorf zur Reparatur gebracht, und die trägt sie jetzt. Paul, der am nächsten Morgen aus Rüdesheim zu Fuß heraufkam, fand kleine Pelzfetzen in den Weinbergen, die durch den von den Explosionen verursachten Luftdruck über die Gegend verstreut worden waren. Mit Ausnahme eines der Pavillons, die den Schloßeingang flankieren, sind von den verschiedenen Gebäuden nur die Außenwände stehengeblieben, alle Dächer und Obergeschosse sind eingestürzt. Die Mehrzahl der Kühe und Pferde hatte man in die Felder gejagt, aber zwölf Tiere kamen in den Flammen um. Vor fünf Jahren waren offenbar zwischen allen Zimmern feuerfeste Türen angebracht worden, die natürlich gegen einen Luftangriff gar nichts nutzten.

Dienstag, 18. August: Fuhr heute morgen mit Thanhofer nach Marienbad, um Kosmetik zu besorgen, die sich sonst nirgends auftreiben läßt.

Mama ist manchmal sehr guter Dinge, manchmal tief deprimiert.

Berlin, Mittwoch, 19. August: Bin heute morgen mit Tatjana nach Berlin abgereist. Thanhofer und der Chauffeur brachten uns nach Eger und sorgten für einen pompösen Abgang. Wie angenehm ist es doch, für kurze Augenblicke ein Plutokrat zu sein, dem andere die Koffer packen und sogar tragen!

In Berlin mußten wir am Bahnhof stundenlang auf ein Taxi warten, da Georgie, der uns abholte, ohne Taxi gekommen war. Aß mit ihm bei »Schlichter« zu Abend, wo er mir alles über seine derzeitige Freundin berichtete, die ihn, wie er klagt, mit Liebeserklärungen belästigt. Als ich neulich nach Haus kam, fand ich ein Telegramm vor, das ich aus Versehen öffnete: »Noch böse? Küsse . . .«

Morgen reise ich mit Antoinette Croy nach Dülmen in Westfalen, wo ich für einige Tage bei ihr zu Besuch sein werde. Von dort aus fahre ich vielleicht noch nach Sigmaringen zu Konstantin von Bayerns Hochzeit mit einer Hohenzollern.

Dülmen, Donnerstag, 20. August: Traf mich mit Antoinette Croy am Bahnhof Zoo. Der Zug war wie immer gerammelt voll, so daß wir bis Osnabrück im Gang standen; wir hatten uns die Strümpfe abgestreift, denn es war unerträglich heiß. Durch Osnabrück schlich der Zug im Schneckentempo, da die Schienen erst kurz zuvor durch einen Bombenangriff schwer beschädigt worden waren. Die Stadt sah entsetzlich aus; viele Gebäude lagen in Trümmern, andere sind nur noch leere Hülsen. In Dülmen wurden wir von einem Wagen abgeholt, der von eben erst gezähmten Wildpferden gezogen wurde – eines der Hobbys des Herzogs von Croy – und uns in einem höchst beängstigenden Tempo zum Schloß fuhr. Der Herzog wartete auf uns mit einem kalten Abendessen, danach fielen wir buchstäblich ins Bett.

Freitag, 21. August: Habe bis elf Uhr geschlafen; frühstückte im Morgenrock in Antoinettes Zimmer und kam gerade rechtzeitig zum Mittagessen nach unten. Der Herzog ist so reserviert, daß er fast abweisend wirkt, und seine Kinder haben offensichtlich schlotternde Angst vor ihm. Dennoch ist er ihnen sichtlich sehr zugetan, auch wenn er sie mit eiserner Hand regiert. Er ist so recht ein französischer Grandseigneur der alten Schule.

Nach einem köstlichen Mittagessen saßen wir in der Bibliothek und schwatzten, fuhren dann mit dem Fahrrad spazieren und kamen rechtzeitig zurück zu einem herrlichen Tee auf der Terrasse. Anschließend nahm uns der Herzog auf eine Fahrt durch den Wildpark mit, in dem er außer seinen berühmten Wildpferden auch die verschiedensten Rotwildarten und eine sehr seltene Rasse pechschwarzer wilder Schafe zieht. Dann ein Bad. Dann ein fabelhaftes Abendessen. Dann noch ein Schwatz in der Bibliothek und früh zu Bett.

Samstag, 22. August: Das geruhsame Leben geht weiter. Heute haben wir den Obstgarten besucht und uns mit herrlichen Trauben, Aprikosen, Pfirsichen, Pflaumen und Beeren jeglicher Sorte vollgestopft.

Sonntag, 23. August: Um elf Uhr machten wir uns auf zur Kirche, wo der Herzog, die Herzogin, Antoinette und ich feierlich im Familiengestühl Platz nahmen. Nach dem Tee wurde uns die Nerzfarm gezeigt, die in einem künstlich angelegten Morastfeld liegt.

Montag, 24. August: Besuchten die Garage, wo rund fünfundzwanzig Fahrzeuge aller Art standen, von denen über die Hälfte der Familie gehört.

Nordkirchen, Mittwoch, 26. August: Nach dem Mittagessen fuhr uns der Herzog nach Nordkirchen hinüber, dem Besitz der Arenbergs – die Vettern der Croys sind –, wo wir einige Tage bleiben werden.

Nordkirchen hat mehr von einem Palast als von einem Landschloß. Es ist von wunderschönen *pièces d'eau* und französischen Gärten umgeben. Zur Zeit bewohnt die Familie nur einen Flügel, der allerdings reizend ausgestattet ist, mit einer Voliere, einem überdachten Schwimmbecken, einem besonders umfriedeten Garten zum Sonnenbaden und jeder anderen erdenklichen Art Luxus. Das Essen ist noch besser als in Dülmen. Zum Tee trank ich literweise Milch. Dann saßen wir zusammen und unterhielten uns mit unserer Gastgeberin Valerie, während der Herzog und der Fürst auf die Jagd gingen. Ich habe ein sehr hübsches Zimmer und teile ein Bad mit Antoinette Croy.

Donnerstag, 27. August: Stand um neun Uhr auf, und nach einem fabelhaften Frühstück führten uns Enkar und Valerie Arenberg auf einem langen Rundgang durch ihren Besitz. Nach dem Mittagessen zogen wir uns Shorts an und sonnten uns im Garten, wobei wir zur Abkühlung gelegentlich in das Schwimmbassin tauchten.

Heute nacht nach dem Abendessen, als ich noch im Bett las, war plötzlich das Gebrumm vieler Flugzeuge über uns zu hören. Die Flak der benachbarten Stadt begann zu schießen, und plötzlich war die Hölle los. Der Vollmond glänzte auf den Wassergräben, und Scheinwerferstrahlen fuhren über den Himmel; ich lehnte mich aus dem Fenster und war von der beängstigenden Schönheit des Anblicks vorübergehend gebannt. Dann aber erinnerte ich mich an die jüngsten Ereignisse in Johannisberg und lief auf den Flur hinaus, wo ich mit der gesamten Familie meiner Gastgeber zusammenstieß, die im Begriff war, mich zu holen. Wir trotteten alle in den Haupthof hinunter, wo wir auf einer Kellertreppe saßen, Pfirsiche aßen und Milch tranken, während Enkar durch das Haus ging und sämtliche Fenster öffnete, um zu verhindern, daß sie durch den Luftdruck explodierender Bomben zu Bruch gingen. Nach ungefähr einer Stunde nahm der Krach ab, und wir kehrten in unsere Zimmer zurück. Antoinette und ich standen noch am Fenster und schwatzten, als es plötzlich einen fürchterlichen Krach gab, der uns in das Zimmer zurückwarf, so als ob man uns die Tür vor der Nase zugeschlagen habe. Später erfuhren wir, daß es eine Bombe war, die in zwanzig Kilometer Entfernung explodierte; trotzdem war der Luftdruck so stark, daß es uns fast umgeworfen hätte. Ein sehr sonderbares Gefühl! Ein benachbartes Schloß wurde bei diesem Angriff zerstört.

Freitag, 28. August: Ich hatte mich noch nicht entschieden, ob ich auf die Hochzeit gehen sollte oder nicht, als Konstantin von Bayern aus Sigmaringen anrief und erklärte, ich *müßte* ganz einfach kommen, es gäbe ein heilloses Durcheinander, wenn ich nicht erschiene, da für diesen sehr feierlichen Anlaß die Tischordnung sowie die Reihenfolge der Familie und Gäste beim Kirchgang seit Wochen festgelegt sei. Man habe mir meine Begleiter bei den verschiedenen Feierlichkeiten längst zugeteilt und so fort. So verbrachte ich den Rest des Abends damit, mit Hilfe Enkar Arenbergs und der Haushälterin das Kursbuch zu studieren. Wegen der Luftangriffe sind viele Eisenbahnlinien außer Betrieb oder beschädigt, und wenn Züge fahren, dann oft nur im Schneckentempo. Dennoch muß ich spätestens am Sonntag dort sein.

Sigmaringen, Samstag, 29. August: Ich hatte mein Hauptgepäck in Dülmen gelassen, so daß wir erst den Herzog anrufen und ihn bitten mußten, es an den Bahnhof schicken zu lassen. Die Arenbergs statteten mich wohl aus mit Büchern, Proviant, Wein, Enkars Feuerzeug, das zugleich als Wecker dient (meine eigene Uhr habe ich verlegt), und einer Rose, die ich später in meinem Reisenecessaire fand. So ausgerüstet, erreichte ich den Bahnhof von Dülmen, sprang hinaus, bemächtigte mich meines Gepäcks und meiner Post und richtete mich auf eine lange Reise nach Süden ein.

Einer der Briefe war von Loremarie Schönburg, die ganz

beiläufig erwähnte, daß Hugo Windisch-Graetz bei einem Flugzeugabsturz umgekommen sei (er war Offizier in der italienischen Luftwaffe). Wir kannten uns von Kindesbeinen an, und kurz vor dem Krieg, in Venedig, waren wir sehr viel zusammen. Während der ganzen Reise saß ich sehr unglücklich da, mußte an Lotti, seine Mutter, denken und an seinen Zwillingsbruder Mukki, von dem er unzertrennlich war. Loremarie berichtete auch über andere Todesfälle – Vetti Schaffgotsch und Fritz Dörnberg. Vor kurzem ist auch der Herzog von Kent bei einem Flugzeugabsturz in Schottland tödlich verunglückt; seine Frau Marina hatte gerade ein Baby bekommen. Der Sohn des ungarischen Reichsverwesers, Admiral Horthy, ist auf die gleiche Weise umgekommen. Man fragt sich, ob diese Serie von Flugzeugunglücken nicht eine Folge fehlerhafter Kriegsfabrikation ist. Vielleicht ist es auch eine Art Fluch, der die Menschheit dafür bestraft, diese ekelhaften Dinger erfunden zu haben.

Die Reise verlief zunächst glatt, das Abteil war überraschenderweise fast leer. Wir kamen durch das Ruhrgebiet, wo jetzt eine Stadt an der andern ein kilometerlanges Trümmerfeld bildet. In Köln stand nur noch der Dom. Wir fuhren das Rheintal entlang, an vielen bekannten mittelalterlichen Burgen vorbei, deren Ruinen fast schön wirken im Vergleich zu der grauenvollen Zerstörung, die der Mensch heutzutage allerorten anrichtet. Jemand machte mich auf Schloß Johannisberg aufmerksam (ich war bisher noch nie dort); aus der Ferne sah es fast unversehrt aus, nur das Dach fehlte. In Wirklichkeit ist jedoch nichts übriggeblieben. Dann kam Mainz; es heißt, daß achtzig Prozent der Stadt zerstört seien. In Frankfurt mußte ich abermals umsteigen. Dieses Mal reiste ich weniger bequem, nämlich mit drei andern Mädchen in das WC der ersten Klasse gezwängt, während uns zwei italienische Studenten mit Pflaumen, Erdnüssen und englischen Zigaretten traktierten. Nach zweimaligem weiterem Umsteigen erreichte ich schließlich Sigmaringen heute morgen um halb neun.

Sonntag, 30. August: Ich hatte Konstantin von Bayern angerufen, und man hatte mir einen Mann an den Bahnhof geschickt, der mir beim Koffertragen helfen sollte. Wir gingen zum Schloß hinauf, das inmitten der kleinen Stadt auf einem Felsen liegt und nur aus Dächern, Giebeln und Türmchen besteht, wie die Lebkuchenburgen in deutschen Märchen. Wir betraten einen Aufzug am Fuß des Felsens und wurden ungefähr zehn Stockwerke hinaufbefördert. Eine Haushälterin zeigte mir mein Zimmer und brachte mir ein paar gekochte Eier und einen Pfirsich. Ich nahm schnell ein Bad und hupfte ins Bett, in der Hoffnung, etwas zu schlafen, während die Familie in der Schloßkapelle zur Messe war. Die Orgel tönte jedoch so laut, daß ich kein Auge zutat und mich statt dessen mit der Gästeliste beschäftigte, die ungezählte Wittelsbacher und Hohenzollern enthielt, meist recht fortgeschrittenen Alters.

Zur Mittagszeit stand ich auf, zog mich an, und als ich die Tür öffnete, fiel mein Blick auf Konstantin, der sich gerade seine Krawatte band; sein Zimmer liegt meinem genau gegenüber. Wir hatten einen gemütlichen Schwatz, danach führte er mich endlose Gänge entlang treppauf, treppab und wieder treppauf und schließlich in den sogenannten »Kinderflügel«, um mich mit seiner Braut, die ich noch nicht kannte, bekannt zu machen. Junge Männer, die alle wie die kleinen Erzherzöge im Bilderbuch aussahen – sehr schlank, blond und wohlerzogen –, kamen aus allen Richtungen herbei, um vorgestellt zu werden. Es waren Brüder und Vettern der Braut. Von ihnen eskortiert, erreichten wir schließlich das Wohnzimmer der Braut und traten dann geschlossen in den großen Salon, wo sich beide Familien versammelt hatten. Auf dem Weg waren wir auch der Brautmutter begegnet, meiner Gastgeberin, die überrascht und erleichtert schien, daß ich doch noch pünktlich eingetroffen war. Zu den Hausgästen gehören Louis Ferdinand von Preußen und seine russische Frau Kira, das komplette ehemals regierende Haus von Sachsen, Didi Tolstoi (der ein entfernter Vetter von uns ist) und seine Halbgeschwister, Georgie und Lella Mecklenburg, die Hassells, die Schnitzlers, der rumänische Gesandte Bossy und die Max Fürstenbergs.

Das Mittagessen nahmen wir an kleinen Tischen im sogenannten Ahnensaal. Ich saß neben Bobby Hohenzollern, dem ältesten Sohn des Zwillingsbruders unseres Gastgebers. Er ist ein junger Soldat von einundzwanzig, sehr blond, blauäugig, übersprudelnd und rührend, der seither nicht mehr von meiner Seite gewichen ist. An unserem Tisch saß auch Konstantins Bruder Sascha, sehr schüchtern und »manierlich«, der dem Jugendbildnis des Kaisers Franz Joseph lächerlich ähnlich sieht, was nicht allzu sehr überrascht, da er sein Ururenkel ist.

Ein Prinz Albrecht von Hohenzollern, der als Verbindungsoffizier zur rumänischen Armee dient, erzählte mir ausführlich über die Krim, wo er gerade gewesen war. Er hatte Aloupka,

Gaspra und einige andere ehemalige Familienanwesen besucht und sie in perfektem Zustand vorgefunden. Er war voller Bewunderung für die Russen, besonders für die Frauen, die, wie er sagt, eine erstaunliche Tapferkeit, Würde und innere Kraft an den Tag legen. Es tut gut, so etwas zu hören!

Nach dem Mittagessen gingen wir auf den Dachterrassen spazieren, und dann nahm mich Bobby mit auf eine Inspektionstour durch das Schloß, das ebenso viele Keller und Dachstühle wie Zimmer zu besitzen scheint. Aus allen Türen lugten Menschen hervor, und das Ganze wirkte wie ein riesenhaftes Hotel, das von ungezählten Dienern in sehr eleganten, mit Orden besetzten Livreen fabelhaft geführt wird, während die Gäste, die ich allmählich kennenzulernen beginne, umherschwirren. Eine recht erstaunliche Atmosphäre, wenn man bedenkt, in welchen Zeiten wir leben!... Unser Hausherr, Fürst Hohenzollern-Sigmaringen, und sein Zwillingsbruder Franz-Josef haben je drei Söhne, von denen vier mehr oder weniger erwachsen sind; die andern beiden sehen sehr niedlich aus in ihren Etonkragen – sie sollen die Schleppe der Braut tragen. Sie verbringen ihre Zeit damit, mir den Weg in und aus meinem Zimmer zu weisen. »Du brauchst nur den Kinderstock anzurufen und nach uns zu fragen, dann kommen wir gleich und holen dich!« Das tue ich auch oft, da ich mich ständig verirre.

Dann besichtigten wir die Hochzeitsgeschenke. Nach dem Tee nahmen wir Jüngeren unser Badezeug und rasten durch die Stadt und über die Felder zur Donau hinunter, die in dieser Gegend noch recht schmal ist und deren Wasser einem kaum bis an die Schulter reicht. Der Herzog Luitpold *in* Bayern (im Unterschied zum königlichen Haus *von* Bayern) – ein älterer Sportsmann und »Letzter seines Namens« – war schon da; wir lagen im Gras und unterhielten uns mit ihm, bis es Zeit wurde, wieder zurückzueilen und uns zum Abendessen umzuziehen.

Es folgte ein Kampf um das Badezimmer (in unserm Stockwerk gibt es nur eines). Während wir uns anzogen, kamen ständig die Männer herein, um sich mit ihren Bindern helfen oder ihr frisch rasiertes Kinn pudern zu lassen – alles sehr familiär und gemütlich. Schließlich hatten wir Konstantin auf den Weg gebracht und konnten unsere eigenen Vorbereitungen beenden. Die ältere Generation war bereits in einem der Salons versammelt, die Damen mit Juwelen bedeckt, die meisten Herren in Uniform – einige in ungewohnten, noch aus dem Ersten Weltkrieg stammenden Modellen – und alle voller glitzernder Orden. Der Bruder des Hausherrn trug Admiralsuniform; Louis Ferdinand von Preußen die eines Luftwaffenoffiziers mit dem gelben Band des Schwarzen-Adler-Ordens. Alle sahen sie sehr beeindruckend aus!

Auf ein Signal hin wurden wir unseren vorbestimmten Partnern paarweise zugeordnet und marschierten feierlich in die Eßsäle: das Brautpaar, die unmittelbaren Familienangehörigen und »Ehrengäste« aßen an einer langen Tafel im Ahnensaal, wir übrigen an kleinen Tischen im anschließenden Königszimmer. Ich saß zwischen Bobbys Bruder Meinard und Botschafter von Hassell. Während des Abendessens erhob sich Louis Ferdinand und hielt eine Rede im Namen seines Vaters, des Kronprinzen. Er sprach über die engen Bande, die stets die beiden Häuser Hohenzollern – das nördliche und das südliche – miteinander verknüpft hätten, wandte sich dann an die Jüngeren in unserem Saal und erklärte, »alle diese blühenden jungen Leute« seien der lebende Beweis, daß die südliche Linie weiterhin ebenso florieren werde, wie es die nördliche getan habe.

Nach dem Abendessen versammelten wir uns wieder in einem anderen Raum, wo der örtliche Kirchenchor dem Brautpaar ein Ständchen gab. Während dieser Darbietung schlichen sich die meisten Gäste fort. Ich blieb, da sehr gut gesungen wurde und mich das Ganze rührte. Konstantin hielt eine kurze Dankesrede; dann begaben wir Jüngeren uns in einen entlegenen Saal, um zu tanzen, obgleich der Hausherr dies des Krieges wegen verboten hatte. Allerdings machten wir schon früh Schluß, da ja morgen der große Tag ist, der lang und ermüdend werden wird.

Montag, 31. August: Konstantin von Bayern weckte mich um sieben und ging dann zur Beichte und Kommunion. Nach einem hastigen Frühstück stürmten wir wieder nach oben, um unsere Hüte aufzusetzen. Wir trugen kurze Kleider; ich hatte mein Grünes an, mit einem sehr hübschen Hut. Die Herren waren in Frack oder Uniform, mit sämtlichen Orden und Schärpen. Pünktlich um zehn Uhr setzten wir uns in Bewegung, wieder paarweise, ich am Arm von Didi Tolstoi. Die ganze Prozession – zuerst die Gäste, dann die Brautleute und unmittelbare Familienangehörige – bewegte sich langsam und feierlich aus dem Schloß, über die vielen Innenhöfe, eine breite Freitreppe hinunter, durch die Stadt und in die Kirche. Die ganze Gegend schien sich am Weg aufgestellt zu haben; dazu kamen einige Dutzend Fotografen und Kameraleute der Wochenschau. Die Zeremonie dauerte fast zwei Stunden; der zelebrierende Bischof hielt eine endlose Rede, die fast ausschließlich die christlichen Tugenden früherer Generationen beider Familien zum Thema hatte. Dann wurde ein Telegramm von Papst Pius XII. verlesen; es folgte ein wundervolles Hochamt mit schönem Gesang und einer Toccata von Bach. Als alles vorbei war, kehrten wir zum Schloß zurück, diesmal in umgekehrter Reihenfolge, Brautpaar und Familie zuerst, dann die Gäste, und nun begann der ernste Teil des Fotografierens und Filmens. Auch ich tanzte aus der Reihe und machte eine Menge Schnappschüsse.

Zurück im Schloß, fanden wir die Hauptempfangsräume bereits voller Menschen, die sich dort versammelt hatten, um den Neuvermählten zu gratulieren; jeder Raum war einer bestimmten Gruppe zugewiesen, je nach Position, das heißt örtliche Würdenträger in einem Salon, Angestellte in einem andern, auswärtige Gäste in einem dritten und wir, die Hausgäste, in einem vierten. Das Mittagessen, ein richtiges Bankett, wurde im portugiesischen Zimmer serviert – so genannt wegen seiner prachtvollen Wandteppiche. Das Essen war vorzüglich, es begann mit Krabbencocktail und mit Kaviar gefüllten Pastetchen, die Weine waren der reine Nektar. Ich saß zwischen Franzi Seefried, einem Vetter von Konstantin, und Bossy, der in vollem, goldbetreßtem diplomatischem Wichs erschienen war, den gefiederten Hut unter dem Stuhl. Der Vater der Braut hielt eine Rede, die Konstantins Vater, Prinz Adalbert von Bayern, der eine anziehende Stimme hat und eine schlichte Art, sich zu geben, erwiderte. Anschließend erhob sich der älteste, achtzehnjährige Sohn des Hauses und sagte: »Wir Jüngeren werden dir immer beistehen (womit er seine Schwester meinte), selbst wenn du nicht mehr eine der unseren bist.« Danach begann das Unterschreiben der Speisekarten. Meine blieb natürlich auf halbem Wege um den Tisch stecken, aber es gelang mir später, sie wieder an mich zu bringen und zu vervollständigen. Sie war über und über vollgekritzelt mit Namen wie »Bobby«, »Fritzi«, »Sascha«, »Willy«, »Onkel Albert«. Dazwischen plötzlich in Kinderhand ein großes »Hohenzollern«. Dies stellte sich als die Unterschrift des neunjährigen jüngsten Bruders der Braut heraus.

Nach dem Mittagessen machten wir uns eilig zum Schwimmen auf. Das Abendessen wurde wiederum an kleinen Tischen serviert; nur waren die Gäste diesmal in kurzen Kleidern, und es fehlte das Brautpaar, das bereits zu einer kurzen Hochzeitsreise an den Wörthersee abgefahren war. Ich zog mich früh und todmüde zurück.

Kaum war ich im Bett, als es an der Tür klopfte und der Erbprinz von Sachsen sowie der älteste Sohn des Hauses hereinschlichen, Stühle herbeizogen und baten, auf einen kurzen Schwatz bleiben zu dürfen: »So gemütlich!« Ersterer, ein Sechzehnjähriger namens Maria-Emmanuel, bat mich, ihm zu helfen, eine Braut zu finden, da er meinte, seine dynastischen Verpflichtungen (seine Familie verlor bereits 1918 den Thron!) erheischten es, früh mit der Gründung einer Familie zu beginnen. Ich erwiderte, daß die meisten der in Frage kommenden Mädchen vermutlich noch im Sandkasten spielten; er gab mir mit trauriger Miene recht, und nach einer Weile zogen beide wieder ab.

Berlin, Dienstag, 1. September: Da inzwischen die Mehrzahl der Hausgäste abgereist war, aßen wir an einer gemeinsamen langen Tafel zu Mittag. Ich saß neben Louis Ferdinand von Preußen, der allem Russischen sehr wohlgesinnt schien und sehr freundlich von unserm Land sprach. Er ist lebendig und intelligent. Am Tage zuvor hatte ich eine lange Unterhaltung mit seiner Frau Kira; sie ist eine Romanow, und ihr Vater, der Großfürst Kiril, ist zusammen mit Papas Familie aufgewachsen.

Nach dem Tee wurde noch ein letztes Mal fotografiert, danach begleiteten uns unsere Gastgeber zu Fuß an den Bahnhof hinunter, wo Didi, Georgie, Franzi Seefried und ich den Nachtzug nach Berlin nahmen.

Da dies bis Kriegsende sehr wahrscheinlich das letzte derartige Ereignis gewesen sein mag – und nur Gott weiß, wie Europa danach aussehen wird! –, habe ich das Hochzeitsprogramm aufgehoben.

Berlin, Mittwoch, 2. September: Nach einem hastigen Frühstück mit Tatjana ging ich ins Büro; ich machte mir gewisse Sorgen, da ich meinen Urlaub um drei Tage überzogen hatte. Aber heutzutage, bei der ständigen Bombardierung der Eisenbahnen, kann man sich in dieser Beziehung einiges leisten.

Hochzeitsfeier
I. D. Prinzessin Maria Adelgunde von Hohenzollern
mit S. K. H. Prinz Konstantin von Bayern
Schloß Sigmaringen, den 31. August 1942.

Sonntag, den 30. August 1942.
Geburtstag S. K. H. des Fürsten und S. D. des Prinzen Franz Joseph von Hohenzollern

8.15 Uhr: Austeilung der hlg. Kommunion in der Schloßkapelle
8.30 Uhr: Gratulation im Königszimmer
Anschließend Frühstück im Ahnensaal
9.30 Uhr: Levitiertes Hochamt in der Stadtpfarrkirche
Anschließend Gratulation der Hofkammer
u. Beamten – Salon S. K. H.
der Angestellten – Aquarellzimmer
13.00 Uhr: Mittagstafel im Ahnensaal und Königszimmer
16.00 Uhr: Civiltrauung im Roten Salon
16.30 Uhr: Tee im Altdeutschen Saal
20.00 Uhr: Diner im Ahnensaal und Königszimmer
Versammlung: Grüner und schwarzer Salon
Anzug – Herren: Frack, bzw. Uniform mit Orden und Band; Damen mit Orden ohne Band, ohne Diadem
21.15 Uhr: Brautabend
21.30 Uhr: Ständchen des Kirchenchors im Französischen Saal

Montag, den 31. August – Hochzeitstag.

8.15 Uhr: Austeilung der hlg. Kommunion in der Schloßkapelle
8.30 Uhr: Frühstück im Ahnensaal und Königszimmer
10.00 Uhr: Versammlung: Grüner u. schwarzer Salon
10.15 Uhr: Gang zur Kirche
10.30 Uhr: Trauung mit hlg. Messe in der Stadtpfarrkirche
Nach der Trauung – Gratulation:
1. Angestellte – Königszimmer
2. Beamtenschaft – Ahnensaal
3. Geladene Gäste – Französischer Saal
4. Verwandte und Hausgäste – Grüner u. schwarzer Salon

13.30 Uhr: Hochzeits-Diner in der Portugiesischen Galerie
Versammlung: Grüner und Schwarzer Salon
Anzug – Herren: Frack, bzw. Uniform mit Orden und Band; Damen: Kurzes Kleid mit Hut, mit Orden ohne Band
16.30 Uhr: Tee im Altdeutschen Saal
17.15 Uhr: Abfahrt des Hochzeitspaares im Auto

Freitag, 4. September: Nach dem Mittagessen in der Bürokantine gingen Tatjana und ich in den Film »GPU«, der ausgezeichnet gemacht ist. Es wurde auch ein langer Wochenschaubericht über einen britischen Landungsversuch in Dieppe gezeigt, bei dessen Anblick es uns fast schlecht wurde – zerfetzte und verstümmelte Körper in minutenlangen Nahaufnahmen. Wenn ich das nächste Mal einem der Verantwortlichen für Dokumentarfilme begegne, werde ich ihm ordentlich die Meinung sagen. Wenn in so vielen Ländern fast jeder schon einen Bruder, einen Sohn, einen Vater oder Geliebten verloren hat, ist es nicht nur schockierend, sondern schlechthin idiotisch, derartige Schreckensbilder zu zeigen. Vermutlich sollen sie dazu dienen, die deutsche Kampfmoral aufzumöbeln, aber sie bewirken nur das Gegenteil. Wenn solche Filme im Ausland gezeigt werden, ist die Wirkung vermutlich noch beschämender, und mit gutem Grund!

Am 19. August 1942 unternahmen die Alliierten einen Landeversuch bei Dieppe, um die deutschen Verteidigungsmaßnahmen am Atlantikwall und auch um ihre eigene Landetechnik zu erproben. Der Angriff wurde von rund 5000 Soldaten, zumeist Kanadiern, ausgeführt und schlug völlig fehl. Dreiviertel der Angreifer kamen um, wurden verwundet oder gefangengenommen. Die tragische Episode von Dieppe bot den Deutschen zwar einen wohlfeilen Propagandaerfolg, wurde aber von den Alliierten bei der Planung der Landung in der Normandie im Juni 1944 genauestens mit einkalkuliert.

Hinterher waren wir plötzlich sehr hungrig und wanderten ins Hotel Eden hinüber, wo wir Burchard von Preußen, Georg-Wilhelm von Hannover und die Welczecks trafen; wir aßen gemeinsam und gingen später noch zu den Wrede-Zwillingen zum Kaffee.

Der deutsche Vormarsch in Südrußland kommt schnell voran. Es sieht so aus, als wollten sie den Kaukasus abschneiden.

Im Juni 1942 hatten die deutschen Streitkräfte erneut ihre Offensive in der Sowjetunion aufgenommen. Ihre Ziele waren die nordkaukasischen Ölfelder und die Wolga. Bis Mitte September hatte die Heeresgruppe Süd zwar den Kaukasus erreicht – auch die verzweifelt verteidigten Ölfelder von Maikop und Groznyi –, und die 6. Armee unter General Paulus hatte Stalingrad eingeschlossen, aber von nun an gab es keine aufsehenerregenden deutschen Durchbrüche und keine großen Kesselschlachten mehr mit Hunderttausenden von Kriegsgefangenen. Die Deutschen hatten den Gipfel ihrer Erfolge überschritten. Inzwischen war auch der Partisanenkrieg ausgebrochen. Das Massensterben in den deutschen Kriegsgefangenenlagern durch Hunger, Erschöpfung und Mißhandlungen, das im Frühjahr 1942 einen Höhepunkt erreichte, und die von den Deutschen in den besetzten Gebieten verfolgte brutale Politik, auf der anderen Seite Stalins Aufruf zu nationaler Versöhnung, aber auch die gnadenlose Bestrafung, die er allen Zauderern und Fahnenflüchtigen androhte, sorgten dafür, daß sich das russische Volk um seine kommunistischen Führer scharte. Selbst unter den weißrussischen Emigranten hatte eine Sinnesänderung stattgefunden; auch Missies Mutter teilte sie.

Samstag, 5. September: Mama las einen Brief von Irena aus Rom vor, der gerade eingetroffen war, in dem sie eine ganz entsetzliche Beschreibung des Todes von Hugo Windisch-Graetz gibt. Anscheinend war er im Begriff gewesen, ein neues Flugzeug zu testen, als dieses auseinanderbrach und ihn ins All schleuderte. Später wurde sein völlig verstümmelter Leichnam gefunden, dem ein Bein fehlte. Lotti, seine Mutter, kam gerade noch rechtzeitig zur Beerdigung. Glücklicherweise war Carlo Robilant zur Stelle, um seinem Zwillingsbruder Mukki zu helfen, der nun völlig gebrochen sei. Ihr ganzes junges Leben lang waren die Brüder die engsten Freunde gewesen, und ich habe jetzt große Sorge, daß sich Mukki, da Hugo nicht mehr lebt, irgend etwas antun könnte. Irena schreibt, daß er während der ganzen Beerdigung neben dem Sarg gekniet, ihn gestreichelt und mit Hugo geredet habe. Es zerreißt einem das Herz. Danach habe ich den ganzen Tag geweint und kam völlig erschöpft nach Haus.

Am Abend ging ich zu den Schaumburgs zum Essen – es war ein gemütlicher, intimer Abend im Kreise unserer engsten Freunde. Aber mein Herz ist einfach nicht mehr bei der Sache. Man fühlt, daß kaum noch ein Funke Heiterkeit in einem steckt. Fast täglich kommen Nachrichten, daß dieser oder jener Freund gefallen ist; die Liste wird lang und länger ...

Gegen Ende September 1942 reiste Missies Bruder Georgie nach Paris und kehrte nicht mehr nach Deutschland zurück. Im Oktober ließ sich Missie nach Paris abkommandieren, angeblich, um nach Bildmaterial in den dortigen deutschen Archiven zu suchen, tatsächlich jedoch, um sich von Georgies Wohlergehen zu überzeugen und mit den dort lebenden Kusinen Kontakt aufzunehmen. In zwei Briefen an ihre Mutter faßt sie ihre Eindrücke über diese Reise zusammen und schildert, was sie bei ihrer Rückkehr in Berlin vorfand.

Missie aus Berlin an ihre Mutter in Königswart, 30. Oktober 1942

Paris war wunderschön, und auf den Straßen war es viel wärmer als hier. In den Häusern ist es jedoch nirgends geheizt, und als Folge habe ich einen häßlichen Husten bekommen, der mich noch immer plagt. An dem Tage, an dem ich arrangierte, daß Georgie zu mir ins Hotel zog – anders hätten wir uns nicht sehen können –, hatte auch er 40 Grad Fieber.

Die Stadt ist schön wie eh und je, die Blätter begannen sich rot zu färben, und der Herbst setzte gerade ein. Ich machte meine sämtlichen Erledigungen zu Fuß, um soviel wie möglich in mich aufzunehmen. Das Leben in Paris ist noch immer sehr angenehm, solange man es sich leisten kann. Das heißt nicht, daß alles besonders teuer wäre: für eine anständige Mahlzeit – sagen wir Austern, Wein, Käse, Obst und Trinkgeld – muß man pro Nase ungefähr hundert Franc rechnen, das sind schließlich nur fünf Mark ... Es werden viele vorzügliche Theaterstücke gegeben, und Georgie und ich haben uns viele angesehen. Im ganzen hat die Stadt viel mehr Elan, und es geht viel fröhlicher, eleganter und optimistischer zu als in Berlin.

Georgie hat ein nettes Zimmer in einer Pension in einer Nebenstraße der Rue de l'Université, das auch im Winter geheizt sein wird – ein seltener Vorzug. Er scheint sich gut eingelebt zu haben ... Neulich fuhren Georgie und ich nach St. Germain-en-Laye hinaus, um nachzusehen, was aus den Koffern geworden ist, die Du vor dem Krieg bei den Boyds zur Aufbewahrung gegeben hast und die unter anderem auch einen Teil unserer aus dem achtzehnten Jahrhundert stammenden litauischen Bibliothek enthielten. Das Haus dient jetzt als Nebengebäude eines benachbarten deutschen Lazaretts, und wir wurden von einem Dr. Sonntag empfangen, einem reizenden Bayern, der Chef aller ärztlichen Versorgung im besetzten Frankreich ist. Es stellte sich heraus, daß auch er ein Sammler aus Leidenschaft ist. Er war sehr freundlich und hilfsbereit, lieh uns Handschuhe und Schürzen, damit wir uns beim Umpacken der Sachen nicht einstaubten; obendrein stellte er uns einen Sanitäter als Helfer zur Verfügung. Als wir fertig waren, lud er uns zu einem köstlichen Tee am Kamin ein und führte uns dann durch das Haus, das makellos in Ordnung gehalten wird, so daß Georgie den alten Mr. Boyd trösten kann, der, wie wir hörten, in der Nähe in einem Sanatorium liegt.

Dr. Sonntag versprach, den Dachboden, wo die Koffer stehen, dem »Schutz der deutschen Wehrmacht« zu unterstellen. Georgie hatte sie zuvor verschnürt und mit unserem Petschaft versiegelt, und sobald er in Paris einen Aufbewahrungsort gefunden hat, wird er sie mit einem deutschen Wehrmachtlastwagen dort hinschaffen lassen.

Übrigens hat Georgie dringend gebeten, ihm von der Berliner Behörde eine Bestätigung zu besorgen, daß er vor seiner Abreise keine Lebensmittelmarken mehr erhalten hat, denn ehe dies nicht geschehen ist, werden ihm in Paris keine ausgestellt. Unterdessen muß er alles auf dem Schwarzmarkt kaufen, was natürlich zehnmal teurer ist.

Missie und Georgie sollten sich vor Ende des Krieges nicht mehr wiedersehen.

Missie aus Berlin an ihre Mutter in Königswart, 3. November 1942
Ich hatte eine unliebsame Überraschung: mein Gehalt ist gekürzt worden, so daß ich jetzt nach verschiedenen Abzügen nur noch 310 Mark bekomme. Da es allen andern ebenso ergangen ist, kann ich nicht mal protestieren. Aber da die neue Wohnung 100 Mark kostet, weitere 100 für die Abzahlung der Möbel notwendig sind, und dann noch Heizung, Telefon, Elektrizität, Wäsche, Essen und so weiter hinzukommen, werde ich wohl jemanden suchen müssen, der sich die Wohnung mit mir teilt ...

Ein weiterer Brief Missies an ihre Mutter in Königswart, vom 8. Februar 1943, ist erhalten geblieben; sie schrieb ihn aus Kitzbühel, wo sie mit Tatjana kurze Ferien verbrachte:

... Tatjana und ich sind jetzt seit einer Woche hier und fühlen uns sehr erholt. Wir führen ein sehr gesundes Leben, gehen jeden Abend um neun ins Bett und stehen am Morgen um halb neun auf. Wir haben ein hübsches Zimmer mit fließendem heißem und kaltem Wasser, jedoch kein Bad. Zum Frühstück müssen wir uns selbst verpflegen, die andern Mahlzeiten nehmen wir gewöhnlich im Städtchen ein, in einem sehr netten kleinen Restaurant, das »Chizzo« heißt. Das Essen ist sehr nahrhaft (Schnitzel, köstlicher Käse, verschiedene Obstkuchen) und wird in großen Portionen serviert. Das Städtchen ist im Grunde ein großes Dorf mit buntbemalten Häusern, Giebeldächern und einer einzigen Hauptstraße mit netten Kaffeehäusern und Läden.

Hier befinden wir uns in 800 Meter Höhe, aber bei schönem Wetter steigen wir mit der Drahtseilbahn noch einmal 900 Meter höher. Oben legen wir uns auf einer großen Terrasse in die Sonne; andere fahren von dort mit Skiern ins Tal hinunter. Wir nicht. Die Leute haben ständig Unfälle mit ihren Skiern, gewöhnlich stechen sie sich gegenseitig mit den Skistöcken ins Gesicht. Ich habe angefangen, Skiunterricht zu nehmen und komme ganz gut voran. Ich stürze zwar ständig, füge mir aber keinen großen Schaden zu.

Über die politische Situation wissen wir so gut wie nichts, da kaum Zeitungen hierher gelangen und die wenigen sofort ausverkauft sind. Wenn nicht die Wrede-Zwillinge wären, die uns ständig Zeitungsausschnitte schicken, wüßten wir überhaupt nicht, was vor sich geht . . .

Wenige Tage zuvor, am 2. Februar 1943, hatten die Reste der 6. Armee unter dem Oberbefehl von Generaloberst Paulus, Teile der 4. Panzerarmee und rumänische Truppen – insgesamt etwa 91 000 Mann – in Stalingrad die Waffen gestreckt. Diese Kapitulation bezeichnete die Wende des Krieges in Europa. Aber auch im Westen hatte sich die Lage verändert. Am 7./8. November 1942 waren die Alliierten im französischen Nordafrika gelandet; die Deutschen reagierten mit der Besetzung Vichy-Frankreichs. Im Juli 1943 landeten die Alliierten in Sizilien; die Befreiung Westeuropas hatte begonnen.

Inzwischen hatte sich auch das Leben in Berlin grundlegend verändert. Dem Kriegseintritt der Vereinigten Staaten war der Abzug der lateinamerikanischen diplomatischen Missionen gefolgt, bis dahin die letzten Bastionen des geselligen Lebens der Hauptstadt. Auch waren die schweren Verluste an der Ostfront, die allmählich fast jede deutsche Familie in Mitleidenschaft zogen, nicht dazu angetan, leichtfertige Vergnügungen zu fördern.

Von nun an galten die täglichen Anstrengungen Missies und ihrer Freunde, soweit sie nicht an der Front standen, im wesentlichen dem Überleben – dem Hunger, den alliierten Bomben und sehr bald auch der ständig wachsenden Tyrannei zum Trotz.

Inzwischen war auch der Widerstand gegen Hitler aktiver geworden, und dies sollte dramatische Auswirkungen auf das Leben Missies und einiger ihrer engsten Freunde haben. Seit Hitler aus seinen Kriegszielen kein Geheimnis mehr machte, hatten verschiedene militärische, aber auch zivile Kreise versucht, seiner »Politik«, die sie als Verbrechen und als Narrheit betrachteten, ein Ende zu setzen, indem Hitler gestürzt oder nötigenfalls umgebracht wurde. Aber während Deutschland noch von Sieg zu Sieg eilte, lichteten sich die Reihen der Verschwörer; manche fielen ab, andere wurden ihres Postens enthoben, wieder andere verhaftet oder hingerichtet. Mehrere Attentatsversuche scheiterten. Auch war die Stellung der Opposition durch die im Januar 1943 auf der Casablanca-Konferenz erhobene ultimative Forderung nach Deutschlands bedingungsloser Kapitulation sehr erschwert worden.

Erst die katastrophalen Entwicklungen an der Ostfront 1942/43 und die erfolgreiche Landung der Alliierten einerseits, die zunehmende Macht der SS und die immer brutaleren Kriegsmethoden der Führung andererseits, verliehen den Plänen einer neuen Gruppierung innerhalb des Widerstands Substanz, vor allem aber Dringlichkeit. Mit einigen von ihnen stand Missie in fast täglicher Verbindung. Am 20. Juli 1943 setzt ihr Tagebuch wieder ein.

Juli 1943–Juli 1944

Berlin, Dienstag, 20. Juli: Habe gerade die Wrede-Zwillinge gesehen, die beschlossen haben, nach Bayreuth zu ziehen. Mit dem Wunsch, Berlin zu verlassen, stehen sie nicht allein da. Obendrein ist ihr einziger Bruder, Eddie, gleich zu Anfang des Rußlandfeldzugs gefallen, und seither verspüren sie eine gewisse Rastlosigkeit. Beide sind ausgebildete Krankenschwestern und können sich ohne Schwierigkeiten versetzen lassen.

Ein »Komitee Freies Deutschland« hat mit Rundfunksendungen aus Moskau begonnen. Die Reaktion einiger meiner hiesigen Freunde: »Das hätten wir in Rußland schon von Anfang an machen sollen!«

Am 12./13. Juli 1943 war im Kriegsgefangenenlager Krasnogorsk ein »Nationalkomitee Freies Deutschland« gegründet worden. Eine Woche später wurde eine erste Verlautbarung veröffentlicht, die die deutsche Bevölkerung und die Wehrmacht aufrief, sich gegen Hitler zu erheben. Von einigen altgedienten Kommunisten abgesehen – etwa Wilhelm Pieck, Erich Weinert, Willi Bredel und Walter Ulbricht –, gehörten dem Komitee auch einige in Stalingrad gefangengenommene Offiziere an. Angesichts der nicht unberechtigten Furcht der deutschen Soldaten vor sowjetischer Kriegsgefangenschaft blieb der regen propagandistischen Tätigkeit des NKFD der Erfolg versagt; auch der später mit dem NKFD vereinigte »Bund Deutscher Offiziere« unter General von Seydlitz konnte sich nur wenig Gehör verschaffen.

Donnerstag, 22. Juli: Aß mit Burchard von Preußen zu Mittag. Er weiß nicht recht, was er anfangen soll, da er, wie alle anderen königlichen Prinzen, aus der Wehrmacht entlassen worden ist. Er hofft, eine Stelle in der Industrie zu finden, aber das wird nicht leicht sein. Er ist ein typischer Vertreter der anständigen »alten Schule« im Offizierskorps und hauptsächlich für eine militärische Laufbahn ausgebildet worden.

Nachdem der älteste Sohn des Kronprinzen, Prinz Wilhelm von Preußen, 1940 als Kompanieführer an der Westfront tödlich verwundet worden war, wurden fast alle Angehörigen ehemals regierender deutscher Häuser vom Frontdienst abgezogen und später ganz aus der Wehrmacht entlassen. Diese von Hitler veranlaßte Maßnahme des Heeres-Personalamtes sollte einer unliebsamen monarchischen Gesinnung und Heldenverehrung vorbeugen, schlug aber ins Gegenteil und rettete einigen von den Nationalsozialisten besonders gehaßten Elementen das Leben.

Sonntag, 25. Juli: Auf meinem heutigen Wege nach Potsdam begegnete ich Henri (»Doudou«) de Vendeuvre, einem der vielen jungen Franzosen, die heutzutage in Deutschland arbeiten. Sein Bruder Philippe wurde als Zwangsarbeiter hierher geschickt, und Doudou ist ihm nachgefolgt, um mit ihm Verbindung zu halten. Sie verbringen ihre Zeit entweder damit, die Flure des Deutschen Verlags zu kehren oder ganz allgemein die Bedingungen in Deutschland »zu studieren«. Beide sind hochintelligent und betrachten das Ganze als ein verrücktes Abenteuer.

Am 4. September 1942 hatte die Vichy-Regierung den sogenannten »Service du travail obligatoire« oder STO (Zwangarbeitsdienst) verordnet. Von diesem Zeitpunkt an mußten alle Franzosen im wehrfähigen Alter diesen Dienst in Deutschland leisten. Manche hatten sich zuvor schon freiwillig gemeldet, um nach dem System des »relève« einer ebenso großen Anzahl älterer französischer Kriegsgefangener die Heimkehr zu ermöglichen. Diese Maßnahme der Regierung Pétain trug mehr als alles andere zur Verbreitung der Widerstandsnester in den entlegeneren Teilen Frankreichs bei.

Habe die Nacht bei Tatjana im Hotel Eden verbracht. Sie ist für ein paar Tage hier. Mama rief an, um uns von Mussolinis Entlassung und Gefangennahme zu berichten. Inzwischen hat Badoglio die Führung übernommen.

Am 10. Juli waren die Alliierten in Sizilien gelandet. Zwei Wochen später, am 24./25. Juli, zerbrach die faschistische Herrschaft. Mussolini trat zurück und wurde auf Befehl des Königs sofort verhaftet. Marschall Badoglio, ehemaliger Chef des Generalstabes und Vizekönig von Äthiopien, wurde beauftragt, eine Regierung zu bilden.

Dienstag, 27. Juli: Tatjana wird nach Dresden fahren, um sich dort in ärztliche Behandlung zu begeben, zusammen mit Maria Pilar Oyarzabal. Als wir zum Mittagessen gingen, wurden wir von einem Mann beschattet, der uns von der Tram in den Bus folgte und uns so lange auf den Fersen blieb, daß wir Angst bekamen. Wir versuchten, ihn abzuschütteln, in dem wir unvermittelt in einen Hauseingang eintraten, aber er wartete, bis wir wieder zum Vorschein kamen. Schließlich stellte er mich und erklärte, es passe ihm nicht, daß wir französisch sprächen. So etwas kam früher nie vor, aber die Bombardierungen haben die Menschen verbittert.

Mittwoch, 28. Juli: Hamburg wird täglich bombardiert. Es hat unzählige Opfer gegeben, und die Stadt ist inzwischen so schwer beschädigt, daß sie fast ganz evakuiert werden soll. Es werden Geschichten erzählt von kleinen Kindern, die durch die Straßen irren und nach ihren Eltern rufen. Die Mütter sind vermutlich umgekommen, die Väter an der Front, so daß niemand sie identifizieren kann. Die N. S. V. *[Nationalsozialistische Volkswohlfahrt]* scheint die Dinge in die Hand genommen zu haben, aber die Schwierigkeiten sind gewaltig.

Donnerstag, 29. Juli: Ich versuche, Mama zu überreden, zu Tatjana nach Königswart zu ziehen, aber sie weigert sich und erklärt, ich hätte sie hier nötig. Im Moment wäre ich aber sehr viel glücklicher, wenn ich die Eltern in Sicherheit wüßte und mir keine Sorgen zu machen brauchte – vor allem um Mama, die hier in wirklicher Gefahr ist.

Aus Missies 1978 niedergeschriebenen Erinnerungen:

Im Herbst 1942 hatte Mama eine Zeit bei Olga Pückler in Schlesien verbracht, wo auch Carl Friedrich zufällig auf Urlaub durchkam. Die Alliierten waren gerade in Nordafrika gelandet, und Mama machte wie üblich keinen Hehl aus ihrer Meinung über das Schicksal Deutschlands, falls es mit seiner Rußlandpolitik fortfahre.

Zwei Wochen später trat Josias Rantzau in mein Büro, schloß die Tür hinter sich und überreichte mir schweigend einen an die Gestapo adressierten und von Graf Pückler unterzeichneten Brief. Sein Wortlaut war etwa folgender: »Fürstin Wassiltschikow, eine Jugendfreundin meiner Frau, steht der deutschen Rußlandpolitik feindlich gegenüber und kritisiert unsere Behandlung der Kriegsgefangenen. Sie besitzt viele einflußreiche Verbindungen auf alliierter Seite und könnte ihnen für Deutschland gefährliche Informationen zukommen lassen. Keinesfalls darf ihr erlaubt werden, Deutschland zu verlassen.« Die Gestapo hatte den Brief an das A. A. mit der Weisung weitergegeben, Mama einen etwaigen Ausreiseantrag zu verweigern.

Während des Krieges führten solche Denunziationen in Deutschland gewöhnlich dazu, daß die Beschuldigten im Konzentrationslager endeten. Josias sagte, Mama dürfe unter keinen Umständen versuchen, Deutschland zu verlassen; er halte es für das Vernünftigste, wenn sie für eine Weile ganz aus dem Blickfeld verschwinde und Tatjana in Königswart besuche, zumal sie durch ihre Bemühungen, eine Hilfsaktion für die sowjetischen Kriegsgefangenen zu organisieren, besondere Aufmerksamkeit auf sich gelenkt habe.

Mama war von jeher eine leidenschaftliche Antikommunistin gewesen, was nicht überraschte, da zwei ihrer Brüder zu Beginn der Revolution umgebracht worden waren. Zwanzig Jahre lang war sie bei dieser unbeugsamen Einstellung geblieben und am Ende soweit gegangen, Hitler günstig zu beurteilen – nach dem Prinzip »die Feinde meiner Feinde sind meine Freunde«. Als sie im September 1941 zu Tatjanas Hochzeit nach Berlin kam, glaubte Mama noch, daß der deutsche Einmarsch in der Sowjetunion zu einem großen Volksaufstand gegen das kommunistische System führen und daß ein wiederauferstandenes Nationalrußland mit den Deutschen schon fertig werden würde. Da sie während der Nazizeit nie lang in Deutschland lebte, war es nicht leicht, sie davon zu überzeugen, daß Hitler ein ähnliches Ungeheuer war wie Stalin. Tatjana und ich, die schon seit einiger Zeit in Deutschland lebten, Zeugen des satanischen Bündnisses zwischen Hitler und Stalin geworden waren und auch Augenzeugenberichte über die deutschen Greueltaten in Polen kannten, hegten keinerlei derartige Illusionen. Als aber die brutale Borniertheit der deutschen Politik in den besetzten Gebieten sowie die Unzahl der Opfer dort wie auch in den deutschen Kriegsgefangenenlagern bekannt wurden, verdrängte Mamas Heimatliebe – verbunden mit einem latenten Deutschenhaß, der aus der Zeit des Ersten Weltkriegs stammte, als sie an der Front als Krankenschwester diente – ihre antisowjetischen Gefühle. Sie versuchte, das Ihre zu tun, um die Leiden ihrer Landsleute und in erster Linie der russischen Kriegsgefangenen zu mildern.

Mit Hilfe einiger unserer Freunde setzte sie sich mit den verantwortlichen Stellen des deutschen Oberkommandos in Verbindung und wandte sich, über den Berliner Vertreter Dr. Marti, auch an das Internationale Rote Kreuz in Genf. Im Gegensatz zum vorrevolutionären Rußland hatte die sowjetische Regierung die Hilfe des Internationalen Roten Kreuzes freilich abgelehnt. Dies hatte zur Folge, daß die russischen Gefangenen, die in den Augen ihres Landes ohnehin als Verräter galten, ihrem Schicksal überlassen wurden, was in den meisten Fällen den Hungertod bedeutete, wenn nicht auf andere Weise Hilfe geschaffen werden konnte.

Mama setzte sich mit ihrer Tante und meiner Patentante, Gräfin Sophie Panin, in Verbindung, die für die Tolstoi Foundation in New York arbeitete. Sie gewann auch zwei weltberühmte amerikanische Flugzeugbauer russischer Herkunft, Sikorsky und Seversky, für ihre Sache sowie die russisch-orthodoxe Kirche in Nord- und Südamerika. Bald wurde eine besondere Hilfsorganisation ins Leben gerufen, deren Aufgabe es war, mehrere Schiffsladungen mit Nahrungsmitteln, Wolldekken, Kleidung, Arzneien und so weiter zusammenzustellen. Inzwischen waren auch die Vereinigten Staaten in den Krieg eingetreten, so daß alles im neutralen Argentinien eingekauft werden mußte. Die Schiffe waren gerade im Begriff, sich auf die lange Fahrt über den von U-Booten heimgesuchten Atlantischen Ozean zu begeben, als die ganze Operation zu scheitern drohte: die Spender hatten nämlich die Bedingung gestellt, daß die Spenden in den Lagern nur unter Aufsicht des Internationalen Roten Kreuzes verteilt werden dürften. Die deutschen Militärs hatten sich einverstanden erklärt, es fehlte nur noch Hitlers persönliche Einwilligung. Als Mama ihren Verbindungsmann, einen Oberst im Oberkommando des Heeres, das nächste Mal besuchte, führte dieser sie in den benachbarten Tiergarten, und weitab von allen lauschenden Ohren erklärte er ihr: »Ich schäme mich, es zu gestehen, aber der Führer hat erklärt: ›Nein! Niemals!‹« Mama erwiderte: »Nun gut, dann werde ich eben an Marschall Mannerheim schreiben. Der wird nicht nein sagen.« Gesagt, getan. Mannerheim, der 1918 Finnland von den Roten befreit hatte und inzwischen finnischer Oberbefehlshaber war, hatte als Offizier in der russischen Gardekavallerie gedient und unsere Familie gut gekannt. Seinem Einfluß war es zu danken gewesen, daß die finnischen Streitkräfte im Gegensatz zu den deutschen den Krieg gegen die Sowjets stets mit

Anstand führten und ihre Kriegsgefangenen nach den Regeln der Genfer Konvention behandelten, die daher auch zumeist am Leben blieben. Binnen kurzem erhielt Mama eine enthusiastische Antwort von Mannerheim; die Hilfssendungen wurden alsbald nach Schweden verschifft und von dort aus unter Aufsicht des Internationalen Roten Kreuzes in den Kriegsgefangenenlagern Finnlands verteilt.

Sonntag, 1. August: Das Schicksal Hamburgs hat hier große Sorge ausgelöst, denn gestern nacht haben die Alliierten Flugblätter abgeworfen, die alle Frauen und Kinder auffordern, Berlin sofort zu verlassen. Das gleiche war vor den Angriffen auf Hamburg geschehen. Es klingt bedrohlich. Berlin könnte leicht das nächste Ziel sein.

Gestern war ich der Nachtschicht zugeteilt. Nachdem ich den ganzen Nachmittag in Potsdam geritten war, erschien ich um elf Uhr abends im Büro. Ehe meine Kollegen nach Hause gingen, kamen sie noch bei mir vorbei, um sich feierlich von mir zu verabschieden, denn sie hatten erfahren, daß ein Luftangriff in Aussicht stand. Schlief bis neun Uhr früh auf dem Sofa, ohne auch nur einmal gestört zu werden, und kehrte zum Bad und Frühstück nach Hause zurück. Morgen ziehe ich zu den Bismarcks nach Potsdam hinaus, um nachts nicht in der Stadt sein zu müssen.

Montag, 2. August: In allen Häusern ist eine Verordnung angeschlagen worden, wonach sämtliche Kinder und alle Frauen, die nicht kriegswichtige Arbeit tun, sofort zu evakuieren sind. Der Ansturm auf die Bahnhöfe ist gewaltig und die Verwirrung heillos, da viele der aus Hamburg Evakuierten auf ihrem Weg durch Berlin kommen. Überdies gehen Gerüchte um, daß ganze Ministerien aus Berlin verlegt werden sollen, und wir haben Befehl zu packen; ich nehme die Sache nicht sehr ernst. Mama verbringt die Nächte jetzt draußen bei Wanda Blücher und hat sich endlich bereit erklärt, bald zu Tatjana zu ziehen.

Aß mit Botschafter von Hassell zu Mittag. Er erzählte mir interessante Geschichten über Mussolini, den er gut gekannt hat. Er ist jetzt im Ruhestand und schreibt Artikel über Wirtschaftsfragen, die er mir jeweils schickt. Ich muß gestehen, daß ich nicht viel davon verstehe.

Später schleppte ich einen Koffer nach Potsdam und ging früh zu Bett, da ich sehr müde war. Leider wurde der frühe

Schlaf durch das Erscheinen von Gottfried Bismarck, Loremarie Schönburg und Graf Helldorf verhindert. Letzterer ist Polizeipräsident von Berlin und kommt oft nach Potsdam. Sie beraten dann bis spät in die Nacht hinein. Alles geschieht unter dem Siegel der Verschwiegenheit, aber Loremarie, die auch nach Potsdam hinausgezogen ist, hält mich über das, was ich die »Konspiration« getauft habe, auf dem laufenden. Sie ist fieberhaft tätig, versucht, verschiedene Elemente des Widerstands zusammenzubringen, und handelt oft eigensinnig und unvorsichtig. Gottfried hingegen sagt nie ein Sterbenswort.

Dies ist Missies erste Andeutung einer Verschwörung gegen Hitler.

Helldorf glaubt nicht, daß die schweren Luftangriffe auf Berlin schon sehr bald beginnen werden.

Dienstag, 3. August: Heute kamen Welfy und Georg-Wilhelm von Hannover nach Potsdam zum Abendessen. Ihre Mutter war die einzige Tochter des letzten Kaisers. Gottfried Bismarck besteht darauf, daß wir unsere Freunde einladen – ich vermute, damit er sie in »Augenschein« nehmen kann, aber auch weil er nicht will, daß wir spätabends noch in Berlin sind. Da es sehr heiß war, saßen wir draußen und ließen die Füße in den Springbrunnen hängen.

Königswart, Montag, 9. August: Ich hatte einen anstrengenden Tag, da ich ein paar Tage bei Tatjana in Königswart verbringen wollte, wo Mama inzwischen gottlob untergebracht ist. Da es aber nicht erlaubt ist, Berlin ohne besondere Reiseerlaubnis zu verlassen, mußte ich zuerst einen Vorortzug nehmen, in Neustadt aussteigen und dort eine Fahrkarte nach Marienbad lösen. Loremarie Schönburg half mir, einen riesigen Koffer zu schleppen, in den ich alles gepackt hatte, was ich in Sicherheit bringen wollte, hauptsächlich Fotoalben. Der Zug war voller Hamburger, die sich, in verbrannte Lumpen gekleidet, auf dem Heimweg befanden, da sie lieber ein hartes Leben in ihren Ruinen fristen wollen als sich von den Einwohnern anderer Städte, die sich ihnen gegenüber wenig freundlich gezeigt hatten, herumstoßen zu lassen. Es war eine wilde Gesellschaft, ganz furchtlos und sehr offenherzig. In den Zügen sagen die Leute heutzutage ziemlich deutlich, was sie von dem Regime halten. In Neustadt hatte ich gerade genug Zeit, meine

Fahrkarte zu kaufen und in einen Zug nach Berlin zu springen, wo ich abermals Bahnhof und Zug wechseln mußte. Wiederum stammten die meisten Reisenden aus Hamburg. Ein kleines Mädchen mit einem schwer verbrannten Arm lachte die ganze Zeit hysterisch. Ich kam in Königswart um zwei Uhr früh an.

Dresden, Dienstag 10. August: Wir verbringen die meiste Zeit damit, in den schönen Wäldern umherzufahren und zu beraten, was wir im »Fall der Fälle« tun sollen.

Samstag, 14. August: Das Wetter ist miserabel, es regnet und regnet. Tatjana ist abgereist, um in Dresden ihre Behandlung fortzusetzen. Während Mama lange Spaziergänge macht, ruhe ich. Es ist überraschend, wie wenig man von allem erfährt, wenn man auf dem Lande lebt.

Sonntag, 15. August: Nach dem Mittagessen fuhr ich nach Dresden, um Tatjana und auch meinen Vetter Jim Wjasemsky zu besuchen, der in einem Kriegsgefangenenlager in der Nähe sitzt. Ich hatte etwas Wein mitgenommen, um mich während der langwierigen Fahrt, die über zehn Stunden dauerte, bei guter Laune zu halten. Tatjana hatte versprochen, einen Wagen zum Bahnhof zu schicken, aber als ich nach Mitternacht ankam, war keiner da, und ich mußte zu Fuß quer durch die ganze Stadt bis zur Klinik. Es hatte Luftalarm gegeben, und der Vollmond schien, was den Weg recht gespenstisch machte. Ich war noch nie zuvor in Dresden gewesen und fürchtete mich davor, in irgendeinem anonymen Keller steckenzubleiben, erreichte aber die Klinik wohlbehalten. Tatjana sah sehr elend aus und wurde von einer Nachtschwester gepflegt. Mich legte man auf ein klappriges Sofa, das durch zwei Stühle verlängert wurde, die ständig verrutschten. Ich war jedoch so müde, daß ich bald einschlief.

Montag, 16. August: Machte mich bei Morgengrauen zu Jim Wjasemskys Lager auf. Hatte Schwierigkeiten, vom Bus mitgenommen zu werden, da eine spezielle Fahrerlaubnis notwendig war, aber schließlich kamen die Dinge doch ins Lot. Wenn nötig, weise ich immer den von unserem Freund, General von Hase, dem Stadtkommandanten von Berlin, ausgestellten Passierschein vor. Genaugenommen ist er für Kriegsgefangenenlager gar nicht gültig, aber bisher hat dieser Schein, mit dem wir alle reihum Jim besuchen, für die ganze Familie Wunder gewirkt.

Ich stieg in irgendeinem Dorf aus und mußte dann noch eine halbe Stunde lang querfeldein laufen. Fand schließlich Jims Lager, das mit Stacheldraht umzäunt ist. Am Haupteingang zeigte ich mein Papier abermals vor. Alles ging glatt. Leider ließ es sich der Lagerkommandant nicht nehmen, sich fast eine Stunde lang mit mir zu unterhalten, ehe er Jim rufen ließ, und da ich ihn bei guter Laune halten wollte, konnte ich gar nichts machen. Er schien nichts Böses zu wollen, und hinterher bestätigte Jim, daß er ihnen gegenüber stets anständig sei. Eigentlich war er Militärarzt und das Lager eine Art Feldlazarett, in dem Gefangene aller Nationalitäten vorübergehend untergebracht sind, ehe sie in Dauerlager überführt werden.

Während sein Bursche ein Picknick für uns vorbereitete, unterhielten Jim und ich uns im Zimmer des Kommandanten, das dieser uns für die Dauer meines Besuches freundlicherweise zur Verfügung gestellt hatte. Nach einer Weile verließen wir das Lager und suchten uns zu Fuß einen Picknickplatz. Ständig kamen Autos mit deutschen Soldaten vorbei, aber niemand schien einer Frau, die mit einem uniformierten französischen Offizier im Wald spazierenging, Aufmerksamkeit zu schenken oder gar sich daran zu stoßen. Das kam uns sehr sonderbar vor.

Jim hat alle Hände voll zu tun, da er Englisch, Russisch, Deutsch, Französisch, Polnisch und Serbisch dolmetscht. Das Gefühl, hier gebraucht zu werden, verbietet den Gedanken an Flucht. Sein Leben lang hat Jim abstehende Ohren gehabt, aber jetzt, angesichts seiner unfreiwilligen Muße, hat er sich entschlossen, sie sich operieren und anlegen zu lassen. Er schien in gutem Zustand und bei bester Laune. Im Lager hätten sie ein geheimes Radio und seien daher sehr gut unterrichtet. Er erzählte, daß jeden Abend die Kriegsberichte der Alliierten in den Schlafsälen laut vorgelesen würden!

Unser Mittagessen bestand aus Corned beef, Sardinen, Erbsen, Butter und Kaffee, alles Dinge, die wir Zivilisten schon seit langer Zeit nicht mehr gesehen haben. Ich hatte Jim ein Brathuhn und Sekt von Tatjana mitgebracht und bekam von ihm Tee und eine Schallplatte mit Tschaikowskys »Manfred« geschenkt. An der Bushaltestelle küßte er mich zum Abschied, was einen der Mitreisenden veranlaßte, zu fragen, ob ich die Braut des französischen Offiziers sei.

Ich verbrachte eine weitere Nacht in Tatjanas Klinik. Sie hat befriedigende Fortschritte gemacht, aber jedesmal, wenn ich irgend etwas zu ihrer Erheiterung zu sagen versuchte, brach sie vor Schmerzen in Tränen aus. In der Nacht habe ich anscheinend so laut geschrien, daß mir die Schwester eine Beruhigungspille geben mußte. Sie meinte, das seien die Luftangriffe in Berlin.

Berlin, Dienstag, 17. August: Auf dem Rückweg nach Berlin und Potsdam war der Zug so voll, daß ich die ganze Zeit stehen mußte.

Mittwoch, 18. August: Heute abend bei den Bismarcks hatte ich eine lange Unterhaltung mit Heinrich Sayn-Wittgenstein, der aus Rußland zur Verteidigung Berlins abkommandiert worden ist. Er hat bereits dreiundsechzig feindliche Bomber abgeschossen und ist Deutschlands zweiterfolgreichster Nachtjäger. Aber weil er ein Prinz ist und die Naziideologie nicht teilt (er stammt von einem berühmten russischen Feldmarschall der napoleonischen Kriege ab), zeigt ihm das Regime die kalte Schulter und spielt seine Erfolge herunter. Es gibt kaum einen netteren und sensibleren jungen Mann. Ich habe ihn vor zwei Jahren kennengelernt, und seither zählt er zu meinen engsten Freunden. Da er in der Schweiz aufgewachsen ist, kannte er Deutschland kaum; so nahm ich ihn damals überall mit hin, und alle meine Freunde liebten ihn sehr.

Freitag, 20. August: Es ist schrecklich heiß, und so fuhren wir nach der Arbeit zum Golfklub hinaus, wo Loremarie Schönburg, Heinrich Wittgenstein und ich auf dem Rasen saßen und Zukunftspläne schmiedeten. Wir besprachen, was wir tun würden, wenn alles zusammenbräche und die Machthaber anfingen, Leute, die ihnen die Gefolgschaft verweigerten, abzuknallen: vielleicht könnten wir in Heinrichs Flugzeug steigen und nach Kolumbien oder sonstwohin fliegen. Die Frage, ob wir genug Treibstoff hätten, um über den Atlantik zu kommen, blieb ungeklärt. Loremarie hat einen Vetter in Bogotá, den sie eventuell eines Tages zu heiraten gedenkt. Auf diese Weise könnte sie gleich zwei Fliegen mit einer Klappe schlagen.

Montag, 23. August: Anstatt zur Arbeit zu gehen, entschuldigte sich Loremarie Schönburg mit einem angeblichen Sonnenstich, und da ich mich ohnehin mies fühlte, nahmen wir die Gelegenheit wahr, mit dem Rad nach Werder hinüberzufahren und zu versuchen, Obst einzukaufen. Wir nahmen einen Rucksack mit. Es ist ein langer Weg, und als wir ankamen, gesellte sich ein Mann mit einem Korb zu uns, der erklärte, er wolle auch Obst kaufen. Schließlich machten wir einen Bauern ausfindig, der bereit war, uns fünfzehn Pfund Äpfel zu verkaufen. Während ich noch murmelte, daß mir fünzig Pfennig pro Pfund reichlich teuer erschienen, half mir unser Begleiter, den Rucksack auf dem Fahrrad zu befestigen. Wir verließen den Obstgarten und fuhren durch ein Tomatenfeld, als der Mann völlig verblüffend plötzlich einen Ausweis hervorzog: er arbeitete für das Preiskontrollamt, erklärte, wir seien beschwindelt worden, und er werde Anzeige erstatten. Wir müßten als Zeugen gegen den Bauern vor Gericht auftreten. Dann forderte er unsere Personalien, aber wir weigerten uns, sie ihm zu geben, und sagten, er solle den armen Kerl in Ruhe lassen. Er drang weiter in uns. Wieder lehnte ich ab, worauf Loremarie mit ausdrucksloser Miene Hans Flotows Namen und Adresse angab. Ich konnte mein Lächeln darüber nicht unterdrücken, und der Mann wurde mißtrauisch, aber da wir keine Ausweise bei uns hatten, konnte er nichts machen. Statt dessen schlug er uns vor, künftig als Lockvögel für die Polizei zu arbeiten, die uns mit dem Wagen an den verschiedenen Bauernhöfen absetzen würde... Wir sagten ihm deutlich, was wir von diesem Plan hielten.

Loremarie hat ständig Ärger mit der Polizei. In Potsdam hat sie irgendeinen Polizisten beleidigt und ist nun vorgeladen worden, um sich zu rechtfertigen.

Dienstag, 24. August: Gestern gab es einen schweren Luftangriff; Gottfried Bismarck war fort, sein Schwager, Jean-Georges Hoyos, schlief fest weiter. Nur mir war es nicht geheuer, und trotz wilder Proteste der beiden zwang ich sowohl ihn als auch Loremarie aufzustehen. Über Berlin lag eine rote Dunstschicht, und heute morgen rief mich Jean-Georges an, daß er drei Stunden (statt der üblichen zwanzig Minuten) gebraucht habe, um in die Stadt zu kommen, da ganze Straßenzüge eingestürzt seien.

Um sechs Uhr nachmittags gingen wir selbst in die Stadt, um Gottfried abzuholen und um nachzusehen, was aus unsern beiden Wohnungen geworden ist. Martha, die Köchin der

Gersdorffs, fiel mir schluchzend in die Arme. Sie hatte schlotternde Angst ausgestanden, aber das Haus war unversehrt. Nicht so bei Loremarie, in deren Zimmerdecke, direkt über ihrem Bett, ein großes Loch klaffte. Sie war tief beeindruckt und erklärte, sie sei offenbar zu Größerem und Besserem bestimmt. Wir schauten bei Aga Fürstenberg vorbei, die recht mitgenommen aussah, da alle Obergeschosse in der Umgebung des Kurfürstendamms, wo sie wohnt, abgebrannt sind, einschließlich der Pücklerschen Wohnung in der Lietzenburger Straße, wo wir vor drei Jahren, als wir in Berlin ankamen, zuerst gewohnt haben. Nach dem Angriff fuhr Goebbels durch die am schwersten getroffenen Stadtteile, aber als er nach dreißig Freiwilligen rief, um die Brände zu bekämpfen, wurde ihm, wie man uns erzählte, die kalte Schulter gezeigt.

Nachdem Missie verschiedentlich ausgebombt worden war, lebten sie und ihr Vater zu jener Zeit als zahlende Gäste in einer Villa in der Woyrschstraße (heute Genthiner Straße), die Freunden, Freiherrn von Gersdorff und seiner Frau Maria, gehörte. Maria Gersdorff war eine Persönlichkeit von großem Charme, besaß Wärme, Klugheit und Integrität. Ihr Haus hatte etwas von einem politischen und intellektuellen Salon, in dem Gleichgesinnte in einer Atmosphäre völliger Toleranz und gegenseitigen Verständnisses zusammenkamen. Aufgrund der verwandtschaftlichen Beziehungen ihres Mannes zur Siemens-Dynastie und seiner Stellung in der Berliner Stadtkommandantur umfaßte dieser Kreis alle möglichen Gruppen der Berliner Gesellschaft, vom grundbesitzenden Adel – aus dem sie selbst stammte – über Wirtschafts- und Universitätskreise bis hin zu Diplomaten und Militärs.

Mittwoch, 25. August: Heute nacht war wieder ein Angriff, der aber wenig Schaden angerichtet hat; die Bahn nach Potsdam verkehrt fahrplanmäßig.

Donnerstag, 26. August: Tatjana hat aus Königswart angerufen, daß die Bahnlinie Berlin–Leipzig getroffen und die Bahnverbindung zu ihnen abgeschnitten worden sei.

Aß mit Loremarie Schönburg und ihrem Hamburger Freund, Hanni Jenisch, zu Abend, der für den Augenblick aus dem Krieg heraus ist, da seine beiden älteren Brüder gefallen sind. Er fährt in einem schicken Mercedes ohne Zulassung herum, aber die Polizei traut bei diesem Anblick ihren Augen nicht und läßt ihn in Ruhe.

Freitag, 27. August: Alex Werth und ein anderer Mann aus dem Amt, Professor N., wurden gestern ausgebombt und sind jetzt obdachlos. Letzterer erblindete zu allem Unglück auch noch, als er eine Frau aus einem brennenden Haus rettete. Die Verletzungen sind gottlob nur vorübergehender Natur. Er stammt aus Baden, haßt das Regime und wiederholt ständig, daß alles die Schuld der deutschen Frauen sei, die Hitler an die Macht gewählt hätten. Er erklärt, von jetzt ab sollten alle Spielsachen, die mit dem Militär zu tun haben wie Trompeten, Zinnsoldaten, Schwerter, verboten werden.

Samstag, 28. August: Traf Viktor de Kowas japanische Frau Michiko. Ihr Mann ist nicht nur einer von Deutschlands begabtesten und anziehendsten Schauspielern, sondern führt auch selbst Regie. Ich besuchte eine Probe seines neuen Stücks.

Sonntag, 29. August: Fuhr mit Gottfried Bismarck und Loremarie Schönburg aufs Land, um den Tag mit seiner Mutter zu verbringen, einer reizenden Dame, die halb Engländerin ist und sich an ihren Schwiegervater, den großen Bismarck, noch sehr gut erinnert. Auf dem Heimweg bestand Loremarie darauf, trotz strömendem Regen zu chauffieren. Da sie total unerfahren ist, war das eine rechte Nervenprobe.

Mittwoch, 1. September: Heute vor vier Jahren begann der Krieg. Es scheint kaum glaublich. Vergangene Nacht veranstalteten die Alliierten eine »Feier« und richteten ziemlichen Schaden in Berlins Einkaufsgegend an.

Heute abend war ich in der Premiere von »Philine«, Viktor de Kowas neuem Theaterstück. Hinterher gingen wir alle noch zu ihm nach Haus, und ich hatte eine lange Unterhaltung mit Theo Mackeben, dem Komponisten, der ein großer Bewunderer Rußlands ist.

Freitag, 3. September: Die Alliierten sind auf dem italienischen Festland gelandet.

Samstag, 4. September: Heute aß ich mit Nagy von der ungarischen Botschaft und den de Kowas zu Abend. Er war am Ende seiner Nerven. Mit Tränen in den Augen erklärte er, daß er es nicht länger aushalte. Seine ganze Nachbarschaft – er wohnt nicht weit von Tempelhof entfernt – wurde gestern nacht dem Erdboden gleichgemacht. Der Angriff war fürchterlich. Selbst draußen in Potsdam waren wir alle im Keller. Seit Hamburg ist Melanie von der Furcht vor Phosphor besessen, denn dort wurden die Bürgersteige durch Phosphorbomben in brennende Flüsse verwandelt. Sobald jetzt ein Luftangriff bevorsteht, umwickelt sie sich den Kopf mit einem feuchten Tuch.

Montag, 6. September: Es heißt, den Horstmanns sei etwas zugestoßen. Sie waren aus Sicherheitsgründen aufs Land gezogen. Gestern abend wurde Tino Soldati, der bei ihnen draußen wohnt, zu einem offiziellen Essen erwartet, erschien aber den ganzen Abend nicht und gab auch kein Lebenszeichen, was seine Gastgeber an einem so korrekten jungen Diplomaten überraschte.

Dienstag, 7. September: Heute morgen nahmen Loremarie Schönburg und ich zum erstenmal unsere Räder in die Stadt mit. Eigentlich gehören sie zum Bismarckschen Haushalt. Anfangs hatten wir Mühe, den Straßenbahnen und Autobussen auszuweichen. Einmal flog Loremarie sogar in hohem Bogen über die Lenkstange. Welch ein Bild!

Wir hatten eine Verabredung mit dem Berliner Polizeipräsidenten, Graf Helldorf; Loremarie aus privaten, geheimnisvollen Gründen, ich, um Geschäftliches zu besprechen. Man hat mich beauftragt, ein Fotoarchiv für das A. A. anzulegen, und da alle Bilder, auf denen Bombenschäden gezeigt werden, heutzutage unter Zensur stehen, wollte ich Helldorf bitten, einige zur Veröffentlichung freizugeben. Er versprach es.

Wie wir gefürchtet haben, ist Kerzendorf, das Landhaus der Horstmanns, vor zwei Nächten schwer beschädigt worden. Ich saß mit Gottfried Cramm bei den Gersdorffs, als Fia Henschel über das Unglück berichtete; sie war dort gerade zu Besuch gewesen. Zum Glück kam niemand um, aber Freddie hat praktisch alles verloren. Seine kostbaren Antiquitäten, die er aus der Berliner Wohnung ausgelagert hatte, waren gerade wieder aufgestellt. Es fällt einem nicht leicht, sich einen Schweizer Diplomaten wie Tino Soldati vorzustellen, der mitten in der Nacht unter Bombenhagel im Schlafanzug über den Rasen hastet.

Verbrachte den größten Teil des Nachmittags in Adam Trotts Büro. Unser Personalchef, Hans-Bernd von Haeften, kam auf einen Schwatz vorbei. Er ist ein enger Freund von Adam. Mit seinem totenbleichen, undurchdringlichen Gesicht erinnert er mich an ein mittelalterliches Grabmal.

Dr. Hans-Bernd von Haeften (1905–1944) war schon früh ein entschlossener Gegner des Nationalsozialismus gewesen. Bereits 1933 hatte er Hitler die Mentalität eines »Räuberhauptmanns« bescheinigt. Wie Adam von Trott hatte auch er in England studiert und war 1933 in den diplomatischen Dienst getreten. Als Missie ihn kennenlernte, war er Legationsrat. Im Gegensatz zu vielen seiner Mitverschwörer war er aus Gründen der christlichen Moral nie Parteimitglied geworden. Er gehörte zu den ersten Mitgliedern des Kreisauer Kreises, in den er verschiedene andere prominente Angehörige der Opposition eingeführt hatte, darunter Adam von Trott.

Wir besprachen die allgemeine Lage sowie die neuesten Maßnahmen zur Mobilmachung. Die Behörden scheinen mit Vorbedacht die letzten Widerstandselemente, die im auswärtigen Dienst noch übrig sind, einzuziehen und, wo irgend möglich, durch eigene Leute zu ersetzen, zumeist Leute aus der SS wie unser Stahlecker. Niemand darf jedoch aus freien Stücken kündigen, es sei denn, um sich an die Front zu melden. Dies erschwert selbstverständlich die geheimen Bemühungen, die jetzt in Gang zu sein scheinen. Es wird erzählt, daß Außenminister von Ribbentrop seinen Schlupfwinkel in Fuschl bei Salzburg nie verläßt. Es hat einen internen Streit gegeben zwischen ihm und Unterstaatssekretär Luther – ein weiterer ausgemachter Gauner. Über all das wird natürlich in meiner Gegenwart nie offen gesprochen, aber ich kann viel von dem, was vor sich geht, erraten. Jedenfalls ist das A. A. zur Zeit ohne effektive Führung. Wenn die Öffentlichkeit wüßte, wie schlecht diese ganze Maschinerie funktioniert, die sich den Anschein einer wohlgeölten Bürokratie gibt, sie wäre recht verwundert. Im Grunde ist ja bereits die Existenz unserer kleinen Verschwörergruppe ein Beweis hierfür.

Am Abend aß ich bei Hans Flotow. Zu viert fuhren wir dann auf zwei Fahrrädern, ohne Licht, zum Potsdamer Bahnhof – eine ziemliche *tour de force.*

Hans-Georg von Studnitz notierte in seinem Tagebuch: »Hans Flotow hatte zu einer kleinen Gesellschaft geladen. Missie Wassiltschikow, Loremarie Schönburg, Aga Fürstenberg, Bernd Mumm und andere waren da. Es wurde über nichts anderes als über den Luftkrieg gesprochen. Das Ganze erinnerte an eine Katakombenzusammenkunft« (»Als Berlin brannte«, Bergisch Gladbach 1985, S. 130).

Mittwoch, 8. September: Wir nahmen heute wieder unsere Fahrräder mit nach Berlin, wo ich einen Rose-Valois-Hut abholte, einen großen, leuchtend grünen Sombrero mit schwarzen Bändern, den Tatjana aus Paris geschickt bekam. Nach der Arbeit setzte Gottfried Bismarck Loremarie Schönburg und mich bei Scappini ab. Während des Abendessens bei ihm stürzte ein Sekretär herein mit der Nachricht, daß Italien kapituliert habe. Wir entschuldigten uns und machten uns eilig auf den Weg, es Otto Bismarck, Gottfrieds älterem Bruder, zu berichten, der gerade aus Rom eingetroffen war, wo er lange Zeit als Gesandter gearbeitet hatte. Er aß mit Gottfried und Helldorf bei »Horcher« zu Abend, und keiner der drei hatte die geringste Ahnung von dieser neuesten Entwicklung. Sie saßen in einem Séparée, als Loremarie und ich mit der Nachricht hereinplatzten, und waren wie vom Donner gerührt.

Nach Geheimverhandlungen in Lissabon war am 3. September ein Waffenstillstandsvertrag unterzeichnet worden, der am 8. September bekanntgegeben wurde. Die alliierten Landungen in Süditalien, die ebenfalls am 3. September begonnen hatten, beschleunigten Italiens Abfall von der Achse.

Scappini hatte ebenso entgeistert reagiert. Er ist in Berlin als geschäftsführender französischer Botschafter, um über die Rückführung französischer Kriegsgefangener im Austausch gegen »freiwillige« Arbeitskräfte zu verhandeln. Er ist eine bemitleidenswerte Gestalt. Im letzten Krieg verlor er das Augenlicht und ist seither stets von einem arabischen Diener begleitet, der ihm die Augen ersetzt und alles, was um ihn vorgeht, beschreibt.

Donnerstag, 9. September: Auf meinem Wege in die Stadt kaufte ich eine Zeitung und war belustigt über den Gesichtsausdruck eines Mannes, der mir gegenübersaß und die Nachricht von der italienischen Kapitulation offenbar zum ersten Mal sah. Trotz aller Opfer, die sie gebracht haben, schaffen es die Italiener dennoch, eine recht armselige Figur abzugeben!

Freitag, 10. September: Albert Eltz und Aga Fürstenberg kamen kurz vor Arbeitsschluß in meinem Büro vorbei, und wir machten uns zur italienischen Botschaft auf, da ich hoffte, dort einen heimkehrenden italienischen Diplomaten zu finden, der noch einen Brief an Irena mitnähme, ehe wir bis zum Ende des Krieges abgeschnitten sind. Die Ärmste wird sich schrecklich sorgen.

Wir trafen die gesamte italienische Kolonie an, die auf Koffern herumsaß, während vor dem Gebäude bereits Autos und Krankenwagen warteten. Albert bemerkte, sie würden vermutlich noch eine Tracht Prügel bekommen, ehe man sie zum Bahnhof befördere. Schließlich lief mir Orlando Collalto über den Weg und versprach, Irena eine Nachricht zu übermitteln, war aber nicht bereit, etwas Schriftliches mitzunehmen.

Dann fuhr ich nach Potsdam weiter. Nahm einen wertvollen Teppich und Albert mit. Er ist zwar bei der Luftwaffe, hat aber großen Respekt vor den alliierten Bombern und zieht es vor, die Nächte außerhalb Berlins zu verbringen. Am Abend erging sich Adolf in einer langen Schmährede über den »Dolchstoß« der Italiener.

Samstag, 11. September: Die Deutschen haben Rom besetzt. Hoffen wir, dies bedeutet nicht, daß die Alliierten die Stadt jetzt bombardieren werden.

Loremarie Schönburg hatte Helldorf für heute abend zum Essen eingeladen, zu einer politischen Diskussion. Albert Eltz war ebenfalls daran interessiert, seine Ansichten zu hören. Da Helldorf nicht gerade den besten Ruf genießt – er ist altes Parteimitglied und SA-Obergruppenführer –, wird seine jetzige Verschwörertätigkeit von kompromißloseren Gegnern des Regimes zum Teil mit Mißtrauen aufgenommen. Loremarie und Albert saßen jeder in seinem Bad, als Aga Fürstenberg unangemeldet erschien. Sie ist eine berüchtigte Schwatzliese, und so versteckten wir uns alle und taten, als sei niemand zu Haus. Sobald sie wieder gegangen war, machte ich mich auf die Suche nach den beiden und fand sie nur in ihre Badetücher gehüllt im Keller kauernd. Leider erwiesen sich alle diese Maßnahmen als nutzlos, denn als Helldorf erschien, blieb er einsilbig. Albert versuchte zwar sein Bestes, ihn zu provozieren, aber Helldorf war offensichtlich auf der Hut. Ich schlief ein.

Sonntag, 12. September: Heute abend brachte der Rundfunk unvermittelt die italienische Faschisten-Hymne »Giovinezza« und anschließend die Nachricht, daß Mussolini durch deutsche Fallschirmtruppen aus seinem Berggefängnis, dem Gran Sasso d'Italia in den Abruzzen, befreit worden und auf dem Wege nach Deutschland sei. Wir waren sprachlos.

In einer abenteuerlichen Aktion waren Soldaten der Fallschirmtruppe, begleitet von dem Sturmbannführer der Waffen-SS Otto Skorzeny, der sich später als Befreier Mussolinis feiern ließ, mit Lastenseglern auf dem Gran Sasso d'Italia gelandet, hatten Mussolini befreit und ihn nach Deutschland geflogen. Im Norden des Landes, mit Salò als Hauptstadt, errichtete Mussolini später einen kleinen faschistischen Staat, die »Sozialistische Republik Italien«.

Mittwoch, 15. September: Aß allein mit Otto und Gottfried Bismarck zu Abend. Ersterer erzählte uns viel vom Leben in Rom. Anfuso, der Alfieris Nachfolge als Botschafter in Berlin angetreten hat, erklärte sich offenbar für Mussolini (er war früher Cianos engster Mitarbeiter), aber alle anderen faschistischen Bonzen haben sich jetzt, da er verliert, von ihm losgesagt.

Donnerstag, 16. September: Georgie hat gerade aus Paris geschrieben und dem Brief eine weiße Quaste beigelegt – alles, was von seinen Fenstern übriggeblieben war, nachdem in der Nähe eine Bombe eingeschlagen hatte. *[Der alliierte Luftangriff auf Paris vom 3. September hatte 110 Todesopfer gefordert.]*

Später fuhr ich nach Wannsee hinaus, um Dr. Marti zu sehen, den Schweizer Vertreter des Roten Kreuzes, mit dem Mama zusammengearbeitet hat, um eine Hilfsaktion für sowjetische Kriegsgefangene zu organisieren. Ich kam gerade noch rechtzeitig, da er am nächsten Tag in die Schweiz abreisen wollte.

Mussolini sprach lange im Rundfunk. Ich verstand fast alles.

Sonntag, 19. September: Ein »Bund deutscher Offiziere« hat aus Moskau einen Aufruf gesendet. Es wurden die Namen verschiedener in Stalingrad gefangengenommener Generäle genannt.

Königswart, Dienstag, 28. September: Ich nahm kurze Ferien, um die Eltern und Tatjana zu besuchen. Sie sieht etwas besser aus. Ich machte lange Spaziergänge mit Mama, die in mich drang, meine Stellung zu kündigen und zu ihnen aufs Land zu ziehen. Sie begriff nicht, daß dies unmöglich ist und ich automatisch in einer Munitionsfabrik landen würde. Schlief beide Nächte bei Tatjana, um Gelegenheit zu haben, mit ihr zu reden.

Berlin, Montag, 4. Oktober: Aß mit Josias Rantzau, Botschafter von Hassell und dessen Sohn zu Mittag. Als Josias ins Amt zurückkehrte, wurde ihm »von oben« bedeutet, daß unsere Zusammenkünfte außerhalb der Bürostunden unangenehm auffielen.

Dienstag, 5. Oktober: War in einem ungarischen Konzert mit Philippe de Vendeuvre und einem andern jungen Franzosen, Hubert Noël, den man zur Zwangsarbeit nach Deutschland deportiert hatte, dem es aber gelungen ist, sich ein ärztliches Attest zu verschaffen, daß er halb taub sei. Jetzt kehrt er nach Frankreich zurück.

Donnerstag, 7. Oktober: Aß mit Freunden im Golfklub zu Mittag, mußte mich aber beeilen, da ich mit Philippe de Vendeuvre verabredet war, den ich zur SS begleiten sollte. Er hatte gerade gehört, daß einer seiner besten Freunde, der Sohn eines französischen Bankiers, Jean Gaillard, bei dem Versuch, nach Spanien zu entkommen, in Perpignan verhaftet worden sei. Man habe ihn nach Compiègne in ein Lager geschafft – in der Tenniskleidung, in der er festgenommen worden war. Es sei ihm gelungen, seiner Verlobten Nachricht zu geben, seither habe man jedoch nichts mehr von ihm gehört, außer daß man ihn in einen verplombten Güterwagen Richtung Oranienburg geladen habe – ein gefürchtetes Konzentrationslager in der Nähe von Berlin. Unser Schlachtplan war, uns dumm zu stellen, ganz naiv nach seinem Verbleib zu fragen und die Beamten zu behandeln, als gehörten sie einer völlig normalen Institution an. Ich hatte vor, das Auswärtige Amt – o Ironie! – als Referenz anzugeben. Wir planten sogar, um Erlaubnis zu bitten, Gaillard Lebensmittel und Kleidung zu schicken. Ich hatte Loremarie Schönburg gesagt, wohin ich ginge, für den Fall, daß ich nicht zurückkäme.

Nachdem man uns in das Gebäude – ein etwas außerhalb der Stadt gelegener, von Stacheldraht umgebener Riesenkomplex – eingelassen hatte und mein Photoapparat, den ich in einer Anwandlung geistiger Verwirrung mitgenommen hatte, konfisziert worden war, wurden wir wie die Tennisbälle von einem Beamten zum andern weitergereicht. Jedesmal mußten wir wieder genaue Auskunft über uns geben. Auf die Frage, warum ich mich für den Fall interessierte, antwortete ich, daß Philippe mein Vetter sei. Drei volle Stunden verbrachten wir dort, erreichten jedoch nichts. Die Beamten ließen sich sogar herab, die Akten nach Neuankömmlingen in Oranienburg durchzusehen, aber ein Gaillard befand sich nicht darunter. Schließlich schlugen sie vor, Philippe solle nach Oranienburg fahren und an Ort und Stelle nachfragen. Ich flehte ihn an, das nicht zu tun, da es nur damit enden könne, daß man ihn auch dort einsperre. Die Beamten waren noch immer damit beschäftigt, allerhand persönliche Details über uns aufzunehmen, als ich plötzlich ans Telefon gerufen wurde – Loremarie war am andern Ende: »Lebst du noch?« Ich bejahte es eilig und legte den Hörer auf. Wir gingen völlig entmutigt fort und wagten kaum, unsere Augen aufzuschlagen – nichts als schwarze Uniformen, Revolver und bösartige Gesichter. Es war eine Erleichterung, wieder auf die zerbombten Straßen hinauszugelangen.

Schließlich erfuhr Philippe de Vendeuvre, daß sein Freund nicht im KZ Sachsenhausen, sondern in Buchenwald einsaß, und machte sich – Missies Warnungen zum Trotz – dorthin auf, jedoch ohne Erfolg. 1945 wurde der junge Gaillard von den vorrückenden amerikanischen Truppen befreit; da aber keine Transportmittel zur Verfügung standen, wurden die Überlebenden zu Fuß hinter die amerikanischen Linien geschickt. Viele von ihnen, darunter auch Gaillard, kamen auf diesem Marsch um. Sein Leichnam wurde nie gefunden.

Sonntag, 10. Oktober: Verbrachte den größten Teil des Tages damit, auf einen Anruf von Onkel Valerian Bibikow zu warten, einem schon älteren, in Paris lebenden Verwandten von uns, der sich zu Beginn des Rußlandfeldzugs freiwillig als Dolmetscher zur deutschen Marine gemeldet, aber keine Ahnung hatte, in welches Nest er sich da setzte! Jetzt hat er Urlaub und ist auf dem Heimweg nach Paris. Ich hatte vor, ihm Briefe mitzugeben, einen an Georgie und einen andern von Philippe Vendeuvre. Philippe hatte mich gedrängt, seinen Brief zu lesen, aber ich weigerte mich. Als er gegangen war, tat ich es doch. Entsetzen! Es handelte sich um einen detaillierten Bericht an den Erzbischof von Moulins, verfaßt von einem in einem deutschen Konzentrationslager arbeitenden Priester der Résistance. Ich litt fürchterliche Gewissensqualen, da ich einerseits Philippe nicht enttäuschen wollte, aber andrerseits nur zu gut wußte, in welche Schwierigkeiten ich Onkel Valerian damit bringen konnte. Schließlich steckte ich alles zusammen in einen Umschlag, den ich versiegelte und an Georgie adressierte mit der Bitte, den Brief von Paris nach Moulins zu befördern, und händigte Valerian dieses niedliche Abschiedsgeschenk aus. Vor seiner Abreise ertränkten wir unsern Kummer noch in Wodka. Ich bete, daß alles gut gehen möge. *[Der Brief erreichte Georgie wohlbehalten und wurde von ihm an den Adressaten weitergegeben. Der Verfasser, Abbé Girardet, kam um.]*

Montag, 11. Oktober: Verbrachte den Abend mit Sigrid Görtz. Die Gestapo hat ihre Mutter verhaftet, die Jüdin ist, und hat seelenruhig erklärt, daß sie ins Ghetto nach Theresienstadt in der Tschechoslowakei geschickt würde. Sigrids Vater ist im Ersten Weltkrieg gefallen. Sie ist ein schönes, hochgewachsenes, blondes Mädchen. Es ist ihr gelungen, einen Aufschub zu erwirken, und unterdessen hat sie Hilferufe in alle Richtungen losgelassen, aber die Aussichten stehen nicht gut. Beim SD wurde ihr gesagt: »Schade, daß Ihr Vater nicht mehr lebt. Dann wäre es nicht nötig. Sie haben halt Pech.«

Dienstag, 12. Oktober: Loremarie Schönburg und ich wollen eine Cocktailparty in ihrer Berliner Wohnung geben und schleppen Sachen zurück, um sie bewohnbar zu machen. Wir besitzen zwei Flaschen Wein und eine halbe Flasche Wermut, sind aber optimistisch, daß die Gäste auch etwas beitragen werden.

Mittwoch, 13. Oktober: Die Party war ein voller Erfolg, obgleich Gretl Rohan, Loremaries Tante, eine ganze Flasche Wein leerte, während ich ausgegangen war, um Brotbelag aufzutreiben. Es war ein ziemlicher Schreck, aber die Gäste brachten Eis und Sekt mit, und wir gossen alles zusammen: eine etwas sonderbare Mischung, die jedoch ohne Klage geschluckt wurde. Ich versuche, die beiden Vendeuvre-Jungens für ein Wochenende zu Tatjana mitzunehmen, aber bisher ist es Franzosen nicht erlaubt, den ihnen zugewiesenen Arbeitsplatz zu verlassen. Nachdem die meisten Gäste gegangen waren, machten wir uns Bratkartoffeln und überlegten, wie sich das Verbot umgehen läßt.

Die neue Badoglio-Regierung in Italien hat Deutschland den Krieg erklärt.

Bei Verkündung des Waffenstillstands hatte Badoglio den italienischen Streitkräften befohlen, alle Kampfhandlungen gegen die ehemals feindlichen Truppen der Alliierten einzustellen, sich aber gegen jegliche Angriffe zu verteidigen (womit die Deutschen gemeint waren). Obgleich das Bündnis mit Deutschland in Italien sowenig beliebt war wie der Krieg überhaupt, verursachte dieser plötzliche Abfall, der Verrat an den ehemaligen Waffenbrüdern bei vielen italienischen Militärs ernste moralische Zweifel.

Donnerstag, 14. Oktober: Habe kurz den Grafen von der Schulenburg besucht. Er war vor Kriegsausbruch der letzte deutsche Botschafter in Moskau, ein reizender alter Herr, der allem Russischen wohlgesinnt ist und seine Meinung sehr offen äußert. Ich versuche gerade, Katja Kleinmichel eine neue Arbeit zu verschaffen, denn momentan ist sie ohne geregelte Tätigkeit.

Werner Graf von der Schulenburg (1875–1944), ein Diplomat der alten Schule und standhafter Verfechter der traditionellen Bismarckschen Politik der Freundschaft zwischen Deutschland und Rußland, war als Botschafter in Moskau seit 1934 bestrebt gewesen, einen Modus vivendi zwischen den beiden Diktatoren herzustellen. Für Schulenburg bedeutete Hitlers Überfall auf die Sowjetunion im Juni 1941 nicht nur den Anfang vom Ende des Deutschen Reiches, sondern auch einen Akt der Heimtücke, der ihn einem System, das er schon immer verabscheut hatte, noch weiter entfremdete.

Oben: Missie in den ersten Kriegsjahren, rechts: Antoinette von Croy; unten: Burchard von Preußen mit Missie und Aga von Fürstenberg, rechts: Adam von Trott zu Solz. Die Freundschaft mit ihm, ihrem unmittelbaren Vorgesetzten im Auswärtigen Amt, war für Missie eine der wohl wichtigsten menschlichen Beziehungen der Berliner Jahre

Am 31. August 1942 wurde auf Schloß Sigmaringen die Hochzeit von Prinz Konstantin von Bayern mit Prinzessin Maria Adelgunde von Hohenzollern gefeiert

Im Sommer 1943 zogen Missie und ihr Vater in die Villa der Gersdorffs in der Woyrschstraße ein. Das von Maria Gersdorff geführte gastliche Haus war, ähnlich wie die Wohnung der Horstmanns am Steinplatz, ein beliebter Treffpunkt der Berliner Gesellschaft

Missies Vetter Jim Wjasemsky (rechts) war als französischer Kriegsgefangener in einem Lager in der Nähe von Dresden untergebracht, wo ihn Missie im August 1943 besuchte

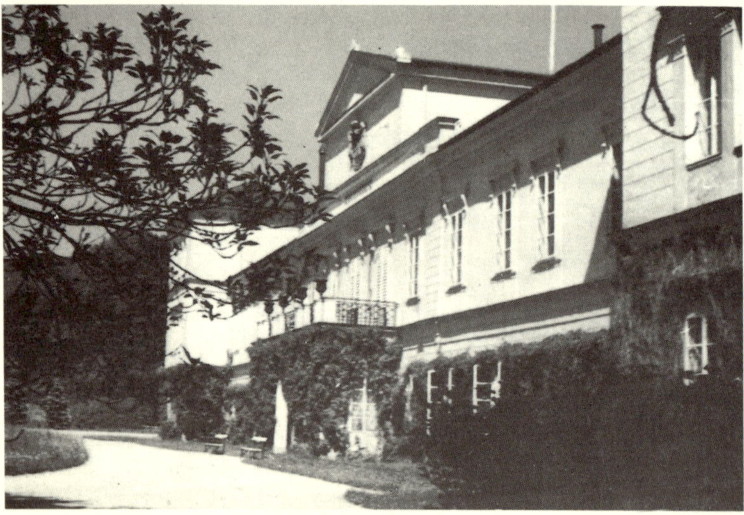

Zu Missies Berliner Bekanntenkreis zählte auch der Polizeipräsident von Berlin, Graf Helldorf, der im Zusammenhang mit dem 20. Juli hingerichtet wurde

Schloß Königswart, das Gut der Metternichs in Nordböhmen, wo Tatjana lebte; Missie kam oft und gern hierher, um für ein paar Tage Ruhe zu finden

Montag, 18. Oktober: Heute hatte ich Nachtdienst. Ich kam um sieben Uhr abends ins Büro. Die beiden Mädchen, die mit mir wachen sollten, waren in ein Konzert gegangen. Ich schrieb einige Briefe und war im Begriff, noch einmal auszugehen und Dicky Wrede nebenan zu besuchen, als mich der Portier warnte, es müsse mit einem Luftangriff gerechnet werden. Ich versprach, sofort wieder zurück zu sein.

Kaum hatte ich Dickys Haustür erreicht, als es dreimal laut krachte. Ich klingelte immer wieder, aber es war niemand zu Hause, und so lief ich hastig ins Büro zurück. Dort erfuhr ich, daß in unmittelbarer Umgebung drei Bomben gefallen waren. Obgleich das Dröhnen der Flugzeuge bereits zu hören war, setzte der Alarm erst einige Minuten später ein. Nach der Entwarnung kehrte ich noch einmal zu Dickys Wohnung zurück. Inzwischen war sie nach Haus gekommen, und wir tranken zusammen Kaffee. Die Nacht im Büro war unbequem; ich lag in eine Decke gehüllt auf einem Bett, das hart wie ein Brett war.

Sonntag, 24. Oktober: Maria Gersdorffs Geburtstag. Es war schwierig, ein Geschenk zu finden. Ich brachte ihr Parfum mit. Sie hatte viele Gäste, einschließlich Adam Trotts, der später noch mit Papa in Loremarie Schönburgs Wohnung kam. Wir fütterten unsere Gäste mit Brot, Wein, Bratkartoffeln und Kaffee.

Ich bin mit einer dringenden Aufgabe betraut worden: die Bildunterschriften einer großen Anzahl von Photographien zu übersetzen, die die Überreste von mehr als 4000 polnischen Offizieren zeigen, die im Wald von Katyn, in der Nähe von Smolensk, von den Sowjets ermordet worden sind. Der Verstand hakt da einfach aus.

Es ist alles streng geheim. Ich habe den vertraulichen Bericht gelesen, den der deutsche Botschafter in Ankara, von Papen, geschickt hat. Er hatte einem seiner Untergebenen erlaubt, sich mit einem polnischen diplomatischen Vertreter anzufreunden, der wiederum Steve Early, Präsident Roosevelts Sonderbeauftragtem in der Türkei, nahestand. Roosevelt hat den Wunsch geäußert, einen vollständigen, ungeschminkten Bericht über diese Angelegenheit zu erhalten – was ihm in den Vereinigten Staaten anscheinend nicht gelingt, da seine Umgebung (Morgenthau?) alle der Sowjetunion abträglichen Nachrichten abfängt und unterdrückt.

Die Übersetzung muß in zwei Tagen fertig sein. Es kommt mir sonderbar vor, wenn ich bedenke, daß meine Texte in einer knappen Woche auf Präsident Roosevelts Schreibtisch landen werden. Welche Verantwortung! Überdies ist es harte Arbeit. Die Einzelheiten, die da ans Licht kommen, sind die reine Folter.

Am 13. April 1943 hatte der deutsche Rundfunk bekanntgegeben, daß in einem Massengrab im Wald von Katyn bei Smolensk, in dem von Deutschen besetzten Teil der Sowjetunion, die Leichen von mehreren tausend Polen gefunden worden seien, alle getötet durch Genickschuß, die übliche sowjetische Hinrichtungsmethode. Mehrere von den Deutschen eingesetzte und an den Tatort berufene Untersuchungskommissionen, zu denen neben international angesehenen Gerichtsmedizinern auch Vertrauensleute der polnischen Untergrundbewegung gehörten, kamen zu dem einhelligen Ergebnis, daß die rund 4400 Opfer – ausnahmslos Offiziere – zu den 230 000 polnischen Soldaten zählten, die den Sowjets, als sie im Herbst 1939 in Polen eindrangen, in die Hände gefallen waren. Sämtliche Indizien wiesen darauf hin, daß die Opfer im Frühjahr 1940 erschossen worden waren, also über ein Jahr bevor die Deutschen diesen Abschnitt besetzten.

Die Entdeckung des Massengrabes von Katyn war für die Alliierten äußerst peinlich. Die Sowjetunion trug noch immer die Hauptlast des Krieges in Europa, und ihre weitere Teilnahme und ihr guter Wille waren daher von wesentlicher Bedeutung. Auch empfanden weite und einflußreiche Kreise große Sympathie für die »tapferen sowjetischen Verbündeten« und widersetzten sich der Vorstellung, daß Moskau derartiger Greueltaten fähig sei. So wurde die ganze Angelegenheit von der alliierten Führung totgeschwiegen und bis Kriegsende nicht mehr erwähnt.

Osteuropäischen Quellen nach dem Kriege zufolge hatte Nikita Chruschtschow, nachdem er auf dem XX. Parteikongreß Stalins Verbrechen offen dargelegt hatte, dem polnischen Parteichef Gomulka nahegelegt, seinerseits die Wahrheit über Katyn zu veröffentlichen. Gomulka lehnte ab, da er befürchtete, eine solche Enthüllung könnte die Beziehung beider Länder langfristig aufs Spiel setzen. Seither ist in Osteuropa zusätzliches Beweismaterial zutage gekommen, das Moskaus grundsätzliche Verantwortung für das Verbrechen auch in Einzelheiten belegt.

Loremarie hat plötzlich große Angst vor Luftangriffen. Gestern nacht schlief sie bei mir und bohrte mir im Schlaf mit der Hand in die Augen.

Die Mehrzahl der südamerikanischen Diplomaten verläßt Berlin.

Donnerstag, 28. Oktober: Jetzt haben wir jede Nacht Luftangriffe, aber sie sind recht harmlos. Meistens erwischen sie mich gerade in der Badewanne.

Königswart, Samstag, 30. Oktober: Aga Fürstenberg und ich sind das Wochenende über in Königswart. Den Vendeuvres wurde die Reiseerlaubnis verweigert. Unsere Fahrt war anstrengend; den halben Weg mußten wir stehen, da die Abteile mit »Mutter-und-Kind«-Evakuierten vollbesetzt waren; auch waren viele Versehrte im Zug. Den Rest der Reise saßen wir auf unsern Koffern im Gang. Hier mache ich lange Spaziergänge mit Mama und versuche, mich vom Stadtleben zu erholen.

Sonntag, 31. Oktober: Gestern lagen wir noch in den Betten, als wir einen lauten Aufprall hörten. Ein Flugzeug war in unserm Wald abgestürzt. Der Pilot, der auf dem Flug nach Nürnberg war, hatte seiner Familie, die in einem Nachbardorf lebt, zuwinken wollen; irgend etwas ging schief, und seine Maschine fiel wie ein Stein zu Boden. Der Pilot war sofort tot, sein Funker lebte noch einige Stunden. Sämtliche Männer der Nachbarschaft wurden zum Löschen eingesetzt, da der Brand rasch um sich griff, denn der Boden ist zur Zeit knochentrokken.

Berlin, Montag, 1. November: Unsere Rückreise war noch schlimmer. Ich wurde von Aga Fürstenberg, die ausglitt und hinfiel, getrennt; während sie am Boden lag, trampelte man auf ihr herum, und ich konnte vom andern Ende des Wagens ihr Stöhnen hören. Obgleich uns Tatjana einen Berg Butterbrote und Wein mitgegeben hatte, um uns die Reise zu erleichtern, kamen wir völlig erschöpft in Berlin an.

Samstag, 6. November: Die Russen haben Kiew zurückerobert.

Mittwoch, 10. November: Das Bismarcksche Haus in Potsdam beginnt sich zu füllen. Loremarie Schönburg und ich ziehen deshalb in die Stadt zurück; wir haben Gottfrieds und Melanies Gastfreundschaft ohnehin zu lang in Anspruch genommen. Und jetzt, da der Herbst gekommen ist, sieht es nicht so aus, als würden die Angriffe sehr schwer werden. Trotzdem nehme ich nur das Allernotwendigste mit, da es heutzutage vernünftiger scheint, mit leichtem Gepäck zu reisen.

Donnerstag, 11. November: Abendessen bei den Gersdorffs, danach ein weiterer harmloser Luftangriff. Ich habe dreizehn Stunden geschlafen.

Samstag, 13. November: Kaffee bei den Wrede-Zwillingen mit Siggi Welczeck, dem Rennfahrer Manfred von Brauchitsch und der Schauspielerin Jenny Jugo.

Alle sind entsetzt, weil ein bekannter junger Schauspieler wegen »defätistischer Äußerungen« hingerichtet worden ist. Er hatte Deutschlands wahrscheinliche Niederlage vorausgesagt. Manfred von Brauchitsch, ein Neffe des früheren Oberbefehlshabers des Heeres, hat ebenfalls Schwierigkeiten, da er wegen ähnlicher »Vergehen« denunziert worden ist.

Ging in ein von Furtwängler dirigiertes Konzert, kam dann nach Haus und spielte Klavier. Martha, die Köchin, war in musikalischer Stimmung und sang all ihre Lieblingsschlager aus den Operetten der Jahrhundertwende. Maria Gersdorff und Papa waren ausgegangen. Es gab wieder einen Luftangriff. Ich packte ein kleines Köfferchen, aber die Dinge beruhigten sich bald, und so blieben wir, wo wir waren.

Dienstag, 16. November: Nachtdienst. Am nächsten Morgen fühlt man sich immer zerschlagen – eine Art Muskelkater. Kehrte für eine halbe Stunde nach Haus zurück, nachdem ich zuvor im Büro ein Bad genommen hatte – der einzige Ort, an dem es gelegentlich noch heißes Wasser gibt. Leider bin ich mit meinem Bildarchiv in die frühere tschechische Gesandtschaft in der Rauchstraße verlegt worden. Alle sind aus dem Häuschen über die Nachricht, daß der Chef dort fristlos entlassen worden ist. Die Gestapo hatte einen Brief in die Hände bekommen, den er an seine frühere Frau im Ruhrgebiet geschrieben hatte, um sie vor bevorstehenden Luftangriffen zu warnen. Der zweite Mann dieser Dame hatte ihn denunziert. Was für eine Bande!

Aß heute abend bei den Bismarcks in Potsdam zusammen mit Adam Trott, den Hassells und Furtwängler. Letzterer hat fürchterliche Angst, die Russen könnten kommen, und enttäuschte mich. Von einem musikalischen Genie hatte ich eigentlich mehr Haltung erwartet.

Adam von Trott, der in einem Brief an seine Frau über dieses Abendessen berichtete, fügte hinzu: »... Ich fuhr mit Missie bis Grunewald zurück – war wieder erstaunt und beeindruckt von ihr, aber etwas wie von einem edlen Fabeltier, das man nie ganz versteht...« Bei einer früheren Gelegenheit hatte er geschrieben: »... Auch hat sie etwas, was ihr alle nicht habt, etwas Freies und Überfliegendes, was freilich auch irgendwie ein wenig tragisch und fast gespenstisch ist...«

Mittwoch, 17. November: Wurden heute *in corpore* zusammengerufen, um unsern neuen vorläufigen Bürochef in der Rauchstraße kennenzulernen. Er ist ein junger Mann namens Büttner, kommt geradenwegs von der Front, humpelt und hat eine tiefe Wunde an der Stirn. Er hielt uns eine Predigt über das heldische Leben der Frontsoldaten sowie über die Erwartungen, die man in uns, die Leute in der Etappe, setze.

Heute abend nahm ich Adam Trott mit zu den Horstmanns. Sie sind wieder in eine winzige Wohnung in der Stadt zurückgezogen, die buchstäblich aus nur drei Zimmern besteht, aber wie üblich wunderbar eingerichtet ist. Sie sind unverändert gastfrei.

Verbrachte die Nacht bei Loremarie Schönburg, da ein Luftangriff kam und meine eigene Wohnung in der Woyrschstraße zu weit entfernt war. Loremarie ist in argen Schwierigkeiten, weil sie ein streng geheimes amerikanisches Buch »Hitler's Girls, Guns and Gangsters« auf der Toilette im Hotel Eden, wo sie mit einem Freund zu Mittag aß, liegenließ. Sie hatte es im Büro lesen und rezensieren sollen. Zu allem Unheil trägt es auch noch den offiziellen Stempel des A. A. Sie wagt nicht, die Angelegenheit zu beichten, versucht vielmehr verzweifelt, das Buch zu finden und einflußreiche Freunde für den Fall zu mobilisieren, daß sie plötzlich verschwindet. Loremarie ging sogar so weit, einen Mann anzurufen, den sie nur zweimal im Leben gesehen hat, der aber für Außenminister Ribbentrop in dessen Schlupfwinkel in Fuschl arbeitet. Als das Gespräch endlich durchkam, war sie nicht da, und ich mußte so tun, als wüßte ich von nichts.

Donnerstag, 18. November: Ich lerne es allmählich, auch ohne Mittagessen auszukommen. In unserer Kantine wird Schlangenfraß serviert, obgleich sie uns für das scheußliche Zeug, das sie Mittagessen nennen, viele Lebensmittelmarken abverlangen.

Gottfried Bismarck nahm mich mit, eine Besorgung in der Stadt zu machen. Er geniert sich ein wenig, da sowohl Loremaries als auch meine Familie ihm ständig Dankesbriefe schreiben, daß er uns in Potsdam beherbergt. Außer Papa, der mit mir bei den Gersdorffs lebt, weiß keiner, daß wir nach Berlin zurückgezogen sind.

Verbrachte den größten Teil des Nachmittags damit, mir im Ausland veröffentlichte Zeitungen und Journale anzusehen. Sie liegen im Archiv meines früheren Büros in der Charlottenstraße, und ich schaue dort unter den verschiedensten Vorwänden regelmäßig vorbei.

Zu Haus, als wir gerade mit Maria und Heinz Gersdorff beim Abendessen saßen, fing es plötzlich ganz wild zu schießen an. Da es hier keinen richtigen Keller gibt, suchten wir Schutz in der Küche, die im Souterrain liegt und deren Fenster auf einen kleinen Garten hinausgehen. Dort saßen wir zwei Stunden lang. In unserer Nachbarschaft gab es verschiedene Brände, und es wurde recht laut. Später erfuhren wir, daß mehrere hundert Flugzeuge die Außenbezirke von Berlin erreicht hatten, es aber nur ungefähr fünfzig gelungen war, die Flaksperre zu durchdringen.

Freitag, 19. November: Aß mit Rudger von Essen von der schwedischen Gesandtschaft und seiner Frau Hermina zu Abend. Sie sind gerade mit der Einrichtung einer hinreißenden Wohnung ganz in unserer Nähe fertig geworden; sie steht voller Glas und Porzellan aus Dänemark, was etwas unvorsichtig scheint. Ich verspätete mich, da die Straßenbahnen nur unregelmäßig fuhren. Es gab Austern – ein Genuß!

Sonntag, 21. November: Besuchte mit Papa die Messe in der großen russischen Kathedrale in der Nähe von Tempelhof. Der Gesang war wunderschön. Loremarie Schönburg und ein Freund von ihr, ein schwer verwundeter junger Offizier namens Tony Saurma, kamen auch und waren sehr beeindruckt, obwohl Tony vom Anblick der vielen russischen Frauen abgelenkt wurde, von denen einige sogar ihre Säuglinge in der

Kirche stillten. Diese Menschen kommen aus den deutsch besetzten Gebieten Rußlands, und ihre Zahl nimmt ständig zu. Die Kirche am Sonntag ist ihr bevorzugter Treffpunkt – wohl mehr, weil es ihnen ein Gefühl von Heimat vermittelt als aus religiösem Eifer. Loremarie traf einen russischen Pianisten, Ogouze, den sie aus Wien kannte, und lud ihn nach Potsdam ein. Wir fuhren in zwei Autos hinaus, da Tony als schwerverwundeter Offizier auch motorisiert ist. Nach einigen Gläsern Cognac begann Ogouze Klavier zu spielen – hauptsächlich russische Musik. Er ist ein guter Pianist, aber kein sehr angenehmer Mann.

Gegen Mitternacht gelang es mir, Tony und Loremarie zu überzeugen, daß es Zeit sei, sich auf den Heimweg zu machen. Das Wetter war miserabel. Tony verirrte sich und verpaßte die Wannsee-Einfahrt zur Avus. Nachdem er eine Weile lang in der falschen Richtung gefahren war, bemerkte er seinen Irrtum, wendete und hatte prompt eine Reifenpanne. Inzwischen war uns auch das Benzin ausgegangen. Während er daranging, den Reifen zu wechseln, machten Loremarie und ich uns auf, Hilfe zu suchen. Nach einer ganzen Weile kam uns ein großer Wagen entgegen. Wir winkten, und er hielt. Ein Herr in Zivil und ein SS-Fahrer stiegen aus; sie erklärten sich bereit, uns etwas Benzin zu geben, und während es in unsern Tank geschüttet wurde, setzten wir uns in ihr Auto und hörten Radio. Der Zivilist fragte uns, ob wir Schauspielerinnen seien und aus welchem Lande wir stammten. Wir fragten listig, wem wir das geliehene Benzin zurückerstatten sollten. Er erwiderte, das sei nicht nötig; er erklärte, er komme gerade aus dem Führerhauptquartier, gab aber seinen Namen nicht preis.

Montag, 22. November: Ich bin nach den Abenteuern der letzten Nacht so müde, daß ich heute um sieben zu Bett gehen will. Habe auf das Mittagessen verzichtet und mache im Büro Überstunden, da wir eine langweilige Konferenz haben. Es regnet in Strömen.

Heute ist Georgies Geburtstag.

Dienstag, 23. November: In der letzten Nacht ist die Berliner Innenstadt zum größten Teil zerstört worden.

Am Nachmittag hatte es schwer geregnet. Ich war ausgeschickt worden, eine Urkunde abzuholen, die für die Konferenz gebraucht wurde. Unser neuer Chef Büttner hat eine

Manie für derartige Besprechungen; sie finden fast täglich statt. Vermutlich will er nur seine Truppen »Revue passieren lassen«. In meinen Augen ist es komplette Zeitverschwendung. Auf dem Wege wurde ich triefnaß und kam verspätet zur Besprechung, die bis kurz nach sieben Uhr dauerte. Gerade eilte ich die Treppe hinunter, um nach Haus zu gehen, als mich der Portier mit den ominösen Worten »Luftgefahr 15« anhielt. Dies bedeutet, daß riesige Feindverbände im Anflug sind. Ich lief die Treppe, zwei Stufen auf einmal nehmend, wieder hinauf, um diejenigen meiner Kollegen, die weit draußen wohnen, zu warnen, im Büro zu bleiben, um nicht auf dem Heimweg auf freier Flur vom Fliegeralarm überrascht zu werden. Gerade als ich das Gebäude verließ, ertönten die Sirenen. Es regnete noch immer stark, und da vorauszusehen war, daß die Autobusse den Dienst sehr bald einstellen würden, beschloß ich, zu Fuß nach Haus zu gehen. Einen langen Brief, den ich gerade an Tatjana geschrieben hatte, steckte ich in den Postkasten an der Ecke.

Die Straßen waren voller Menschen. Viele standen einfach herum, denn durch den Regen war die Sicht so schlecht, daß niemand glaubte, der Angriff könne lange dauern oder großen Schaden anrichten. Zu Hause angekommen, sagte mir Maria Gersdorff, ihr Mann habe sie gerade aus seinem Büro in der Stadtkommandantur angerufen, um ihr mitzuteilen, daß die feindlichen Verbände umfangreicher als gewöhnlich seien, der Angriff daher schwer werden könnte und er deswegen über Nacht im Büro bleibe. Da ich keine Zeit zum Mittagessen gehabt hatte, war ich ausgehungert. Maria bat Martha, die alte Köchin, etwas Suppe aufzuwärmen, während ich hinaufging, um mir lange Hosen und einen Pullover anzuziehen. Wie es heute in solchen Fällen üblich geworden ist, packte ich auch einige Sachen in ein kleines Köfferchen. Papa war in seinem Zimmer und gab zwei jungen Männern Sprachunterricht. Er erklärte mir, daß er nicht gestört zu werden wünsche.

Kaum hatte ich zu Ende gepackt, als die Flak das Feuer eröffnete. Es wurde sofort sehr wüst. Papa erschien mit seinen Schülern, und alle zusammen eilten wir in den Halbkeller hinter der Küche hinunter, wo wir die Luftangriffe jeweils abwarten. Schon hörten wir die ersten Maschinen. Sie flogen sehr niedrig; plötzlich wurde das Gebell der Flak von einem ganz andern Geräusch übertönt, dem Krach explodierender Bomben, zuerst in weiter Ferne, dann näher und näher, bis man den

Eindruck hatte, daß sie buchstäblich über unsern Köpfen fielen. Bei jeder Explosion erzitterte das Haus. Der Luftdruck war schrecklich und das Getöse ohrenbetäubend. Zum ersten Mal begriff ich die Bedeutung des Ausdrucks »Bombenteppich«. Irgendwann regnete es Glasscherben, und dann flogen alle drei Kellertüren, aus ihren Angeln gerissen, in den Raum. Wir drückten sie an ihre Plätze zurück und lehnten uns dagegen, um sie verschlossen zu halten. Ich hatte meinen Mantel draußen vergessen, wagte aber nicht, hinauszugehen und ihn zu holen. Eine Brandbombe landete zischend im Eingang, und die Männer krochen hinaus, um sie zu löschen. Plötzlich wurde uns klar, daß wir kein Wasser parat hatten, um etwaige Brände zu löschen, und drehten eilig sämtliche Hähne in der Küche auf. Dies dämpfte den Krach draußen ein wenig, aber nicht für lange ... Die Flugzeuge kamen nicht wie sonst in Wellen, sondern dröhnten über eine Stunde lang unablässig über uns.

Mittendrin brachte mir die Köchin plötzlich meine Suppe. Ich glaubte, wenn ich sie äße, sie sofort wieder von mir geben zu müssen. Es war mir nicht einmal möglich, still sitzen zu bleiben, und bei jedem Krach sprang ich auf. Papa, unerschütterlich wie immer, verharrte die ganze Zeit in seinem Korbsessel. Als ich bei einer besonders ohrenbetäubenden Explosion abermals aufsprang, bemerkte er gelassen: »Setz dich! Dann bist du, wenn die Decke einstürzt, weiter davon entfernt ...« Die Explosionen folgten jetzt so dicht aufeinander und waren so entsetzlich laut, daß ich mich in den schlimmsten Augenblicken hinter ihn stellte und mich schutzsuchend an seine Schultern klammerte. Was für eine Familien-*Bouillabaisse* hätten wir abgegeben! Papas Schüler kauerten in einer Ecke, während Maria an der Wand lehnte, für ihren Mann betete und verzweifelt aussah. Immer wieder mahnte sie mich, nicht in der Nähe von Möbeln zu stehen, da sie zersplittern könnten. Die Bomben regneten weiter herab, und als ein Nachbarhaus einstürzte, murmelte Papa auf russisch: »Wolja Boschja!« (Gottes Wille geschehe!) Es sah wirklich so aus, als ob uns nichts retten könnte. Nach ungefähr einer Stunde wurde es ruhiger, Papa holte eine Flasche Schnaps hervor, und wir alle tranken in großen Schlucken. Aber dann begann alles noch einmal von vorn ... Erst gegen halb zehn verstummte das Gedröhn der Flugzeuge über uns. Es müssen viele Hunderte gewesen sein.

Just in diesem Augenblick klingelte, Wunder über Wunder, das Telefon in der Küche. Es war Gottfried Bismarck, der aus

Potsdam anrief, um festzustellen, ob wir alle unversehrt seien. Sie hatten Hunderte von Maschinen gehört, die in geringer Höhe über sie hinweggeflogen waren, aber wegen der schlechten Sicht nicht ausmachen können, wieviel Schaden sie angerichtet hatten. Als ich sagte: »Es war grauenhaft!«, bot er an, herüberzukommen und mich abzuholen, aber ich erwiderte, daß es sich nicht mehr lohne, denn das Schlimmste sei anscheinend vorbei. Er versprach herauszufinden, wo Loremarie Schönburg abgeblieben war, und zurückzurufen.

Die Entwarnung kam erst eine halbe Stunde, nachdem die letzten Bomber abgedreht hatten; lange vorher waren wir schon von einem uns unbekannten Marineoffizier herausgerufen worden. Plötzlich habe sich, wie er sagte, ein Wind erhoben, der die Feuersbrünste immer weiter trieb. Wir liefen auf unsern kleinen Platz hinaus: auf drei Seiten glühte der Himmel blutrot. Dies, erklärte der Offizier, sei nur der Anfang; die wirkliche Gefahr werde erst in einigen Stunden kommen, wenn der durch die Brände hervorgerufene Wind richtig zu brausen anfange. Ehe wir das Haus verließen, hatte Maria jedem von uns ein feuchtes Handtuch gegeben, mit dem wir das Gesicht bedeckten – eine weise Maßnahme, denn unser kleiner Platz war bereits voller Rauchschwaden, und man konnte kaum noch atmen.

Wir kehrten ins Haus zurück. Papas Schüler kletterten auf das Dach, um ein wachsames Auge auf die Brände in der Nachbarschaft zu halten. Dann erschien der dänische Geschäftsträger Steenson, der nebenan wohnt, mit einer Flasche Cognac im Arm. Als wir im Salon standen, miteinander sprachen und gelegentlich einen Schluck tranken, klingelte das Telefon abermals. Wieder war es Gottfried, der äußerst besorgt klang. Er hatte Bernd Mumms Wohnung angerufen, wo Loremarie mit Aga Fürstenberg zu Abend gegessen hatte, aber nur erfahren, daß Loremarie sofort nach der Entwarnung fortgegangen sei; niemand wisse wohin. Gottfried meinte, sie würde versuchen, zu mir zu stoßen, aber da wir inmitten eines Feuerkreises saßen, bezweifelte ich, daß es ihr gelänge.

Sobald er aufgelegt hatte, gab unser Telefon den Geist auf, das heißt, wir konnten zwar noch angerufen werden, aber selbst nicht mehr telefonieren. Elektrizität, Gas und Wasser funktionierten nicht mehr, und wir mußten uns im Lichte von Taschenlampen und Kerzen herumtasten. Zum Glück hatten wir noch rechtzeitig alle vorhandenen Badewannen, Waschbecken,

Spülbecken und Eimer mit Wasser gefüllt. Inzwischen hatte sich der Wind beängstigend verstärkt und heulte wie ein Orkan auf hoher See. Als wir aus dem Fenster blickten, sahen wir einen stetigen Funkenregen auf unser Haus und alle benachbarten Gebäude niedergehen. Die Luft wurde immer heißer und dicker, und der Rauch drang in dichten Schwaden durch die zertrümmerten Fenster herein. Wir inspizierten das ganze Haus und stellten zu unserer Erleichterung fest, daß es außer zerbrochenen Fensterscheiben und den aus den Angeln gerissenen Türen keinen wirklichen Schaden erlitten hatte.

Gerade waren wir dabei, einige Butterbrote zu verschlingen, als die Sirenen schon wieder ertönten. Eine halbe Stunde lang standen wir in tiefem Schweigen am Fenster, überzeugt, daß das Ganze noch einmal von vorn beginne. Dann kam die Entwarnung. Offenbar hatten nur einige Aufklärungsflugzeuge die Stadt überflogen, um den Schaden zu begutachten. Maria, die sich bis dahin fabelhaft gehalten hatte, brach nun in Tränen aus, da sie von ihrem Mann noch immer kein Lebenszeichen erhalten hatte. Obgleich ich inzwischen schrecklich schläfrig war, beschlossen wir, daß ich neben dem Telefon Wache hielt. Ich stellte es auf den Fußboden und legte mich, in eine Decke gewickelt, auf ein Sofa daneben.

Gegen ein Uhr morgens riefen Loremarie und Gottfried aus Potsdam an. Die Verbindung wurde zwar sofort unterbrochen, aber wenigstens waren wir weiterer Sorgen um Loremarie enthoben. Gegen zwei Uhr früh beschloß ich, ein wenig zu schlafen. Papa kam und leuchtete mir mit der Taschenlampe, während ich mir die Schuhe auszog und versuchte, mich zu waschen. Gegen drei Uhr legte sich auch Maria hin. Etwas später hörte ich wieder das Telefon klingeln und dann Marias ekstatisches: »Liebling!«, was hieß, daß Heinz in Sicherheit war. Sehr bald schlief auch sie ein. Ab und an wurde man durch die Geräusche eines einstürzenden Gebäudes oder die Explosion einer Zeitbombe wieder aus dem Schlaf gerissen, und ich schoß jedesmal mit klopfendem Herzen hoch. Inzwischen hatte der durch die Brände ausgelöste Sturm seinen Höhepunkt erreicht, und das Getöse draußen glich dem eines Zuges, der durch einen Tunnel braust. Dieser Feuersturm dauerte bis um sieben Uhr früh an.

Mittwoch, 24. November: Heute morgen sehr früh hörte ich Maria Gersdorff besorgt mit Papa sprechen. Ganz in der Nähe hatte ein Haus Feuer gefangen. Ich war jedoch so müde, daß ich wieder einnickte und mich erst gegen acht mühsam erhob.

Inzwischen waren Papas Schüler, nachdem sie die Nacht auf unserm Dach verbracht hatten, nach Haus zurückgekehrt, und Maria war ausgegangen, um Brot aufzutreiben. Sie kam mit einer alten, in einen weißen Schal gehüllten Dame am Arm zurück. Sie war ihr an der Straßenecke über den Weg gelaufen, und als sie ihr verschmutztes Gesicht näher betrachtete, hatte Maria erkannt, daß es ihre eigene achtundachtzigjährige Mutter war, die, um zu ihrer Tochter zu gelangen, die ganze Nacht durch die brennende Stadt gelaufen war. Ihre eigene Wohnung war völlig ausgebrannt, die Feuerwehr war zu spät gekommen und hatte alle ihre Anstrengungen der Rettung eines in der Nähe gelegenen Krankenhauses gewidmet, was gottlob auch gelang. Alle übrigen Gebäude in der Straße waren jedoch zerstört worden. Sehr bald erschien auch Heinz Gersdorff. Er habe nur einen flüchtigen Überblick über die Auswirkungen des Angriffs gewonnen, da er schnurstracks nach Haus gekommen sei, aber soweit er es beurteilen könne, habe die Gegend Unter den Linden (wo sein Büro liegt) ebenso gelitten wie unsere Nachbarschaft hier. Die französische und britische Botschaft, das Hotel Bristol, das Zeughaus sowie Wilhelm- und Friedrichstraße seien alle sehr schwer beschädigt worden.

Gegen elf beschloß ich, mich auf den Weg zu machen und zu versuchen, mein Büro zu erreichen in der – wie sich herausstellte, allzu optimistischen – Hoffnung, dort in ein heißes Bad springen zu können. In langen Hosen, meinen Kopf in einen Schal gewickelt und mit pelzgefütterter, militärischer Schutzbrille auf der Nase, machte ich mich auf. Kaum hatte ich das Haus verlassen, war ich auch schon in Rauchwolken gehüllt, und Asche regnete auf mich herab. Ich konnte nur hinter einem vorgehaltenen Taschentuch Luft holen und segnete Heinz, daß er mir die Brille geliehen hatte.

Auf den ersten Blick sah die Woyrschstraße gar nicht so schlimm aus; aber nur einen Häuserblock entfernt, Ecke Lützowstraße, waren alle Gebäude ausgebrannt. Die Lützowstraße entlang wurde die Zerstörung immer schlimmer. Viele Gebäude brannten noch, und ich mußte mich in der Mitte der Straße halten, was wegen der zahlreichen zerstörten Straßenbahnen schwierig war.

Die Straßen waren voller Menschen, die sich, zumeist in Tücher eingehüllt und hustend, vorsichtig ihren Weg durch die

Trümmerhaufen suchten. Am Ende der Lützowstraße, etwa vier Blocks von meinem Büro entfernt, waren die Häuser zu beiden Seiten eingestürzt, und ich mußte über rauchenden Schutt, geborstene Wasserleitungen und andere Trümmer hinwegsteigen, um auf die gegenüberliegende Seite zu gelangen. Bis dahin hatte ich kaum Feuerwehrleute gesehen, aber hier waren mehrere intensiv damit beschäftigt, in ihren Kellern verschüttete Menschen zu befreien. Um den Lützowplatz waren sämtliche Häuser ausgebrannt. Die Brücke über den Landwehrkanal war unversehrt, aber jenseits des Flusses waren alle Gebäude zerstört, nur noch die Außenmauern standen. Zahlreiche Autos suchten sich vorsichtig und laut hupend ihren Zickzackweg durch die Ruinen. Eine Frau packte mich am Arm, schrie, eine der Mauern schwanke, und beide fingen wir zu rennen an. Plötzlich fiel mein Blick auf den Briefkasten, in den ich am Vorabend meinen langen Brief an Tatjana eingesteckt hatte; er war noch da, wenn auch völlig zusammengeknickt. Dann sah ich meinen Lebensmittelladen Krause, oder vielmehr dessen Überreste. Maria hatte mich gebeten, auf dem Heimweg einiges Eßbare einzukaufen, da der Laden, bei dem sie mit ihren Lebensmittelkarten eingeschrieben war, bereits zerstört war. Aber der arme Krause konnte mir jetzt auch nicht helfen.

Noch immer vermochte ich mir nicht vorzustellen, daß auch unser Büro nicht mehr vorhanden sein könnte, aber als ich um die Ecke bog, sah ich, daß die Pförtnerloge und der noble Marmoreingang munter brannten. Davor stand Strempel (ein hoher Beamter im A. A.), neben ihm der rumänische Botschaftsrat Valeanu, von einer kleinen Gruppe dunkelhaariger Landsleute umgeben. Valeanu warf sich mir an den Hals und rief: »Tout a péri, aussi l'appartement des jumelles! J'emmène mon petit troupeau à la campagne, à Buckow!« Inzwischen haben nämlich alle ausländischen Missionen Ausweichquartiere außerhalb der Stadt. Und in der Tat standen die rumänische sowie die finnische Gesandtschaft etwas weiter unten als rauchende Ruinen da. Ich fragte Strempel, was wir tun sollten. Er knurrte: »Haben Sie denn für den Notfall keine Weisungen erhalten?« – »Gewiß«, antwortete ich ruhig. »Wir sollten, so hieß es wörtlich, nicht die Nerven verlieren und uns an der Siegessäule versammeln, wo wir abgeholt und aus der Stadt geschafft werden würden!« Er zuckte ärgerlich die Achseln und drehte mir den Rücken zu. Ich beschloß, nach Hause zurückzukehren.

Inzwischen begann mich der Anblick dieser endlosen Reihen ausgebrannter oder noch brennender Gebäude zu überwältigen und Angst stieg in mir hoch. Den ganzen Bezirk, in dem mir so viele Häuser vertraut waren, hatte man in einer einzigen Nacht verwüstet! Ich begann zu laufen und rannte und rannte, bis ich wieder in der Lützowstraße anlangte, wo ein Gebäude einstürzte, gerade als ich vorbeikam. Ein Feuerwehrmann rief mir und einigen andern in der Nähe etwas Unverständliches zu; wir warfen uns alle zu Boden, und ich bedeckte meinen Kopf mit den Armen. Als das Donnern und Tosen einer weiteren eingestürzten Wand über uns weggerollt war und uns mit Mörtel und Staub bedeckt hatte, blickte ich auf und sah über eine Pfütze hinweg in das verschmutzte japanische Gesicht des Grafen C.-K. Tatjana und ich hatten ihn während der vier vergangenen Jahre sorgfältig gemieden, da er eine Schwäche für hübsche Mädchen besaß und sich nicht immer gut benahm, aber ich sagte mir im stillen, daß in Zeiten wie den heutigen alle Menschen Brüder seien. So setzte ich ein freundliches Lächeln auf und sagte auf Englisch: »Hullo!« Er blickte mich kalt an und fragte: »Kennen wir uns?« Ich fand, daß dies nicht der Augenblick für formelle Vorstellungen war, stellte mich wieder auf die Beine und eilte weiter.

Als ich nach Hause kam, erwartete mich eine heiße Suppe. Papa nahm meine Schutzbrille und ging hinaus, um sich ebenfalls umzusehen. Dann rief Gottfried Bismarck an und sagte, er würde mich um drei Uhr abholen. Ich erklärte ihm, welche Straßen er meiden müsse, um nicht steckenzubleiben. Marias Schwester, Gräfin Schulenburg (die mit einem Vetter des Botschafters verheiratet ist), erschien auf dem Fahrrad. Sie wohnt am andern Ende der Stadt, das offenbar nur geringen Schaden davongetragen hat. Ausgerechnet heute morgen seien drei Arbeiter bei ihr erschienen, um Fensterscheiben zu ersetzen, die während eines Angriffs im August zertrümmert worden waren, und obgleich das Zentrum von Berlin gestern nacht alle seine Fensterscheiben eingebüßt hat, haben sie die ihren repariert.

Der einzige materielle Verlust, den ich bisher erlitten habe, ist meine Monatsration Harzer Käse. Gestern erst hatte ich ihn gekauft und, da er ekelhaft roch und ebenso ekelhaft aussah, draußen auf das Fensterbrett gelegt; heute morgen war er verschwunden, vermutlich vom Luftdruck einer explodierenden Bombe auf ein benachbartes Dach geschleudert.

Als Papa zurückkehrte, setzte ich wieder die Brille auf und

ging zu Fuß zu unserm Büro in der Kurfürstenstraße. Das frühere polnische Konsulat in dem Eckhaus, wo Tatjana, Luisa Welczeck und ich lange zusammen gearbeitet haben, brannte lichterloh. Ich machte einen Riesensprung daran vorbei und schoß in den Eingang des Botschaftsgebäudes nebenan, wo sich ein trauriges Häuflein Menschen versammelt hatte. Auf der Treppe saßen Adam Trott und Leipoldt, beide mit rußigen Gesichtern. Sie hatten die Nacht hier verbracht, da sie der Angriff noch im Büro überrascht hatte. Da offensichtlich nichts los war, verabredeten wir uns für morgen um elf Uhr am gleichen Platz.

Pünktlich um drei Uhr erschien Gottfried mit seinem Auto. Wir luden mein Gepäck sowie einige Decken und ein Kopfkissen auf den Rücksitz. Da sein Haus in Potsdam voll ist von ausgebombten Freunden, werden wir, wie er uns erklärte, etwas notdürftig untergebracht werden. Außer Loremarie Schönburg sind auch noch die Essens draußen, die ebenfalls mitten in der Nacht naß, zerrupft und erschöpft erschienen waren.

Als der Angriff begann, war Rudger Essen noch in seinem Büro, das nur ein paar Häuser von dem unseren entfernt ist. Hermina war zu Haus (sie erwartet bald ein Kind). Er rief sie an und riet ihr, schnell in die Gesandtschaft herüberzukommen, in deren Keller schwedische Bauarbeiter gerade einen soliden Betonbunker mit zweieinhalb Meter dicken Wänden gebaut hatten. Bis gestern nacht waren sämtliche ausländischen Missionen und Residenzen unversehrt geblieben, und so hatten sie vermutlich geglaubt, daß sich ihre diplomatische Immunität auch auf die Bomben erstreckte! Hermina erreichte den Bunker wohlbehalten. Als sie nach der Entwarnung wieder aus dem Keller stiegen, brannte die Gesandtschaft über ihnen wie eine Fackel. Sie verbrachten mehrere Stunden damit, die wichtigsten Dokumente zu retten, und setzten sich dann ins Auto, um in ihre Wohnung zurückzukehren. Diese war inzwischen ebenfalls nicht mehr zu retten; so stiegen sie abermals in ihr Auto und fuhren durch die brennende Stadt schnurstracks zu den Bismarcks nach Potsdam hinaus.

Nachdem wir erst Rudger aufgelesen hatten, fuhren wir bei der noch immer rauchenden schwedischen Gesandtschaft vorbei, um etwas von seiner übriggebliebenen Habe abzuholen. Während wir auf Rudger warteten, stiegen Gottfried und ich aus, um das Gepäck umzupacken. Mit einemmal wankte uns eine Gestalt in einem teuren Pelzmantel entgegen, und ich erkannte Ursula Hohenlohe, eine berühmte Berliner Schönheit. Ihr Haar hing in Strähnen herab, ihr Make-up war verschmiert. Schluchzend machte sie vor uns halt: »Ich habe alles verloren. Alles!« Sie war auf dem Wege zu spanischen Freunden, die ihr versprochen hatten, sie aufs Land zu fahren. Wir sagten ihr, daß auch die spanische Botschaft zerstört worden sei. Darauf wandte sie sich wortlos ab und wankte in Richtung des brennenden Tiergartens weiter. Aus dem Rücken ihres Mantels war ein großes Stück Pelz herausgerissen.

Bald kam auch Rudger wieder zum Vorschein, und vorsichtig nahmen wir unsern Weg die Budapester Straße entlang, schlängelten uns zwischen Menschenreihen hindurch, die Kinderwagen hinter sich herzogen und Matratzen, diverse Möbelstücke und ähnliches mitschleppten. Brandl, der Antiquitätenladen, den Tatjana besonders liebte, brannte; die Flammen züngelten an den Vorhängen im Fenster empor und schlängelten sich um den Kristallüster. Da das Geschäft voller Seiden und Brokate hing, nahm sich der rosige Schein sehr festlich, geradezu üppig aus. Die ganze Budapester Straße war ausgebrannt, mit Ausnahme des Hotels Eden, das wir uns daher als Treffpunkt für den nächsten Tag auserkoren. Dann bogen wir in die Ost-West-Achse ein. Wir trauten unseren Augen nicht – auf beiden Seiten war nicht ein Haus übriggeblieben.

Als wir nach Potsdam hinauskamen, machte mich die Berührung mit der frischen, kalten Luft dort zuerst schwindlig. In der »Regierung«, der offiziellen Residenz der Bismarcks, war Gottfrieds Frau Melanie eifrig damit beschäftigt, Betten zu beziehen. Hermina Essen saß in ihrem Bett mit frisch gewaschenem Haar, das wie bei einem kleinen Mädchen steif abstand. Auch ich nahm ein Bad. Loremarie schrubbte mich ab; das Wasser wurde schwarz! Melanie ist angeekelt von dem Ruß und Schmutz, den ihr jeder Neuankömmling in das bisher so makellose Haus trägt.

Wir waren gerade mit dem Abendbrot fertig, als das Ferngespräch, das wir nach Königswart angemeldet hatten, durchkam; so konnten wir Tatjana und Mama beruhigen. Beide hatten den ganzen Tag versucht, sich mit uns in Verbindung zu setzen, ohne Erfolg. Unmittelbar nach diesem Gespräch erhielt Gottfried Nachricht, daß sich abermals riesige Feindverbände im Anflug auf Berlin befänden. Ich rief die Gersdorffs und Papa an, um sie zu warnen. Zwar hatte ich ein schlechtes

Gewissen, ihnen eine so schlechte Nachricht zu geben, während ich hier in Sicherheit saß, aber wenigstens gewannen sie auf diese Weise Zeit, sich anzuziehen. Es dauerte nicht lang, und die Sirenen begannen zu heulen. Die andern blieben ihm Wohnzimmer, während Loremarie und ich in Jean-Georges' Zimmer hinaufgingen, um Wache zu halten, da uns die Ereignisse der vorigen Nacht noch in den Knochen steckten. Eine Flugzeugwelle nach der andern flog über Potsdam hinweg, aber diesmal in westlicherer Richtung, auf Spandau zu; so brauchten wir uns weniger zu sorgen. Der Angriff dauerte ungefähr eine Stunde, danach fielen wir todmüde in die Betten.

Donnerstag, 25. November: Heute morgen standen Loremarie Schönburg und ich zeitig auf. Die Essens hatten angeboten, uns in ihrem zerbeulten Auto mit in die Stadt zu nehmen, da Hermina nach Stockholm fliegen wollte. Die Wagentüren waren verklemmt, so mußten wir durch die Fenster einsteigen. Die Scheiben waren auch zerbrochen, und in den Rahmen steckten noch viele Splitter, die uns während der Fahrt fortwährend ins Gesicht geblasen wurden, so daß wir uns, so gut es ging, verhüllten. Wir sollten um elf Uhr im Büro sein, da aber Rudger seinen Wagen gegen einen andern, besser erhaltenen in einer Garage in Halensee eintauschen wollte, machten wir einen Umweg.

Sehr bald stellten wir fest, daß der Luftangriff der vorigen Nacht doch noch weitere Zerstörungen in der Stadt angerichtet hatte. Die Halenseebrücke stand zwar noch, die angrenzenden Häuser hingegen nicht mehr. Rudgers Garage sah ramponiert und verlassen aus. Wir fuhren die Pariser Straße entlang. Dieser Teil der Stadt sah etwas besser, wenn auch schäbig aus. Als wir aber das Hotel Eden erreichten, stellten wir zu unserm Erstaunen fest, daß es sich in den vergangenen vierundzwanzig Stunden gründlich verändert hatte. Die Mauern standen noch, aber sämtliche Fenster fehlten, und in ihren Öffnungen sah man Matratzen, zerbrochene Möbel und andere Trümmer. Später erfuhren wir, daß drei Sprengbomben das Dach durchschlagen und mit Ausnahme der Außenmauern alles zerstört hatten. Zum Glück hatte die Bar, die zugleich als Luftschutzkeller diente, standgehalten, denn sie war um diese Zeit voller Menschen. Der Zoologische Garten gegenüber war schwer getroffen worden. Eine Sprengbombe war auf dem Aquarium gelandet und hatte sämtliche Fische und Schlangen getötet. Die wilden Tiere sind heute morgen erschossen worden, da ihre Käfige beschädigt worden waren und Gefahr bestand, daß sie entkommen könnten. Ohnehin versuchten die Krokodile, in den Landwehrkanal zu springen. Sie wurden gerade noch rechtzeitig herausgefischt und erschossen. Welch ein Anblick das gewesen sein muß! Als wir das »Eden« verließen, verabredeten wir uns für fünf Uhr nachmittags vor der schwedischen Gesandtschaft, um gemeinsam nach Potsdam zurückzufahren.

Wir wurden am Lützowplatz abgesetzt, und nachdem wir unsere Gesichter mit großen, feuchten Handtüchern verhüllt hatten – viele Gebäude brannten noch immer und man konnte die Luft kaum atmen –, machten wir uns auf den Weg ins Büro. Dort herrschte noch immer das gleiche Durcheinander. Kein Mensch wußte, was mit uns geschehen sollte; einige behaupteten, wir würden sofort aus der Stadt in ein Ausweichlager auf dem Land verlegt werden. Es hieß, Außenminister Ribbentrop sei in der Stadt, er habe sogar höchstpersönlich einige der brennenden ausländischen Botschaften angesehen. Es wurde gemunkelt, daß er sich in die Beratungen über das »Was nun?« eingeschaltet habe, die in den Überresten des Außenministeriums in der Wilhelmstraße stattfänden. Nachdem ich eine Weile mit diversen Kollegen geschwatzt hatte, die in den merkwürdigsten Aufzügen erschienen waren, da die meisten alles, was sie besaßen, verloren hatten, lauerte ich dem Chef der Technischen Abteilung auf, der an unserer letzten Besprechung am Tage des ersten Angriffs teilgenommen hatte. Er berichtete, daß er mein Fahrrad gerettet habe, es vorläufig aber noch behalten werde, da es sein einziges Beförderungsmittel in die Stadt sei. Dies erschien mir nur gerecht, da ich es ja bereits verloren geglaubt hatte, allerdings fragte ich mich, was Gottfried wohl sagen würde, denn eigentlich gehörte es ihm. Schließlich wurden wir angewiesen, am nächsten Tag um elf Uhr wiederzukommen; bis dann werde man vielleicht schon klarer sehen.

Gerade als wir im Begriff waren fortzugehen, erschien Papa. Er sah schrecklich aus, sein Haar stand zu Berge, sein Gesicht war grau. Er schien gekränkt, daß ich nicht zuallererst bei den Gersdorffs vorbeigekommen war. Ich hatte nicht angenommen, daß unsere Gegend abermals getroffen werden würde, und nur vorgehabt, ihnen einen kurzen Besuch abzustatten. Offenbar ist gestern nacht eine Sprengbombe hinter dem Haus eingeschlagen; alle Türen und Fenster seien hin, das Dach und einige Mauern eingedrückt. Seitdem hätten sie die ganze Zeit gelöscht, diesmal mit weniger Erfolg, denn ein Haus auf der anderen Seite unseres kleinen Platzes sei bis auf die Grundmauern abgebrannt.

Papa, Loremarie und ich kehrten in die Woyrschstraße zurück. Der Anblick, der sich uns dort bot, war grauenvoll. Da die meisten Bäckereien in Berlin zerstört oder geschlossen worden sind, hatte ich in Potsdam mehrere Laib Weißbrot eingekauft, und wir aßen eilig etwas Suppe. Dann machte sich Loremarie auf, verschwundene Freunde zu suchen, und ich verbrachte den größten Teil des Nachmittags damit, sämtliche Fensteröffnungen mit Pappe oder Teppichen zu vernageln, um Kälte und Rauch auszusperren. Marias achtundachtzigjährige Mutter, unerschrocken wie immer, bestand darauf, mir zu helfen, und reichte mir die Nägel, während ich oben auf der Leiter balancierte. Auch die Engländerin, der das zerstörte Haus gegenüber gehört hatte, half mir. Es war ihr nicht gelungen, irgend etwas zu retten, und sie plante, bald aufs Land zu ziehen.

Seit gestern kommen die verschiedensten Menschen aus andern Stadtteilen vorbei, die diese Reise zumeist zu Fuß unternommen haben, nur um festzustellen, wie es uns geht. Fast alle sind sich einig, daß zwar in ganz Berlin viele Bomben gefallen sind, aber die am schwersten betroffenen Bezirke seien unsere Gegend, das Diplomatenviertel um den Tiergarten sowie die Umgebung von Unter den Linden. Plötzlich erschien ein Oberstleutnant von Gersdorff, ein Verwandter von Heinz, mit seinem Burschen in einem Dienstwagen; sie halfen uns, das Dach provisorisch zu reparieren, indem sie Holzplanken über die Löcher nagelten.

Was Missie damals nicht wußte: Oberst, später Generalmajor Freiherr Rudolf-Christoph von Gersdorff, seit Sommer 1942 Mitwisser, dann engagierter Angehöriger der Gruppe um Henning von Tresckow, hatte im März 1943 während einer Veranstaltung im Berliner Zeughaus beabsichtigt, Hitler durch ein Sprengstoffattentat zu töten. Gersdorff überlebte als einer der wenigen aktiven Verschwörer gegen Hitler den Krieg.

Später machte ich mich auf die Suche nach Dicky Wrede. Gestern, als wir in der Rauchstraße vorbeikamen, hatten wir nur ihr abgebranntes Haus gesehen, und heute war keine Menschenseele da. Ich kroch trotzdem hinein. Ihre Wohnung hatte im Parterre gelegen, und ich hoffte, vielleicht doch noch etwas retten zu können. Als ich aber in der Eingangshalle stand und das zerstörte Treppenhaus hinaufblickte, krachte es plötzlich, und ein angekohlter Balken donnerte herab. Ich tat einen Riesensprung und landete wieder draußen auf der Straße. Dann ging ich zu den Alberts hinüber, deren Haus noch stand.

Frau Albert ist eine Amerikanerin, die mit einem deutschen Industriellen verheiratet ist, der chemische Fabriken im Rheinland besitzt. Bei Ausbruch des Krieges war der Sohn aus den Vereinigten Staaten zurückgekehrt, um sich zur Wehrmacht zu melden, und hatte seine amerikanische Frau und Kinder in Kalifornien zurückgelassen. Es gibt auch noch eine Tochter Irene, eine begabte Gitarristin und Sängerin, mit der wir schon seit langem befreundet sind.

Im Eingang traf ich Mutter und Tochter. Sie fielen mir um den Hals und erklärten, daß sie hofften, nach Marienbad abzureisen (das ganz in der Nähe des Metternichschen Königswart liegt) und Papa mitzunehmen. Sie hätten einen Wagen; etwas Benzin, aber keinen Fahrer. Da ihr Haus aber von den inzwischen obdachlosen Schweden übernommen worden sei, hofften sie, daß diese ihnen als Gegenleistung einen Fahrer zur Verfügung stellen würden. Sie drängten mich, auch mitzukommen, aber es ist nicht wahrscheinlich, daß mich das Amt gehen lassen wird. Der Zufall wollte es, daß sie erst gestern aus dem Rheinland eingetroffen waren; den Angriff hatten sie in ihrem Keller durchgemacht.

Ich lief zur Woyrschstraße zurück, um Papa diesen neuen Plan mitzuteilen. Er weigert sich aber, ohne mich zu reisen, und da er keinen andern Grund hat, in Berlin zu bleiben, habe ich beschlossen, um ein paar Tage Urlaub zu bitten. Ich nahm Papa mit zur schwedischen Gesandtschaft, und von dort fuhr Rudger Essen uns alle nach Potsdam zurück. Papa hatte zwei Nächte lang nicht geschlafen und war völlig erschöpft. Die Bismarcks nahmen ihn sehr freundlich auf; wir richteten ein Bett für ihn her, und zuvor stieg er in ein dampfendes Bad.

Kaum hatten wir das Abendessen beendet, als die Sirenen heulten. Es stellte sich aber heraus, daß es wieder einmal Aufklärungsmaschinen waren, die die Zerstörung begutachteten.

Freitag, 26. November: Um acht Uhr früh kehrten Papa, Loremarie Schönburg und ich nach Berlin zurück. Da wir davon ausgingen, mit den Alberts nach Marienbad zu reisen, hatten wir einiges gepackt. Ich versuchte, mit einem Minimum auszukommen, und brachte den Rest in zwei großen Koffern im Keller der Bismarcks unter. Rudger Essens Auto war voller Schweden; so nahmen wir die S-Bahn, stiegen in Wannsee um und fuhren bis zum Potsdamer Platz. Der Zug war gestopft voll; auf jeder Station zwängten sich neue Leute herein, da dies offenbar die einzige noch funktionierende Linie war. Der Bahnhof Potsdamer Platz liegt unter der Erde und sah noch makellos sauber aus, mit weißen Kacheln und so weiter. Der Kontrast, als wir auf die Straße kamen, war um so krasser, denn die ganze Umgebung ist ein einziger schwelender Trümmerhaufen; alle großen Gebäude um den Platz sind abgebrannt, mit Ausnahme des Hotels Esplanade, das zwar schäbig, aber noch verhältnismäßig intakt aussieht, obgleich es natürlich auch keine einzige heile Fensterscheibe mehr hat.

Wir machten uns auf den Weg zu den Alberts und zerrten unsere Koffer durch den Schlamm und die Asche im Tiergarten. Die Häuser rundherum waren geschwärzt und rauchten noch. Der Park sah wie ein französisches Schlachtfeld im Ersten Weltkrieg aus, die Bäume reckten sich nackt und kahl empor, überall lagen abgebrochene Zweige, über die wir klettern mußten. Ich fragte mich, was wohl aus den berühmten Rhododendren geworden sein mochte und wie es hier im Frühjahr aussehen würde. Da keinerlei Transportmittel zu finden waren, mußten wir die ganze Strecke zu Fuß zurücklegen.

In den letzten beiden Tagen sind allerdings Privatautos wie die Pilze aus dem Boden geschossen, die zweifellos für Notfälle wie den jetzigen versteckt worden waren. Die meisten Autos besitzen keine Zulassungsschilder, aber niemand wird angehalten. Im Gegenteil, es ist eine Weisung ausgegeben worden, daß alle Fahrzeuge nach Möglichkeit Mitfahrer mitnehmen sollen, so daß sich der Verkehr in Berlin trotz aller Zerstörung langsam wieder normalisiert wie in Vorkriegszeiten. Leider hatten wir kein Glück; alle Autos, die an uns vorbeikamen, waren schon gerammelt voll. Dann wurden wir von einem erstaunlich aussehenden Soldaten angehalten, der vermutlich eben erst eingezogen worden war – eine Mischung aus dekadentem Ästheten und Kabarettist. Mit eleganten Gesten riet er uns, nicht weiterzugehen, da vor der schwedischen Gesandtschaft fünf Bomben mit Zeitzündern niedergegangen seien. Wir bogen in die Bendlerstraße ein, wo das OKH-Gebäude liegt oder, besser gesagt, lag, denn auch dieses ist jetzt zerstört, und Dutzende von Offizieren und Soldaten in der feldgrauen Uniform des Heeres krochen im Schutt umher und versuchten, Teile ihrer Archive zu retten. Als wir weiter unten am Marineministerium vorbeikamen, bot sich uns der gleiche Anblick, nur daß die Uniformen blau waren. Komischerweise sind die einzigen ausländischen Missionen, die von den alliierten Bomben noch nicht allzusehr beschädigt wurden, diejenigen ihrer Feinde, der Japaner und Italiener. Beide Gebäude, erst vor kurzem erbaut und riesig groß, geben eigentlich perfekte Zielscheiben ab.

Nach fast einstündigem Fußmarsch kamen wir bei den Alberts an, wo wir hörten, daß in letzter Minute ein Hindernis aufgetreten sei. Die Schweden hatten zwar einen Fahrer ausfindig gemacht, aber der hatte seit vier Tagen nichts mehr im Magen gehabt; daraufhin hatten sie ihm nicht nur zu essen, sondern, um ihn aufzumöbeln, auch Schnaps gegeben, und nun war er stockbetrunken und völlig nutzlos. Wir vereinbarten, daß wir am Nachmittag zurückkehren würden, sobald ich eine offizielle Reiseerlaubnis erhalten hätte.

Loremarie und ich wanderten dann die Landgrafenstraße hinunter, da wir gehört hatten, daß Kicker von Stumms Haus getroffen worden sei. Obgleich sein einziger Bruder in Frankreich gefallen ist, kämpft er an der russischen Front. Kein Haus in der ganzen Straße stand mehr, und als wir uns dem seinen näherten, befürchteten wir das Schlimmste, denn nur die Außenmauern waren noch übrig. Wir fragten ein paar Feuerwehrleute nach den Bewohnern. Sie meinten, daß denen nichts passiert sei; die im Nebenhaus hingegen seien noch in ihrem Keller verschüttet. »Aber da drüben« – sie wiesen auf ein sechsstöckiges Gebäude auf der anderen Straßenseite – »da sind alle tot, alle dreihundert!« Der Keller hatte einen Volltreffer erhalten. Wir gingen zur Kurfürstenstraße hinüber, wo fast in jedem Haus Freunde wohnten. Die meisten Gebäude waren ebenfalls getroffen worden. Die riesige, aus Granit gebaute Wohnung der Oyarzabals war nur noch ein Steinhaufen. Die Ecke Nettelbeckstraße, einschließlich unseres kleinen Lieblingsrestaurants »Taverna«, war buchstäblich zu Staub geworden, nur kleine Schutthaufen waren noch übrig. Wo immer wir hinblickten, waren Feuerwehr und Kriegsgefangene, zumeist »Badoglio-Italiener«, emsig damit beschäftigt, Luft in die Ruinen zu pumpen, was bedeutete, daß in den verschütteten Kellern noch Menschen am Leben waren.

Nach der Kapitulation Italiens im September 1943 wurden alle Angehörigen der italienischen Streitkräfte, die sich in von Deutschland besetzten Gebieten befanden, vor die Wahl gestellt, entweder Mussolinis Teilrepublik in Salò zu dienen oder interniert zu werden und Zwangsarbeit zu leisten. Letztere wurden landläufig Badoglio-Italiener genannt.

Vor einem andern zerstörten Gebäude beobachtete eine Menschenmenge ein etwa sechzehnjähriges Mädchen, das auf einem Schutthaufen stand, einen Ziegel nach dem andern aufhob, ihn sorgfältig abstaubte und dann wieder fortwarf. Anscheinend war ihre ganze Familie umgekommen und lag unter dem Schutt begraben, und sie war verrückt geworden. Dieser Teil der Stadt sah wirklich fürchterlich aus. An manchen Stellen war gar nicht mehr zu erkennen, wo die Straßen verliefen, und wir konnten uns nicht orientieren. Schließlich erreichten wir aber doch die Rauchstraße und unser Büro.

Wie durch ein Wunder war das Büro erhalten geblieben. Unten lief ich einem unserer Personalchefs über den Weg. Ich erklärte ihm, daß ich einen alten Vater hätte, den ich gern aufs Land bringen würde. Erst war er widerwillig, aber als er hörte, daß wir bombengeschädigt seien – heutzutage ein lebensrettendes Wort –, gab er seine Erlaubnis. Ich versprach ihm, daß ich zurückkehren würde, sobald man mich benötigte, gab ihm Tatjanas Adresse und Telephonnummer und machte mich aus dem Staub, ehe er es sich anders überlegte.

Nach einem Teller heißer Suppe um die Ecke bei den Gersdorffs setzten Loremarie und ich unsere Wanderung fort und suchten eine Straße nach der andern nach verschwundenen Freunden ab. In den letzten Tagen sind überall mit Kreide zahllose Botschaften auf die geschwärzten Hauswände gekritzelt worden: »Liebste Frau B., wo sind Sie? Ich suche Sie überall. Kommen Sie zu mir. Ich habe Platz für Sie.« Oder: »Alle aus diesem Keller gerettet!« oder: »Mein Engelein, wo bleibst Du? Ich bin in großer Sorge. Dein Fritz.« Wenn die Menschen zu ihren Wohnungen zurückkehren und diese Botschaften lesen, schreiben sie, ebenfalls mit Kreide, ihre Antworten darunter. Wir entdeckten auf diese Weise den Verbleib mehrerer Freunde, und als wir zur Ruine unseres Büros kamen, suchten wir uns im Schutt auch ein Stück Kreide und schrieben auf die Säule neben dem Eingang in großen eckigen Lettern: »Missie und Loremarie sind gesund, befinden sich in Potsdam bei B.« Unser oberster Chef hätte dies zweifellos mißbilligt, aber wir dachten dabei in erster Linie an unsere verschiedenen Verehrer, die die nette Angewohnheit hatten, uns zu jeder Tageszeit anzurufen, und auf der Suche nach uns hier vorbeikommen könnten.

Plötzlich erschien Moyano von der spanischen Botschaft in seinem Wagen. Er erzählte mir, daß sein Botschafter und viele andere Spanier an jenem ersten Abend im Hotel Eden gegessen, aber Maria Pilar Oyarzabal und ihr Mann zum Glück keine Zeit mehr gehabt hätten heimzukehren; als ihr Haus einstürzte, seien alle, auch die Hausangestellten, im Keller umgekommen. Federico Dies (ein anderer spanischer Diplomat) war zu Hause; als die ganze Gegend zu brennen begann und sich die Straße mit Menschen füllte, holte er den von seiner Familie gebrannten Cognac hervor und gab allen zu trinken.

Gegen vier Uhr nachmittags kehrte ich zu den Alberts zurück, um die weiteren Entwicklungen abzuwarten. Das Albertsche Haus war ein Eiskasten; das Glasdach und alle Fenster waren in Scherben und sämtliche Türen aus den Angeln gerissen. Wir saßen in Mänteln in der Küche und froren wie die Schneider, während ein georgischer Freund der Alberts, Fürst Andronikow, der uns nach Marienbad begleiten soll, in Schals gewickelt, einen Hut auf dem Kopf, im Salon saß und den ganzen Nachmittag wunderbar Klavier spielte. Während des ersten Angriffs war es dem Armen gelungen, mit all seiner Habe aus dem brennenden Hotel zu entkommen und Obdach im Hotel Eden zu finden. Aber in der darauffolgenden Nacht war auch dieses zerstört worden, und nun besaß er nur noch, was er auf dem Leibe trug. Besonders beklagte er den Verlust von vier Paar nagelneuen Schuhen.

Während wir warteten, stürzte Aga Fürstenberg ins Zimmer, fiel mir um den Hals und kreischte: »Missie, ich dachte, du bist tot!« Sie war nach dem ersten Luftangriff heimgekehrt und hatte das Haus, in dem sie und Dicky Wrede wohnten, als Schutthaufen vorgefunden. Bis zum folgenden Tag hatte sie geglaubt, alles verloren zu haben; dann aber traf sie Jean-Georges Hoyos, der ihr berichtete, daß einige ihrer Sachen gerettet worden seien, und seitdem war sie in bester Laune.

Kaum hatte uns Aga verlassen, als die Filmschauspielerin Jenny Jugo in einem Wagen vorfuhr. Sie umarmte mich und erklärte, daß Dicky Wrede nun zu ihr nach Kladow umgezogen sei; sie sei nur gekommen, um einige von Dickys Sachen zu holen. So bekommt man allmählich Aufschluß über den Verbleib verschiedener Freunde, auch wenn es nur langsam geht und die Nachrichten manchmal schrecklich sind.

Nach dem ersten Angriff hatte sich Papa aufgemacht, um nach russischen Freunden, den Derfeldens, zu suchen. Ihr Haus war eingestürzt. Der Mann war lebend aus dem Keller geborgen worden, seine Frau hingegen wurde erst viele Stunden später ausgegraben, ohne Kopf. Die Ärmste hatte bei Luftangriffen immer Todesängste gehabt und jedesmal darauf bestanden, eine riesige Bibel mit in den Keller zu schleppen. Obgleich meine eigene Angst vor Angriffen steigt, habe ich dennoch nicht das Gefühl, daß ich meine Tage auf diese Weise beenden werde.

Nach einer Wartezeit, die uns endlos erschien, gaben uns die Schweden Nachricht, daß unsere Abreise um vierundzwanzig Stunden verschoben worden sei.

Während Papa für die Nacht nach Potsdam zurückkehrte, ging ich zu den Gersdorffs zum Tee und traf dort das Tennisas Gottfried von Cramm. Er war gerade aus Schweden zurückgekehrt und, wie er sagte, beim Anblick Berlins fast in Tränen ausgebrochen. Dann fuhr der alte Baron Uexküll vor, im Dienstwagen, in den Mantel seines Pförtners gekleidet. Er hatte das Feuer im Dachgeschoß seines Hauses bis zum Morgengrauen bekämpft, dann war die Sache aussichtslos geworden. Seine Wohnung lag im obersten Stock des Hauses. Von der wundervollen Bibliothek, die er besaß, hat er nichts retten können. Eine Frau im Hause war sogar in den Flammen umgekommen. Ich verpaßte Rudger Essen und mußte mit dem Zug nach Potsdam zurückkehren. Zum Glück setzte mich Uexküll am Bahnhof Charlottenburg ab. Unterwegs bot mir der völlig Unerschütterliche Karten für ein Karajan-Konzert am nächsten Sonntag an. Die Bismarcks waren nicht sonderlich überrascht, meiner ansichtig zu werden.

In der Nacht gab es wieder Alarm, aber nichts Ernstes.

Samstag, 27. November: Am Morgen zwängten Loremarie Schönburg, Papa, Gottfried Cramm, der auch nach Potsdam herausgekommen war, und ich uns wieder in Rudger Essens Auto. Rudger war auf dem Sprung zurück nach Schweden.

Überall in der Stadt brennt es noch in den Hinterhöfen, und es ist offenbar nicht möglich, diese Brände zu löschen, da es sich hierbei um die erst vor kurzem für den Winter gelieferten

Kohlenvorräte für Berlin handelt. Wir machen des öfteren halt, um uns die Hände zu wärmen, denn heutzutage ist es in den Häusern kälter als draußen.

Gegen Mittag ging ich mit meiner inzwischen obligatorisch gewordenen Ladung Weißbrot aus Potsdam bei den Gersdorffs vorbei und traf dort Gottfried Bismarck. Wir aßen unsere übliche Suppe. Trotz aller Kälte und Zugluft ist das Gersdorffsche Haus wirklich das einzige, das noch gemütlich ist.

Während des »Mittagessens« spazierten Loremarie und Tony Saurma herein. Der arme Kerl war recht mitgenommen. Am Tag zuvor hatte er seine Leute in das kleine Dorf, in das sie evakuiert worden sind, hinausgefahren. Bei dem nächtlichen Luftangriff (den ich als nichts Ernstes beschrieben habe) war sein Fahrer umgekommen und er selbst im Keller seines Hauses verschüttet worden; es war ihm erst am Morgen gelungen herauszukriechen. Er gab bekannt – und auch das ist für unsere Zeit typisch –, daß er gerade hundert Austern gekauft habe, worauf Loremarie und ich in sein Auto sprangen und sofort mit ihm in seine Wohnung fuhren, um sie abzuholen.

Wir kamen am Wittenbergplatz vorbei, den ich seit Beginn der schweren Angriffe noch nicht wiedergesehen hatte. Auf dem ganzen großen Platz, der ein wichtiger Verkehrsknotenpunkt ist, stehen die Gerippe ausgebrannter Straßenbahnen und Autobusse herum. Überall waren Bomben gefallen, selbst auf die U-Bahnstation und das KaDeWe, das jetzt nur noch eine leere Hülse ist. Unterwegs überholten wir Sigrid Görtz, die mit einem Fahrrad unterwegs war. Ich beglückwünschte sie, weil ihr Haus eines der wenigen war, das noch stand, aber sie erzählte, daß eine Phosphorbombe in ihr Schlafzimmer im obersten Stock eingeschlagen habe und ihre gesamte Garderobe hin sei. Inzwischen habe sie bei Freunden in Grunewald Unterkunft gefunden. Ich konnte mich an einige schöne Pelzmäntel erinnern. Etwas später wurden wir von einem Feuerwehrmann angehalten und gebeten, eine Frau mit vielen Bündeln zum Bahnhof Charlottenburg zu fahren. Wir taten es, und es dauerte daher eine ganze Weile, bis wir Tonys Wohnung erreichten. Ein paar Austern aßen wir sofort und spülten sie mit Cognac herunter. Ich hatte keine Ahnung, wie schwierig es ist, Austern zu öffnen, und schnitt mich. Den Rest sowie etwas Wein nahmen wir zu Maria mit, und dort schloß sich ein Festmahl an. Ständig kamen neue Leute vorbei, die daran teilnahmen. Es dauerte lang, und es gab viele verletzte Daumen, da alle andern auch keine großen Experten im Öffnen von Austern zu sein schienen.

Für den Morgen nach dem ersten Luftangriff hatte ich in einem kleinen Laden in der Nähe einen Termin zur Anprobe eines Hutes. Rundum brannten sämtliche Häuser, aber ich war sehr auf den Hut erpicht, und so versuchte ich es, klingelte und wurde – Wunder über Wunder – von einer lächelnden Verkäuferin empfangen: »Durchlaucht können anprobieren!« Ich tat es auch, aber da ich mit Schmutz bespritzte Hosen trug, war es schwierig, die volle Wirkung zu beurteilen. Danach setzten mich Tony und Loremarie bei den Alberts ab, wo um vier Uhr nachmittags endlich ein Lastwagen vorfuhr. Er sollte der schwedischen Kolonie gehörende Möbel und Koffer aus der Stadt schaffen, und der Gesandte hatte uns erlaubt, mitzufahren. Wir sollten am ersten Bahnhof außerhalb der Stadtgrenze abgesetzt werden; dort blieb es uns überlassen, einen Weg um Berlin herum zur Bahnlinie nach Süden zu finden. Frau Albert stieg vorn zu den beiden schwedischen Fahrern, die Schutzhelme trugen; wir übrigen – Papa, Fürst Andronikow, Irene Albert und ich – kletterten hinten in den Laderaum. Dort saßen wir auf Koffern, umgeben von Kisten, Körben und meinem neuen Hut in einer großen Papiertüte; das einzige, was noch fehlte, war der sprichwörtliche Kanarienvogel! Ein dritter Schwede stieg zu uns, die Zeltplane wurde zugeknöpft, plötzlich saßen wir in völligem Dunkel, und die Reise ging los.

Da wir nichts sehen konnten, wußten wir auch nicht, wohin wir fuhren. Nach einer Stunde holpriger Fahrt erreichten wir die Stadt Teupitz, die knapp fünfzig Kilometer von Berlin entfernt liegt. Hier wurden wir gebeten auszusteigen.

Da wir alle Schildchen mit der Aufschrift »Bombengeschädigte« trugen und wegen unserer Fahrer ohnehin für Schweden gehalten wurden, erklärte sich das saubere kleine Gasthaus am Orte bereit, uns für die Nacht aufzunehmen. Von unsern Koffern umgeben, setzten wir uns alle in die Gaststube. Während unsere Zimmer fertiggemacht wurden, bekamen wir echten Tee serviert, aßen dazu die Thunfischbrote, die wir in weiser Voraussicht vor der Abreise zubereitet hatten, und tranken aus einer Riesenflasche Champagner. Während wir noch aßen, ertönte Fliegeralarm – eine Trompete, die der Sohn des Wirtes im Hof blies. Wir hatten gehofft, trotzdem in unsere Betten zu kommen, aber die Einheimischen nahmen die Luftangriffe sichtlich sehr ernst und betrachteten uns so mißbilligend, daß wir unten blieben. Im Grunde hatten sie sicherlich recht, denn wir waren schließlich noch nahe bei Berlin, und Tony Saurmas Erlebnisse hatten bewiesen, daß auch entlegene Dörfer nicht sicher sind. Sehr bald begann es zu schießen, und dann hörten wir das allzu bekannte Dröhnen von Flugzeugen über uns. In der Nähe fielen einige Bomben, worauf wir alle willig in den Keller gingen – ein unheimlicher Ort, voller Heißwasserrohre und Heizkessel. Frau Albert paßte einen Augenblick ab, in dem die Schießerei besonders wild war, um im breitesten Amerikanisch zu sagen: »Auf eines können wir jedenfalls stolz sein: Wir sind gerade Zeugen eines der größten Desaster der modernen Geschichte geworden!« Keiner schien sich an dieser Äußerung zu stoßen.

Ich muß gestehen, daß mich die letzten Nächte etwas nervös gemacht haben, und trotz der Entfernung wurde deutlich, daß es sich wieder um einen schweren Angriff handelte. Später erfuhren wir, daß eine Sprengbombe das Haus getroffen hat, durch dessen Torbogen man unseren kleinen Platz in der Woyrschstraße betritt. Maria und Heinz Gersdorff hatten ausgerechnet im Keller dieses Hauses Zuflucht gesucht, da er ihnen sicherer erschien als ihr eigenes Souterrain. Es stürzte jedoch über ihnen zusammen und begrub sie unter den Trümmern. Zum Glück wurden sie am Morgen unversehrt ausgegraben.

Nach der Entwarnung wurden wir in unsere Zimmer geführt – eines für uns drei Frauen, das andere für Papa und Andronikow. Die Betten waren klamm, aber bequem, mit schweren Daunendecken, und Frau Albert schnarchte fast die ganze Nacht lang wie eine Säge. Trotz allem war es paradiesisch, denn wir hatten uns innerlich darauf eingestellt, bis wir Königswart erreichten, auf Fußböden schlafen zu müssen.

Sonntag, 28. November: Wir standen früh auf, um einen Bus zur nächsten Bahnstation zu nehmen. Dieser war so voll, daß wir uns nur unter Schwierigkeiten hineinzwängen konnten. Es gelang uns, einen Zug zu erwischen, der uns zwei Stunden später nach Cottbus brachte, einem wichtigen Knotenpunkt südöstlich von Berlin. Der Anschlußzug nach Leipzig fuhr uns vor der Nase davon, da wir unser Gepäck nicht schnell genug über die Bahnsteige schleppen konnten. Zum Glück erwiesen sich einige Hitlerjungen als hilfsbereit. Sie trugen unser ganzes Gepäck und führten uns zu einem besonderen, für Bombengeschädigte reservierten Saal, wo wir mehrere Stunden zubrachten und auf den nächsten Zug warteten. Man bot uns dick mit Butter und Wurst belegte Brote und eine dicke Suppe an, alles gratis. Hierfür ist die NSV verantwortlich, die sich als äußerst tüchtig in Notfällen erwiesen hat. In Berlin hatte die NSV schon am ersten Tag der Luftangriffe in allen zerstörten Straßen Feldküchen organisiert, bei denen alle Passanten zu jeder Tageszeit eine ausgezeichnete Suppe, echten starken Kaffee und Zigaretten bekommen konnten – alles Dinge, die in Läden nicht mehr zu haben waren.

Schließlich bestiegen wir um ein Uhr mittags einen Bummelzug nach Leipzig, in dem wir fast die ganze Zeit stehen mußten. Um sechs kamen wir an. Inzwischen waren wir vierundzwanzig Stunden unterwegs gewesen, anstatt der üblichen zwei! Während der ganzen Reise hatten wir ziemliche Mühe mit den Alberts, die einfach nicht gewillt waren, ihre Gewohnheit, ständig laut Englisch zu sprechen, aufzugeben, sondern unablässig laut »Honey!« – »Yes, lovey! Are you all right?« quer durch den ganzen Eisenbahnwagen riefen. Dem armen Papa brach der Angstschweiß aus, aber den übrigen Fahrgästen schien es nichts auszumachen, und es passierte überhaupt nichts.

In Leipzig begaben wir uns schnurstracks in das Bahnhofsrestaurant, wo wir uns nicht nur etwas reinigen konnten, sondern auch ein sehr ordentliches Abendessen bekamen, Wiener Schnitzel und dazu sogar Wein. Selbst ein Orchester gab es, das Schubert spielte! Als eine halbe Stunde später der D-Zug aus Berlin einfuhr, war er selbstverständlich gerammelt voll, und wir mußten uns den Einstieg buchstäblich erboxen. Eine Frau vor mir wurde auf die Schienen gestoßen und gerade noch rechtzeitig an den Haaren wieder hervorgezogen. Es war aufreizend zu erfahren, daß verschiedene Passagiere den Zug seelenruhig zwei Stunden zuvor in Berlin bestiegen hatten. Goebbels hat allerdings vor kurzem den Befehl erlassen, daß junge Leute Berlin nicht verlassen dürfen, und Irene und ich hatten schon gefürchtet, daß man uns am Bahnhof abweisen werde.

Wir hatten gehofft, in Eger vom Metternichschen Auto abgeholt zu werden, aber niemand war gekommen, und so mußten wir zwei Stunden auf die Lokalbahn harren, die uns erst um fünf Uhr früh nach Königswart brachte. Dort wartete ein kaltes Abendessen auf uns. Danach legte ich mich zu Tatjana ins Bett, und wir schwatzten fast bis zum Morgengrauen.

Königswart, Montag, 29. November: Verbrachte den ganzen Tag damit, unsere Abenteuer zu beschreiben. Es ist sehr schwierig, denen, die das Ganze nicht miterlebt haben, zu schildern, wie Berlin jetzt aussieht. Nach dem Abendessen gingen wir alle sofort ins Bett. Man muß sich an die absolute Stille hier erst gewöhnen.

Ich benutzte die Erholungspause hier, um die Ereignisse der letzten Tage niederzuschreiben. Als ich zum Abendessen gerufen wurde, ließ ich die einzige Abschrift törichterweise auf einem Korb mit Feuerholz neben meinem Schreibtisch liegen. Als ich zurückkam, war sie verschwunden, von einem übereifrigen Stubenmädchen im Kachelofen verheizt. Ich schrieb die ganze lange Geschichte sofort noch einmal mit der Maschine nieder, da sie sonst für immer verloren gewesen wäre.

Zwischen dem ersten massiven Luftangriff auf Berlin am 18./19. November 1943 und dem Ende der Serie schwerer Bombardierungen im März 1944 wurde Berlin mindestens vierundzwanzigmal bombardiert. Obwohl die meisten Gebäude in Trümmern lagen, Zehntausende umgekommen oder verstümmelt und rund 1,5 Millionen Menschen obdachlos waren – und diese Ziffern enthalten nicht die Tausende von Kriegsgefangenen und Fremdarbeitern, über die keine Statistiken geführt wurden –, erwies sich die deutsche Luftabwehr langfristig als so wirksam, daß »militärisch gesehen, die Luftschlacht um Berlin mehr als ein Fehlschlag war. Sie war eine Niederlage … Berlin siegte, es erwies sich einfach als eine zu harte Nuß« (Max Hastings, »Bomber Command«, London 1979). Durch die anglo-amerikanische »Flächenbombardierung« (so die offizielle Bezeichnung der Alliierten; die NS-Propaganda sprach nicht ohne Berechtigung von »Terrorangriffen«) wurde im ganzen nicht das gewünschte Resultat erreicht. Ungeachtet aller materiellen Zerstörungen, einschließlich zahlloser Kulturgüter (daher die bösartige englische Bezeichnung »Bädeker-Bombardierung«), und trotz aller Verluste unter der Zivilbevölkerung arbeiteten viele kriegswichtige Einrichtungen, wie Rüstungsfabriken und Eisenbahnen, bis ins Frühjahr 1945 weiter. Was die Moral der Bevölkerung betraf, so war sie zwar durch Leid, Erschöpfung und Unterernährung abgestumpft, aber nie gebrochen worden.

Dienstag, 30. November: Ein Telegramm von meinem Büro: »Erwarten sofortige Rückkehr.« Bestürzung! Unterdessen haben Papa und ich einen häßlichen Husten. Der Arzt hält es für eine Art Bronchitis, als Folge der Eiseskälte in Berlin und der Zugluft in den Häusern, in Verbindung mit all dem unfreiwillig eingeatmeten Rauch. In Marienbad liegen die beiden Alberts auch im Bett.

Mittwoch, 1. Dezember: Ich bin im Bett. Eine vorbeugende Maßnahme wegen meiner Rippenfellentzündung im vergangenen Sommer. Der Arzt hat mir ein Attest ausgestellt.

2. bis 7. Dezember: Habe all die Tage im Bett gelegen und ein sehr erholsames, verwöhntes Leben geführt.

Mittwoch, 8. Dezember: Fürst Andronikow ist nach München abgereist. Er ist ein typischer Georgier, mit einem starken Stich ins Orientalische. Wir sprachen über jemand, der die Witwe seines im Krieg gefallenen Bruders geheiratet hatte, worauf er bemerkte: »Nur in Europa kann so etwas passieren – *prawda dikari*« (Sie sind wirklich Wilde).

Letzte Woche hat es einen weiteren schweren Luftangriff auf Berlin gegeben, das macht jetzt insgesamt vier hintereinander. Am Freitag (3. Dezember) wachte ich mitten in der Nacht auf – draußen gab ein merkwürdiges Blasinstrument in regelmäßigen Abständen klagende Geräusche von sich. Tatjana erklärte, dies sei der hiesige Fliegeralarm. Aus großer Ferne war schweres Geschützfeuer zu hören. Später erfuhren wir, daß der Angriff Leipzig gegolten hatte und die Stadt fast ganz verwüstet ist.

Heute nachmittag rief Paul Metternich aus Potsdam an, wo er bei den Bismarcks wohnt. Er kündigte seine Ankunft, mit seinem Oberst, für morgen an. Tatjana ist im siebenten Himmel, ihn für eine Weile der Front fern zu wissen.

Freitag, 10. Dezember: Paul Metternich ist niedergeschmettert von dem Eindruck, den Berlin auf ihn gemacht hat.

Briefe von Irena aus Rom haben ihren Weg zu uns gefunden. Sie ist sehr deprimiert darüber, von uns abgeschnitten zu sein. Die Beratungen der Familie über das, was sie tun soll, gehen weiter. Papa und Mama sind sich über dieses Thema nicht einig. Mama will, daß sie in Italien bleibt, Papa findet, sie solle herkommen, um den unvermeidlichen Zusammenbruch *en famille* durchzustehen.

Montag, 13. Dezember: Wir machen lange Spaziergänge im Schnee. Paul Metternichs Oberst scheint ein freundlicher Mensch zu sein, und seine sehr schmeichelhaften Bemerkungen über Rußland und die Russen erfreuen die Eltern.

Dienstag, 14. Dezember: Paul Metternich und der Oberst sind abgefahren. Obgleich diese Reise nicht als Urlaub galt, glaubte Paul nicht, daß er zu Weihnachten wiederkommen könne. Vielleicht gelingt es ihm, auf dem Weg an die Front zwei Tage hier haltzumachen.

Donnerstag, 16. Dezember: Ein Telegramm von Loremarie Schönburg, die gerade in Wien ist; sie schlägt vor, ich solle den Sekretärinnenposten bei Graf Helldorf übernehmen (all dies in Andeutungen). Das muß wohl ihr Werk sein, denn er selbst kennt mich kaum. Aber ich weiß etwas über seine verschwörerische Tätigkeit, und er braucht vermutlich jemand, dem er trauen kann. Ich muß Adam Trott um Rat fragen und werde bis dahin keine Antwort geben.

Verbrachte den Nachmittag mit Tatjana in Marienbad, wo wir die Alberts besuchten, die wieder nach Berlin zurückkehren wollen.

Montag, 20. Dezember: Wir waren abermals in Marienbad. Tatjana ließ sich eine Dauerwelle machen und ich eine einfachere, den Luftangriffen angepaßte Frisur.

Dienstag, 21. Dezember: Am vorigen Freitag hat es wieder einen schweren Angriff auf Berlin gegeben; wir haben versucht, Maria Gersdorff anzurufen, kamen aber nicht durch, so telegraphierten wir statt dessen. Heute kam die Antwort: »Alle unversehrt. Schreckliche Nacht. Brief folgt.«

Ich habe beantragt, bis nach den Weihnachtsfeiertagen hierbleiben zu dürfen.

Mittwoch, 22. Dezember: Wir spielen die ganze Zeit Tischtennis. Ich lese viele Groschenromane – zur Mißbilligung der Eltern. Auf etwas anderes kann ich mich nicht konzentrieren, obwohl mich Mama mit zeitgenössischen Memoiren über den Wiener Kongreß und die Napoleonischen Kriege eindeckt. Der gegenwärtige Krieg reicht mir vollkommen und scheint für den Augenblick alles andere auszulöschen.

Innsbruck ist wiederholt bombardiert worden, so daß die Hoffnung der Österreicher, Wien möge verschont bleiben, recht naiv scheint. Der alliierte Vormarsch in Italien kommt kaum voran. Es sieht fast so aus, als würde mit diesen entsetzlichen Luftangriffen beabsichtigt, das alliierte Vordringen zu fördern, indem sie die Kampfmoral der Deutschen brechen. Ich glaube aber nicht, daß sich auf diese Weise sehr viel erreichen lassen wird. Im Gegenteil, die Angriffe zeitigen die genau entgegengesetzte Wirkung. Denn angesichts derartiger Leiden und Schrecknisse rücken politische Betrachtungen an die zweite Stelle, und jeder ist nur noch daran interessiert, Dächer zu flicken, Wände zu stützen, auf einem umgedrehten Bügeleisen Bratkartoffeln zu braten – ich selbst habe auf diese Weise ein Spiegelei gebraten! – oder Schnee zu schmelzen, um Waschwasser zu gewinnen. Überdies kommt in solchen Zeiten die heroische Seite des menschlichen Charakters zum Vorschein, und alle zeigen sich erstaunlich freundlich und hilfsbereit – *compagnons de malheur.*

Freitag, 24. Dezember: Heiligabend. Es schneit wieder und ist sehr kalt. Tatjana und ich haben den ganzen Tag damit verbracht, Papierschmuck für den Weihnachtsbaum zu fabrizieren, da wir sonst nichts haben. Gretl Rohan, Loremarie Schönburgs Tante, hat uns zwei Päckchen mit Christbaumschmuck aus Böhmen geschickt, aber er kam in Scherben an. Wir haben eine Menge Sterne ausgeschnitten und besitzen auch etwas Engelhaar, so daß der Baum trotzdem hübsch aussehen wird. Lisette, der Haushälterin, ist es sogar gelungen, im Dorf zwölf Kerzen aufzutreiben. Abends spielen wir jetzt immer Bridge. Ging in die Mitternachtsmesse in der Kapelle, sehr kalt, aber hübsch. Hinterher tranken wir Sekt und aßen ein paar Kekse.

Sonntag, 26. Dezember: Ich habe verschiedene Briefe aus dem Büro erhalten, einer davon ohne Unterschrift, in dem mir mitgeteilt wird, daß wir ins Gebirge evakuiert werden sollen (was kein Wunder ist, da alle unsere Gebäude zerstört sind). Sie fügen hinzu, daß dies meiner Gesundheit dienlich sein werde und sie daher mit meiner baldigen Rückkehr rechnen. Ich habe beschlossen, meiner Familie nichts davon zu erzählen, da ich meine Entscheidung bis zur Rückkehr nach Berlin hinausschieben möchte. Denn es ist durchaus möglich, daß ich im

Zentrum des Geschehens bleiben will, und das ist natürlich Berlin.

Ein Brief von Maria Gersdorff. Am Heiligen Abend hat es offenbar wieder einen Angriff gegeben; unsere Nachbarschaft ist wiederholt getroffen worden und hat Schreckliches durchgemacht. Ich finde es schändlich; im Ersten Weltkrieg, der fürchterlich genug war, haben beide Seiten in dieser Nacht die Feindseligkeiten immerhin eingestellt. Jetzt leben die Gersdorffs im Souterrain, haben sich neben der Küche ein Schlafzimmer eingerichtet, mit dem berühmten Doppelbett, in dem wir alle schon übernachtet haben.

Freitag, 31. Dezember: Paul Metternich rief an, um mitzuteilen, daß er heute um zwei Uhr früh eintreffen werde. Ich freue mich, ihn noch vor meiner morgigen Abreise nach Berlin zu sehen.

Samstag, 1. Januar 1944: Paul Metternich kam erst bei Morgengrauen an. Tatjana hatte den Christbaum in ihrem Zimmer angezündet. Wir feierten das neue Jahr und ihren Geburtstag mit Sekt und kleinen Krapfen, verbrannten Papierzettelchen, auf die wir unsere Neujahrswünsche geschrieben hatten, und fütterten den Scotchterrier Sherry mit kleinen Häppchen – was fatale Folgen hatte.

Jetzt packe ich, da ich den Mitternachtszug nach Berlin nehmen werde.

*

Berlin, Sonntag, 2. Januar: Mama begleitete mich im Auto zum Bahnhof in Marienbad. Es schneite stark. Der Zug hatte wie üblich Verspätung. Wir saßen eine Stunde lang auf der eiskalten Station. Gerade als der Zug einfuhr, ertönten die Sirenen. Ich hatte gehofft, daß mir die inzwischen fast allnächtlichen Angriffe erspart blieben, wenn ich mit dem Spätzug reiste und am frühen Morgen in Berlin ankäme. Die Lichter gingen aus, und ich kletterte in das falsche Abteil. Es war voller schlafender Soldaten, die aus dem Balkan zurückkehrten und sich in verschiedenen Stadien der Entkleidung befanden; manche hatten wochenalte Bärte. Sofort fingen sie an, sich zu kämmen und das eine oder andere Kleidungsstück anzuziehen.

Später wies mich eine Schaffnerin an, in einen andern Wagen überzuwechseln; da aber die Flugzeuge noch immer über uns hinwegflogen, zog ich es vor, unter den Fittichen der »tapferen Jungs in Feldgrau« zu bleiben, wie Mama sie ironisierend in ihren Briefen nennt (sie muß das in einem Kitschroman gelesen haben). Ich machte mir Sorgen, daß Mama während eines Luftangriffs nach Königswart zurückfahren mußte, war allerdings auch um uns Reisende besorgt, da sich unser Zug in der schneebedeckten Landschaft gewiß sichtbar abhob. Die alliierten Flugzeuge schienen jedoch ein wichtigeres Ziel zu haben. Wir kamen wohlbehalten in Leipzig an, gerade noch rechtzeitig, um unsern Anschlußzug zu erreichen.

Als der Zug die Außenbezirke von Berlin erreichte, wurde er viereinhalb Stunden aufgehalten. Viele Gleise waren beschädigt, und die Züge mußten warten, bis sie Einfahrt hatten. Einige Fahrgäste wurden hysterisch, kletterten aus den Fenstern und machten sich zu Fuß auf den Weg. Ich blieb sitzen und erreichte den Anhalter Bahnhof schließlich um drei Uhr nachmittags. Ich fand sogar einen Bus, der noch fuhr, und begab mich in Richtung Woyrschstraße.

Soweit ich erkennen konnte, hatte sich Berlin seit meiner Abreise vor fünf Wochen nicht sehr verändert; nur ist inzwischen ein wenig Ordnung geschaffen und der Schutt auf den Straßen auf die Seite geräumt worden. Unsere Nachbarschaft sah schlimmer aus als andere Stadtteile, die ich durchquerte: Zu beiden Seiten der Lützowstraße waren zwei Sprengbomben niedergegangen, und eine dritte am Eingang zu unserm kleinen Platz. Die Nachbarvillen sind zerstört. Ich ging mit Martha, der alten Köchin, durch das Haus. Es bot einen traurigen Anblick. Die Fenster sind klaffende Löcher, auf das Klavier tropft der Regen ... Ich deponierte den Truthahn und den Wein, den ich aus Königswart mitgebracht hatte, stärkte mich mit ein wenig Suppe und fuhr mit der Bahn nach Potsdam hinaus.

Dort war alles ganz friedlich. Die Köchin machte mir Kaffee (Rudger Essen hat ihn als Weihnachtsgeschenk für die Angestellten zurückgelassen). Obgleich die Haushälterin bei Loremarie Schönburg einmal geklagt hatte, wenn wir beide im Hause seien, ginge es zu »wie im Wilden Westen«, schien sie doch erfreut, mich zu sehen.

Nach dem Abendessen packte ich nur weniges aus, da ich nicht glaubte, sehr lange hier zu bleiben, und ging dann zu Bett. Um zwei Uhr früh gab es Alarm. In und um Potsdam wurde heftig geschossen, und da ich mit den Mädchen allein im Hause war, zogen wir uns vorsichtigerweise in den Keller zurück. Meine Nerven sind nicht besser geworden, und ich fürchtete mich sehr, als einige Bomben in unmittelbarer Nähe niedersausten. Auch ist es langsam erschöpfend, Nacht für Nacht oft stundenlang wach dazusitzen.

Montag, 3. Januar: War pünktlich um neun Uhr im Büro. Die ehemalige polnische Botschaft ist alles, was von der einst so stolzen Informationsabteilung übriggeblieben ist, und die Arbeit steht fast still. Alle verlassen schon um vier Uhr das Büro, um bei eintretender Dunkelheit, wenn die Luftangriffe beginnen, zu Hause zu sein. Bei manchen dauert die Reise in die Stadt täglich mehrere Stunden; eine der Sekretärinnen braucht für die Hin- und Rückfahrt sieben Stunden, so daß sie nur etwa eine Stunde bei der Arbeit verbringt. Ich an ihrer Stelle würde überhaupt nicht erscheinen.

Wir arbeiten zu acht in einem Raum, dem früheren Ankleidezimmer des polnischen Botschafters Lipski. Mit seinen luxuriösen Schränken und Spiegeln und einem schönen Teppich empfiehlt es sich nicht gerade für den Bürogebrauch. Alle Mitarbeiter sind gereizt; neulich kam es zwischen zwei Sekretärinnen unten sogar zu einem Handgemenge. Ich muß gestehen, daß ich die abgespannten Gesichter der Menschen noch deprimierender finde als den desolaten Anblick der Stadt. Es muß die ständige Schlaflosigkeit sein, die niemandem Zeit läßt, sich je auch nur ein bißchen zu erholen.

Judgie Richter ist verzweifelt, da während der beiden letzten Luftangriffe einige Bomben auch in Werder gefallen sind, wo seine Frau und seine beiden Kinder im Alter von ein und zwei Jahren in einem nicht unterkellerten Haus wohnen. Da er im Begriff steht, Botschafter Rahn für sechs Wochen nach Italien zu begleiten, schlug ich vor, seine Familie bei Tatjana unterzubringen. Sie nimmt heutzutage viele Flüchtlinge aus zerbombten Städten auf und würde sie sicher gern beherbergen.

Mein unmittelbarer Chef, Büttner, ist sehr pedantisch und gereizt; vielleicht liegt das an seiner Kopfwunde. Aber er hat Loremarie Schönburg und Usch von der Groeben in unsere Abteilung geholt, was die Sache für mich sehr viel angenehmer macht. Ich stellte mit Freude fest, daß, ihn ausgenommen, fast alle netten Leute der Abteilung noch in Berlin sind. Es heißt allerdings, daß wir demnächst nach Krummhübel verlegt werden sollen, einem Dorf im Riesengebirge an der schlesisch-tschechischen Grenze, wo auch das gesamte A. A. sein Ausweichquartier erhalten soll. Ich soll dort ein neues Bildarchiv aufbauen, das alte ist bei dem Angriff im November zerstört worden. Dies ist eine völlig neue Aufgabe und, in Anbetracht des spärlichen Materials, keine leichte.

Verbrachte den Vormittag damit, mich mit Kollegen zu unterhalten. Dann gingen Loremarie, Adam Trott und ich zu den Gersdorffs, um dort einen Happen zu essen. Wie üblich trafen wir bei ihnen eine Menge Leute.

Dienstag, 4. Januar: Neulich wurde Loremarie Schönburg von Büttner beauftragt, eine Liste derer aufzustellen, die am Montag nicht zur Arbeit erschienen waren. Sie legte ihm eine Liste sämtlicher in unserer Abteilung beschäftigten Kräfte vor. Seine Reaktion war eine ganz verständliche Explosion.

Zum Glück gibt es einen neuen jungen Mann, der als Adjutant unseres Personalchefs Hans-Bernd von Haeften fungiert (selbst einer der besten Leute im ganzen A. A.) und sowohl freundlich als auch verständnisvoll ist und viele Schwierigkeiten aus dem Weg räumt. Das haben wir nötig.

Einmal bat Haeften Loremarie, ihm schnell einige 20-Pfennig-Briefmarken zu besorgen. Sie konnte keine finden und kehrte, eine lange Schlange von 1-Pfennig-Marken hinter sich herschleifend, zurück. Dies trug ihr ein Lächeln ein.

Mittwoch, 5. Januar: Ich lief Dr. Six, dem neu berufenen Chef der Informationsabteilung, über den Weg. Er wünscht mich morgen um ein Uhr zu sehen. Abgesehen davon, daß wir ihn, so gut es geht, meiden, da er ein hoher SS-Offizier und ein Schwein ist, paßt es mir auch schlecht, da ich in die Kirche will, denn morgen ist russisch-orthodoxer Weihnachtstag.

SS-Oberführer Professor Dr. Franz Alfred Six (1909–1975), 1940, nach Lehrtätigkeit an der Universität Königsberg, Dekan der auslandswissenschaftlichen Fakultät der Berliner Universität. Dieses Amt verband er mit der Leitung der Abteilung »Weltanschauliche Forschung und Auswertung«) im Reichssicherheitshauptamt. 1941/42 Kommandeur des Vorkommandos Moskau der Einsatzgruppe B, die für Massenerschießungen im Raum Smolensk verantwortlich war; seit 1943 Leiter der Kulturpolitischen Abteilung des Auswärtigen Amts, das in zunehmendem Maße von der SS unterwandert wurde.

Donnerstag, 6. Januar: Eilte in die Kirche, zusammen mit Loremarie Schönburg. Die Messe war sehr schön, aber es waren nur sehr wenige Menschen anwesend. Wir schafften es, gerade noch rechtzeitig zu meinem Treffen mit Six im Büro zurück zu sein. Er zeigte sich sehr besorgt um meine Gesundheit und riet mir, »die Pille zu nehmen, die auch Churchill gerettet hat« (der im vorigen Winter in Casablanca an Lungenentzündung erkrankt war). Dann wendete er sich ernsteren Themen zu, betonte, daß jetzt von allen totaler Kriegseinsatz verlangt werde, und drohte allen Drückebergern mit Versetzung in Munitionsfabriken oder als Straßenbahnschaffner. Er schloß seine Ansprache mit dem Befehl, daß ich mich so bald wie möglich nach Krummhübel begeben solle. Was ist er doch für ein widerlicher Kerl!

Ich kann mich nicht entscheiden, ob ich froh darüber bin oder nicht. Ich habe zur Zeit das Gefühl, daß jede meiner Entscheidungen schicksalhafte Konsequenzen haben könnte und es daher besser ist, nicht gegen den Strom zu schwimmen. Andrerseits bin ich versucht, da zu bleiben, wo auch meine Freunde sind.

Freitag, 7. Januar: Der Stadtteil von Berlin, in dem früher die meisten von uns lebten, ist inzwischen unsäglich deprimierend. Nachts ist nicht ein Licht zu sehen, nur endlose Straßen mit ausgebrannten Häusern. Tatjana sagt, daß sich nach dem Bürgerkrieg in Madrid jugendliche Kriminelle in den Ruinen versteckt und nachts die Passanten überfallen hätten; hier ist dies unwahrscheinlich, aber die lautlose Leere ist dennoch unheimlich.

Heute nachmittag erschienen Claus Kieckebusch und Clemens Kageneck im Büro, letzterer mit seinem Ritterkreuz, das ihm über den Pelzkragen baumelte. Er ist auf dem Rückweg an die russische Front. Wie sie da so gutaussehend und lachend saßen, erfaßte mich Angst, daß uns unser Chef Dr. Six plötzlich ertappen könnte, aber die beiden waren absolut nicht gewillt, sich von der Stelle zu rühren, und so schob ich sie auf eine Holzbank in der Nähe der Treppe. Clemens zog eine Flasche Cognac hervor, aus der wir reihum tranken. Judgie Richter kam vorbei und feierte mit, da er mit Claus bekannt ist.

Später gingen wir bei Hans Flotow vorbei, der einige Freunde zu einem Drink eingeladen hatte. Wie durch ein Wunder steht seine Wohnung noch. Claus fuhr mich dann in einem geliehenen Mercedes zum Bahnhof und schenkte mir eine Flasche Wermut, da ich bald Geburtstag habe. In zwei Tagen fährt er nach Paris und dann auf einen Monat zum Skilaufen, angeblich, um es jungen Rekruten beizubringen. Wie er das macht, ist uns allen ein Rätsel, aber er schafft derlei Husarenstückchen immer. Seit sein Panzer in Frankreich in die Luft flog, wobei er schwere Verbrennungen davontrug, und sein Bruder Mäxchen in Rußland gefallen ist, betrachtet er das alles als ihm gebührend.

Ich aß mit den Alberts zu Abend, die wieder nach Berlin zurückgekehrt und fast immer zu Haus sind. Irenes Bruder war da, auf Urlaub aus Guernsey. Er berichtete, daß Charlie Blücher, der in der britischen Armee in Tunesien diente, gefallen sei. Tatjana wird darüber sehr traurig sein; vor dem Krieg war sie bei den Blüchers zu Gast.

Väterlicherseits stammten die beiden Brüder Blücher von dem berühmten preußischen Feldmarschall ab; ihre Mutter – eine entfernte Kusine von Missies Mutter – war eine polnische Radziwill. Sie waren in England erzogen worden und hatten sich bei Ausbruch des Krieges freiwillig gemeldet.

Sonntag, 9. Januar: Heute abend in Potsdam war ich mit Gottfried Bismarck allein zu Haus, als Heinrich Wittgenstein zum Abendbrot vorbeikam. Er sah blaß und müde aus. Plötzlich berichten alle Zeitungen von seinen Heldentaten. Neulich nachts hat er in einer halben Stunde sechs Bomber abgeschossen. Trotz seiner siebenundzwanzig Jahre ist er schon Major und hat inzwischen den Befehl über eine Nachtjagdgruppe erhalten. Er sieht so zart aus. Ich drängte ihn, etwas Urlaub zu nehmen, aber das will er erst gegen Ende des Monats tun. Er blieb über Nacht. Zum Glück gab es keinen Alarm.

Dienstag, 11. Januar: Mein Geburtstag. Verbrachte den ganzen Vormittag mit einem andern Mädchen aus dem Büro im U-Bahnhof Friedrichstraße. Wir waren auf dem Weg in das Bildarchiv des Scherl-Verlags in Tegel von einem Luftangriff überrascht worden. Im Tunnel drängten sich die Menschen, da es schon auf die Mittagszeit zuging. Jemand bemerkte, daß alles in Ordnung sei, solange nicht unerwartet Kinder geboren würden. Wir wählten uns im Tunnel einen sicheren Platz unter einigen schweren Eisenstreben, von denen wir hofften, daß sie dem Druck standhielten. Nach der Entwarnung, auf die schweres Schießen folgte – was heutzutage recht oft passiert –, setzten wir unsern Weg fort. Es wurde uns jedoch bald klar, daß das sinnlos war, denn unser Ziel lag noch mindestens vier Stunden entfernt. So kehrten wir ins Büro zurück und traten mit leeren Händen vor einen nicht gerade zufriedenen Chef. Dr. Six will Resultate sehen, und es kümmert ihn wenig, wie sie erreicht werden.

Um sieben Uhr kehrte ich nach Potsdam zurück, wo die rührende Melanie Bismarck ein reizendes Geburtstagsessen für mich vorbereitet hatte, mit Chesterfield-Zigaretten von Rudger Essen, viel Champagner und einem echten Kuchen mit Kerzen.

Mittwoch, 12. Januar: War heute wieder im Polizeipräsidium, um ein paar Bilder über Bombenschäden abzuholen. Da der Anblick verstümmelter Körper als höchst demoralisierend gilt, sind derartige Photos dem allgemeinen Publikum nicht zugänglich.

Ich wechselte einige scharfe Worte mit Graf Helldorfs Adjutanten, einem gutaussehenden, aber unverschämten jungen Mann, der mir nicht erlaubte, die Bilder anzusehen, und behauptete, dazu bedürfe es der Erlaubnis seines Chefs. Ich erklärte ihm hochnäsig, daß ich mit seinem Chef eine Verabredung für den folgenden Morgen hätte und dann die Angelegenheit mit ihm persönlich besprechen würde. Seine Augen fielen ihm fast aus dem Kopf, und ich stolzierte hinaus.

Donnerstag, 13. Januar: Graf Helldorf hatte den Termin für unsere Verabredung immer wieder verschoben. Schließlich erschien er in der Tür und führte mich in sein Allerheiligstes. Wir unterhielten uns ausgiebig über dies und jenes und schließlich auch über sein schon vor einer Weile gemachtes Angebot einer Sekretärinnenstelle bei ihm. Ich nehme an, daß er den Leuten seiner Umgebung mißtraut und jemand anstellen will, auf den er sich verlassen kann. Gott weiß, daß er einen solchen Menschen braucht! Ich bat um Bedenkzeit. Ich muß Adam Trott um Rat fragen, da mich die Aussicht beängstigt. Viele mißtrauen Helldorf seiner hochrangigen Nazi-Vergangenheit wegen, aber Gottfried Bismarck schätzt und achtet ihn, und sie scheinen sehr enge Freunde zu sein. Ich hatte viele Fragen auf meinem »Speisezettel«, wie Helldorf es nannte. Er gab mir guten Rat, besonders was Graf Pücklers Denunzierung von Mama bei der Gestapo betrifft. Er schien nicht überrascht. Es sind alles abgehärtete Gesellen und selten schockiert! Ich glaube, er würde mir in einem Notfall immer helfen, aber ich halte es nicht für ratsam, mitten im Fluß oder, besser gesagt, mitten im reißenden Strom die Pferde zu wechseln. Als er mich zur Tür begleitete, begegneten wir seinem frechen Adjutanten, der verdutzt dreinsah.

Freitag, 14. Januar: Habe den ganzen Vormittag beim Scherl-Verlag in Tegel verbracht – dieses Mal kamen meine Kollegin und ich bis zum Ziel – auf der Suche nach Photographien. Ich fand ein paar uralte Schnappschüsse von der russischen Revolution, die ich meiner privaten Sammlung hinzufügen werde; ebenso einige gute Porträts des letzten Zaren und seiner Familie, die ich noch nie gesehen hatte und mir daher auch erlaubte zu »requirieren«. Die wenigen überlebenden Mitglieder der Romanow-Familie werden sich vielleicht über Abzüge freuen. Das Gebäude war ungeheizt, und als wir die Arbeit hinter uns gebracht hatten, waren wir steifgefroren. Auf dem Rückweg fuhren wir per Anhalter, mit Privatautos und einen Teil der Strecke sogar mit einem knallroten Lieferwagen der Post.

Paul Metternich kam heute in Berlin an. Wir aßen zusammen bei den Gersdorffs zu Mittag. Dann fuhr er nach Potsdam hinaus. Er sieht wohl und ausgeruht aus. Es ist entsetzlich, sich vorzustellen, daß er jetzt wieder monatelang nach Rußland muß.

Ich ging gerade in Potsdam vom Bahnhof nach Haus, als in der Nähe plötzlich mehrere Bomben fielen. So schnell ich konnte, rannte ich mindestens anderthalb Kilometer und hatte gerade die »Regierung« erreicht, als die Sirenen etwas verspätet zu heulen begannen. Loremarie Schönburg und ich waren ängstlich wie immer, die Männer weigerten sich aber, in den Keller zu gehen, und so setzten wir uns statt dessen zum Abendessen. Der Angriff war diesmal kurz, und ich muß gestehen, wir fühlten uns in Gottfrieds und Pauls Gegenwart auch weniger schutzlos.

Samstag, 15. Januar: Stand um sechs Uhr früh auf, um Paul Metternich noch ein paar Butterbrote zu machen. Als ich mittags bei den Gersdorffs zum Essen erschien, war er zu meiner Überraschung dort. Seine Maschine hatte unterwegs einen

Schaden und war umgekehrt. Adam Trott war ebenfalls anwesend.

Im Büro kämpfe ich hart darum, noch ein paar Tage länger hierbleiben zu dürfen. Um ehrlich zu sein: der Sprung in ein mir gänzlich unbekanntes Milieu jagt mir Angst ein. Bisher ist mein Chef Büttner unerbittlich und streitet sich deswegen selbst mit höheren Vorgesetzten.

Auf dem Heimweg gelang es mir zum Glück, mir in einem der wenigen noch arbeitenden Friseurläden die Haare waschen und legen zu lassen. Ich kaufte auf Vorrat alle dort erhältlichen Kosmetika, denn es ist nicht wahrscheinlich, daß ich in Krummhübel derartiges finden werde.

Später machten sich Loremarie Schönburg, Paul, Tony Saurma und ich in Tonys Auto auf, um alle noch existierenden Restaurants nach Austern abzuklappern – die zu den wenigen Nahrungsmitteln gehören, die nicht rationiert sind. Ein solches Umherirren am Abend ist alles, was im Jahre 1944 vom Berliner Nachtleben übriggeblieben ist. Wir versuchten es bei »Horcher«, in der Hoffnung, auch Wein zu bekommen, aber es war geschlossen. Schließlich wurden Loremarie und ich in der beschädigten Bar des Hotel Eden abgesetzt, während die Männer ihre Suche fortsetzten. Wir tasteten uns unsern Weg durch den Eingang in die Empfangshalle; dort herrschte ein totales Durcheinander: Kronleuchter lagen auf dem Boden, überall zersplitterte Möbel und Schutt. In den letzten Jahren waren wir so oft hier, daß es mir plötzlich vorkam, als seien wir selbst auch zu Gespenstern geworden. Und doch haben sie vor, es wieder aufzubauen.

Sonntag, 16. Januar: Stand um fünf Uhr früh auf, um Paul Metternich zum zweiten Mal zu verabschieden, kehrte ins Bett zurück und erhob mich um neun abermals. Hatte gehofft, mit Rudger Essen, der wieder in Berlin ist, reiten zu gehen – heutzutage die einzige körperliche Bewegung –, aber als wir im Stall ankamen, war er leer. Wir kehrten enttäuscht in die »Regierung« zurück – zum Frühstück. Und da war auch Paul schon wieder! Dieses Mal war ihm die Maschine vor der Nase weggeflogen; so bleibt er noch einen Tag. Rudger erbot sich, ihm einen Platz in einer schwedischen Maschine nach Riga zu verschaffen, aber Loremarie Schönburg bemerkte sehr weise, daß die Kämpfe an der Leningrader Front heftiger seien denn je, und je länger er brauche, dorthin zu gelangen, desto besser sei es.

Ich habe meine Schlacht mit Büttner verloren und fahre morgen nach Krummhübel ab.

Verbrachte den größten Teil des Vormittags damit, meine Sachen zu packen und mich mit Paul und Loremarie zu unterhalten. Später erschien Anfuso, um uns zum Mittagessen in seiner außerhalb der Stadt gelegenen Residenz abzuholen. Er ist jetzt Mussolinis Botschafter in Deutschland. Während sich Loremarie zu einem Nachmittagsschlaf hinlegte – sie fühlte sich elend –, machten Anfuso und ich einen langen Spaziergang am See entlang. Ich hatte ihn vor dem Krieg in Venedig kennengelernt. Er war sehr erschüttert über die Hinrichtung Cianos sowie elf weiterer führender Faschisten. Ciano war ein enger Freund von ihm gewesen. Anfuso selbst ist einer der wenigen italienischen Diplomaten von Rang, die Mussolini treu geblieben sind. Viele Ratten haben sein sinkendes Schiff schon längst verlassen. Was Anfuso tut, ist vermutlich nicht sehr klug, aber ich achte ihn deswegen. Er ist ein gescheiter Mann, seine Aufgabe ist jedoch sehr schwer, vor allem weil er für die Deutschen im Grunde nicht viel übrig hat. Er hat mir einige Bücher für Krummhübel geliehen.

Filippo Anfuso, geb. 1901, Berufsdiplomat, von 1937 bis 1941 Kabinettschef von Außenminister Ciano, später italienischer Gesandter in Ungarn. Nach Italiens Abfall im September 1943 wurde er von Mussolini zum Botschafter in Deutschland ernannt. Bei Kriegsende geriet er in französische Gefangenschaft und wurde der Mitschuld an der Ermordung König Alexanders von Jugoslawien und des französischen Außenministers Louis Barthou im Jahre 1934 angeklagt. Nach seinem Freispruch kehrte er nach Italien zurück, wo er sich als neofaschistischer Abgeordneter wieder der Politik zuwandte.

Am 8./10. Januar 1944 wurden Graf Ciano – Mussolinis Schwiegersohn – und elf weitere Führer der faschistischen Bewegung, die sich im Juli 1943 gegen Mussolini gewandt hatten, vor Gericht gestellt und am 11. Januar erschossen.

Dann traf ich mich mit Paul bei Adam Trott. Als ich ankam, war es schon sechs Uhr, so verbanden wir den Tee mit dem Cocktail, und später gab es eine Suppe. Peter Bielenberg kam auch noch dazu. Am Abend rief Adam den Grafen von der Schulenburg in Krummhübel an, um mit ihm zu besprechen, wo ich dort unterkommen könnte. Der Graf, vor Kriegsausbruch der letzte deutsche Botschafter in Moskau, ist unter den Beamten des Auswärtigen Amtes in Krummhübel eine Art Doyen und ein guter Freund. Er bewohnt ein großes Haus und hat angeboten, mich unterzubringen, aber es wäre unklug, jedenfalls zu Anfang, mich von meinen Mitarbeitern abzusondern, und so werde ich zunächst mit ihnen zusammenbleiben. Adam rief auch noch einen andern Freund an, Herbert Blankenhorn, den ich bisher nicht kenne. Letzterer ist für Protokollfragen und für die Unterbringung der Auslandsmissionen verantwortlich und hat daher viele Häuser zu seiner Verfügung.

Krummhübel, Montag, 17. Januar: Heute ist unser Büro nach Krummhübel evakuiert worden. Rudger Essen und ich fuhren allein nach Berlin, da sich Paul Metternich entschlossen hatte, mit dem Zug an die Front zurückzukehren. Es war noch völlig dunkel. Rudger half mir, meine beiden schweren Koffer zum Lastwagen zu schleppen. Ich hatte mich geweigert, irgend etwas mit der Post vorauszuschicken, aus Angst, daß meine wenige Habe verlorengehen könnte. Ich war sehr erleichtert festzustellen, daß die Verantwortung für unser Grüppchen einem Herrn Betz übertragen worden ist. Er soll in Krummhübel unser Personalchef werden und ist sehr nett und hilfsbereit. Wir wurden mit unserm gesamten Gepäck am Görlitzer Bahnhof abgesetzt, wo wir eine weitere Gruppe von dreißig Personen vorfanden, angeführt von unserm Chef Büttner höchstpersönlich, der sehr bleich war und mit Mühe die Form wahrte. Seine Sekretärin flüsterte mir zu, er habe geglaubt, daß ich nicht erscheinen würde. Offenbar ist die starke Abneigung gegenseitig. Mit Erleichterung stellte ich fest, daß ein sehr hübsches Mädchen namens Ilse Blum – die wegen ihres liebreizenden Gesichts den Spitznamen Madonna trägt – noch mehr Koffer mitgebracht hatte als ich. Wir beide wurden mißbilligend gemustert, halfen uns aber gegenseitig, vom Busfahrer unterstützt, unser Gepäck hinterherzuzerren. Listen wurden hervorgeholt, überprüft, Namen aufgerufen, und das Ganze wurde einem Schulausflug immer ähnlicher. Betz, einen Schirm und einen Spazierstock mit Elfenbeinknauf unter den Arm geklemmt, half uns in den Zug. Verärgert über die saure Miene, mit der mich Büttner begrüßt hatte, wählten Madonna und ich ein separates Abteil, leider dritter Klasse mit harten Bänken (keiner von uns ist heutzutage mehr gut gepolstert).

Um drei Uhr nachmittags kamen wir in Hirschberg an, wo die Bahnlinie nach Krummhübel abzweigt. Hier nahm uns unser örtlicher Quartiermeister in Empfang. Er war in Skikleidung – gar nicht eindrucksvoll. Wir stiegen in eine kleine elektrische Lokalbahn um und gelangten eine halbe Stunde später nach Krummhübel.

Dort wurden wir von der Hälfte der dort ansässigen Belegschaft des A. A. begrüßt. In der wartenden Menge entdeckte ich Graf Schulenburg, der sehr flott aussah in einer eleganten Astrachanmütze, vermutlich ein Erinnerungsstück aus Moskau. Er war gekommen, um mich zu begrüßen. Dies war meinem Empfinden nach etwas auffällig und entsprach keineswegs dem von mir geplanten anonymen Antritt. Wir hatten gewisse Schwierigkeiten, das Haus Christa zu finden, wo ich einquartiert bin. Dort deponierten wir mein Gepäck und gingen dann in das Chalet des Grafen zum Tee. Wir bekamen köstlichen Kaffee und Sardinen auf Toast. Dann brachte mich Schulenburgs Assistent, Herr Sch., wieder in meine Unterkunft zurück.

Das Dorf Krummhübel ist recht hübsch. Es liegt an einem steilen Hang, die Häuser stehen weit verstreut und sind von Gärten mit vielen Fichten umgeben. Meine Furcht vor Luftangriffen ebbt langsam ab. Die Büros liegen alle am Fuße des Hanges, und die meisten meiner Kollegen fahren zur Arbeit auf kleinen Schlitten, die sie abends wieder den Berg hinaufziehen. Eines habe ich schon festgestellt: Je bedeutender die Leute, desto weiter oben am Hang wohnen sie. Unsere Informationsabteilung ist offenbar zu kurz gekommen – wir sind die Nachzügler –, und auch unsere Chalets sind weniger hübsch als die anderen.

Hans-Georg von Studnitz, der im April 1944 Krummhübel besuchte, war erschreckt von der Primitivität: »Das Amt hat 500 Personen nach Krummhübel evakuiert ... Schulenburg, der mit seinem Stab ebenfalls nach Krummhübel verlegt wurde, wohnt so primitiv, daß er einmal die Woche zu Missie Wassiltschikow baden gehen muß. Da die Kellner in Krummhübel Tschechen sind und in den Holzsägen Serben und Badoglioten beschäftigt werden, ist der Spionage Tür und Tor geöffnet ... Als Ausweichquartier eignet sich Krummhübel nicht, weil der Ort durch Flieger leicht ausgemacht und zerstört werden kann und infolge des raschen Vordringens der Russen auch geographisch nicht mehr günstig liegt« (»Als Berlin brannte«, S. 208 f.).

Ich hatte nicht angegeben, mit wem ich mein Zimmer zu teilen wünschte, und so hat man mich mit einem Fräulein Dr. K. zusammengelegt, einem harmlosen Wesen, das ich kaum kenne. Als sie sich eben, leicht unglücklich, in dem großen, ungeheizten Zimmer mit Veranda umsah, kam ich hinzu. Die Beleuchtung ist miserabel, es gibt keine einzige Lampe, bei der man im Bett lesen könnte, und um allem die Krone aufzusetzen, ist uns angekündigt worden, daß man uns in Anbetracht der Größe des Zimmers eventuell noch eine dritte Person zuweisen werde. Sollte dies wirklich geschehen, werde ich mich auf den Kriegspfad begeben und des Grafen Angebot, mir ein Zimmer in seinem Chalet zu überlassen, annehmen. Ansonsten ist Haus Christa ganz hübsch. Wir wohnen zu elft hier, sieben Frauen und vier Männer, angeführt von Herrn W., mit dem wir in Berlin schon sehr schlecht auskamen. Hier scheint er jedoch eine neue Saite aufgezogen zu haben, spielt den wohlwollenden Papa und begrüßte uns gleich mit einer freundlichen Ansprache über Hausgemeinschaft. Wir bekommen sogar ein verhältnismäßig ordentliches Abendessen und ziehen uns dann zurück. Ich habe beschlossen, eine schwierige Zimmergenossin zu sein, so daß man mich, wenn ich ausziehe, nicht vermißt. Ein erster Schritt in dieser Richtung war, daß ich darauf bestand, nachts sämtliche Fenster sperrangelweit zu öffnen. Fräulein Dr. K. ihrerseits schnarcht. Morgens wachen wir blaugefroren auf.

Dienstag, 18. Januar: Nach dem Frühstück begaben wir uns den Hügel hinunter in unser vorläufiges Büro, den Tannenhof – ein Gasthaus in der Nähe des Bahnhofs. Der Boden ist sehr glatt, da der Neuschnee durch unsere Schlitten sofort hartgestampft wird.

Plötzlich hat sich noch eine weitere Wohnmöglichkeit aufgetan, nämlich bei einer früheren Russischschülerin von Papa, einer Frau Jeannette S., die hier nicht nur arbeitet, sondern auch ein Chalet besitzt und die angeboten hat, mich aufzunehmen. Herr Betz hält dies für ratsamer, als die Gastfreundschaft des Grafen Schulenburg in Anspruch zu nehmen. Obgleich er es nicht so deutlich ausdrückt, könnte es der »öffentlichen Meinung« unangenehm auffallen, wenn sich sozusagen »die Aristokraten zusammentäten«. Auf jeden Fall habe ich beschlossen, morgen umzuziehen.

Mittwoch, 19. Januar: Das A. A. hat sämtliche Gasthäuser der Umgebung beschlagnahmt, und der Tannenhof soll eines seiner Büros werden. Als wir dort versammelt waren, versuchte Büttner, uns eine Rede zu halten, die aber völlig danebenging, da der Raum voller Soldaten war, die herumlungerten, Bier tranken und keinerlei Anstalten machten hinauszugehen, sondern interessiert zuhörten.

Die Einheimischen scheinen über unsere Ankunft nicht übermäßig begeistert zu sein, da sie fürchten, daß Krummhübel so zur Zielscheibe für Bomben werden könnte. Auch ist der Fremdenverkehr gedrosselt worden.

Heute nachmittag band ich meinen Koffer auf einen Schlitten und zog ihn zum kleinen Chalet von Jeannette S. hinüber, das in einem Wald liegt. Dann ging ich mit Graf Schulenburg zu den Tippelskirchs – die zu seinem Mitarbeiterstab in Moskau gehört hatten –, und alle gemeinsam fuhren wir in die nächste Kleinstadt ins Theater. Die Aufführung war recht gut; die Schauspieler stammten aus einem bedeutenden Theater im Rheinland, das ausgebombt worden ist.

Freitag, 21. Januar: Madonna Blum und ich haben beschlossen, in unserer Freizeit ernsthaft mit dem Skilaufen zu beginnen und auch das Ziehharmonikaspielen richtig zu lernen. Wir besitzen beide ein Instrument.

Die meisten unserer Berliner Mitarbeiter sehen hier ziemlich komisch aus. Man war daran gewöhnt, daß sie mit der Nase in ihren Akten steckten – richtige Kanzleiratten. Hier laufen sie in ausgebeulten Hosen, bunten Schals und Strickmützen herum, ziehen ihre kleinen Schlitten hinter sich her und sehen recht geniert aus.

In Rußland werden die Kämpfe im nördlichen Frontabschnitt sehr heftig. Ich mache mir Sorgen um Paul Metternich. Tatjanas Briefe klingen gequält.

Dienstag, 25. Januar: Die Arbeit geht nur sporadisch voran. Wir sitzen zu acht in einem winzigen Zimmer. Man hat mir eine Sekretärin gegeben, die mir beim Aufbau des Bildarchivs helfen soll. Das Photomaterial wird in großen Posten aus Berlin geschickt. Jedes einzelne Bild muß mit einem Untertitel versehen werden, was die Sekretärin weitgehend übernommen hat, während ich die Auswahl der Photos treffe und ihre Ablage organisiere. Ich habe ihr Herz gewonnen, weil ich ihr erlaubt habe, die Tipparbeit zu Hause zu verrichten. Auf diese Weise haben wir auch im Büro mehr Platz.

Heute abend aß ich mit Graf Schulenburg, dem »Botschafter«, wie er hier allgemein heißt, obwohl es deren einige am Ort gibt. Während des Essens erzählte er beiläufig, daß Heinrich Wittgenstein gefallen sei. Ich versteinerte. Er sah mich überrascht an, da er keine Ahnung hatte, daß wir so eng befreundet waren. Erst vor ein paar Tagen noch hatte mich Heinrich in Berlin im Büro angerufen. Er war gerade im Führerhauptquartier gewesen, um aus der Hand des »Allmächtigen« das Eichenlaub zu seinem Ritterkreuz in Empfang zu nehmen. Er sagte am Telephon: »Ich war bei unserm Liebling«, und fügte hinzu, daß ihm zu seiner Überraschung der Dienstrevolver nicht abgenommen worden sei, wie es heute allgemein üblich ist, bevor man vorgelassen wird, so daß es ihm möglich gewesen wäre, »ihn an Ort und Stelle abzuknallen«. Er spann das Thema noch weiter aus, bis ich einwendete, daß es vielleicht vernünftiger sei, dieses Gespräch bei einer andern Gelegenheit fortzusetzen. Als wir uns kurz darauf trafen, erwog er die Möglichkeit, sich das nächste Mal beim Händeschütteln gemeinsam mit Hitler in die Luft zu sprengen. Der Arme, er ahnte nicht, daß er nur noch wenige Tage zu leben hatte! Dabei hatte er immer so zart ausgesehen, daß ich stets in Sorge um ihn war. Er war Deutschlands erfolgreichster Nachtjäger geworden, war ständig im Einsatz gewesen und offensichtlich erschöpft. Er hatte oft über die Qualen gesprochen, die es ihm bereitete, Menschen töten zu müssen; er habe immer versucht, sagte er mir einmal, das feindliche Flugzeug so zu treffen, daß die Besatzung abspringen konnte.

Als Major Prinz Heinrich von Sayn-Wittgenstein-Sayn von einem britischen Jagdflieger abgeschossen wurde, hatte er insgesamt 83 alliierte Flugzeuge vernichtet, sieben davon bei einem einzigen Einsatz im Juli 1943. In der Nacht seines Todes konnte er noch fünf weitere Abschüsse verbuchen.

Donnerstag, 27. Januar: Eine Kollegin, die auf Stippvisite aus Berlin hier ist, hat mir einige Bilder von Heinrich Wittgenstein mitgebracht. Sie hatte ihn oft gesehen, wenn er mich im Büro besuchte. Sie hatte auch versucht, Erkundigungen über die Umstände seines Todes einzuziehen, aber bisher waren noch keine Einzelheiten zu erfahren. Seine Eltern, die in der Schweiz leben, müssen zuerst benachrichtigt werden.

Freitag, 28. Januar: Gestern fand wieder ein schwerer Luftangriff auf Berlin statt. Noch ist nichts Näheres bekannt, da alle Verbindungen abgeschnitten sind.

Ich habe endlich Blankenhorn kennengelernt – unter der Laterne eines hiesigen Gasthauses. Es regnete in Strömen. Wir kletterten einen steilen Hang zu seinem Haus hinauf und setzten uns in sein Wohnzimmer zu einer Flasche Wein, Schokolade und einer langen Unterhaltung. Er macht mir den Eindruck eines geistig ungemein wendigen Rheinländers. Zu behaupten, daß er den Zusammenbruch Deutschlands voraussieht, ist zu milde ausgedrückt. Er scheint sich im Grunde danach zu sehnen und hat sehr definitive Vorstellungen über Deutschlands Zukunft nach der Niederlage – Aufteilung des Landes, Schaffung einzelner, autonomer Länder und so weiter.

Den Russen ist in Leningrad der Durchbruch gelungen; die Belagerung der Stadt hatte fast drei Jahre gedauert.

Sonntag, 30. Januar: Ich habe mir ein Paar Skier zugelegt, die ursprünglich den Truppen in Rußland zugedacht waren, sie aber offensichtlich nie erreicht haben.

Am Nachmittag nahm mich Graf Schulenburg mit zu einem Besuch bei einem Baron Richthofen, der früher Gesandter in Sofia war und der mit einer reizenden Ungarin verheiratet ist. Sie leben auf dem Lande, ziemlich weit entfernt von hier. Die Atmosphäre war gemütlich, die Unterhaltung sehr offen.

Ich bin tief deprimiert: Tatjana hat noch immer keine Nachricht von Paul Metternich, und Heinrich Wittgenstein ist tot . . .

Montag, 31. Januar: Gestern erfolgte wieder ein schwerer Luftangriff auf Berlin, der schlimmste, heißt es, seit den Bombardierungen im November. Jedesmal, wenn etwas passiert, sind wir hier völlig abgeschnitten. Man fragt sich, wie das A. A. je funktionieren soll.

Der Schnee ist geschmolzen und das Wetter frühlingshaft. Im benachbarten Dorf habe ich eine Halbamerikanerin besucht, die ich aus Berlin kenne. Sie leitet auch ein Archiv. Ich fand sie im Bett. Manche nehmen die Dinge hier ziemlich auf die leichte Schulter. Sie lieh mir eine Menge englischer und amerikanischer Zeitschriften.

Mittwoch, 2. Februar: Büttner, der zwei Tage in Berlin war, ist zurück. Er ist aus Haus und Hof ausgebombt worden und unangenehmer denn je.

Donnerstag, 3. Februar: Heute kam Graf Schulenburg bei strömendem Regen mit einem Rucksack voller Getränke an. Er und Jeannette S., die ein zwitschernder »Sternchen«-Typ ist, kommen wunderbar miteinander aus. Sie schwärmt für ältere Herren. Sie ist auch in Papa verliebt und schreibt ihm nun ununterbrochen. Wir backten einige Kuchen und hatten ein richtiges Festmahl.

Freitag, 4. Februar: Als ich gerade in einem andern Büro eine dringliche Sache auf der Maschine schrieb, kam ein Anruf für mich aus Berlin. Es war Adam Trotts Sekretärin. Die Woyrschstraße sei ausgebombt und nur noch ein Trümmerhaufen; ich solle bitte sofort kommen, um mich um alles zu kümmern. Es sei bereits eine Arbeitskraft zu meinem Ersatz hierher entsandt worden. Ich nehme an, daß dies nicht der einzige Grund für den unverhofften Ruf nach Berlin ist. Büttner ist schon wieder verreist, aber der stellvertretende Personalchef hat eingewilligt, mich reisen zu lassen.

Berlin, Samstag, 5. Februar: Stand um fünf Uhr früh auf und stapfte zum Bahnhof hinunter. Traf dort Blankenhorn, der mit dem gleichen Zug nach Berlin fahren wollte. Auch er hatte nur einen halboffiziellen Reisegrund. Es gibt eine idiotische Verordnung, daß keiner unser Dorf ohne speziellen Ausweis verlassen darf, aber wir brechen immer aus, denn niemand kann es aushalten, hier zusammengepfercht herumzuhocken, abgeschnitten von so vielen Freunden, die sich in ständiger Gefahr befinden. Der Zug nach Berlin war gerammelt voll, und wir mußten während der ganzen Fahrt stehen; Blankenhorn wurde mit dem Wagen abgeholt und setzte mich im Büro ab, wo ich Adam Trott und Alex Werth noch an der Arbeit fand.

Alex ist ein gescheiter und außergewöhnlich anständiger Mann; zum Glück für uns wurde er, nachdem er ausgebombt worden war, bei unserm obersten Chef, Dr. Six, einquartiert. Diesen hassen und verachten wir alle, aber Alex kann, solange er den Fuß dort in der Tür hat, gelegentlich Einfluß nehmen. Vieles ist seither nicht mehr ganz so unangenehm wie früher; Alex ist sehr unzufrieden mit Büttners Leistung, was mich sehr erleichtert.

Der Eindruck, den ich mir bisher von Berlin verschafft habe, ist schrecklich deprimierend. Seit dem Angriff am 30. Januar scheint nichts mehr zu funktionieren.

Adam und ich gingen hinüber in die Woyrschstraße und besuchten Maria Gersdorff. Obgleich die ganze Straße schon vorher schwer mitgenommen aussah, ist sie inzwischen völlig zusammengebrochen; wir standen in einer Menge, die zusah, wie eine noch übriggebliebene Mauer abgerissen wurde. Unser kleiner Platz ist total ausgebrannt mit einer Ausnahme – dem Gersdorffschen Haus.

Nach dem Mittagessen mit Adam verbrachte ich auch den Rest des Nachmittags mit ihm. Es geht ihm gar nicht gut. Ich wünschte, er wäre bei uns unten in Krummhübel, aber ich weiß, daß er in einer solchen Zeit nie einwilligen würde, Berlin zu verlassen. Er gab mir einige Bücher mit und fuhr mich zum Bahnhof, wo ich einen Zug nach Potsdam nahm. Gottfried und Melanie Bismarck waren allein. Es war wie eine Heimkehr.

Sonntag, 6. Februar: Fuhr nach Berlin zurück, ging in die Kirche und durchquerte die halbe Stadt zu Fuß. Ein großer Teil des Kurfürstendamms ist inzwischen zerstört. Wollte Sigrid Görtz besuchen, die früher um die Ecke wohnte. Ihr Haus war das einzige, das noch stand. Ich stieg die Treppe hinauf, aber plötzlich war sie zu Ende: Die Wohnung im obersten Stock war auch nicht mehr da. Niemand wußte, wo Sigrid war. Aß mit Hans Flotow zu Mittag, dessen Wohnung zu guter Letzt auch schwer beschädigt worden ist. Er hat alle geretteten Möbel fortgeschafft, die wackeligen Wände provisorisch abgestützt und zeltet jetzt in der Wohnung, wie ein Beduine. Hinterher kehrte ich zu Maria Gersdorff zurück, die mir eine grauenhafte Geschichte erzählte:

Am 26. Dezember bekam unser alter Postbote, dem sie erlaubt hatte, mein schwer beschädigtes Zimmer im Dachgeschoß zu benutzen, Lungenentzündung. Seine Familie war aus Berlin evakuiert worden; so brachten Maria und Heinz den alten Mann nach unten und bauten ihm ein provisorisches Bett in der Küche. Ein Arzt war nicht aufzutreiben, und am 28. starb der Alte. Drei Tage lang kam niemand, den Leichnam abzuholen; er lag von Kerzen umgeben auf dem Küchentisch aufgebahrt. Als Professor Gehrbrandt Maria besuchte, war er entsetzt über den Anblick und rief die Behörde an. Noch immer holte niemand die Leiche ab. Am 30. hagelte es wieder Bomben auf unseren Platz, die Häuser rundum gerieten in Brand; das unsere ebenfalls, wurde aber dank der Anstrengungen von Kicker Stumm und einigen seiner Freunde gerettet. Beim Wasserholen zum Löschen des Feuers auf dem Dach stieß die Rettungsmannschaft jedesmal gegen den Leichnam, während Maria zu seinen Füßen saß und für die hungrigen Männer Brote schmierte. Einige Nachbarn erboten sich, den Toten in die Flammen eines brennenden Nachbarhauses zu werfen; Maria hingegen war dafür, ihm ein Loch im sogenannten Garten zu graben, der jetzt nur noch ein Schuttacker ist. Noch zwei weitere Tage mußte der arme Postbote im Haus bleiben, ehe man ihn endlich abholte.

Gottfried und Melanie Bismarck sind aus Schönhausen, dem Landsitz seiner Mutter, zurückgekehrt. Dort ist Heinrich Wittgensteins Flugzeug abgeschossen worden. Melanie brachte eine Handvoll Erde und einige Überreste seiner Maschine mit, die Windschutzscheibe und Teile des Motors. Sie meinte, seine Eltern würden irgendein Andenken haben wollen. Ich glaube kaum. Es macht alles nur noch schlimmer. Wenn sie nur ihre drei Söhne bei Kriegsbeginn nicht nach Deutschland zurückgeschickt hätten! Mit ihren zahllosen russischen und französischen Vorfahren waren sie ohnehin kaum Deutsche. Man nimmt an, daß Heinrich schon bewußtlos war, ehe er auf die Erde aufprallte, denn sein Fallschirm war ungeöffnet, und man fand ihn ohne Schuhe ziemlich weit entfernt von den Trümmern seiner Maschine. Gewöhnlich trug er ganz leichte Schuhe und warf nur einen Mantel über seine Zivilkleidung. Ich erinnere mich, daß er einmal bloß mit einem Regenmantel über seinem Smoking startete. Er war ein Held geworden, so daß er tat, was er wollte. Seine Leute haben überlebt, da er ihnen, als sein Flugzeug getroffen wurde, befohlen hatte abzuspringen. Entweder hat er sich, als er selbst abspringen wollte, den Kopf angeschlagen, oder er war verwundet und unfähig, seinen Fallschirm zu öffnen. Melanie gab mir ein paar Metallstückchen als Andenken. Vielleicht begreife ich dann endlich, daß wir ihn für immer verloren haben.

Montag, 7. Februar: Tatjana hat ein Telegramm bekommen mit der Nachricht, daß Paul Metternich an der Front vor Leningrad gefährlich erkrankt sei. Es ist unmöglich, hier etwas zu erfahren. Seit Juan Luis Rocamora, der spanische Militärattaché, nach Madrid zurückberufen wurde, scheint kein Mensch mehr über das Schicksal der spanischen Blauen Division, bei der Paul Verbindungsoffizier ist, informiert zu sein.

Ferdl Kyburg ist aus Wien angekommen, wo es offenbar

noch immer recht sorglos zugeht. Der Gegensatz zu Berlin beeindruckt ihn sehr. Seit er, weil er ein Habsburger ist, aus der Marine entlassen wurde, hat sein Leben etwas Zielloses. Er tat auf dem Kreuzer »Prinz Eugen« Dienst in jener legendären Seeschlacht, bei der sowohl die »Hood« als auch die »Bismarck« versenkt wurden. Jetzt studiert er an der Wiener Universität.

Später ein schönes Abendessen bei den Bismarcks in Potsdam. Rudger Essen ist aus Schweden zurück, brachte Hummer mit, die amerikanische Ausgabe der »Vogue« und vieles mehr. Eine andere Welt!

Ein nächtlicher Anruf von Loremarie Schönburg aus Wien. Sie hatte ihren Urlaub überzogen und war mal wieder in Schwierigkeiten. Dann noch ein Anruf – von Graf Schulenburg aus Krummhübel. Ich solle mir keine Sorgen machen, aber in meiner Abwesenheit habe er ein offizielles, an mich adressiertes Schreiben geöffnet: Büttner habe mich entlassen, weil ich ohne seine Erlaubnis nach Berlin gefahren sei. Zum Glück hatte ich darum gebeten, meine Post zu öffnen, falls Nachrichten von Paul kämen. Das gibt mir die Möglichkeit, meine Lage mit Adam Trott und Alex Werth zu besprechen. Der gute alte Graf klang tief besorgt und war sehr erleichtert zu hören, daß ich die Sache auf die leichte Schulter nahm.

Dienstag, 8. Februar: Loremarie Schönburg ist aus Wien zurück. Als Alex Werth von meiner Entlassung hörte, wurde er sehr wütend: es sei Mißbrauch der Amtsgewalt. Ich erwiderte im Scherz, daß ich gar nichts gegen ein paar Tage Ferien hätte, während die Sache geklärt würde, aber es scheint, daß unser hoher Herr, Dr. Six, davon nichts wissen will.

Ich machte mir die Situation zunutze und ging zum Friseur. Vielleicht sollte ich wirklich diese Gelegenheit beim Schopf packen und von mir aus kündigen; aber wenn man heutzutage nicht in einer Regierungsstelle arbeitet, wird man sofort in eine Munitionsfabrik oder noch etwas Ärgeres versetzt. *Qui vivra – verra.*

Mittwoch, 9. Februar: Heute morgen erschienen Loremarie Schönburg und ich im Büro und gaben recht törichte Figuren ab. Meine Entlassung ist noch nicht widerrufen worden; Loremarie war drei volle Wochen unbeurlaubt fortgeblieben. Das Komische daran ist, daß ich Loremarie immer gewarnt habe, sie nähme den »totalen Krieg« viel zu leicht; und nun ist ihr gar nichts geschehen, während man mich entlassen hat.

Alex Werth schickte mich sofort los, persönlich bei Dr. Six vorstellig zu werden. Resultat dieser Unterredung: Ich solle die ganze Angelegenheit ignorieren, nach Krummhübel zurückkehren und am 21. wieder nach Berlin kommen, um weiteres Material abzuholen. Mit Büttner werde man hier in Berlin fertig werden.

Auf meinem Heimweg nach Potsdam kaufte ich Tulpen. Verschiedene Leute hielten mich an und fragten, wo ich sie gefunden hätte. Es ist kläglich, wie man immer wieder versucht, den Anschein eines zivilisierten Lebens aufrechtzuerhalten.

Verbrachte den Abend allein mit Gottfried Bismarck. Wir riefen Admiral Canaris' Büro an, da mir Hasso Etzdorf gesagt hatte, ein Oberst in der Abwehr sei gerade von Pauls Frontabschnitt zurückgekehrt und könnte vielleicht Näheres über seinen Zustand wissen. Als ich, dank Hasso, schließlich zu diesem Oberst durchdrang, hielt er mich zuerst für Tatjana und klang zurückhaltend. Dies beunruhigte mich, besonders weil er, als er hörte, daß ich Berlin sehr bald verließe, darauf bestand, mich zu sehen. Wir verabredeten uns für morgen im Hotel Adlon. Gottfried versuchte mich aufzuheitern und erklärte, daß dem Oberst vermutlich nur daran gelegen sei, ein hübsches Mädchen kennenzulernen. Aber ich habe, ehrlich gestanden, Angst.

Krummhübel, Donnerstag, 10. Februar: Rudger Essen fuhr uns in die Stadt. Der Abwehr-Oberst war sehr freundlich und erzählte mir alles, was er wußte: Paul Metternich hat doppelte Lungenentzündung, ist jetzt in einem Lazarett in Riga und soll, sobald er transportfähig ist, nach Deutschland zurückgebracht werden. Zur Zeit lasse sich jedoch noch nichts unternehmen, da sein Zustand sehr ernst sei. Der Oberst gab sich Mühe, optimistisch zu klingen. Im Grunde könnte sich die Krankheit noch als ein Segen herausstellen, denn Pauls Regiment hat während der letzten russischen Offensive sehr schwere Verluste erlitten, und Paul hatte uns gesagt, dies sei erst der Anfang gewesen.

Später hatte ich eine lange Unterredung mit Hans-Bernd von Haeften, unserm Personalchef in Berlin. Er hatte bereits sämtliche Unterlagen über meine Entlassung erhalten. Er hat das

Ganze sehr verständnisvoll aufgenommen. Die Wogen scheinen inzwischen wieder geglättet zu sein, aber er will, daß ich mich bei Büttner entschuldige: »Schließlich ist er ohnehin in Schwierigkeiten ... Sie sind ohne seine Erlaubnis abgereist ... Er ist schwerverwundet ... Seine Nerven sind hin ...« Als ich fortging, lief ich Büttner auf der Treppe in die Arme, und da ich die Sache hinter mich bringen wollte, nahm ich gleich einen Anlauf, mich zu entschuldigen. Just in diesem Augenblick begannen die Sirenen zu heulen, er murmelte »nicht jetzt, nicht jetzt«, und das war es dann.

Adam Trott fuhr mich zum Bahnhof; unterwegs verirrten wir uns, da man sich in all den Ruinen oft nicht mehr orientieren kann. Er leistete mir Gesellschaft bis zur Abfahrt des Zuges, der wie üblich gestopft voll war. Ich stand im Gang, und selbst dort war Gedränge. In Hirschberg verpaßte ich den Anschluß und kam erst um Mitternacht in Krummhübel an, völlig verausgabt.

Freitag, 11. Februar: Der Schnee liegt fast einen Meter hoch. Nachdem ich in unserm Büro im Tannenhof ein kurzes Gastspiel gegeben hatte, besuchte ich Graf Schulenburg und versuchte mit seiner Hilfe, Tatjana anzurufen, die wieder in Dresden im Krankenhaus liegt. Ich werde sie am Wochenende dort besuchen. Was für ein Schatz der alte Herr ist, und welches Glück, ihn hier zu haben! Wir aßen zusammen Mittag, und dann kehrte ich in mein Büro zurück, wo ich ein an Tatjana adressiertes Telegramm von Hasso Etzdorf vorfand. Darin bestätigte er Paul Metternichs schwere Krankheit, hatte aber »außer Gefahr« hinzugefügt, was ermutigend ist.

Tatjana hat mir frische Eier geschickt, Jeannette S. ist im siebenten Himmel.

Dresden, Samstag, 12. Februar: Habe den ganzen Vormittag gearbeitet und ging um zwei Uhr zum Bahnhof. Zum Glück hatte ich Brote mitgenommen, denn die Reise nach Dresden war entsetzlich. Ich verpaßte sämtliche Anschlüsse. Dann stieg ich noch in die falsche Straßenbahn ein und erreichte das Krankenhaus erst um Mitternacht. Die arme Tatjana schlief, und als ich sie weckte, brach sie in Tränen aus. Sie mußte sich nur einer harmlosen Untersuchung unterziehen, fühlt sich jedoch schwach. Die Nachrichten über Paul helfen nicht.

Sonntag, 13. Februar: Habe den ganzen Tag bei Tatjana verbracht. Ich hatte ihr aus dem Büro ein paar Nummern des »Tatler« *[eine englische Gesellschaftszeitschrift]* mitgebracht; sie erkannte verschiedene alte Freunde aus Vorkriegstagen. Die konstante und recht anstrengende Anwesenheit beider Eltern geht ihr langsam auf die Nerven, und ich kann es verstehen. Ich schlug ihr vor, daß sie mich in Krummhübel besucht. Es wird ihr guttun, eine Weile wegzukommen.

Krummhübel, Montag, 14. Februar: Die Rückreise von Dresden heute morgen war wiederum endlos. Unser Büro ist aus dem Tannenhof in ein paar Baracken verlegt worden, und ich begab mich geradewegs dorthin. Sie waren zwar noch nicht ganz fertig, aber man hatte schon unsere sämtlichen Akten dorthin geschafft und sogar einige ganz anständige Möbel aufgestellt. Als ich näher kam, wunderte ich mich über die Anordnung der Baracken, bis mir klar wurde, daß eine ganze Reihe fehlte – sie war bis auf den Boden niedergebrannt. Auch unsere Hütte war verschwunden. Offenbar waren sie am Samstag in Brand geraten und binnen einer Stunde abgebrannt. Die Jungens vom Arbeitsdienstlager in der Nähe haben zwar eine Menge Möbel gerettet, aber der größte Teil meines Bildarchivs ist zum zweiten Mal zerstört worden. Ebenso ist es Büttners Akten ergangen (kein Verlust!) und einem wertvollen Bild, das Dr. Six gehörte; Büroausrüstung und Kopiermaschinen im Werte von 100 000 Mark pro Stück gingen verloren. Vermutlich das Werk eines fanatischen Kriegsgefangenen. Es bedeutet, daß wir wieder von vorn anfangen müssen. Man erzählte mir, daß Dr. Six, als man ihm in Berlin darüber berichtete, schallend gelacht habe; schließlich habe man uns ja hierher verlegt, damit wir den Unbilden des Krieges entrinnen! Da ich momentan gar nichts tun kann, ging ich nach Haus und legte mich früh schlafen. Man wird hier sehr müde; es muß die Bergluft sein.

Dienstag, 15. Februar: Wir sind wieder in den Tannenhof zurückgezogen. Mit einer Kollegin schleppte ich alles, was uns noch geblieben war, in ein Zimmer im oberen Stock, in dem ich mein Büro eingerichtet habe. Die Aussicht hier ist wundervoll, und die Fenster gehen unmittelbar auf das Dach, was zum Sonnenbaden einlädt. Zwei russische Kriegsgefangene halfen mir, die Möbel heraufzuschaffen, ich gab ihnen Brotmarken und Zigaretten.

Mein Bildarchiv ist in einem traurigen Zustand, da die meisten Bilder Wasserschäden aufweisen und daher unbrauchbar sind. Der Rest klebt aneinander. Ich habe viel Zeit damit verbracht, sie wieder zu trennen, auf einem Bett zu trocknen und dann zum Flachpressen unter die Stuhlsitze meiner Mitarbeiter zu legen.

Ein Telegramm von Mama: »Hilfe! Tatjana will nach Riga zu Paul. Halte sie zurück.« Da Tatjana am Donnerstag hierher kommt, ist es gescheiter zu warten und die Sache dann in aller Ruhe zu besprechen. Graf Schulenburg hat seine Heimreise verschoben, um sie zu sehen.

Mittwoch, 16. Februar: Nach dem Mittagessen nahmen Madonna Blum und ich unsere erste Ziehharmonikastunde bei einem tschechischen Musiker namens Holinko, der fabelhaft spielt.

Donnerstag, 17. Februar: Tatjana ist heute angekommen.

Das berühmte Kloster von Monte Cassino ist, wie es heißt, von alliierten Bomben zerstört worden.

Freitag, 18. Februar: Madonna Blums Chef, ein netter alter Herr, der früher Generalkonsul in Istanbul war, ist sehr unglücklich, da er keinen Unterschlupf für seine Familie finden kann, die gerade ausgebombt worden ist. Ich schlug Tatjana vor, sie in Königswart einzuquartieren. Heutzutage müssen alle Häuser voll besetzt sein, und diese Leute wären jedenfalls wildfremden Menschen vorzuziehen.

Samstag, 19. Februar: Aß mit Tatjana zu Mittag und ging dann mit Madonna Blum zum Skilaufen auf dem steilen Hügel hinter einem pompös aussehenden Haus, das eines Tages, wie erzählt wird, von Außenminister Ribbentrop persönlich bewohnt werden soll. Bei unserer Rückkehr fanden wir Tatjana und Jeannette S. fieberhaft damit beschäftigt, Butterbrote zu schmieren, da sich Graf Schulenburg zusammen mit seinem Assistenten Sch. zum Abendessen angesagt hatte. Es war Sch.s Geburtstag. Jeannette hatte sogar einen Kuchen gebacken, und aus Königswart war eine Sendung Wein eingetroffen, so daß der Abend recht lustig wurde. Madonna spielte Ziehharmonika, kippte dann aber um, vermutlich wegen des guten Essens und weil sie heute nachmittag beim Skilaufen schwer auf den Kopf gestürzt war.

Sonntag, 20. Februar: Das Wetter war außergewöhnlich schön, und so machten wir uns nach dem Mittagessen zu fünft auf eine lange Tour, Madonna und ich auf Skiern, die übrigen mit Schlitten. Wir mußten sehr lange steigen, denn es gibt natürlich keine Skilifte.

Auf dem Berg hörten wir die Alarmsirenen tief unter uns im Tal. Sie klangen ganz unwirklich. Es fällt einem hier zuweilen schwer, sich klarzumachen, daß Krieg ist.

Tatjana hat einen sehr deprimiert klingenden Brief von Paul Metternich erhalten, in dem er über Schlaflosigkeit, starke Brustschmerzen und anderes klagt. Graf Schulenburg hat Tatjana versprochen, daß er ihr helfen wird, Paul in Riga zu besuchen, falls er nicht bald nach Deutschland zurückgeschickt wird. Ich bin dagegen, da das Reisen mit der Bahn heutzutage völlig chaotisch ist, vor allem im Osten.

Die Nachrichten von der russischen Front sind äußerst widersprüchlich – wie üblich behaupten beide Seiten, erfolgreich zu sein.

Montag, 21. Februar: Eigentlich hätte ich heute nach Berlin fahren sollen, um Dr. Six meinen Plan für den Aufbau eines neuen Bildarchivs zu unterbreiten. Meine Reise ist jedoch verschoben worden, da er abwesend ist.

Heute abend sahen wir uns im Kino den »Ochsenkrieg« an, einen Film über Krieg im Mittelalter. Es war besonders erholsam, Menschen zuzusehen, die mit Holzknüppeln aufeinander eindroschen. Nach fünf- oder sechsstündigem Kampf lagen sieben Leichen über das Schlachtfeld verstreut!

Mittwoch, 23. Februar: Beim Mittagessen im »Goldenen Frieden« wurden uns heute mikroskopisch kleine Stücke ungenießbaren Fleisches serviert, obgleich wir unsere Marken abgegeben hatten. Tatjana beschwerte sich, und man brachte uns statt dessen etwas Wurst.

Am Abend kam Blankenhorn vorbei und blieb zum Abendbrot. Er hat versprochen, Paul Metternichs Arzt in Riga anzurufen. Das ist ein großer Trost, da Graf Schulenburg für eine Woche nach Haus gefahren ist und wir seinem Assistenten nicht so nahestehen. Leider ist der Mann, der Tatjana einen SS-Passierschein nach Riga versprochen hatte, bei einem Autounfall ums Leben gekommen.

Am 15. fand wieder ein schwerer Luftangriff auf Berlin statt.

Eine große Bombe schlug im Hotel Bristol ein, einem der wenigen unversehrten Hotels, und das während eines großen, offiziellen Diners. Sechzig Menschen wurden lebendig begraben, darunter mehrere bekannte Generäle. Es dauerte fünfzig Stunden, alle auszugraben, und bis dahin waren die meisten tot.

Donnerstag, 24. Februar: Blankenhorn kommt nicht nach Riga durch.

Freitag, 25. Februar: Blankenhorn kam heute morgen endlich nach Riga durch. Paul Metternich ist jetzt außer Gefahr, aber noch zu schwach zum Reisen.

Am Nachmittag bekam ich Fieber und zog mich zu Büttners größter Freude ins Bett zurück. Offenbar ist er wie ein Rumpelstilzchen im Tannenhof herumgehüpft, hat die Hände gerieben und gekichert: »Jetzt hab' ich sie, jetzt hab' ich sie!« Unheimlich!

Samstag, 26. Februar: Jetzt liegt auch Tatjana im Bett.

Sonntag, 27. Februar: Endlich ein heiterer Brief von Paul Metternich.

Montag, 28. Februar: Bin heute früh wieder nicht zur Arbeit gegangen, da ich mich gar nicht wohl fühlte. Blankenhorn war entsetzt, als er von unserem Gesundheitszustand erfuhr, und versprach, einen Arzt aufzutreiben. Dieser erschien heute nachmittag – jung und sportlich. Jeannette S. fand sogleich Gefallen an ihm, was offensichtlich auf Gegenseitigkeit beruhte, und so kommt er später noch einmal, um *ihr* eine Visite abzustatten. Er hatte von Blankenhorn gehört, daß Paul Metternich einen Abszeß auf der Lunge gehabt habe, und erklärte, daß so etwas sehr selten und sehr gefährlich sei.

Dienstag, 29. Februar: Begann heute wieder zu arbeiten.

Louisette und Josias Rantzau haben mir aus Bukarest einen prächtigen Schinken geschickt. Josias ist schon seit einer Weile an der dortigen Botschaft. Der Schinken kam als ein Geschenk des Himmels, denn wir sind knapp an Lebensmittelmarken und wissen nicht, wie wir Tatjana ernähren sollen, die noch nicht ausgehen kann.

Gestern kehrte Graf Schulenburg zurück. Welche Erlösung!

Samstag, 4. März: Loremarie Schönburg scheint schon wieder einmal in der Tinte zu sitzen. Ich erhielt gerade einen Brief von Hans-Bernd von Haeften (unserm Personalchef in Berlin). Er bat mich, meinen Einfluß geltend zu machen und sie zur Kündigung zu bewegen; die politische Situation werde immer gefährlicher, und ihre Unvorsichtigkeit bereite ihnen allen die größten Sorgen. Sie hatte mir gerade aus Wien geschrieben, daß sie im Begriff stehe, nach Berlin zurückzukehren; so wird dies ein Schock für sie sein.

Sonntag, 5. März: Tatjana reiste heute früh ab.

Blankenhorn ist über Churchills letzte Rede deprimiert wie auch über die Haltung der Alliierten generell. Er hatte gehofft, daß es möglich wäre, »unter gewissen Umständen« zu einem Einvernehmen mit den Alliierten zu kommen; jetzt allerdings ist dies unwahrscheinlich. Bedingungslose Kapitulation ist das einzige, was sie zu akzeptieren bereit sind. Wahnsinn!

Gemeint ist Churchills Rede vom 22. Februar vor dem Unterhaus, in der er erklärte, Polen werde nach Kriegsende für Gebiete, die es eventuell der Sowjetunion im Osten überlassen müsse, im Westen (also auf Deutschlands Kosten) entschädigt werden.

Montag, 6. März: Wieder ein schwerer Angriff auf Berlin, dieses Mal am hellichten Tag. Inzwischen bombardieren auch die Amerikaner, deren Maschinen in größerer Höhe fliegen können als die der Briten. Tagesangriffe sind noch schlimmer als die nächtlichen, da alle Menschen in der Stadt und unterwegs sind. Es heißt, daß die UFA-Filmateliers in Babelsberg zerstört worden seien. Ich fürchte, daß dann auch Potsdam, das gleich nebenan liegt, getroffen worden ist.

Photographien der Schlacht um Monte Cassino häufen sich. Die Zerstörung dieses schönen Klosters ist fürchterlich. Was wird mit Florenz, Venedig, Rom geschehen? Wird auch nur eine dieser Städte erhalten bleiben? Sonderbar: Wir hatten uns nie vorgestellt, daß dieser Krieg so blutig und so zerstörerisch werden würde, wie er sich jetzt erweist...

Dienstag, 7. März: Rief Wien an in der Hoffnung, Loremarie Schönburg daran zu hindern, nach Berlin zurückzukehren, aber sie war schon abgereist.

Mittwoch, 8. März: Wieder ein schwerer Tagesangriff auf Berlin. Wir bekommen keine telephonische Verbindung.

Sowohl Jeannette S. als auch ich erwarten Pakete; ich Wein und sie Butter, aber keines von beiden ist angekommen.

Tatjana hat mir ein großes Bündel Briefe geschickt; viele stammen von Paul Metternich, der sein Leben in Riga beschreibt. Sie füttern ihn gut mit Milch, Rühreiern, echtem Kaffee und so weiter. Das Wasser läuft einem im Munde zusammen. Es gehe ihm jetzt viel besser, aber er sei noch schwach. Eine Ärztekommission habe seinen Fall untersucht und sei sehr beeindruckt gewesen, da er einen Abszeß auf der linken Lunge gehabt habe, der sich rund um sein Herz ausbreitete. Er habe nicht operiert werden können und sei nur deshalb mit dem Leben davongekommen, weil der Abszeß von selbst aufgegangen sei.

Antoinette Croy hat aus Paris an Tatjana geschrieben, daß die Gestapo Georgie vor einiger Zeit vorgeladen habe; es sei um einige Briefe gegangen, die ihm Papa geschrieben hatte und die voller »guter Ratschläge« steckten. Gelegentlich könnte man sich wünschen, daß sich die Eltern weniger in unser Leben einmischten und sich vorsichtiger verhielten, zumal wir ihnen unsere Vorhaben gar nicht immer mitteilen.

Bei der Gestapo hatte man Missies Bruder Briefe vorgelegt, in denen sich sein Vater besorgt über Gerüchte von seinen »Aktivitäten« äußerte. Dies konnte in den Augen der Gestapo nur auf Politisches anspielen. Georgie gelang es mit Mühe, den Fauxpas seines Vaters zu korrigieren, indem er vorgab, daß vermutlich der Schwarzmarkt gemeint sei, in den damals in Frankreich viele Menschen verwickelt waren.

Samstag, 11. März: Ging mit Madonna Blum zum Skilaufen und zugleich auf die Suche nach Gemüse, das als Beilage zu dem Hasenbraten gedacht ist, zu dem sie uns morgen einladen will.

Sonntag, 12. März: Die Organisation in Krummhübel ist chaotisch. Es gibt kaum Kohle, obwohl wir in Schlesien, dem Land der Kohle, sind; wenn aber Kohle da ist, werden die Büros zu Hochöfen. So müssen wir entweder frieren, oder wir werden gebraten.

Madonna Blums Hase war hervorragend, und die Gäste blieben lang. Ich muß schon um fünf Uhr früh wieder aufstehen, da ich nach Breslau fahre, um dort Ersatzphotos für mein Archiv abzuholen.

Montag, 13. März: Zog mich im Dunkeln an – das sonderbare Gefühl, wieder einen Rock zu tragen.

Zum Glück funktionieren die Bahnverbindungen mit Breslau noch, und ich war schon um zehn Uhr dort. Die Stadt wirkte trübselig, obgleich sie bisher noch unversehrt ist. Zum Glück konnte ich meine Geschäfte schnell erledigen, warf noch einen kurzen Blick auf den Hauptmarkt und den Dom und versuchte dann, in einem Lokal einen Happen zu mir zu nehmen, aber das Essen war so miserabel, daß ich nur ein bißchen undefinierbare Suppe hinunterschluckte und wieder zum Bahnhof zurückeilte.

Ich saß mit mehreren Frauen in einem Abteil. Eine Frau, die ohne Unterlaß mit dem Kopf wackelte, stand noch unter dem Schock eines Luftangriffs. Eine andere hatte einen halben Arm verloren, schien aber guter Dinge zu sein. Sie war auf dem Wege in ein Krankenhaus auf dem Land. Ich fühlte mich verdreckt, und eine der Frauen zog Kölnisch Wasser hervor und verspritzte ein wenig im ganzen Abteil, so als habe sie meine Gedanken erraten. In Hirschberg gesellte sich ein Mädchen vom A. A. zu uns. Sie kam aus Berlin. Sie hatte Loremarie Schönburg gesehen, die plant, zu mir nach Krummhübel zu übersiedeln.

Dienstag, 14. März: Ein Brief von Mama. Sie hat seit langem keine Nachricht mehr von Irena. Die Zustände in Italien müssen chaotisch sein. Ich fühlte mich plötzlich sehr bedrückt und setzte mich eine Weile in die Kirche, um über alles nachzudenken. Irena scheint sich in Rom immer einsamer zu fühlen und möchte vor Kriegsende noch zu uns stoßen. Das wäre ein großer Fehler!

Mittwoch, 15. März: Ein Brief von Loremarie Schönburg, in dem sie ihren Wunsch, hierher zu kommen, bestätigt. Wir werden ihr ein offizielles Schreiben schicken und sie in aller Form auffordern, sich unserer hiesigen Gruppe fest anzuschließen. In Berlin ist sie zu rastlos und gefährdet auf diese Weise das Leben von Menschen, die von größter Wichtigkeit sind.

Abendessen im »Preußischen Hof«. Dort war gerade ein Schwein geschlachtet worden, und alle schlugen sich mit den Innereien voll. Ich beschränkte mich eisern auf Käse.

Das Telegraphennetz ist inzwischen in ganz Deutschland total zusammengebrochen; wenn man will, daß Nachrichten verlorengehen, was man ja heute gelegentlich wünscht, sollte man diesen Übermittlungsweg wählen.

Donnerstag, 16. März: Noch immer keine Lebensmittelpakete. So bestand unser Abendbrot heute aus Toast mit Putenschmalz. Gestern abend gab General Dittmar, der offizielle militärische Kommentator des Rundfunks, zu, daß die Dinge im Osten schlecht stünden und die Schlammperiode für die Russen günstig sei. Man müsse sich, wie er sagte, auf schwere Rückschläge gefaßt machen.

Die Alliierten haben Rom bombardiert und auch Stuttgart. Berlin ist in letzter Zeit in Frieden gelassen worden.

Freitag, 17. März: Nichts Außergewöhnliches geschieht, was die Ruhe unserer rustikalen Existenz hier stören könnte, außer daß uns Graf Schulenburg einen Truthahn geschickt hat.

Samstag, 18. März: Kehrte von einem ganztägigen, von heftigem Schneefall begleiteten Skiausflug mit Madonna Blum zurück und traf Jeannette S., die sich mit einer Kiste Metternichschem Wein abmühte, die der Assistent des Botschafters und sein Fahrer gerade auf einem Schlitten abgeliefert hatten. Wir öffneten sofort eine Flasche und machten uns einen geruhsamen Abend. Ich schenkte Jeannette als Dank für ihre Gastfreundschaft die halbe Kiste.

Sonntag, 19. März: Wieder Ski gelaufen.

Als wir nach Haus kamen, fanden wir Graf Schulenburg vor. Er hatte gerade ein Paket mit Nüssen, Rosinen und getrockneten Feigen aus der Türkei erhalten und auch etwas Kaffee und Cognac mitgebracht, so daß ein rechtes Festmahl daraus wurde.

Jeannette S. will für eine Woche nach Berlin zurück. Da es in der letzten Zeit keine Luftangriffe mehr gegeben hat, möchte sie sogar ihre kleine Tochter mitnehmen, die hier bei ihr lebt. Ich halte dies für sehr leichtsinnig.

Dienstag, 21. März: Heute nachmittag hatten wir die erste Konferenz mit Büttner, seit er mir gekündigt hatte. Er versuchte, sich von der angenehmen Seite zu zeigen. Ich höre, er habe beschlossen, die Streitaxt zu begraben.

Graf Schulenburgs Assistent hat Jeannette S. erzählt, daß die Wehrmacht Ungarn besetzt hat, während die Russen Rumänien erobert hätten. Noch ist diese Nachricht nicht offiziell. Schöne Aussichten!

Mittwoch, 22. März: Mit den Hühnern aufgestanden. Nach einem Frühstück mit echtem Kaffee machte sich Jeannette S. mit ihrem Kind bei Schneegestöber auf den Weg, begleitet von Graf Schulenburgs Assistent Sch., der sich in allem sehr beflissen zeigt. Ich bin froh, eine Weile allein zu sein. Ich werde mich jetzt um meine Garderobe kümmern und ein bißchen Ordnung schaffen.

In mancher Beziehung hat Krummhübel ausgesprochen ländlichen Charme: Heute morgen kaufte ich gerade Lebensmittel ein, als mir der Postbote aus einer Seitenstraße zuwinkte; er hatte mich beim Bäcker gesehen, dann aber vergeblich alle Gasthäuser nach mir abgesucht, da er einen eingeschriebenen Brief für mich hatte. Rührend!

Arbeitete bis spät, da aus Breslau ganze Stapel von Photographien und Büromaterial eingetroffen sind und wir nun nach einem Wagen suchen, um das Zeug den Berg hinaufzubefördern. Das A. A. hat einen Sondervorrat an Zigaretten, um die Einheimischen zu bestechen, Lasten für uns zu tragen, da Transportmittel kaum noch vorhanden sind.

Ich lade Leute ein, solang der Weinvorrat reicht. Wir sind noch immer knapp an Kohle. Das Haus wird von Tag zu Tag kälter; wenn ich Gäste habe, schalte ich zwei asthmatische Heizlüfter an.

Donnerstag, 23. März: Jetzt ist es offiziell: Ungarn ist von »unseren« Truppen besetzt worden. Der neue Ministerpräsident ist der frühere Gesandte in Berlin, Sztojay, dem ich einige Male auf Valerie Arenbergs Diners begegnet bin; sie ist auch Ungarin. Er wirkte gar nicht wie ein Macchiavelli, soweit ich mich erinnern kann.

Freitag, 24. März: Meine Lebensmittelversorgung wird spärlicher und spärlicher. Am Abend ging ich bei Graf Schulenburg vorbei, der mir ein Telegramm aus Madrid zeigte: In der Nacht vom 17. hat die französische Résistance den Paris-Hendaye-Expreß entgleisen lassen; dabei kamen die beiden Oyarzabals um. Einzelheiten wurden nicht berichtet, nur daß die Beerdigung in Madrid stattgefunden habe. Sie hatten gerade ihren Heimaturlaub angetreten, nachdem Maria-Pilar aus der Schweiz zurückgekehrt war, wo sie noch ihren kleinen Sohn in seiner Schule in Le Rosey besucht hatte. Der Bub hat bei Tatjanas Hochzeit die Schleppe getragen. Das ist für uns alle ein tragischer Schlag, denn die beiden gehörten zu unsern engsten Freunden. Verbrachte den Abend daheim in einer Stimmung völliger Trostlosigkeit.

Samstag, 25. März: Hörte um Mittag zu arbeiten auf, zog mich um, traf mich mit Graf Schulenburg und seinem Assistenten, und dann fuhren wir gemeinsam in einem von A. A.-Pferden gezogenen Schlitten auf den Pfaffenberg, einen bewaldeten Hügel, der sich mitten in unserm Tal erhebt. Das A. A. unterhält hier inzwischen einen ganzen Marstall. Der asiatisch aussehende Kutscher war, wie sich herausstellte, ein aus Aserbeidschan stammender früherer sowjetischer Kriegsgefangener. Es gibt eine ganze Reihe von diesen Leuten hier, da die Deutschen sie an der Ostfront nicht einsetzen wollen. Sie tragen schlecht sitzende deutsche Uniformen, in denen sie sehr sonderbar aussehen, sind aber im allgemeinen gutmütig.

Seit Anfang des Rußlandfeldzugs war eine große Anzahl sowjetischer Soldaten zur Wehrmacht übergelaufen. Sie stammten aus allen Teilen der Sowjetunion, besonders aber aus Gebieten nichtrussischer Minderheiten (wie Missies Aserbeidschaner), deren Territorien erst seit relativ kurzer Zeit Rußland einverleibt waren und die sowohl von nationalistischen als auch (im Falle der Moslems) von religiösen Ressentiments gegen Moskau geleitet wurden. Im Juli 1942 wurde Andrej Wlassow gefangengenommen, ein mit hohen Orden ausgezeichneter sowjetischer General, der sich bei der Verteidigung von Kiew und Moskau hervorgetan hatte. Gemeinsam mit einigen anderen Generälen und hohen sowjetischen Offizieren widmete er sich der Aufgabe, aus Kriegsgefangenen und Überläufern sowie »Ostarbeitern« eine russische Befreiungsbewegung zu organisieren, die jedoch aufgrund von Hitlers unerbittlichem Widerstand nie recht zum Zuge kam. Erst im November 1944 wurde es Wlassow gestattet, in

Prag ein Komitee zur Befreiung der russischen Völker sowie eine russische Befreiungsarmee aufzustellen, die schließlich aus zwei halb kampffähigen Divisionen und einer kleinen Luftwaffe bestand. Nach Kämpfen an der Oderfront und in Böhmen nahmen die Reste der Wlassow-Armee ihren Weg nach Westen und ergaben sich den westlichen Alliierten, die sich jedoch auf das Jalta-Abkommen beriefen und sie an Stalin auslieferten. Viele dieser »Verratenen von Jalta« zogen der »Heimkehr« den Selbstmord vor. Die übrigen wurden von den Sowjets entweder sofort erschossen oder in Lager gesperrt, aus denen nur wenige zurückkehrten. Wlassow selbst wurde zusammen mit elf seiner rangältesten Offiziere im August 1946 in Moskau gehenkt.

Auf der Hügelkuppe steht ein kleines Schloß, das einem Baron N. gehört, der zahlende Gäste aufnimmt, und bei dem man auch nach vorheriger Bestellung zu Abend essen kann. Wir wurden vom Hausherrn und seiner Frau sehr reizend empfangen; sobald das Abendessen angekündigt wurde, zogen sie sich zurück. Man führte uns in einen kleinen Speisesaal mit verblichenem blauweißem Chintz, romantischer Beleuchtung und all jenen kleinen Dingen, die wir bei unserem trostlosen Dasein unten im Dorf schon längst vergessen haben. Man setzte uns ein köstliches Abendessen vor, das in Pfirsichen mit Schlagsahne gipfelte. Wir freuten uns wie kleine Kinder. Später gesellten sich unsere Gastgeber wieder hinzu und führten uns durch das Haus. Sie besitzen sogar ein kleines Gewächshaus und zeigten uns stolz ihre erste Rose. Nach einem weiteren Cognac erschien der Schlitten wieder und fuhr uns nach Krummhübel hinüber.

Montag, 27. März: Wieder ein Schinken von Josias Rantzau, Gott segne ihn!

Dienstag, 28. März: Letzten Freitag fand wieder ein schwerer Angriff auf Berlin statt. Ich mache mir Sorgen, da ich von Jeannette S. seit ihrer Abfahrt kein Lebenszeichen erhalten habe.

Abendessen bei Madonna Blum. Später kam der Karikaturist Bruns vorbei, und wir spielten auf drei Ziehharmonikas. Er ist für zwei Wochen hier; im allgemeinen arbeitet er nachts und verbringt den Tag mit Skilaufen oder spielt für uns Ziehharmonika, während wir arbeiten. Er ist außergewöhnlich begabt, besitzt ein endloses Repertoire und hat uns sehr viel beigebracht. Er ist winzig, ein talentierter Maler und insgeheim vermutlich ein Kommunist. Seine Ansichten über das heutige Deutschland sind sehr »originell«.

Mittwoch, 29. März: Es schneit und schneit.

Hans-Bernd von Haeften hat mich aus Berlin angerufen, um zu fragen, ob Tatjana die Familie Richter, die inzwischen ebenfalls ausgebombt worden ist, in Königswart unterbringen könnte. Judgie saß während eines Tagesangriffs im Bürobunker, aber eine Sprengbombe traf sein Haus und zerstreute seine Familie in alle Richtungen. Gottlob wurde niemand verletzt, sie sind jedoch obdachlos. Ich versuche jetzt, Tatjana zu erreichen, aber wie üblich funktionieren die Ferngesprächsleitungen nicht.

Donnerstag, 30. März: Ein Brief aus Berlin, in dem ich gebeten werde, nach Ostern dorthin zu kommen. Ich bin entzückt, denn es fällt einem schwer, so lang dem »Brennpunkt des Geschehens« fernbleiben zu müssen. Unsere ruhige Lebensweise hier dient lediglich der körperlichen Erholung.

Heute abend waren Madonna Blum und ich gerade damit beschäftigt, uns Kartoffeln zum Abendessen zu kochen, als Jeannette S. mit ihrer kleinen Tochter hereinwankte und einen riesigen Koffer hinter sich herzog. In der Nacht nach ihrer Ankunft in Berlin wurde ihr dortiges Haus von einer der schwersten Bomben aus dem Arsenal der Alliierten getroffen. Der Keller stürzte ein und begrub elf Menschen. Wie durch ein Wunder wurden sie selber gerettet, aber Jeannettes Mutter ist jetzt obdachlos, und ich muß hier ausziehen, um ihr Platz zu machen. In Berlin muß es einfach grauenhaft sein: kein Wasser – jede Familie erhält zwei Eimer pro Tag, die von Soldaten gebracht werden –, kein Licht, kein Gas . . . Jeannette ist auf der Straße mehrmals angepöbelt worden, weil sie so »aufreizend« geschminkt sei, was heutzutage als »unpatriotisch« gilt. Hüte werden nicht mehr getragen, bestenfalls noch Schals, die man sich um das Gesicht schlägt als Schutz vor den Rauchschwaden.

Freitag, 31. März: Fieberhafte Tätigkeit in der ganzen Abteilung, da sich Dr. Six für übermorgen angesagt hat und in Begleitung von Judgie Richter und einigen anderen hohen Beamten beabsichtigt, sämtliche Chalets und Gasthäuser zu inspizieren. Anläßlich dieses wichtigen Ereignisses ist plötzlich sogar wieder Kohle herbeigezaubert worden; unsere Baracken sind praktisch zum ersten Mal in diesem Winter geheizt. Überdies hat der Tannenhof einen frischen Anstrich erhalten, und man hat sogar Teppiche ausgebreitet. In seiner Aufregung hat Büttner einen Tagesbefehl erlassen, daß wir am Sonntag von neun bis zwölf Uhr an unsern Schreibtischen zu sitzen hätten. Man könnte glauben, der Papst käme.

Das Wetter hat sich endlich etwas aufgeklärt, und wir sind daher äußerst verbittert.

Samstag, 1. April: Ging absichtlich erst spät ins Büro wegen des Dienstes morgen; Büttner strich bereits wie ein Tiger durch die Räume. Er erklärte spitz, daß er schon um acht Uhr dagewesen sei. Zur Zeit ist Professor Michel Gegenstand seines Hasses – nachdem er es bei mir aufgegeben hat. Dieser pflegt Büttners Aggressionen mit der Bemerkung zu quittieren: »Das kostet mich nur ein müdes Lächeln.«

Sonntag, 2. April: Kam kurz nach neun Uhr in mein Büro. Das Wetter war sonnig und freundlich. Zur Feier des Tages war Bruns' Ziehharmonika beiseite geräumt worden; auf jedem Schreibtisch stand ein Erkennungsschildchen – »Bildarchiv«, »Schrift und Wort« und dergleichen –, um unsere verschiedenen Arbeitsbereiche zu kennzeichnen. Alles stand nervös herum und wartete auf das Erscheinen des Großmoguls. Ich saß mit Bruns und einer Berliner Kollegin draußen auf der Veranda in der Sonne, wurde aber von Büttner hineinzitiert, da er angeblich Bildtexte mit mir zu besprechen wünschte.

Wir waren noch damit beschäftigt, als eine von Dr. Six angeführte Prozession eintrat, hinter ihm Judgie Richter, der aussah, als habe er Magenschmerzen, dann Böhm, Blahut und Six' Sekretärin, Frau Seuster, samt den Krummhübler Potentaten wie Betz. Die Berliner Herren sahen zerzaust aus; an Glatteis und Schnee nicht gewöhnt, waren sie auf dem Wege herauf offensichtlich einige Male hingefallen. Alle mußten sich dann auf der Veranda versammeln, wo Büttner, zu unser aller Verlegenheit, eine endlose Rede über unsere »enorm wichtige« Tätigkeit vom Stapel ließ. Welche Farce! Als Six ihn schweigend anstarrte, wurde er verwirrt und begann zu stammeln. Ich stand im Hintergrund an die Tür gelehnt. Als Büttners Ansprache beendet war, sprach Six ein paar Worte über die Notwendigkeit, mehr Platz für das Bildarchiv zu schaffen – mit andern Worten, für mich! Dann trotteten sie alle wieder den Hügel hinunter, während wir uns zum Skilaufen aufmachten. In den nächsten drei Tagen wird Six woanders tätig sein, so daß wir unbelästigt bleiben; für Mittwoch hat er allerdings einen weiteren Inspektionsrundgang angekündigt.

Gestern hatte mich seine Sekretärin, Frau Seuster, überraschend besucht und mich dringend gebeten, heute anwesend zu sein. Offenbar hatte man befürchtet, ich würde zum Skilaufen gehen! Sie müssen nicht ganz bei Trost sein – wenn der Tiger in unserer Mitte ist! Six ist ein viel zu gefährlicher Mann, als daß ich die Dinge in seiner Gegenwart auf die leichte Schulter nehmen könnte. Überdies wäre es ein schwerer Fehler, wenn ich mir ausgerechnet ihn zum Feind machte, wohl wissend, was bevorsteht.

Frau Seuster hatte Judgie und zwei andere Herren aus Berlin, die ihr auf der Reise geholfen hatten, ihre schwersten Pakete zu tragen, als Dank zu einer Tasse Kaffee eingeladen. Ich schlug ihr vor, ihre Gäste in unserem Haus zu empfangen, da sie keine Bleibe hat. Madonna Blum und ich kamen gerade noch rechtzeitig zurück, uns hastig die Stiefel von den Füßen zu ziehen und Jeannette S. auf den Besuch vorzubereiten, ehe Judgie, Böhm und Blahut erschienen. Frau Seuster sorgte für den Kaffee, ich für den Wein. Wir unterhielten uns ganz gut, da die drei zu den letzten anständigen Leuten in der Abteilung gehören. Sie wußten nicht, was sie mit Six anstellen sollten, und fragten uns, ob sie ihn nach dem Abendessen mitbringen dürften. Vielleicht wäre das sogar ein kluger Schachzug.

So schleppten sie Six in der Tat an; der Abend dehnte sich sehr in die Länge, und nur Jeannette sorgte für etwas Leichtigkeit.

Montag, 3. April: Die Rantzaus wollen alle ihre wertvolleren Sachen aus Bukarest an seine hiesige Schwägerin schicken. Dort scheinen sie sehr auf dem Quivive zu sein, denn die Front rückt näher und näher.

Dienstag, 4. April: Das Wetter verschlechtert sich zusehends, und ich möchte Judgie Richters Anwesenheit nutzen, um mit ihm über das Wochenende nach Königswart zu fahren. Er bringt seine Familie jetzt endlich bei Tatjana unter, und vielleicht gelingt es mir, die Erlaubnis herauszuschinden, ihn zu begleiten. Die Bahnfahrt wird hart werden, denn inzwischen dauert sie achtzehn Stunden statt fünf.

Mittwoch, 5. April: Nicht nur hat Judgie Richter bei Dr. Six die Erlaubnis für mich erwirkt, ihn nach Königswart zu begleiten, sondern auch unter dem Vorwand, noch vieles mit mir besprechen zu müssen, unsere Abreise auf Freitag vorverlegt.

Heute war die Sonne so heiß, daß Frau Seuster und ich auf das Dach unserer Veranda kletterten und fachsimpelten. Sehr bald gesellten sich Judgie und Professor Michel zu uns, während sich Bruns in einer Ecke ohne Hemd sonnte. Plötzlich fiel Judgie ein, daß Bruns noch nie einer Besprechung beigewohnt hatte, und da allem hier sofort der Stempel »streng geheim« aufgedrückt wird, wurde beschlossen, Bruns, sobald wir vom Dach stiegen, den Eid striktester Verschwiegenheit abzunehmen.

Donnerstag, 6. April: Heute morgen wurde ich gebeten, nach dem Kaffee bei Dr. Six anzutreten, da er unter vier Augen mit mir sprechen wolle. Mir war nicht ganz klar, was mit »nach dem Kaffee« gemeint war. Zum Glück traf ich Six auf dem Weg zum Mittagessen. Er blickte ostentativ auf seine Armbanduhr. Hatte ich zu früh Pause gemacht? Man weiß nie, woran man bei ihm ist. Es ist schwierig, bei Leuten wie ihm den rechten Ton zu treffen und die abgrundtiefe Abneigung und Furcht hinter einer Maske von Schneid und Wurstigkeit zu verbergen. Später kam Judgie vorbei, um mir zu sagen, daß wir beide um fünf Uhr erwartet würden. Welche Erleichterung, nicht mit Six allein sein zu müssen! Im Tannenhof wurden wir von ihm persönlich empfangen. Er bot uns Gebäck, Kaffee und Cognac an, und dann diskutierten wir über allgemeine Fragen – falls man es überhaupt als Diskussion bezeichnen kann. Im allgemeinen setzt er jedem Einwand ein Ende, indem er ziemlich platt darauf hinweist, daß er der höchstbezahlte Mann in unserem Unternehmen sei und sein Wort daher den Ausschlag gebe.

Königswart, Karfreitag, 7. April: Stand heute früh um fünf Uhr auf. Auf dem Bahnhof waren Dr. Six und Judgie Richter gerade im Begriff, in den Zug zu steigen, so daß die Krummhübler AA-Beamten, d. h. Betz und Gefolge, auf dem Bahnsteig standen, um »uns« das Abschiedsgeleit zu geben. Zum Glück trennten sich unsere Wege in Görlitz. Der Zug, den wir hatten nehmen wollen, war bereits so voll, daß es Judgie und mir nicht einmal gelang, durch die Fenster hineinzuklettern. So warteten wir drei Stunden auf den nächsten und kamen um elf Uhr in Marienbad an, nach fast zwanzigstündiger Fahrt; Judgie war jedoch in bester Laune, und die Zeit verging schnell.

Zu Hause angekommen, zog ich mich schnell um und aß etwas. Dann erschien Mama. Ich war froh, sie zu sehen, da ich seit Weihnachten nicht mehr hier gewesen war. Wir gerieten sofort in eine Diskussion über Politik. Für einen so dynamischen Menschen wie sie ist ein Leben aufgezwungener Untätigkeit sehr schwer zu ertragen. Paul Metternich ist gestern aus Riga eingetroffen. Er sieht sehr müde aus, aber weniger dünn, als ich erwartet hatte, und ist guter Dinge.

Samstag, 8. April: Das Wetter ist wunderschön. Hier liegt sehr viel weniger Schnee als in Krummhübel. Ich ging mit Mama ins Dorf und begegnete den Richters, die zu einem Gesundheitsspaziergang unterwegs waren. Nach einem üppigen Mittagessen – was für einen Unterschied es macht, wenn man heutzutage Landbesitz hat – unternahmen wir eine lange Rundfahrt. Paul Metternich gerät leicht außer Atem, ist aber sonst heiter. Wie schade, daß Krummhübel so weit entfernt ist und ich nicht öfter herkommen kann! Die Metternichs hoffen, diesen Sommer nach Spanien zu reisen – Paul auf Erholungsurlaub. Er will im Auto seiner Mutter fahren, das seit Ausbruch des Krieges in einer Scheune versteckt ist. Es macht ihm einen Heidenspaß, so etwas zu unternehmen zu einer Zeit, in der es Privatfahrzeugen nicht erlaubt ist, unterwegs zu sein.

Ostersonntag, 9. April: Die Richters kamen zum Mittagessen. Judgies Ansichten sind vernünftig. Es ist beruhigend zu wissen, daß es im A. A. noch ein paar Menschen gibt, denen man trauen kann.

Krummhübel, Dienstag, 11. April: Um halb fünf in der Früh aufgestanden. Der Zug war sehr voll, und auf der ganzen Strecke wurden wir vom Lärm der Sirenen verfolgt. Kam um sieben Uhr abends in Krummhübel an und ging geradewegs nach Haus, wo viele Briefe und verschiedene Päckchen für mich lagen.

Mittwoch, 12. April: Die Päckchen waren von Hanni Jenisch und enthielten Butter, Speck und Wurst. Ich bin tief gerührt. Wir organisierten sofort ein Festessen, zum Abschluß gab es Kaffee.

Am Nachmittag wurde allgemeiner Appell geblasen; wir mußten uns anhören, was Dr. Six bei seinem Besuch zu bemängeln gehabt hatte: unter anderem nähmen wir es mit der Einhaltung der Arbeitszeit nicht genau genug. Andererseits sei es uns, im Falle eines Luftangriffs auf Krummhübel, freigestellt, uns in alle Winde zu zerstreuen und zu gehen, wohin wir wollten. Ein vernünftiger Ratschlag, vor allem, da es keine Alternative gibt.

Aß mit Graf Schulenburg zu Abend und ging dann ins Kino.

Donnerstag, 13. April: Heute morgen rief Hans-Georg von Studnitz an. Er ist hier mit dem Gesandten Schmidt, dem Leiter der Nachrichten- und Presseabteilung des A. A. Sie treffen sich mit Schmidts slowakischem Gegenspieler, Tido Gaspar, der überdies noch Propagandaminister ist. Später kam Hans-Georg bei mir im Büro vorbei, und wir setzten uns auf eine Bank in die Sonne. Er brachte den neuesten Berliner Klatsch mit. Ich glaube, vieles davon ist seine eigene Erfindung, aber er ist ein guter Erzähler.

In der Mittagspause begleitete er mich den Hang hinauf, um ein Zimmer anzusehen, das mir Graf Schulenburg in einem andern Chalet verschafft hat, da Jeannette meines für ihre Mutter benötigt. Es war, selbst für hiesige Verhältnisse, recht primitiv, hatte aber fließendes Wasser, was ein großer Vorteil ist. Loremarie Schönburg wird demnächst kommen, dann können wir uns das Zimmer teilen; es wird uns sicher gelingen, es ganz gemütlich herzurichten. Auf der Brücke, die über den Wasserfall führt, liefen wir dem Gesandten Schmidt höchstpersönlich über den Weg; zu meiner Überraschung stellte er sich als ein recht junger Mann heraus. Er war dabei, einen »Kameradschaftsabend« für seine Presseabteilung zu organisieren, und lud mich dazu ein.

Mit Madonna Blum und einigen anderen machten wir uns am Abend in einem Pferdeschlitten auf den Weg. Außer uns waren alle Mädchen aus der Presseabteilung da. Wir saßen an langen Tischen; ich saß neben Studnitz, der seine Berliner Geschichten fortspann. Im Verlauf des Abends goß Gesandter Schmidt ein Glas Wein über Madonnas Schoß. Sein slowakischer Gast,

Tido Gaspar, lud uns in sein Land ein und versprach, mir sein neuestes Buch, »Mille et une femmes«, zu schicken; er ist Dichter und Bühnenschriftsteller. Die Getränke flossen reichlich: Cognac, verschiedene Weine, Sekt; dazu gab es ausgezeichnete Butterbrote. Der Bürgermeister von Krummhübel war ebenfalls anwesend und flüsterte mir vertraulich zu, daß ich ihm ein Rätsel aufgäbe – »Qu'est-ce que je fichais dans cette galère?« Die Party sollte noch lange weitergehen, aber um zwei Uhr schlug ich unserer Gruppe vor, daß wir uns auf den Heimweg begeben.

Freitag, 14. April: Es ist Frühling: überall sprießen die Krokusse. Madonna Blum und ich haben beschlossen, uns von Hans-Georg Studnitz nach Berlin mitnehmen zu lassen; sein Bus fährt morgen. Madonna hat Urlaub, ich werde schwänzen.

Berlin, Samstag, 15. April: Stand um fünf Uhr früh auf und traf mich mit Madonna Blum am verabredeten Treffpunkt. Ein riesiges weißes, mit Holzkohle geheiztes Ungetüm erschien, das von einem fröhlichen Österreicher gefahren wurde. Die drei anderen Passagiere waren ebenfalls Österreicher. Normalerweise befördert der Bus dreißig Personen. Ein Teil der Reise ging über die Autobahn, und wir mußten immer wieder anhalten, damit der Fahrer seinen Ofen schüren konnte. In Königs Wusterhausen, wo wir einen der Fahrgäste absetzten, gerieten wir in einen Luftangriff; über uns kreisten viele Jagdflieger, und am Straßenrand waren verschiedene Bombenkrater zu sehen. Sehr bald wurde jedoch Entwarnung gegeben, und wir fuhren nach Berlin weiter, wo man uns am Innsbrucker Platz absetzte.

Bei den Gersdorffs traf ich Maria und Baron Korff. Sie kochte mir Eier, und plötzlich spazierte Papa herein. Er war zum russischen Osterfest nach Berlin gekommen. Ich rief Gottfried Bismarck an, der mir berichtete, Loremarie Schönburg wohne im Hotel Central, in der Nähe des Bahnhofs Friedrichstraße. Da es heutzutage äußerst schwierig ist, ein Hotelzimmer zu ergattern, muß das wohl Graf Helldorfs Werk gewesen sein. Ich rief sie an und bat, sie solle mir auch ein Zimmer reservieren. Verbrachte den größten Teil des Nachmittags bei Maria und ging dann durch den Tiergarten, der einen traurigen Anblick bietet, zu Fuß zum Hotel. Überhaupt ist es auffallend und deprimierend, wie schäbig Berlin aussieht.

Unter den Linden kam ich am Hotel Bristol vorbei. Auf den ersten Blick sah es gar nicht so schlimm aus, da die Fassade mit sämtlichen Balkons noch steht. Aber dahinter herrscht völliges Chaos: Telephonhörer, Badezimmerkacheln, Kronleuchter, Teppichfetzen, zertrümmerte Spiegel, kaputtgeschlagene Statuen und Schutt.

Im Hotel Central wurde ich mit ausgesprochener Zuvorkommenheit empfangen und bekam sofort ein Zimmer. Ich bestellte mein Abendessen und hupfte zu einem kurzen Schlaf ins Bett. Zwei Stunden später erschienen Loremarie, Tony Saurma, Alexandra von Bredow (Gottfrieds Nichte), Kicker Stumm und noch ein weiterer Freund; wir tranken Cognac und schwatzten bis Mitternacht.

Alle Bemühungen, die jüdische Mutter von Sigrid Görtz zu verstecken, und alle Anstrengungen ihres sehr tüchtigen Anwalts, Dr. Langbehns (der damals bereits selbst unter Verdacht stand und jetzt in Haft ist), waren vergebens, man hat sie abermals eingesperrt – und diesmal endgültig. Es ist nichts mehr zu machen, und Sigrid tut mir grenzenlos leid. All dies erinnert mich an einen denkwürdigen Abend mit ihr und Loremarie in der Lehndorffschen Küche vor etwa zwei Jahren, als wir über diese teuflischen Judenverfolgungen sprachen. Irgend jemand hatte mir eine Flasche »Bénédictine« geschenkt, den wir aus Biergläsern tranken; das Abendbrot bestand aus trokkener Wurst. Es war das einzige Mal, daß ich je beschwipst war. Als ich aufwachte, war ich noch immer bei den Lehndorffs; Loremarie hatte sich ein Bett im Salon aufgeschlagen.

Dr. Carl Langbehn hatte der Widerstandsgruppe um den ehemaligen Botschafter Ulrich von Hassell und den früheren preußischen Finanzminister Johannes Popitz angehört. Wegen seiner gelegentlichen beruflichen Besuche in der Schweiz fungierte er auch als Verbindungsmann zu dortigen alliierten Kreisen. Langbehn stand gleichzeitig in Verbindung mit Himmler, den Popitz von Hitler abzuspalten trachtete. Er wurde im September 1943 verhaftet, grausam gefoltert und im Oktober 1944 hingerichtet.

Sonntag, 16. April: Mit leerem Magen eilte ich in die Kirche zur Kommunion; leider umsonst. Es herrschte ein solcher Andrang – zumeist Flüchtlinge oder aus Sowjetrußland Verschleppte –, daß ich nicht einmal bis zum Eingang gelangte. Nach einem Faustkampf mit einem brutalen Kerl, der in das

Telephonhäuschen eindrang und mich hinauszupuffen versuchte, rief ich Loremarie Schönburg an und kehrte ins Hotel zurück. Wenig später erschien Tony Saurma, und wir fuhren in seinem Auto ins Hotel Eden zum Mittagessen. Man betritt es heutzutage durch den Lieferanteneingang, da der vordere Teil zerstört ist. Aber es hat bereits wieder fünfzig bewohnbare Zimmer. Wir bekamen ohne jegliche Schwierigkeiten einen Tisch und labten uns an einem erstaunlichen Menü, das aus Radieschen mit Butter und köstlichen Hirschschnitzeln (markenfrei) bestand. Wir begannen mit Cocktails, tranken dann verschiedene Weine, dann Champagner und als Abschluß eine Flasche von Tonys Cognac. Seit Monaten hatten wir nicht so geschlemmt.

Wir packten einen Teil des Essens in Papierservietten und nahmen es zu Maria Gersdorff mit, bei der wir Gottfried Cramm und Papa trafen. Gottfried ist zur Zeit sehr bedrückt, da ihn die Schweden gebeten haben, nicht zurückzukehren. Er war dort ein häufiger Besucher, dank seiner Freundschaft zu dem alten König, mit dem ihn die Leidenschaft für das Tennisspiel verbindet. Ob es sich um eine Intrige der Engländer handelt?

Wir blieben fast den ganzen Nachmittag bei Maria; dann verabschiedete ich mich und machte mich allein zum Hotel auf; ich mußte am Montag früh wieder in Krummhübel sein und konnte es mir nicht leisten, den Zug zu verpassen.

Krummhübel, Dienstag, 18. April: Habe Jeannettes Haus verlassen und bin in mein neues Zimmer gezogen, das zu Fuß eine halbe Stunde von meinem Büro entfernt ist; das hat vielerlei Vorteile. Das Zimmer hat einen großen Balkon mit einer wundervollen Aussicht.

In Krummhübel lief ich sofort Betz in die Arme und beichtete ihm, wo ich das Wochenende verbracht hatte; ansonsten scheint meine Eskapade von niemandem bemerkt worden zu sein.

Später kam Loremarie an mit einem riesigen Koffer. Wir zogen ihn gemeinsam den Hügel hinauf. Sie ist von der hübschen Umgebung angenehm überrascht, aber fest entschlossen, hier nur ein kurzes Gastspiel zu geben.

Samstag, 22. April: Ich mache mir langsam bewußt, wie schwierig es ist, mit Loremarie Schönburg zusammenzuarbeiten, gerade weil wir so eng befreundet sind.

Montag, 24. April: Ein langes Gespräch mit Loremarie Schönburg, die beleidigt ist, weil sie *mir* die Schuld dafür gibt, daß sie nach Krummhübel versetzt worden ist. Es ist schwierig für mich, ihr den wahren Grund ihres Hierseins zu erklären, nämlich daß sie aufgrund ihrer unvorsichtigen Machenschaften schon allein durch ihre Anwesenheit in Berlin Menschen gefährdet, die – obwohl sie das nicht ahnt – sehr viel tiefer in die kommenden Ereignisse verwickelt sind als sie selbst. Beim Abendessen hatten wir ein weiteres langes Gespräch, das die Luft ein wenig gereinigt hat.

Morgen kehre ich für zwei Wochen nach Berlin zurück.

Berlin, Dienstag, 25. April: Loremarie Schönburg brachte mich an den Bahnhof und half mir, den Koffer zu tragen. Bis Görlitz, zwei Stunden lang, war die Fahrt relativ bequem, ich hatte sogar einen Sitzplatz. Aber in Görlitz wurde unser Waggon aus irgendeinem unerfindlichen Grund abgekoppelt, und so mußten wir alle aussteigen und uns in anderen Wagen Platz suchen. Ich mußte die ganze Strecke bis Berlin stehen.

War selig, Alex Werth und Adam Trott wiederzusehen. Es war wie in alten Zeiten. Wir hatten eine lange Unterhaltung, ehe ich zu Judgie Richter ins Büro ging. Alle sind wütend, da man ihnen neue Arbeitsräume in einem Nachbarhaus zugewiesen hat, in denen die Zustände mehr als primitiv sind; es gibt nicht einmal ein Telephon. So haben sie beschlossen, in das Karlsbader Hotel umzuziehen, das noch freie Zimmer hat. Adam nahm mich zu sich nach Haus zum Tee mit; danach fuhr er mich zur S-Bahn.

Ich erreichte Potsdam, wo Gottfried Bismarck, Rudger Essen und Jean-Georges Hoyos mit dem Abendessen auf mich warteten, erst ziemlich spät. Melanie ist auf dem Land. Hitlers Dolmetscher, Botschafter Paul [Otto] Schmidt, hatte einen schweren Autounfall – doppelter Schädelbruch. Ich hoffe, er wird wieder gesund, denn er ist ein netter und anständiger Mann. Es ist auch ein schweres Flugzeugunglück passiert, bei dem Generaloberst Hube umkam. Er hatte gerade die Brillanten zu seinem Ritterkreuz erhalten.

Berlin, Mittwoch, 26. April: Schlage mich mit der Bildgestaltung einer neuen Zeitschrift herum, die Dr. Six herausbringen will. Verbrachte den Abend mit Maria Gersdorff. Ich sehe beide Gersdorffs nur selten, und dabei sind sie immer so reizend und fürsorglich zu mir. Sie haben das Parterre ihres Hauses etwas repariert, so daß man jetzt dort sitzen kann, aber es ist noch immer eiskalt. Der kleine Platz vor dem Haus sieht inzwischen auch besser aus; in den Ruinen blühen Pfirsichbäume und Hyazinthen – eine kleine Oase.

Donnerstag, 27. April: Sah Graf Helldorf heute morgen. Ein rüder Beamter versuchte, mich daran zu hindern, aber ich bin trotzdem zu ihm vorgedrungen. Er war sehr liebenswürdig zu mir, wie immer. Das macht es schwer, mir eine Meinung über sein wahres Wesen zu bilden; so viele meiner Freunde mißtrauen ihm. Allerdings achte ich Gottfried Bismarcks Urteil sehr und bin daher entschlossen, Helldorf sympathisch zu finden. Er setzte mich am Hotel Adlon ab. Ich saß vorn neben ihm; auf dem Rücksitz saßen zwei hohe Polizeibeamte. Ich fühlte mich ziemlich »sicher«, denn in der gesamten Berliner Polizei gibt es keinen, der einen höheren Rang hätte als diese drei.

Aß mit Tütü Stumm zu Mittag. Das »Adlon« ist ein babylonischer Turm, wo sich die letzten Mohikaner zusammenfinden. Da Cocktailparties inzwischen passé sind, kommen jetzt alle, die man früher auf solchen Gesellschaften traf, mindestens einmal am Tag hier vorbei. Heute zum Beispiel begegnete ich dort Franz-Egon Fürstenberg, Helga Nehring, Lally Horstmann, Fritzi Schulenburg (früher unter Helldorf Vizepolizeipräsident von Berlin), die Lorenz-Mädchen, Karl Salm . . . Die Untergangsstimmung hat etwas Gespenstisches.

Nach dem Mittagessen machte ich einen kurzen Besuch bei Percy Frey in der Schweizer Gesandtschaft. Es tut gelegentlich gut, auf neutralem Boden zu stehen. Dann fuhr ich hinaus, den Künstler Leo Malinowski zu besuchen, der in Nikolassee wohnt, einem Vorort von Berlin, der um diese Jahreszeit besonders schön ist, da überall Krokusse und Mandelbäume blühen.

Saß mit Leo in seiner kleinen Wohnung bei einer Tasse Kaffee. Er hat eine reizende alte Mutter, die bei ihm lebt. Eine nette, typisch russische Intellektuellenatmosphäre. Leo ist tief deprimiert. Einer seiner engsten Freunde, der für Goebbels' »Reich« arbeitete und oft in unserm Büro war, hatte gerade im Gefängnis Selbstmord begangen. Leo hegt Verdacht, daß er dazu gezwungen wurde. Künstler haben heutzutage einen besonders harten Stand. Die Jungen sind alle beim Militär, wenn nicht schon tot, und die Älteren scheinen sich verkrochen zu haben, da ihre Ansichten in den wenigsten Fällen konform sind; auch für sie ist es nicht leicht, zu überleben.

Ich trank soviel Kaffee, daß ich für den Rest des Tages alles verschwommen wahrnahm. Kaffee ist das einzige, das ich, wenn möglich, in großen Mengen zu mir nehme, denn es dient als Ersatz für alles übrige. Das Rauchen habe ich praktisch ganz aufgegeben.

Ich fuhr direkt nach Potsdam zurück. Gottfried Bismarck war allein zu Haus. Man kann mit ihm über Gott und die Welt reden, er hat für alles Verständnis; aber wenn er von Menschen umgeben ist, die ihn irritieren, scheut er wie ein nervöses Pferd und wird schwierig.

Freitag, 28. April: Rudger Essen fährt mich jeden Morgen nach Berlin. Leider wird er sehr bald für immer nach Stockholm zurückkehren. Wir werden ihn sehr vermissen; er ist wie ein Fels in einer brandenden See, seine Pfeife nimmt er nie aus dem Mund. Seine Kollegen geben jetzt Abschiedsfeste für ihn, von denen er am frühen Morgen in ziemlich angesäuseltem Zustand zurückkehrt.

Im Büro waren alle sehr zappelig; »Luftgefahr 15 – höchste Alarmstufe«. Dies bedeutet einen unmittelbar bevorstehenden schweren Angriff. Überraschenderweise passierte gar nichts. Um zwei Uhr nachmittags schlugen Dr. Six und Alex Werth vor, daß ich sie in den Ausländischen Presseklub begleiten solle, wo wir während des Essens Berufliches besprechen könnten. Der Klub ist jetzt in einen Vorort verlegt worden, da das sehr hübsche Gebäude in der Innenstadt, in dem er früher untergebracht war, inzwischen ein Trümmerhaufen ist. Wir durchquerten Stadtteile von Berlin, in denen kein Haus mehr steht. Als wir ankamen, begegneten wir Adam Trott, der gerade mit zwei Freunden zum Mittagessen ging. Wir bekamen einen Tisch in der Mitte des Speisesaals, umgeben von deutschen Journalisten und Leuten vom A. A. Der Gesandte Schmidt, der Chef von Hans-Georg Studnitz, war ebenfalls anwesend. Er verträgt sich nicht mit Six – aber wer tut das schon? Um ihn zu ärgern, kam Schmidt vorbei, schüttelte mir die Hand und flüsterte deutlich hörbar: »Erzählen Sie ihm ja nicht, worüber wir in Krummhübel gesprochen haben.«

Alex Werth war es zu danken, daß das Gespräch zufriedenstellend verlief. Wir besprachen Personalprobleme in Krummhübel; einige der Mädchen dort werden unruhig. Six scheint sich an meine häufigen, gelegentlich überraschenden Auftritte in Berlin zu gewöhnen. Er erkundigt sich lediglich nach meiner Tätigkeit und meinem Abreisetermin, hat aber weiteres Fragen längst aufgegeben.

Abendessen bei Studnitz mit Bernd Mumm und Vollard Watzdorf. Hans Flotow hatte ihm zu diesem Anlaß seine Wohnung zur Verfügung gestellt. Ich war das einzige weibliche Wesen. Studnitz versteht es immer, Partys in Schwung zu bringen. Er ist witzig und boshaft, liebt Anekdoten und ist bereit, ihnen zuliebe jeden über die Klinge springen zu lassen. Dieses Mal lachten wir so viel, daß ich fast Krämpfe bekam. Es geschieht nicht oft und tut einem gut.

Jahnsfelde, Samstag, 29. April: Der Morgen begann schön. Rudger Essen setzte mich im Zentrum am Büro der UFA in der Leipziger Straße ab, wo ich einige Photographien deutscher Schauspielerinnen abholen sollte. Ich hatte gerade angefangen, mich durch das Material zu wühlen, als die Sirenen heulten. Wir wurden eilig in einen tiefgelegenen, geräumigen Keller gejagt. Dort waren über fünfhundert Menschen versammelt, alles Angestellte der UFA. Zwei Mädchen, neben denen ich in der Nähe des Ausgangs saß, lernten Gedichte auswendig, und ich vertiefte mich in Madame Tabouis' Autobiographie »Ils l'ont appelée Cassandre«, als es einen lauten Krach gab und die Lichter ausgingen. Sofort setzten sich Behelfsgeneratoren in Bewegung. Trotz dieser anscheinend lückenlosen Organisation fand ich die Vorstellung, in diesem Keller lebendig begraben zu werden, ohne daß eine Seele wußte, wo ich war, ungemein deprimierend. Die Flak schoß wild, und in der Nähe explodierten ständig Bomben. Krankenschwestern flitzten mit Erste-Hilfe-Kästen herum, und alle zehn Minuten mußten zwei Männer freiwillig nach oben gehen, um frische Luft in den Keller zu pumpen.

Eine Stunde später war alles vorüber. Ich beeilte mich sehr, meine Auswahl unter den Photos hübscher Gesichter zu treffen, und ging dann zum Deutschen Verlag. Hier hatten seinerzeit die Vendeuvre-Jungens Fußböden gekehrt, aber inzwischen ist alles völlig chaotisch, da das Gebäude vor einigen Monaten von mehreren Bomben getroffen wurde.

Die Luft war bereits mit Rauch geschwängert, und meine Augen brannten unangenehm. Ich hatte gehofft, die Rückfahrt ins Büro mit der Straßenbahn machen zu können, gab diesen Plan aber beim Anblick eines Riesenkraters an der Kreuzung Leipziger- und Mauerstraße auf. Dort war gerade eine Luftmine detoniert und hatte die Schienen zerstört. Das Loch war etwa vier Meter tief und ebenso breit, und ringsum brannten die Gebäude lichterloh. Da es heller Tag war, wirkte das Ganze jedoch weniger beängstigend.

Ich brauchte über eine Stunde, um zu Fuß in mein Büro zurückzukehren. Dieses Mal ist das Verwaltungsviertel der Stadt getroffen worden. Als ich am Karlsbader Hotel vorbeikam, in das unser Büro hatte umziehen wollen, herrschte große Aufregung. Das Gebäude selbst existierte nicht mehr: es hatte drei Volltreffer erhalten. Ich begegnete Frau von Carnap, die sehr mitgenommen aussah. Sie und Hannele Ungelter hatten sich im Keller auf der rechten Seite des Korridors untergestellt, als der linke Keller getroffen wurde. Zwei Mädchen kamen dabei um, und viele Menschen wurden verwundet. Ich erfuhr später, daß es achtundvierzig Stunden dauerte, bis alle ausgegraben waren. Hannele erzählte, alles sei so schnell geschehen, daß sie nicht einmal Zeit zur Angst gehabt habe. Auch das Nachbarhaus, in dem sich Wehrmachtangehörige befanden, stürzte ein und begrub unter sich die Leute, die mit Wasserschläuchen davor standen. Ein Mann im Innern des Gebäudes schrie noch stundenlang: »Wenn ich nur bewußtlos wäre!« Niemand konnte ihn erreichen.

Ich gab ein kurzes Gastspiel im Büro und ging dann zu Maria Gersdorff zum Mittagessen. Dort waren schon Gottfried Cramm, die Bagges und andere. Hans-Georg Studnitz gesellte sich ebenfalls zu uns. Er sagte, in der Wilhelmstraße warte ein Auto, das uns nach Jahnsfelde zu den Pfuels hinausfahren werde, bei denen wir das Wochenende verbringen wollen.

Wir machten uns mit der Untergrundbahn zur Wilhelmstraße auf, mußten aber unterwegs aussteigen und zu Fuß weitergehen, da die Strecke zerstört war. Die Rückseite des Anhalter Bahnhofs sah ziemlich arg aus. Während des Angriffs heute morgen war ein Schnellzug hineingerast und hatte wie eine Fackel gebrannt. Drei andere Züge standen abfahrbereit; zwei kamen noch hinaus, ehe die Bombe fiel, aber der dritte blieb stecken.

Als wir schließlich die Wilhelmstraße erreichten, wurde uns gesagt, daß kein Auto vorhanden sei. Wir warteten noch ein wenig voller Hoffnung und beschlossen dann resigniert, mit der

Bahn zu fahren. Auf dem Bahnhof trafen wir Blankenhorn mit Rucksack. Er war in der allerbesten Laune, denn er kam gerade aus Italien. Nun war er auf einem etwas umständlichen Weg in die Schweiz. In der Eile vergaß ich Madame Tabouis' Buch am Fahrkartenschalter. Große Panik, da das Buch in Deutschland verboten ist! Ich erhielt es schließlich vom Kartenverkäufer zurück – ein Reisender hatte es abgegeben. Mittlerweile hatten wir zwei Züge verpaßt. Hans-Georg rief seine sämtlichen Freunde an, und schließlich wurden wir von einem barmherzigen Samariter aufgelesen und bei den C. C.s abgesetzt, die uns mit einem üppigen Abendessen und Kaffee bewirteten, den sie mit Kölnisch Wasser auf einem Spirituskocher gebraut hatten, da anderer Brennstoff nicht zu haben war.

C. C.s Haus ist von Landsitzen umringt, die ausländische Diplomaten, deren Residenzen im Zentrum ausgebombt worden sind, gemietet haben. Wir wohnen im Dachgeschoß, da der größte Teil des Hauses von Spaniern und Rumänen besetzt ist.

Sonntag, 30. April: Hatte ein langes Gespräch mit zwei russischen Dienstmädchen, die bei C. C. angestellt sind. Die eine, sie ist vierundzwanzig, hat ihren Mann und ihr einziges Kind bei einem Luftangriff verloren und steht jetzt völlig allein auf der Welt; ein freundliches, nettes Ding, die entzückt ist, Russisch zu sprechen. Sie betrachtet ihre Misere ganz realistisch und sieht ihrer Zukunft ohne Hoffnung entgegen. Das andere Mädchen ist erst achtzehn. Schwarz gekleidet, mit weißer Schürze, macht sie, sobald sie angesprochen wird, einen Knicks. Sie ist sehr niedlich und wirkt wie eine kleine französische Soubrette aus einem Theaterstück. Sie ist gerade aus Kiew gekommen; wir sprechen ein Kauderwelsch aus Russisch, Polnisch und Ukrainisch, verständigen uns aber sehr gut. Die Hausangestellten in Jahnsfelde sind ein buntes Häuflein: die beiden Russinnen, eine deutsche Köchin und ein deutsches Kindermädchen, diverse Spanier für die Diplomaten und ein französischer Butler, der das Regiment führt und von allen als »Musjö« angeredet wird.

Nach dem Mittagessen hörten wir in den Nachrichten die offizielle Meldung über den gestrigen Angriff, der als Terrorangriff beschrieben wurde. Ich fürchte, die Eltern werden sich mal wieder schreckliche Sorgen machen, da ich sie nicht anrufen und beruhigen kann. Später fuhr uns Tony Saurma nach Buckow hinüber zum Tee bei den Horstmanns. Der spanische

Botschafter Vidal und Federico Dies waren dort. Dies berichtete mir die traurigen Einzelheiten über Maria Pilar und Ignacio Oyarzabals tödlichen Unfall. Er hatte die Leichen identifizieren müssen. Die Oyarzabals hatten ihren Liegewagen bei einem Kartenspiel mit einem anderen spanischen Ehepaar gewonnen; die Verlierer überlebten. Der einzige Trost ist, daß die Oyarzabals sofort tot waren. Vidal stellte mir viele Fragen über Krummhübel, da auf die Dauer alle ausländischen Missionen dorthin verlegt werden sollen. Ich frage mich, ob es je soweit kommt. Lally Horstmann erzählte, daß Elisabeth Tschawtschawadse in Marokko eine Sanitätswagen-Einheit der Alliierten befehlige. Vor dem Krieg waren wir alle so enge Freunde gewesen ... Am Abend saßen wir um den Kamin und diskutierten über Rasputin.

Berlin, Montag, 1. Mai: Bin wieder in Berlin. Das Wetter ist weiter schlecht. Es wird erzählt, die RAF habe über Heinrich Wittgensteins Grab einen Kranz abgeworfen; das macht all das Morden noch sinnloser.

Nach der Arbeit saß ich bei Maria Gersdorff lange mit Gottfried Cramm zusammen, mit dem ich mich immer mehr anfreunde. Er war zunächst sehr zurückhaltend, macht mir aber jetzt einen außergewöhnlich warmherzigen Eindruck. Er zeigte mir einen Rahmen aus rotem Leder mit drei Photographien der gleichen Frau. Ich erkannte Barbara Hutton.

Am Abend mit Percy Frey in Mozarts »Entführung aus dem Serail«. Anschließend ein später Imbiß im Hotel Adlon. Percy ist ein angenehmer Gesellschafter; er ist objektiv und versteht vieles schon *à demi-mot.* Darin gleicht er mehr einem Angelsachsen als einem Schweizer. Er begleitete mich zu Fuß durch den Tiergarten nach Haus und war erschüttert von den Ruinen. Wir mußten über kleine Schutthügel klettern, und er war ganz fasziniert. Ich nicht. Es ist schon zu lange zu unbequem, dieses Leben wie in einem Kaninchenbau.

Dr. Hans (»Percy«) Frey leitete damals die Abteilung der Schweizer Gesandtschaft, die die Interessen jener Länder wahrnahm, mit denen Deutschland im Krieg stand.

Dienstag, 2. Mai: Heute morgen gelang es mir, Percy Freys bereits verfallene Fleischmarken gegen eine große Wurst einzutauschen. Dann organisierte ich im Büro eine kleine Auktion. Ein Mädchen kaufte sie mir für etwas weniger, als sie wert war, ab, zahlte aber in gültigen Fleischmarken, die ich Percy zurückgeben werde. Ich bin sehr stolz!

Blieb bis spät im Büro; dann fuhr ich mit Adam Trott zu ihm nach Haus und aß dort zu Abend. Die Freundschaft mit ihm ist etwas erdrückend, und ich bin ihr bisher bewußt aus dem Wege gegangen. Er ist ein ganz außergewöhnlicher Mann. Seine Gedanken und sein Streben sind auf Ziele und Werte ausgerichtet, deren Größenordnung weit über das Vorstellungsvermögen seiner Landsleute, ja auch der Alliierten hinausgeht. Er gehört einer zivilisierteren Welt an – was bei beiden kriegführenden Parteien leider nicht der Fall ist. Er fuhr mich spät am Abend nach Haus.

Mittwoch, 3. Mai: Aß in Potsdam bei Hanna Bredow, Gottfried Bismarcks Schwester, zu Abend. Hannas Tochter Philippa war während des Angriffs am Samstag im Luftfahrtministerium. Sie verließ es in panischer Eile – obgleich sie der Pförtner zurückzuhalten suchte –, weil sie im Hotel Esplanade noch einen Koffer stehen hatte, den sie unbedingt retten wollte. Das Ministerium wurde von achtzehn Bomben getroffen, von denen einige durch sämtliche sieben Stockwerke schlugen. Im Keller (in dem sie hätte Schutz suchen sollen) wurden fünfzig Menschen getötet und sehr viel mehr verletzt. Ich selbst befand mich zufällig ganz in der Nähe und hätte mich sehr leicht ebenfalls dort untergestellt haben können. Alles scheint also doch nur eine Frage des Glücks zu sein.

Herbert, der fünfzehnjährige Sohn der Bredows, soll jetzt zur Flak eingezogen werden. Er hat wunderschöne Augen. Wenn er den Krieg überlebt, wird er ein Herzensbrecher werden. Es ist erstaunlich, wie frühreif er ist und wie heftig seine Antipathien gegen das jetzige Regime sind. Letztes Jahr hatte mir seine Mutter aus der Hand gelesen und vorausgesagt, daß ich Deutschland auf immer verlassen würde. Ich bat sie jetzt wieder, mir aus der Hand zu lesen. Sie tat es und bestätigte ihre Prophezeiung.

Donnerstag, 4. Mai: Am Nachmittag, ehe ich nach Potsdam zurückfuhr, machten Adam Trott und ich einen langen Spaziergang im Grunewald. Trotz ständiger Regenschauer ist es Frühling, wenn auch ein kalter; überall blühen Blumen und Büsche. Adam erzählte mir von seiner ersten Liebe und seinem Leben in England und China. Immer wieder enthüllt er mir neue Seiten.

Sonntag, 7. Mai: Stand früh auf, um in die kleine russisch-orthodoxe Kirche unweit vom Zoo zu gehen. Sie hat keinen Luftschutzkeller. Bereitete mich gerade auf die Beichte vor, als die Sirenen ertönten. Es waren nicht viele Menschen in der Kirche, zumeist Ostarbeiter, die mit unbeweglichem Gesicht laut beteten. Niemand rührte sich, und auch der Chor setzte seinen Gesang fort. Hier war man viel besser aufgehoben als in irgendeinem anonymen Keller! Alle Kerzen um die Ikone brannten, und der Gesang klang wahrhaft beseelt. Ich legte einem mir unbekannten Priester meine Beichte ab, der von Nächstenliebe und Heimkehr sprach – und all das, während die Sirenen heulten. Draußen herrschte zunächst völlige Stille, und ich glaubte schon, die Flugzeuge seien vertrieben worden, als sie plötzlich direkt über uns zu hören waren, in großen Pulks, eine Welle nach der andern. Da der Himmel bedeckt war, konnte die Flak nicht schießen, und die Maschinen flogen sehr niedrig. Das Getöse ihrer Motoren war ebenso laut wie der Krach der Bomben, und beides war nicht mehr voneinander zu unterscheiden. Es war, als stünde man unter einer Eisenbahnbrücke, über die ein Schnellzug donnert. Plötzlich hielt der Chor abrupt inne. Die Gemeinde versuchte tapfer, den Gesang fortzuführen, was jedoch nur zum Teil gelang. Nach einer Weile wurden mir die Knie weich, ich wankte zum Altar und setzte mich auf den Stufen nieder. Neben mir stand eine Nonne mit einem wunderschönen Gesichtsausdruck, und es tröstete mich ein wenig, in ihrer Nähe zu sein. Sie beugte sich herab und flüsterte: »Man muß sich nicht fürchten, denn Gott und alle seine Heiligen sind bei uns«, und als ich sie zweifelnd ansah, fügte sie hinzu: »Während einer Heiligen Messe kann niemals etwas passieren.« Sie schien so überzeugt, daß ich sofort beruhigt war. Pater Michael psalmodierte weiter, als höre er den Lärm draußen gar nicht, und als die Kommunion nahte, hatte sich das Getöse gelegt. Nach dem Gottesdienst fühlte ich mich um fünfzig Jahre gealtert und völlig verausgabt.

Später erfuhr ich, daß Berlin an diesem Morgen von fünfzehnhundert Bombern heimgesucht worden war. Am Anfang des Krieges waren uns schon dreißig gefährlich vorgekommen. Es ist merkwürdig, daß ich mich theoretisch mit der Vorstellung abgefunden habe, im Bombenhagel umzukommen, und dennoch vor Angst fast körperlich gelähmt bin, wenn das Gedröhn der Flugzeuge und das Krachen der Explosionen beginnt. Diese Furcht nimmt mit jedem Angriff zu.

Aß bei den Gersdorffs zu Mittag, nur mit Maria und Gottfried Cramm. Als er unlängst in einem Luftschutzkeller in Wilmersdorf festsaß, hatte er versucht, Schopenhauer zu lesen, sich aber das Lachen nicht verbeißen können, da er von lauter alten Damen umringt war, die alle Handtücher um ihr Kinn gewickelt hatten, aus denen feuchte Schwämme wie Bärte hervorstanden; dies soll angeblich vor Phosphorverbrennungen schützen.

Später machten wir einen Rundgang durch das Stadtzentrum. Unter den Linden, Wilhelmstraße, Friedrichstraße waren alle schwer getroffen. Es gab viel Rauch und eine große Anzahl neuer Bombenkrater, aber die amerikanischen Bomben – die Amerikaner kommen bei Tag, die Engländer bei Nacht – scheinen weniger Schaden anzurichten als die englischen. Diese explodieren horizontal, während jene tiefer eindringen und daher die Nachbarhäuser nicht so stark in Mitleidenschaft ziehen.

Montag, 8. Mai: Kam früh ins Büro. Es wirkte noch recht verlassen. Schon wieder war »Luftgefahr 15« angesagt worden, die höchste Gefahrenstufe. Ich versuchte, mir einige wichtige Unterlagen zu verschaffen, aber die Sekretärin wollte sie nicht herausgeben, da sämtliche Dokumente anscheinend unten in einem Safe bleiben müssen, bis die Gefahr vorüber ist. Fand statt dessen einen Artikel in »Life«, der sich schmeichelhaft über die Arbeit unseres Büros äußerte, im Vergleich zu ähnlicher Informationstätigkeit in den Vereinigten Staaten.

Alex Werth ist gerade von einer Reise zurückgekehrt und hat eine große Dose Nescafé mitgebracht. Wir legten ein zweites Frühstück und eine Zigarettenpause ein. Nach einer Weile wurde mitgeteilt, daß die Flugzeuge eine andere Richtung genommen hätten. Kaum waren wir wieder an der Arbeit, als die Sirenen abermals heulten. Wir trabten in einen Bunker draußen auf dem Platz; es war ein komischer kleiner Betonkasten mit einer Treppe, die in das Erdinnere zu führen schien – die U-Bahnstation Nollendorfplatz. Sie hat endlose Korridore, die jedoch nicht sehr tief liegen; überall waren in verschiedenen Winkeln Kachelwände angebracht, die man hastig bis zur halben Höhe aufgezogen hatte – angeblich, um den Luftdruck aufzufangen, falls . . .

Wir vermieden es, dort stehenzubleiben, wo wir Häuser über uns vermuteten, und stellten uns nach Möglichkeit unter die Straßen, wo uns außer den Bomben selbst nichts auf den Kopf fallen konnte. Immer mehr Menschen drängten herein. Judgie Richter und ich blieben zusammen. Als die Explosionen näher kamen, wurde Judgie unruhig; überhaupt ist er mit den Nerven runter, sorgt sich um seine Familie und so weiter. Ich versuchte, ihn durch Plaudereien abzulenken, aber er unterbrach mich: »Wenn es durch die Decke hereinkracht, müssen Sie sich auf den Bauch werfen und Ihren Kopf in der Armbeuge verstekken...« Ein Kollege wählte ausgerechnet diesen Augenblick, um uns die blutrünstigen Einzelheiten zu erzählen, wie sein Haus in der vorangegangenen Nacht von einem Volltreffer gänzlich zerstört wurde. Der heutige Angriff schien schwer zu sein, aber dennoch erfolgte die Entwarnung erstaunlich bald.

Ins Büro zurückgekehrt, stellten wir fest, daß die Rohre geplatzt waren. Ich ging hinunter und holte bei der Pumpe an der Straßenecke eine Kanne Wasser, da wir uns mit einer weiteren Tasse von Alex' Nescafé aufheitern wollten.

Percy Frey, mit dem ich eine Verabredung zum Mittagessen hatte, erschien, und wir spazierten die Straße hinunter zum Hotel Eden. Hier waren drei Bomben in den Hof gefallen und hatten abermals das ganze Innere in Trümmer gelegt, nur noch die Außenmauern standen. Geschäftsführer und Kellner – letztere trugen noch ihre Serviette unter dem Arm – liefen auf der Straße umher und versuchten wenig erfolgreich, Ziegel und Mörtel wegzuräumen. In der Mitte der Straße ein riesiger Krater: eine Bombe war in der Nähe des Kellerausgangs niedergegangen. Da alle Wasserrohre geborsten waren, versuchten die im Keller verschütteten Menschen, sich in Sicherheit zu bringen, indem sie den Krater durchschwammen. In Berlin sind so viele Bomben gefallen, daß die Straßen halb verschwunden sind. Überdies riecht es in der ganzen Stadt stark nach Gas.

Wir gingen weiter in das Hotel am Steinplatz, aßen dort und kehrten zu Fuß durch den Regen ins Büro zurück. Vielleicht kommt Percy zu Pfingsten nach Königswart.

Am Abend holte mich Claus B. bei Maria Gersdorff ab und fuhr mich nach dem Abendessen nach Potsdam zurück. In Zeiten wie den heutigen sind alle Menschen »Brüder«, und so fange ich an, mit ihm zu sprechen, nachdem ich ihn jahrelang gemieden hatte. Es hatte damit begonnen, daß er mir auf der Straße nachstieg und eines Tages einfach in mein Büro spazierte. Ich war frappiert über seine Frechheit. Ich habe nie herausfinden können, wer er ist oder was er tut. Er sieht gut aus, aber es kommt mir merkwürdig vor, daß ein Mann in seinem Alter so frei durch Europa reisen kann, ohne längst in einer Uniform zu stecken. Er hat immer wieder versucht, meine Freundschaft zu gewinnen und sogar angeboten, zwischen uns, Georgie und den andern Verwandten in Paris, wohin er des öfteren zu reisen scheint, als »Familienpostbote« zu fungieren. All dies habe ich höflich, aber entschieden abgelehnt. Dennoch ist es ihm auch ohne unsere Hilfe gelungen, unsere Pariser Kusinen kennenzulernen, und er hat mir einen Brief von ihnen gebracht. Er kennt auch Antoinette Croy. Sein Beruf ist und bleibt jedoch ein völliges Rätsel.

Dienstag, 9. Mai: Kehre morgen nach Krummhübel zurück. Adam Trott nahm mich zu sich nach Haus zum Abendessen mit. Auch half er mir, die Bücher zu schleppen, die ich nach Krummhübel mitnehmen will. Später kam ein junger Freund von ihm vorbei, Werner von Haeften, ein Bruder unseres Personalchefs, der hier beim Stab des Ersatzheeres arbeitet, und sie hatten eine lange Unterredung unter vier Augen. Kaum hatte Adam mich nach Potsdam zurückgebracht, als die Sirenen heulten. Es handelte sich mal wieder um einen sogenannten Störflug, bei dem viele Flugzeuge über der Stadt kreisen und ihre Bomben willkürlich fallenlassen. Ich packte, ging aber erst schlafen, als sich die Maschinen entfernt hatten.

Krummhübel, Mittwoch, 10. Mai: Stand um sechs Uhr auf und machte mich nach einem ausgiebigen Frühstück mit einem sehr schweren Koffer auf den Weg. Da ich keine besondere Reiseerlaubnis besaß, fürchtete ich, die ganze Fahrt über stehen zu müssen, aber ein gutmütiger Schaffner gab mir ein für die Reichsbahndirektion reserviertes Abteil; er schloß mich darin ein, und so reiste ich völlig ungestört, auf einem wohlgepolsterten Sitz der Länge nach ausgestreckt, während die Sonne freundlich hereinschien.

Ich kam in Krummhübel um drei Uhr an; Loremarie Schönburg lag voller Selbstmitleid noch immer im Bett. Sie will unbedingt nach Berlin zurück, alles andere ist ihr gleichgültig; sie ist nicht einmal dazu zu bringen, den Schein zu wahren. Ich kann sehr gut verstehen, daß alles unwirklich und entrückt erscheint, wenn man die ganze Zeit hier leben soll. Zum Glück muß ich von jetzt ab mindestens zehn Tage im Monat in Berlin verbringen.

Die Russen haben Sewastopol wiedererobert. Die Deutschen scheinen sich nicht bis zum letzten verteidigt zu haben.

Freitag, 12. Mai: Graf Schulenburg ist aus Paris zurück und hat uns viele kleine Geschenke mitgebracht. Loremarie Schönburgs Tante, Gretl Rohan, hat uns übers Wochenende nach Sichrow, ihrem böhmischen Besitz, eingeladen. Der Graf hat auch zugesagt, aber wir wollen unbedingt seinen Assistenten loswerden. Könnte der nicht den Auftrag haben, seinen Chef zu beobachten?

Sichrow, Samstag, 13. Mai: Nachdem wir zu Mittag eine vorzügliche Gans verspeist hatten, fuhren wir nach Sichrow. Seit die Deutschen im März 1939 das »Protektorat« (wie die Tschechoslowakei heutzutage genannt wird) übernommen haben, kann man nur noch mit einem besonderen Passierschein dorthin gelangen. Graf Schulenburg hat mir einen solchen Schein verschafft, der mehrere Monate gültig ist. Unsere Fahrt durch die Berglandschaft war wunderschön – ausgedehnte einsame Wälder und viel Schnee auf den Bergkuppen. Die Wachen an der tschechischen Grenze untersuchten sehr genau unseren Fahrer. Er ist Soldat, und im Protektorat scheinen sich heutzutage eine Menge Deserteure zu verbergen. Die Feldpolizei taucht oft unvermittelt in den Dörfern auf, um sie ausfindig zu machen.

Als wir in Sichrow ankamen, war von den sechs Töchtern des Hauses nur eine einzige anwesend; die übrige Familie war in das benachbarte Städtchen Turnau gefahren, wo die jüngste Rohan gerade am Blinddarm operiert worden war. Man schien uns nicht erwartet zu haben, was leicht peinlich war. Zum Glück waren sich Fürst Rohan und Graf Schulenburg gleich sympathisch. Ich habe soeben den seltenen Luxus eines wirklich heißen Bades genossen.

Sonntag, 14. Mai: Kirche mit wunderschönem Gesang auf tschechisch, dann ein Parkrundgang. Das Wetter ist milde, aber die berühmten Rhododendren und Azaleen blühen noch nicht, obgleich der Frühling hier schon weiter fortgeschritten ist als in Krummhübel. Überall sprießen Tulpen und Osterglocken aus dem Gras hervor. Zum Mittagessen gesellte sich Gretl

Rohan zu uns. Vorher hatte ich beim Melken der Kühe zugesehen. Marie-Jeanne, eine der Töchter, verteilte Milch an die Pächtersleute, und heimlich nahm ich auch einen kräftigen Schluck. Nach einem ausgezeichneten Essen, das hauptsächlich aus Wild mit Preißelbeergelee bestand, legten wir uns alle in die Sonne; ich bin sogar recht braun geworden. Morgen früh müssen wir schon sehr zeitig aufbrechen.

Krummhübel, Montag, 15. Mai: Die Rohan-Kinder kamen herbei, um sich vor dem Unterricht noch von uns zu verabschieden. Sie müssen von acht bis eins und dann wieder den ganzen Nachmittag eifrig lernen. Im Hause wohnen diverse Hauslehrer, aber auch Flüchtlinge aus verschiedenen bombengeschädigten Städten.

Wir hatten uns mit dem Frühstück Zeit gelassen und kamen erst um elf Uhr wieder in Krummhübel an. Unsere Büros hatten wir zwar über unsere Abwesenheit unterrichtet, aber irgend jemand sah uns aus dem Auto des Grafen aussteigen, und das erweckte sofort Neid und Ärger. Unsere Freundschaft mit ihm wird entschieden mißbilligt.

Dienstag, 16. Mai: Die alliierte Invasion auf dem europäischen Festland wird täglich erwartet. In den Zeitungen stehen lauter Geschichten, wie gut wir darauf vorbereitet seien. Es ist schwer, sich auf die Arbeit zu konzentrieren, man lebt von einem Tag zum andern. Kollegen verschwinden aus »Familiengründen«, was im allgemeinen ausgebombte Wohnung bedeutet.

Mittwoch, 17. Mai: Mein Ziehharmonikaspiel macht Fortschritte.

Donnerstag, 18. Mai: Habe entdeckt, daß mein Schrank während meiner Abwesenheit aufgebrochen und mein Taufkreuz mitsamt der Kette sowie mein Kaffeevorrat gestohlen worden ist. Der Verlust des Kreuzes macht mich tief unglücklich. Habe mit unserer Haushälterin gesprochen, und diese hat die Polizei gerufen. Am Abend erwarteten wir gerade Blankenhorn, als ein schnauzbärtiger Wachtmeister hereinstolzierte, der sich sehr viel mehr für mein Ziehharmonikaspiel als für den Diebstahl interessierte. Er faßte einen Bericht ab und durchsuchte unsere beiden Räume – ohne Erfolg. Zu diesem Zeitpunkt kam Blankenhorn, der glaubte, ich würde verhaftet.

Freitag, 19. Mai: Blankenhorn hat vorgeschlagen, daß Loremarie und ich in das sogenannte Gästehaus ziehen sollen, ein sehr hübsches großes Chalet, das inmitten eines Wäldchens liegt und für wichtige Besucher reserviert ist, die bisher aber noch nie erschienen sind.

Königswart, Freitag, 26. Mai: Machte mich gemeinsam mit Loremarie zu einem kurzen Besuch in Königswart auf. Graf Schulenburg nahm uns in seinem Auto mit, da er auf seinen eigenen Besitz fahren wollte, der nicht weit von dem Metternichschen liegt – eine fabelhafte Methode, die schauerliche Bahnreise zu vermeiden. Obgleich ich das Büro über unsere Abwesenheit benachrichtigt hatte, trafen wir uns wie Verschwörer hinter dem Bahnhof, den Loremarie und ich auf verschiedenen Wegen erreicht hatten, um keinerlei Aufmerksamkeit zu erregen. Selbst unsere Kleider trugen wir in Bündeln, um nicht mit Koffern gesehen zu werden.

Das Wetter war nicht besonders, aber die Landschaft wunderhübsch, da Flieder und Apfelbäume in Blüte standen. Das Mittagessen nahmen wir am Wegrand ein. Unser Fortkommen verzögerte sich ein wenig, weil Loremarie unterwegs immer wieder ein Schloß ihrer zahlreichen Verwandtschaft entdeckte und jedesmal vorschlug, auf eine »Jause« vorbeizufahren, sehr zur Empörung unseres Fahrers. In Teplitz machten wir schließlich wirklich Station und tranken mit Alfy Clary und seiner Schwester Elisalex Baillet-Latour Tee. Es war wunderbar, sie wiederzusehen, denn seit dem Frankreichfeldzug 1940 war ich nicht mehr dort gewesen. Schon damals waren sie um ihre Söhne besorgt gewesen. Inzwischen ist Ronnie, der älteste und vielversprechendste, in Rußland gefallen, und Markus und Charlie sind beide an der Front. Den armen Alfy fand ich sehr verändert. Graf Schulenburg setzte uns in Marienbad ab. Am Sonntag kommt er nach Königswart.

Wir kamen verhungert in Königswart an, und während wir aßen, leisteten uns die Eltern und Hans-Georg Studnitz Gesellschaft, der zum Wochenende aus Berlin gekommen ist. Dann trafen auch Paul und Tatjana aus Wien ein. Tatjana hat eine Menge neuer Kleider mitgebracht. Wir blieben bis fünf Uhr früh auf. Paul ist noch immer hager und nervös, aber sehr viel heiterer gestimmt.

Samstag, 27. Mai: Stand sehr spät auf und tat bis zum Mittag nichts. Die Hausgesellschaft erweitert sich: Meli Khevenhüller und Marietti Studnitz, Hans-Georgs Frau, kommen heute abend an. Das Wetter ist jetzt herrlich.

Hatte lange und schwierige Gespräche mit den Eltern. Sie sind an der Vergangenheit stärker interessiert als an den Auswirkungen, welche die gegenwärtigen Ereignisse in nächster Zukunft auf unser aller Schicksal haben könnten. Auch machen sie sich Sorgen um Georgie, der zugegebenermaßen in einer schwierigen Situation ist, da er ohne Geld an der Ecole des Sciences Politiques studiert und, wie wir hören, in riskante Dinge verwickelt ist. *[Bald nach seiner Übersiedlung nach Frankreich im Herbst 1942 war Missies Bruder in der Résistance tätig geworden.]*

Nach dem Abendessen kam Percy Frey an. Paul Metternich und Tatjana kümmerten sich um ihn. Mama und Papa ziehen beim Anblick eines jeden neuen Freundes von mir die Augenbrauen hoch.

Sonntag, 28. Mai: Gingen früh in die Messe und legten uns danach alle auf Decken in den Garten, um die Sonne einzusaugen. Hans Berchem und Graf Schulenburg kamen zum Mittagessen. Damit waren die Eltern beschäftigt, und es war für ihre Belustigung gesorgt, während wir anderen alles zu einem Tee Notwendige in einen Korb packten und mit der Kutsche zu einem Picknick aufbrachen.

Es kommen immer mehr Wochenendgäste, und im Haus ist immer weniger Platz. Ich verbringe die Nacht in Tatjanas Wohnzimmer. Judgie Richter ist auch hier und führt seine Kinder im Garten spazieren.

Montag, 29. Mai: Habe den heutigen Tag wieder im Freien verbracht. Die Eltern sind verärgert, daß ich ihnen nicht genug Zeit widme. Sie können einfach nicht einsehen, daß nach den vielen Schrecknissen unseres täglichen Lebens jeder Moment der Erholung und der Heiterkeit ein Gottesgeschenk ist, das man bis zum letzten auszukosten sucht.

Marietti Studnitz erzählte deprimierende Geschichten über die Bösartigkeit von Leuten, die sie in ihrem Haus aufgenommen hatte, nachdem sie ausgebombt worden waren. Langsam macht der Krieg aus vielen Menschen verbitterte Tiere.

Krummhübel, Samstag, 3. Juni: Loremarie Schönburg ist heute morgen nach Berlin abgereist, diesmal endgültig. Sie war selig, da sie den Ort hier aufrichtig gehaßt hat, aber ich bin niedergeschlagen. Trotz aller Probleme, die es mit ihr gab, weiß ich, daß ich sie vermissen werde.

Gesandter Schleier, der bis jetzt die rechte Hand von Abetz, dem deutschen Botschafter in Paris, war, ist zum Chef unserer Personalabteilung ernannt worden. Er löst Hans-Bernd von Haeften ab, der in letzter Zeit oft krank war. Ich fürchte, daß wir, verglichen mit dem Regiment Haeftens wie auch seines Vorgängers, Josias Rantzau, jetzt harten Zeiten entgegensehen. Von Schleier heißt es, er sei ein übler Kerl; seine Unternehmungen in Paris haben ihm einen schlechten Ruf eingetragen. So sieht er auch aus: ein fettes Walroß mit einem Hitlerbärtchen und Hornbrille. Jetzt ist er in Krummhübel, um uns in Augenschein zu nehmen. Heute wurden wir in den Tannenhof beordert, um ihn kennenzulernen. Er hielt eine schwungvolle patriotische Rede.

Dr. Rudolf Schleier, ein ehemaliger Geschäftsmann, 1933–38 Frankreichreferent der Auslandsorganisation der NSDAP, wurde nach der Niederlage Frankreichs Generalkonsul und 1941 Gesandter.

Heute abend fand ein Kameradschaftsabend im »Goldenen Frieden« statt, an dem teilzunehmen Pflicht war. Zum Glück haben ein paar Leute hier Humor, und wir konnten uns gelegentlich zuzwinkern, besonders als der Rundgesang begann. Madonna mußte die Ziehharmonika spielen, und alle waren sehr enttäuscht, als ich mich weigerte, eine Probe zu geben.

Sonntag, 4. Juni: Heute haben die Alliierten Rom besetzt. Ich frage mich, wie Irena durchgekommen sein mag, ob sie dort geblieben oder nach Venedig ausgewichen ist. Wenigstens hat für sie der Krieg jetzt ein Ende.

Dienstag, 6. Juni: Der lang erwartete Tag der Invasion! Die Alliierten sind in der Normandie gelandet. Man hat uns soviel von dem berühmten Atlantikwall und seinen angeblich unüberwindbaren Befestigungen erzählt; jetzt werden wir ja sehen! Aber es ist fürchterlich, an die vielen Opfer zu denken, die diese letzte Runde noch fordern wird.

Wir verbrachten den Tag sehr ruhig und statteten einander Teebesuche ab. Ich scheine die einzige zu sein, die hier nicht allzu unglücklich ist. Allein der Gedanke, daß man die Nächte durchschlafen kann, ist eine große Erleichterung. Freilich ist meine Situation hier nicht ganz so schlimm, denn sobald ich Platzangst bekomme, schickt mir Adam Trott ein Telegramm aus Berlin, oder ich erfinde eine Besprechung und steige in den Zug, ohne eine Seele um Erlaubnis zu fragen. Theoretisch ist das verboten, aber inzwischen haben sich alle so daran gewöhnt, daß ich hin und wieder für ein paar Tage verschwinde, daß selbst Büttner keinen Einspruch mehr erhebt.

Berlin, Mittwoch, 14. Juni: Als ich heute morgen ins Büro kam, erfuhr ich, daß ich für morgen zu einem Treffen mit Dr. Six in Berlin bestellt bin. Ich nahm den Nachmittagszug und kam bei Einbruch der Nacht in Berlin an; stellte fest, daß Loremarie Schönburg wieder nach Krummhübel katapultiert worden ist, wir uns also um ein Haar verpaßt haben.

Donnerstag, 15. Juni: Wohne bei den Gersdorffs. Jetzt, da ich immer nur für wenige Tage nach Berlin komme, ziehe ich es vor, in der Stadt zu bleiben, anstatt ständig zwischen dem Bismarckschen Haus in Potsdam und Berlin hin- und herzupendeln.

Nahm beide Mahlzeiten mit Maria ein. Heute abend waren wir allein, da Heinz Dienst auf der Kommandantur hatte. Eben findet ein Luftangriff statt; die üblichen Luftminen, die ich sehr viel mehr fürchte als die anderen Bomben, obgleich jedesmal nur etwa achtzig abgeworfen werden.

Freitag, 16. Juni: Dr. Six ist in Stockholm, und ich muß nun seine Rückkehr abwarten. Dies geschieht häufig: er gerät in Wut und zitiert mich aus Krummhübel herbei; wenn ich ankomme, hat er meist längst vergessen, worum es ging, und ich kann es mir dann für ein paar Tage bequem machen.

Judgie Richter regt sich auf, daß uns Six unaufhörlich auf diese Weise belästigt, aber Adam Trott hält unsere Probleme für Lappalien im Vergleich zu seinen eigenen Sorgen, und er hat vollkommen recht. Ich bin oft beschämt und unzufrieden darüber, daß ich nicht ernsthafter in etwas wirklich Lohnendes verwickelt bin, aber was kann ich als Ausländerin schon tun?

Samstag, 17. Juni: Dr. Six kehrte heute zurück und zitierte Judgie Richter und mich sofort in sein Büro, um die neue illustrierte Zeitschrift, an deren Herausgabe er denkt, zu besprechen. Er scheint sich nicht bewußt zu sein, daß die technischen Voraussetzungen für Publikationen dieser Art, gleichviel ob illustriert oder nicht, gar nicht mehr existieren, da alle Leute, die hierzu notwendig wären, längst eingezogen worden sind; so redet man nur im Kreise herum.

Sonntag, 18. Juni: Ein Freund kam aus Paris mit Briefen von Georgie und Antoinette Croy. Sie hat sich gerade mit einem schneidigen, mit vielen Orden ausgezeichneten Offizier namens Jürgen von Görne verheiratet.

Montag, 19. Juni: Morgens im Büro. Ich erscheine nicht mehr regelmäßig dort. Das Gebäude ist so oft von Bomben getroffen worden, und alle sind so zusammengepfercht, daß niemand etwas dagegen hat, wenn ich keinen eigenen Schreibtisch beanspruche. Ich schlage meine Zelte gewöhnlich in Judgie Richters Sekretariat auf, aber die vier Mädchen dort machen soviel Lärm und spielen manchmal sogar Schallplatten oder weissagen sich gegenseitig die Zukunft aus der Hand, daß ich nie zur Arbeit komme. So halte ich mich im Büro nur über die neuesten Entwicklungen auf dem laufenden, sehe meine Freunde, packe so viele ausländische Zeitschriften wie möglich ein und kehre nach Krummhübel zurück.

Aß bei Sigrid Görtz zu Mittag. Seit der Verhaftung ihrer Mutter hat sie keine Nachricht mehr von ihr; vermutlich ist sie in ein Ghetto im Osten geschickt worden. *[Gräfin Görtz, die jüdischer Herkunft war, überlebte den Krieg im sogenannten »Familienlager Theresienstadt«.]*

Abendessen mit Freunden. Ich war das einzige weibliche Wesen; das passiert heutzutage oft, da die meisten Frauen wegen der Luftangriffe aus Berlin evakuiert worden sind.

Krummhübel, Dienstag, 20. Juni: Nahm den Frühzug nach Krummhübel, wo sich inzwischen Loremarie Schönburg samt einer ungarischen Kusine installiert hat. Loremarie kommt nicht sehr gut mit unserer Haushälterin aus, die ständig Blankenhorn anruft und sich beschwert. Er komme sich, meint er, wie ein Kindermädchen vor. Loremarie kostet einen wirklich oft den letzten Nerv; sie wäscht ihre Pullover, legt sie naß aufs

Bett und vergißt dann, sie wegzuräumen. Am nächsten Morgen sind die Matratzen durchnäßt. Wir haben soviel Glück gehabt und Blankenhorn ist so rührend – allein schon, daß er uns erlaubt, hier zu wohnen –, daß ich mir wünschte, sie zeigte mehr Rücksicht.

Mittwoch, 21. Juni: Blankenhorn hat sich für heute abend zum Vorlesen angesagt. Das vorige Mal las er Ronsard; er hat einen guten Geschmack und liest schön, Deutsch allerdings besser als Französisch. Es ist interessant, sich mit ihm zu unterhalten, da er einen so unabhängigen Geist hat; dennoch gewinnt man den Eindruck, daß er auf den Zusammenbruch wartet, ehe er bereit ist, seine Hand mit ans Steuer zu legen. Darin unterscheidet er sich ganz von Adam Trott, was vielleicht ihre Freundschaft erklärt.

Donnerstag, 22. Juni: Loremarie versucht, sich ein Attest zu verschaffen, das ihr ermöglicht, nach Berlin zurückzukehren; Dr. Six würde ihr sonst nicht erlauben, Krummhübel zu verlassen. Wir haben eine ganze Thermosflasche mit dem stärksten Kaffee gefüllt und einige Eier hart gekocht; das alles soll sie kurz vor der Untersuchung herunterschlucken. Sie hofft, auf diese Weise ihren Puls auf Hochtouren zu bringen und ihrem ganzen Kreislauf einen Schock zu versetzen. Die Ärzte sind heutzutage im allgemeinen sehr streng. Freilich kann ich persönlich nicht klagen, denn sie haben mich zweimal in die Berge geschickt und einmal sogar nach Italien. Montag muß ich wieder für zwei Tage nach Berlin, einer angeblich »sehr wichtigen Besprechung« wegen.

Königswart, Freitag, 23. Juni: Kam heute morgen sehr pünktlich ins Büro, führte lange Gespräche mit verschiedenen Leuten, sorgte dafür, daß meine Anwesenheit allseitig registriert wurde, und verschwand dann mit reinem Gewissen, um das Wochenende in Königswart zu verbringen. Der Personalabteilung hatte ich erklärt, daß ich meine Reise nach Berlin dort lediglich unterbrechen würde.

Die Fahrt war ziemlich scheußlich. In Görlitz mußte ich stundenlang auf den Dresdener Zug warten, und als er endlich einlief, konnte ich mich kaum hineinzwängen. Irgend jemand drückte mir einen strampelnden Säugling in die Arme und sprang in ein anderes Abteil, und ich mußte ihn den ganzen

Weg bis Dresden halten. Das Kind schrie und zappelte, und ich war verzweifelt. Ich hatte die unselige Idee gehabt, meine Ziehharmonika mitzunehmen, was mein Gepäck noch unhandlicher machte. Ich wollte diesmal einige Sachen bei Tatjana unterstellen, da ich die Absicht habe, bald endgültig nach Berlin zurückzukehren, um zu diesem kritischen Zeitpunkt bei meinen Freunden zu sein. Und dabei darf ich nur mit einem Minimum an Habe belastet sein.

In Dresden holte sich die Mutter ihren Säugling wieder ab, und ich mußte drei Stunden auf den Zug nach Eger warten. Als ich in Königswart ankam, traf ich ausnahmsweise die Familie mal allein an.

Sonntag, 25. Juni: Verbrachte den größten Teil des Wochenendes damit, Zukunftspläne zu schmieden. Jedesmal wenn ich hierher komme, glauben wir, es könnte zum letzten Mal sein.

Montag, 26. Juni: Gestern um Mitternacht fuhren Tatjana, Paul Metternich und ich nach Marienbad, um dort den Schnellzug Wien-Berlin zu nehmen. Wir saßen bis fünf Uhr früh in der Kutsche vor dem Bahnhof – aber kein Zug kam. Schließlich erfuhren wir, daß ein früherer Zug in der Nähe von Pilsen entgleist und die Bahnstrecke daher blockiert sei. Wir gaben auf, da es mir ohnehin nicht mehr gelungen wäre, rechtzeitig zur Besprechung zu kommen, die für drei Uhr nachmittags angesetzt war. Dieses Mal ist es mir wirklich peinlich, und ich mache mir Sorgen, denn angeblich handelte es sich um eine besonders wichtige Konferenz. Habe an Judgie Richter telegraphiert: »Zug entgleist.« Es klingt wie ein schlechter Witz. Als Mama in der Früh aufstand, war sie sehr überrascht, uns alle wieder in unsern Betten zu finden.

Berlin, Dienstag, 27. Juni: Diesmal war der Zug pünktlich. Aber eine halbe Stunde, bevor wir Berlin erreichten, machte er mitten in einem Getreidefeld halt, da ein schwerer Luftangriff angekündigt worden war. Sehr bald waren auch Hunderte von Flugzeugen zu sehen, die über uns hinwegflogen – ein höchst unangenehmes Gefühl, denn leicht hätten sie einen Teil ihrer Ladung über uns ausleeren können. Alle wurden sehr still und schienen plötzlich die Farbe verloren zu haben. Luftangriffe auf Züge gehören zum Schlimmsten, was es gibt; man fühlt sich so völlig ausgeliefert, hilflos, in der Falle. Nur Paul Metternich schien unbesorgt. Zuerst hingen alle aus den Fenstern, bis ein aufgebrachter alter Herr schimpfte, daß »sie« auf all die gen Himmel gerichteten, in der Sonne glänzenden Gesichter schießen würden. Worauf ein junges Mädchen antwortete: »Erst recht, wenn sie Ihre Glatze sehen!« Bald erhielten wir Befehl, uns in den Feldern zu zerstreuen. Tatjana, Paul und ich saßen mitten im Getreide in einem Graben. Von unserm Platz aus konnten wir sehen, wie die Bomben auf die Stadt fielen, und auch den Rauch und die Explosionen. Sechs Stunden später setzte sich unser Zug endlich wieder in Bewegung, aber dann mußten wir einen Bogen um Berlin machen und in Potsdam aussteigen. Meiner Besprechung konnte ich zum zweiten Mal adieu sagen, immer vorausgesetzt, daß sie überhaupt stattgefunden hat.

Wir gingen zum Palast-Hotel hinüber, wo Gottfried Bismarck Zimmer für uns reserviert hatte, da sein Haus voll war. Potsdam selbst ist nicht getroffen worden, aber die ganze Stadt lag wegen der Feuersbrünste in Berlin in dichten gelben Rauch gehüllt.

Wir wuschen uns schnell, zogen uns um und fuhren dann mit der S-Bahn nach Berlin. Ich machte mich geradewegs in mein Büro auf, während die andern die Gersdorffs besuchten. Das Glück, oder vielmehr Unglück, wollte es, daß Dr. Six noch immer im Amt war, und Judgie Richter, der erklärte, meinetwegen noch graue Haare zu bekommen, schickte mich sofort zu ihm hinein.

Ich versicherte Six, daß der Zug entgleist sei; die Schrecken des heutigen Tages schienen ihn jedoch sanfter gestimmt zu haben, und so war er höflich. Wie ich öfter höre, tobt er hinter meinem Rücken, aber wenn ich ihm dann gegenüberstehe, ist er stets zuvorkommend. Adam Trott spricht über ihn mit eiskaltem Haß und erklärt, wir dürften nie vergessen, was er repräsentiert, einerlei wie freundlich er sich gebärde. Six für seinen Teil scheint widerwillig einzusehen, was für ein außergewöhnlicher Mann Adam ist; irgendwie ist er fasziniert von ihm, ja fürchtet ihn sogar. Inzwischen ist Adam der einzige in seiner unmittelbaren Umgebung, der nie Angst hat, seine Meinung zu sagen. Er behandelt Six mit unendlicher Herablassung, und dieser läßt es sich merkwürdigerweise gefallen.

Um ein Uhr nachts ein weiterer Luftangriff. Ich drängte Tatjana und Paul zur Eile, denn die Schießerei war schon ziemlich heftig. Endlich waren sie angezogen, und wir gingen in den Luftschutzkeller, ein trostloses Loch wie ein alter Kerker mit engen, hohen Wänden, voller Heißwasserrohre, die einem gräßliche Bilder vor Augen führten, wie man bei einem Bombeneinschlag in kochendem Wasser ersaufen könnte. Luftangriffe jagen mir immer mehr Angst ein. Ich konnte mich nicht einmal mit Tatjana unterhalten, da überall auf den Wänden Schilder »Sprechen verboten« angeschlagen waren; wohl eine Vorsichtsmaßnahme, um Sauerstoff zu sparen für den Fall, daß man verschüttet wird. Im Grunde habe ich sogar mehr Angst, wenn ich mit Paul und Tatjana zusammen bin, als allein, was seltsam ist. Vermutlich wird die eigene Furcht durch die Sorge um andere noch gesteigert. Aber Paul ist im Augenblick, ebenso wie mir, daran gelegen, zur Stelle zu sein, und er erfindet ständig Vorwände, die ihn nach Berlin führen. Während all des Getöses, das laut und furchterregend war, vertiefte er sich in einen dicken Wälzer über seinen Vorfahren, den Kanzler. Nach zwei Stunden kamen wir wieder zum Vorschein.

Donnerstag, 29. Juni: Heute morgen um elf Uhr fand eine große Konferenz statt. Dr. Six führte den Vorsitz, ich saß zwischen Adam Trott und Alex Werth am andern Ende des langen Tisches. Die beiden sind meine einzigen Stützen, ohne sie würde ich mich völlig verloren fühlen. Adam schob mir die ganze Zeit unter dem Tisch streng geheime Unterlagen zu, meist Nachrichten aus dem Ausland. Zu dritt führten wir eine Unterhaltung im Flüsterton und rauchten, während reihum ein Mann nach dem andern angeschrieen wurde. Heute morgen war Six miserabler Laune, und der arme Judgie Richter, seine rechte Hand, hatte die größte Mühe, die Wogen zu glätten. Zwischen den jeweiligen Wutausbrüchen unseres Chefs ließ Adam sarkastische Bemerkungen fallen, die von allen Anwesenden brav geschluckt wurden. Ich bewundere, wie er Six widerspricht. Nach einer Weile verschränkte er die Arme und schlief ein. Unterdessen bereitete ich mich innerlich auf Six' Angriff vor. Alex Werth flüsterte mir ermutigende Worte zu, erinnerte mich an eine meiner Freundinnen, Frau Dr. Horn, die jedesmal, wenn sie angebrüllt wurde und nicht wußte, wie sie den Redefluß eindämmen sollte, einfach aufstand und so laut sie konnte »Herr Gesandter Six!« schrie, worauf er völlig verdutzt innehielt. Obgleich ich als letzte auf der Liste stand, bekam ich auch noch mein Fett ab. Six' Traum war eine Art deutsches »Readers' Digest«, für das er in Krummhübel eine eigene Druckerei einrichten wollte. Ich würde seine Erwartungen ständig enttäuschen, indem ich mich damit herausredete, daß alle Techniker beim Militär seien – dabei ist dies die reine Wahrheit. Wie üblich bei einer Unterredung, die über drei Stunden dauert, kam nichts Konkretes heraus.

Aß bei den Gersdorffs zu Mittag; danach fuhr Tony Saurma Tatjana, Loremarie Schönburg und mich durch die Stadt, um den Schaden, den der gestrige Luftangriff angerichtet hat, in Augenschein zu nehmen. Diesmal ist das ganze Gebiet um den Bahnhof Friedrichstraße völlig ausgebrannt, einschließlich der Hotels Central und Continental. Das letzte Mal in Berlin hatte ich mit Loremarie Schönburg zwei Tage im Central gewohnt.

Ich mußte eine Nachricht im »Adlon« hinterlassen und begegnete in der Halle Giorgio Cini. Er hat die lange Reise nach Berlin unternommen, weil er versuchen will, die SS zu bestechen, seinen Vater, den alten Grafen Cini, freizulassen. Als sich Italien im vorigen Jahr auf die Gegenseite schlug, war dieser – als Mussolinis früherer Finanzminister – in Venedig verhaftet worden und hat die letzten acht Monate im Konzentrationslager Dachau in einer unterirdischen Zelle verbracht. Der alte Herr leidet an Angina pectoris und ist in schlechtem Gesundheitszustand. Die Cinis besitzen Millionen, und Giorgio ist bereit, jede Summe aufzubringen, um ihn freizukaufen. Er selbst hat sich sehr verändert, seit ich ihn vor dem Kriege zum letzten Mal sah. Offensichtlich macht er sich die entsetzlichsten Sorgen. Er liebt seinen Vater und wußte monatelang nicht einmal, wo er war oder ob er überhaupt noch lebte. Heute wartete er auf einen hohen Gestapobeamten. Wer weiß? Mit soviel Entschlossenheit und Willenskraft – und Geld – hat er vielleicht doch Erfolg. Er will die Gestapo dazu bewegen, seinen Vater in ein SS-Lazarett zu verlegen und von dort nach Italien zu überführen. Giorgios Familie ist in Rom unter alliierter Besatzung geblieben, aber er scheint mit ihr in Verbindung zu stehen.

Friedrichsruh, Samstag, 1. Juli: Da ich mein Hotelzimmer in Potsdam aufgeben mußte, bin ich nach Berlin gezogen und wohne jetzt im »Adlon«. Otto Bismarck hat Paul Metternich, Tatjana und mich übers Wochenende nach Friedrichsruh, dem berühmten Besitz der Familie in der Nähe von Hamburg, eingeladen. Wir kennen es nicht, und da sich eine solche Gelegenheit vielleicht nie wieder bieten wird, haben wir zugesagt. Verbrachte den Vormittag im Büro und eilte dann zum Bahnhof, wo die andern schon auf mich warteten. Als wir ankamen, waren die Bismarcks völlig überrascht, da sie unsere telegraphische Zusage nicht erhalten hatten. Otto, im Schlafanzug, war gerade beim Mittagsschlaf gewesen. Ann-Mari und Giorgio Cini saßen im Garten. Er sah in seinem hellblauen Hemd hinreißend aus und erinnerte mich an Venedig in jenem letzten Friedenssommer vor fünf Jahren.

Sonntag, 2. Juli: Otto Bismarck hatte eine kleine Schwarzwildjagd arrangiert, aber keiner hat etwas erlegt. Der einzige Keiler, den wir zu Gesicht bekamen, groß wie ein junges Kalb, lief genau vor Pauls Stand vorbei. Als Paul, vertieft in eine Unterhaltung mit Ann-Mari Bismarck, unsere Rufe hörte, fing er wild zu feuern an, aber das Tier entwischte natürlich. Otto war sichtlich verärgert, da er Paul den besten Platz gegeben hatte.

Nach dem Abendessen hatten wir eine lange Unterhaltung mit einem berühmten Zoologen; es ging um die beste Methode, Adolf loszuwerden. Er sagte, in Indien benutzten sie die Barthaare von Tigern, die sie kleingeschnitten unter die Nahrung mischten. Das Opfer sterbe einige Tage später, und niemand könne die Todesursache ermitteln. Aber wo sollen wir einen Tigerschnurrbart auftreiben?

Friedrichsruh sieht wunderbar gepflegt aus.

Berlin, Montag, 3. Juli: Stand um vier Uhr auf, um pünktlich nach Berlin zurückzukommen. Als ich mein Gepäck im »Adlon« deponierte, begegnete ich unglücklicherweise Schleier, unserm widerlichen neuen Personalchef, der auf diese Weise erfuhr, daß ich eine Reise unternommen hatte (private Reisen werden offiziell nicht gebilligt).

Krummhübel, Dienstag, 4. Juli: Kehrte nach Krummhübel zurück und stellte fest, daß Mama, die ich hierher eingeladen hatte, bereits eingetroffen war. Zur Zeit wohnt sie noch bei uns, aber lange kann sie nicht bleiben, da es uns nicht erlaubt ist, Gäste einzuquartieren. Graf Schulenburg ist noch verreist, und Loremarie ist wieder in Berlin, diesmal endgültig. Man hat ihr sogar erlaubt, ihren Krankheitsurlaub dort zu verbringen. Alle sind überrascht, daß Schleier sich ihr gegenüber so anständig benommen hat.

Mittwoch, 5. Juli: Mache lange Wanderungen mit Mama. Sie findet die Landschaft sehr schön und photographiert unermüdlich. Ich fürchte, sie wird von mir nicht soviel sehen, wie sie sich erhofft, da ich sehr viel Zeit im Büro verbringe und nächste Woche wieder in Berlin sein muß.

Madonna Blum gab ein kleines Abendessen zu Mamas Ehren, danach spielten wir im Duett auf der Ziehharmonika. Graf Schulenburgs Assistent Sch. ist von einer Reise in die Schweiz nicht zurückgekehrt. Er entschuldigte sich mit einem Beinbruch beim Skilaufen; dies scheint jedoch nicht der wahre Grund zu sein, und ich fürchte, Schulenburg wird seinetwegen Schwierigkeiten bekommen.

Berlin, Montag, 10. Juli: Ich bin wieder in Berlin und wohne im »Adlon«. Giorgio Cini ist noch immer hier.

Es gelang Giorgio Cini schließlich, seinen Vater freizukaufen. Er selbst kam kurz nach dem Krieg bei einem Unfall ums Leben. Die »Cini-Stiftung« in Venedig, eine Gründung seines Vaters, trägt Giorgios Namen.

Adam Trott und ich aßen gemeinsam zu Abend. Wir sprachen mit dem Oberkellner Englisch, der selig war, zu beweisen, wie gut er es noch konnte. Unsere Nachbarn fingen an, uns anzustarren. Adam nahm mich dann mit auf eine Autofahrt, auf der wir, ohne daß er mich in Einzelheiten eingeweiht hätte, Ereignisse besprachen, die, wie er sagte, vor der Tür stehen. Wir sind uns über dieses Thema nicht einig, weil ich dabei bleibe, daß zuviel Zeit damit vergeudet wird, die Details zu vervollkommnen, während für mich jetzt nur eines wirklich wichtig ist – daß dieser Mann beseitigt wird. Was mit Deutschland geschieht, wenn er erst einmal tot ist, wird sich finden. Vielleicht erscheint mir das alles einfacher, weil ich keine Deutsche bin, während es für Adam wesentlich ist, daß für das »andere« Deutschland eine Überlebenschance besteht. Heute abend gerieten wir in einen erbitterten Streit hierüber, und unser beider Gefühle schlugen hohe Wellen. Wie traurig, daß dies ausgerechnet jetzt geschehen muß ...

Krummhübel, Mittwoch, 12. Juli: Graf Schulenburg ist aus Salzburg zurück, wohin ihn Ribbentrop zitiert hatte. Er war zur Berichterstattung ins Führerhauptquartier in Ostpreußen beordert worden. Zu guter Letzt scheinen sie seinen Expertenrat hören zu wollen. Der Zeitpunkt scheint reichlich spät gewählt, aber es wird gemunkelt, daß sie einen Separatfrieden mit dem Osten aushecken.

Schulenburg hat mir das Buch des früheren rumänischen Außenministers Gafencu »Préliminaires de la Guerre à l'Est« geliehen. Es ist sehr interessant; der Graf wird darin oft erwähnt, da vor dem Krieg beide zur gleichen Zeit Botschafter in Moskau waren. Anscheinend sind Gafencu einige Irrtümer unterlaufen, und als Schulenburg ihn deswegen in Genf aufsuchte, war er anständig genug, sämtliche Richtigstellungen zu akzeptieren. Damit muß jedoch bis nach dem Krieg gewartet werden, denn einige dieser Richtigstellungen sind so verheerend für den Führer, daß eine Veröffentlichung jetzt einen Skandal hervorrufen würde.

Hier geht alles drunter und drüber, und ich werde froh sein, Krummhübel nächste Woche vermutlich für immer zu verlassen.

Donnerstag, 13. Juli: Nachdem Graf Schulenburg bei uns zu Mittag gegessen hatte, brach er auf. *[Missie sollte ihn nie wiedersehen.]*

Ein Brief von Adam, in dem er unser Mißverständnis von neulich klärt. Ich antwortete ihm postwendend. Er ist nach Schweden abgereist.

Hier irrt Missie: Trott hatte keine Erlaubnis erhalten, nach Schweden zu reisen. Seine letzte Reise dorthin hatte er im Juni 1944 unternommen; ohne Hoffnung, von den Alliierten noch Zusicherungen zu bekommen, erwog er damals, sich mit Hilfe von Gunnar Myrdal mit der sowjetischen Botschafterin, Alexandra Kollontai, in Verbindung zu setzen. In letzter Minute hatte er diese Absicht jedoch wieder aufgegeben, weil er befürchten mußte, daß die sowjetische Botschaft in Stockholm von deutschen Agenten unterwandert war.

Die Russen dringen plötzlich sehr rasch vor.

Diese Bemerkung bezieht sich auf den Zusammenbruch der Heeresgruppe Mitte und die sowjetische Offensive in Südpolen und Galizien, in deren Verlauf die Rote Armee den San und die Weichsel erreichte.

Samstag, 15. Juli: Es regnet in Strömen. Ging mit Mama und Madonna Blum ins Kino.

Eine neue Verordnung soll Zivilisten die Benutzung der Eisenbahn verbieten. Mama wird sofort abreisen müssen, da diese Verordnung in zwei Tagen in Kraft treten wird.

Dienstag, 18. Juli: Mama ist heute morgen abgereist. Gestern abend aßen wir bei Madonna Blum; auf dem Heimweg gingen wir zu den russischen Kosaken hinüber, die mit ihren Pferden hier sind und, da es keine Autos mehr gibt, für den Transport der höheren Beamten eingesetzt werden. Mama schenkte ihnen Zigaretten, und sie tanzten und sangen und waren glücklich, wieder Russisch sprechen zu können. Die armen Kerle sitzen zwischen zwei Stühlen, da sie gegen den Kommunismus votiert haben, aber von der Wehrmacht nie so recht akzeptiert worden sind.

Im Büro das verabredete Telegramm von Adam: ich werde morgen in Berlin erwartet.

Die Kosaken, schon immer Antibolschewiken, gehörten zu den russischen Freiwilligen, die mit der stärksten weltanschaulichen Motivierung an der Seite der deutschen Truppen kämpften. Ganze Dorfbevölkerungen waren zu den Deutschen übergelaufen. Unter dem Kommando von Generalmajor Helmuth von Pannwitz und einem bunten Gemisch von Offizieren, die sich aus Deutschen, ehemaligen Rotarmisten und weißrussischen Emigranten zusammensetzten, nahmen sie besonders wirksam an den Kämpfen gegen die jugoslawischen Partisanen teil. Zuletzt der Wlassow-Armee angeschlossen, schlugen sie sich bei Kriegsende nach Südtirol durch, wo sich etwa 60 000 von ihnen den Briten ergaben, die sie in dem Glauben ließen, daß man sie in Übersee ansiedeln werde. Doch beriefen sich die Engländer dann auf das Jalta-Abkommen und lieferten sie den Sowjets aus; General von Pannwitz bestand darauf, das Schicksal seiner Offiziere zu teilen, und wurde im Januar 1947 in Moskau hingerichtet.

Der 20. Juli und die Folgen

Der folgende Abschnitt wurde im September 1945 nach Kurzschriftaufzeichnungen aus der Zeit niedergeschrieben.

Berlin, Mittwoch, 19. Juli: Habe heute Krummhübel verlassen – ich nehme an für immer. Ich habe zwar alles eingepackt, aber sowenig wie möglich mitgenommen. Das übrige bleibt bei Madonna Blum, bis ich weiß, was aus mir wird.

Wir kamen um elf Uhr in Berlin an; aufgrund der jüngsten Luftangriffe herrschte auf sämtlichen Bahnhöfen totales Durcheinander. Lief dem alten Prinzen August Wilhelm, dem vierten Sohn des früheren Kaisers, über den Weg, der mir freundlicherweise half, mein Gepäck zu tragen. Schließlich fanden wir einen Bus. Die Stadt ist in Rauch gehüllt, überall liegt Schutt. Zu guter Letzt kam ich bei den Gersdorffs unter. Jetzt im Sommer nehmen sie ihre Mahlzeiten oben im Wohnzimmer ein, auch wenn es dort noch immer keine Fenster gibt. Ich traf die übliche Freundesgruppe sowie Adam Trott.

Später hatte ich eine lange Unterredung mit Adam. Er sah sehr bleich und abgespannt aus, schien sich aber zu freuen, mich zu sehen. Er war entsetzt, daß Loremarie Schönburg wieder in Berlin ist, und sehr unglücklich über ihre unausgesetzten Bemühungen, Menschen zusammenzubringen, von denen sie annimmt, daß sie der »Konspiration«, wie ich es getauft habe, wohlwollend gegenüberstehen. Viele von ihnen sind längst in die Sache verwickelt und haben es schwer genug, Verdacht von sich abzulenken. Irgendwie hat sie erfahren, daß Adam beteiligt ist, und belästigt jetzt auch ihn und die ihm Nahestehenden. Sie haben ihr den Spitznamen »Lottchen« gegeben (nach Charlotte Corday, der Mörderin Marats). Für viele stellt sie ein lebensgefährliches Risiko dar. Adam erzählte mir, sie habe sich sogar über mich beklagt: ich sei nicht bereit, mich aktiv an den Vorbereitungen zu beteiligen.

Um ehrlich zu sein, es besteht zwischen ihnen allen und mir ein grundlegender Unterschied in der Einstellung: ich bin keine Deutsche und habe daher dem, was *danach* geschieht, nie sehr große Bedeutung beigemessen. Da die andern aber Patrioten sind, wollen sie ihr Land vor der völligen Zerstörung bewahren und eine Art Interimsregierung aufstellen; mir hingegen geht es einzig und allein um die Beseitigung des Teufels. Überdies glaube ich nicht, daß eine provisorische Regierung für die Alliierten annehmbar wäre, da sie sich weigern, zwischen »guten« und »schlechten« Deutschen zu unterscheiden. Dies ist selbstverständlich ein fataler Irrtum, und wir werden vermutlich alle einen hohen Preis dafür entrichten müssen.

Da sich der Krieg in die Länge zog, die Leiden der Menschen und die Zerstörungen weiter zunahmen und ständig neue deutsche Greueltaten bekannt wurden, der deutsche Widerstand aber keine sichtbaren Aktionen unternahm, wurde es für die Alliierten immer schwieriger, zwischen Hitler und seinen Handlangern einerseits und »anständigen« Deutschen andererseits zu unterscheiden und etwa eine Politik zu verfolgen, die es einem von Hitler befreiten Deutschland ermöglicht hätte, sogleich wieder in die Gemeinschaft der zivilisierten Nationen aufgenommen zu werden. Anthony Eden hatte schon im Mai 1940 gesagt: »Hitler ist kein Phänomen, sondern ein Symptom, der Ausdruck eines großen Teils des deutschen Volkes.« Und am 20. Januar 1941 hatte Winston Churchill das Foreign Office instruiert, alle aus Deutschland kommenden Friedensfühler zu ignorieren: »Unsere Antwort auf derartige Anfragen oder Vorschläge muß absolutes Schweigen sein ...« Es war dieser Wall von Mißtrauen und Feindseligkeit, den zu durchbrechen Adam von Trott und seine Freunde in der Opposition sich verzweifelt bemühten. Aber Präsident Roosevelt hatte im Januar 1943 in Casablanca die Antwort ein für allemal erteilt: »Bedingungslose Kapitulation.« So blieb vielen, auch überzeugten NS-Gegnern, kaum eine andere Wahl, als bis zum bitteren Ende weiterzukämpfen.

Adam und ich kamen überein, uns vor Freitag nicht mehr zu treffen. Nachdem er fortgegangen war, bemerkte Maria Gersdorff: »Ich finde, er sieht sehr blaß und müde aus; manchmal glaube ich, daß er nicht lange leben wird.«

Zum Abendbrot gesellte sich Aga Fürstenberg zu uns. Inzwischen ist sie in das Haus des Schauspielers Willy Fritsch in Grunewald umgezogen. Es ist ein reizendes Häuschen, das er Hals über Kopf verlassen hat, nachdem er bei einem der letzten Luftangriffe einen Nervenzusammenbruch erlitt. Offenbar hat er den ganzen Tag schluchzend auf seinem Bett gelegen, bis seine Frau kam und ihn aufs Land schaffte. Aga teilt sich das Haus mit Georgie Pappenheim, einem reizenden Mann, der als langjähriger Diplomat gerade aus Madrid zurückberufen worden ist, vermutlich seines Namens wegen (die Pappenheims gehören zu den ältesten Familien Deutschlands). Er spielt ganz vorzüglich Klavier.

Man hat mir vier Wochen Krankheitsurlaub bewilligt, von denen ich aber jeweils nur zwei Wochen am Stück nehmen darf; vorher muß ich eine Assistentin anlernen, die mich während meiner Abwesenheit vertreten kann.

Donnerstag, 20. Juli: Heute nachmittag saßen Loremarie Schönburg und ich auf der Treppe unseres Büros und schwatzten, als Gottfried Bismarck hereinstürzte mit hochroten Flekken auf den Wangen. In einem solchen Zustand fieberhafter Erregung hatte ich ihn noch nie erlebt. Zuerst zog er Loremarie beiseite, dann fragte er mich nach meinen Plänen. Ich erklärte ihm, daß ich es nicht genau wüßte, aber eigentlich gern so bald wie möglich aus dem A. A. ausscheiden würde. Er antwortete, ich solle mir keine Sorgen machen, in einigen Tagen würde sich ohnehin alles regeln, und wir alle wüßten dann, wie es mit uns weitergeht. Er lud mich und Loremarie noch ein, so bald wie möglich nach Potsdam hinauszukommen, dann sprang er in seinen Wagen, und fort war er.

Ich kehrte in mein Büro zurück und versuchte, Percy Frey in der Schweizer Gesandtschaft anzurufen, mit dem ich eine Verabredung zum Abendessen hatte. Während ich auf Antwort wartete, wandte ich mich Loremarie zu, die am Fenster stand, und fragte sie, warum Gottfried wohl so aufgeregt gewesen sei. Handelte es sich vielleicht um die »Konspiration«? Den Telefonhörer hatte ich in der Hand. Sie flüsterte: »Ja, so ist es! Die Tat ist vollbracht. Heute morgen!« Just in diesem Augenblick antwortete Percy. Ich hielt den Hörer noch immer in der Hand und fragte: »Tot?« Sie antwortete: »Ja, tot!« Ich legte den Hörer auf, nahm sie bei den Schultern und tanzte mit ihr durchs Zimmer. Dann raffte ich einige Unterlagen zusammen, warf sie in die nächste Schublade, rief dem Pförtner zu, wir seien dienstlich unterwegs, und raste mit Loremarie zum Bahnhof Zoo. Auf der Fahrt nach Potsdam vertraute sie mir im stillen einige Einzelheiten an, und obgleich das Abteil voller Menschen war, machten wir gar keinen Versuch, unsere Aufregung und Freude zu verbergen.

Claus Schenk Graf von Stauffenberg, ein Oberst im Generalstab, hatte Hitler im Führerhauptquartier in Rastenburg in Ostpreußen eine Bombe vor die Füße gelegt. Sie war explodiert, und Adolf war tot. Stauffenberg hatte draußen die Explosion noch abgewartet und war, als er sah, daß Hitler auf einer blutbeschmierten Bahre hinausgetragen wurde, zu seinem Auto gelaufen, das irgendwo versteckt gewesen war, und mit seinem Adjutanten, Werner von Haeften, zum nächsten Flugplatz gefahren und von dort aus nach Berlin zurückgekehrt. In der allgemeinen Verwirrung habe niemand seine Flucht bemerkt.

In Berlin war er geradewegs zum OKH in der Bendlerstraße gegangen, das inzwischen von den Verschwörern übernommen worden war und wo sich auch Gottfried Bismarck, Helldorf und viele andere eingefunden hatten (das OKH liegt am oberen Ende der Woyrsch-Straße, auf der andern Seite des Kanals). Heute abend soll über den Rundfunk Hitlers Tod bekanntgegeben werden und auch, daß inzwischen eine neue Regierung gebildet worden ist. Goerdeler, der frühere Oberbürgermeister von Leipzig, soll neuer Reichskanzler werden. Er kommt aus dem sozialdemokratischen Lager [sic] und gilt als brillanter Volkswirt. Unser Graf Schulenburg oder Botschafter von Hassell sind als Außenminister vorgesehen. Meine spontane Reaktion ist, daß es sich vielleicht als Fehler erweisen wird, die besten Köpfe an die Spitze einer Regierung zu stellen, die nach Lage der Dinge nur eine vorläufige sein kann.

Der 37 Jahre alte Oberst i. G. Graf Stauffenberg hatte sich der Widerstandsbewegung relativ spät angeschlossen – endgültig erst im Sommer 1943. In Afrika war er schwer verwundet worden, hatte ein Auge, den rechten Arm und zwei Finger der linken Hand verloren. Im Juni 1944 wurde er Chef des Stabes des Befehlshabers des Ersatzheeres, Generaloberst Fromm; der Fromm nachgeordnete Amtschef des Allgemeinen Heeresamtes, General Friedrich Olbricht, gehörte seit langem der Verschwörung gegen Hitler an. Stauffenbergs neue Funktion brachte es mit sich, daß er von Zeit zu Zeit Hitler persönlich vortragen mußte. Da kein anderer Angehöriger der Opposition sowohl Zugang zu Hitler hatte als auch willens war, ihn zu töten, erklärte sich Stauffenberg bereit, diese Tat bei einem seiner Besuche im Führerhauptquartier zu vollbringen. Zwei Versuche, am 11. und am 15. Juli, brach er in letzter Minute ab. Inzwischen hatten die

Verhaftungen in verschiedenen Kreisen des Widerstandes weiter zugenommen; die Gestapo war offensichtlich im Begriff, das Netz noch enger zu ziehen. Als Stauffenberg für den 20. Juli abermals zu Hitler befohlen wurde, entschloß er sich, die Tat unter allen Umständen auszuführen.

Als wir in der »Regierung« in Potsdam ankamen, war es bereits nach sechs Uhr. Ich ging mich waschen. Loremarie eilte die Treppe hinauf. Nur wenige Minuten waren vergangen, als ich sie schleppenden Schritts zurückkehren hörte: »Gerade ist im Rundfunk gesagt worden, ›ein Graf Stauffenberg hat einen Mordanschlag auf den Führer verübt, aber die Vorsehung hat ihn gerettet..‹«

In Wirklichkeit erwähnte die erste Meldung des Deutschen Rundfunks um 18.28 Uhr keine Namen. Es hieß lediglich, auf den Führer sei ein Attentat verübt worden, er sei jedoch unverletzt und habe seine Arbeit sofort wieder aufgenommen. Zunächst hatten Hitler und seine Umgebung wohl nicht erkannt, daß das Attentat Teil einer sehr umfangreichen Verschwörung war, mit dem Ziel, das nationalsozialistische Regime zu stürzen. Erst als die von den Verschwörern getroffenen Maßnahmen in Berlin, Paris und Wien bekannt wurden, enthüllten sich ihnen die wirklichen Ausmaße des Geschehens.

Ich nahm sie am Arm, und wir liefen zusammen wieder die Treppe hinauf. Die Bismarcks waren im Salon. Melanie saß mit einem vergrämten Gesicht da, während Gottfried ohne Unterlaß auf und ab lief. Ich hatte Angst, ihm ins Gesicht zu sehen. Er war gerade aus der Bendlerstraße zurückgekehrt und wiederholte immer wieder: »Es ist einfach nicht möglich! Es ist ein Trick! Stauffenberg hat doch gesehen, daß er tot war!« Gottfried meinte, sie spielten Theater und ließen Hitlers Double weitermachen. Er ging in sein Arbeitszimmer, um Helldorf anzurufen. Loremarie folgte ihm, und ich blieb allein mit Melanie zurück.

Sie begann zu klagen: Loremarie habe Gottfried da hineingetrieben; seit Jahren habe sie auf ihn eingewirkt; wenn er jetzt stürbe, säße sie, Melanie, mit drei kleinen Kindern allein da. Vielleicht könne sich Loremarie den Luxus leisten, aber wer wäre schließlich vaterlos? Die Kinder anderer, nicht die ihren... Es war ganz grauenhaft, und es gab nichts, was ich hätte antworten können.

Gottfried kam zurück. Es war ihm nicht gelungen, zu Helldorf durchzukommen, aber er hatte weitere Nachrichten: den Deutschlandsender hätten die Verschwörer verloren; sie hätten ihn zwar besetzt, seien aber nicht in der Lage gewesen, ihn einzusetzen, und inzwischen sei er wieder in der Hand der SS. Die Offizierschulen in den Außenbezirken von Berlin hätten jedoch zu den Waffen gegriffen und befänden sich nun im Anmarsch auf Berlin. In der Tat hörten wir eine Stunde später die Panzer der Truppenschule Krampnitz auf ihrem Wege in die Hauptstadt durch Potsdam rollen. Wir lehnten uns aus den Fenstern, sahen ihnen nach und beteten. Auf den Straßen, die praktisch ausgestorben wirkten, schien niemand zu wissen, was vor sich ging. Gottfried erklärte immer wieder, er könne nicht glauben, daß Hitler unverletzt sei, sicherlich verberge man irgend etwas . . .

Bald darauf meldete der Rundfunk, daß der Führer um Mitternacht zum deutschen Volke sprechen werde. Es wurde uns klar, daß wir erst dann Sicherheit hätten, ob dies alles ein Schwindel war oder nicht. Gottfried weigerte sich, alle Hoffnung aufzugeben. Er war der Meinung, das Führerhauptquartier in Ostpreußen liege so abseits, daß, selbst wenn Hitler noch am Leben sein sollte, das Regime dennoch gestürzt werden könnte, ehe er die Zügel in Deutschland wieder in die Hand bekäme, vorausgesetzt, andernorts liefe alles nach Plan. Uns wurde immer beklommener zumute.

Seit 1943 war im Stabe des Ersatzheeres in der Bendlerstraße unter dem Decknamen »Walküre« ein Plan vorbereitet worden, in dem die Maßnahmen festgelegt waren, die im Falle innerer Unruhen oder großangelegter Sabotageakte etwa durch das Millionenheer der Fremdarbeiter erforderlich würden. Nach diesem Plan fiel dem Ersatzheer und den um und in Berlin stationierten Truppenteilen eine Schlüsselrolle zu. Ironischerweise war »Walküre« von Hitler persönlich gebilligt worden. Olbricht, Stauffenberg sowie ihre Mitverschworenen im Ersatzheer hatten diesen Plan so geschickt umgestaltet, daß er auch zum Sturz der Regierung verwendet werden konnte. Danach sollte eine neugebildete Regierung um Friedensverhandlungen nachsuchen. Generaloberst Friedrich Fromm gehörte zwar der Verschwörung nicht an, galt aber als für ihre Ziele hinreichend aufgeschlossen, so daß man mit seiner Mitwirkung rechnete, sobald die Stunde gekommen war.

Helldorf rief einige Male an. Ebenso der örtliche Parteileiter, der den Potsdamer Regierungspräsidenten Graf Bismarck fragte, was zum Teufel er zu tun gedenke, da es seinen Informationen nach in der Reichshauptstadt Unruhen gebe und vielleicht sogar gemeutert werde. Gottfried war unverschämt genug zu antworten, seine Befehle aus dem Führerhauptquartier gingen dahin, daß der Führer von allen hohen Beamten verlange, auf ihrem Posten zu bleiben und weitere Weisungen abzuwarten. In Wirklichkeit hoffte Gottfried noch immer, daß die aufständischen Truppen erscheinen und den Gauleiter festnehmen würden.

Als es Nacht wurde, waren Gerüchte im Umlauf, der Aufstand komme nicht wie erhofft voran. Vom Flughafen war angerufen worden: »Die Luftwaffe macht nicht mit.« Man verlange einen persönlichen Befehl von Göring oder gar Hitler. Jetzt begann Gottfried skeptisch zu klingen – zum ersten Mal. Er sagte, ein Staatsstreich müsse rasch ausgeführt werden; jede verlorene Minute sei unwiederbringlich dahin. Inzwischen war Mitternacht vorbei und Hitler hatte noch immer nicht gesprochen. Die Nachrichten klangen immer deprimierender; ich sah keinen rechten Sinn mehr darin, weiter aufzubleiben, und ging ins Bett. Sehr bald folgte auch Loremarie.

Um zwei Uhr früh steckte Gottfried den Kopf durch die Tür und sagte mit tonloser Stimme: »Kein Zweifel, er war es!«

Bei Morgengrauen hörten wir abermals die Panzer aus Krampnitz vorbeirollen; sie kehrten in ihre Kasernen zurück, ohne etwas ausgerichtet zu haben.

Hitler sprach gegen 1 Uhr früh über alle deutschen Sender: »Eine ganz kleine Clique ehrgeiziger, gewissenloser und zugleich verbrecherischer, dummer Offiziere hat ein Komplott geschmiedet, um mich zu beseitigen und zugleich mit mir den Stab praktisch der deutschen Wehrmachtführung auszurotten. Die Bombe, die von dem Oberst Graf v. Stauffenberg gelegt wurde, krepierte zwei Meter an meiner rechten Seite. Sie hat eine Reihe mir teurer Mitarbeiter sehr schwer verletzt, einer ist gestorben. Ich selbst bin völlig unverletzt bis auf ganz kleine Hautabschürfungen, Prellungen oder Verbrennungen. Ich fasse es als eine Bestätigung des Auftrages der Vorsehung auf, mein Lebensziel weiter zu verfolgen, so wie ich es bisher getan habe ... Der Kreis, den diese Usurpatoren darstellen, ist ein denkbar kleiner. Er hat mit der deutschen Wehrmacht und vor allem auch mit dem deutschen

Heer nichts zu tun ... Diesmal wird nun so abgerechnet, wie wir das als Nationalsozialisten gewohnt sind.«

Freitag, 21. Juli: Beim Frühstück erfuhren wir, daß Gottfried und Melanie Bismarck mit dem Auto nach Berlin gefahren waren (vermutlich, um Helldorf zu sehen). Loremarie Schönburg sah bleich wie der Tod aus. Ich ließ sie im Bett zurück und fuhr allein nach Berlin. Noch immer machten wir uns den ganzen Umfang des Unglücks und die fürchterliche Gefahr, in der wir alle schwebten, nicht klar.

Auf meinem Wege in die Stadt ging ich kurz bei Aga Fürstenberg vorbei und deponierte mein Nachtzeug bei ihr. Da Potsdam so weit draußen liegt und die Bomben das Leben im Gersdorffschen Hause unerträglich gemacht haben, werde ich es zur Abwechslung mal bei Aga versuchen. Sie war über die Ereignisse erstaunt, tappte aber über die Beteiligten offensichtlich im dunkeln. Es wird nicht leicht sein, aber von jetzt ab muß man so tun, als wisse man gar nichts, und selbst zu Freunden mit Skepsis über die ganze Sache sprechen.

Nach einem kurzen Gastspiel im Büro ging ich zu Maria Gersdorff. Sie war verzweifelt. Graf Stauffenberg, so sagte sie mir, sei gestern abend im OKH in der Bendlerstraße zusammen mit seinem Adjutanten, Werner von Haeften, erschossen worden. General Beck, der als Staatsoberhaupt ausersehen war, habe Selbstmord begangen. General Olbricht, ein weiterer führender Kopf der Verschwörung, der den wankelmütigen General Fromm als Befehlshaber des Ersatzheers abgelöst hatte, sei ebenfalls erschossen worden.

Vor Monaten hatte mir Loremarie erzählt, daß sie im Zuge ihrer verhängnisvollen Rekrutierungsversuche einmal auch General Olbricht besucht habe, da sie gehört hätte, er sei ein »positives Element«. Unter dem Siegel der Verschwiegenheit habe er ihr erzählt, daß er Säcke mit mehr als 30 000 Briefen deutscher Soldaten besitze, die in Stalingrad in Kriegsgefangenschaft geraten waren. Hitler habe Befehl gegeben, sie zu verbrennen; offiziell durfte es keine Überlebenden dieser »glorreichen« Schlacht geben. Obwohl einer ihrer Brüder seit Stalingrad verschollen war, sei Olbricht nicht bereit gewesen, ihr die Briefe zu zeigen, sosehr sie ihn auch angefleht habe.

Maria Gersdorff hatte Stauffenberg oberflächlich gekannt, da einige seiner Vettern zu ihren engsten Freunden zählen. Jetzt ist sie in Todesängsten um sie. Dem jungen Haeften war ich vor zwei Monaten bei Adam Trott begegnet. Eines Abends hatte ich mit Adam zu Abend gegessen, als ein lockenköpfiger, gutaussehender junger Oberleutnant hereinplatzte, sich vorstellte und Adam dann in ein anderes Zimmer zog. Sie waren eine lange Zeit fortgeblieben. Hinterher war Adam neugierig zu hören, welchen Eindruck der junge Mann auf mich gemacht hatte. Ich antwortete. »Ein typischer Verschwörer, ganz wie er im Bilderbuch steht.« Damals wußte ich nicht, was seine Rolle war. Jetzt bei Maria vermochte ich nur an Gottfried und Adam zu denken. Zu irgendeinem Zeitpunkt hatten sich beide gestern in der Bendlerstraße aufgehalten. Wird das herauskommen? Die ganze Zeit über muß man überrascht tun, vielleicht auch betroffen wirken, aber auf keinen Fall total verschreckt . . .

Spät am Abend kam Percy Frey vorbei, um mich abzuholen. Da ich keine Lust zum Essen hatte, fuhren wir in den Grunewald, stiegen aus und gingen spazieren. Ich versuchte, ihm Grauen und Ausmaß dieser Tragödie begreiflich zu machen. Als es ihm langsam klar wurde, zeigte er sich überrascht und mitfühlend. Bis dahin hatte auch er der offiziellen Version Glauben geschenkt, das Ganze sei lediglich das Werk von ein paar Abenteurern gewesen.

Ich *muß* Adam sehen. Wir hatten uns zwar für heute verabredet, aber ich wage es noch nicht, ihn aufzusuchen.

Samstag, 22. Juli: Heute morgen stand ein Aufruf in allen Zeitungen, in dem eine Million Mark Belohnung für die Auffindung eines Mannes »namens Goerdeler« ausgesetzt war. Welche Erleichterung! Dies bedeutet, daß er noch auf freiem Fuße ist.

Es heißt, daß Claus Stauffenbergs Frau und vier Kinder ermordet worden seien. Sie ist eine geborene Lerchenfeld und ein Patenkind von Mama, da ihre Eltern vor dem Ersten Weltkrieg im russischen Litauen lebten.

Innerhalb weniger Tage nach dem Fehlschlag des Putsches wurden aufgrund der verfügten Sippenhaft nicht nur Stauffenbergs Frau und Kinder, sondern auch seine Mutter, Schwiegermutter, Brüder, Vettern, Kusinen, Onkel und Tanten (sowie deren Frauen, Männer und Kinder) verhaftet. Anläßlich einer vor Gauleitern in Posen am 3. August gehaltenen Rede rechtfertigte Himmler die Sippenhaft mit dem Hinweis auf einen angeblich uralten germanischen Brauch. Wenn die Vorfahren »eine Fami-

lie in die Acht taten und für vogelfrei erklärten oder wenn eine Blutrache in einer Familie war, dann war man maßlos konsequent. Wenn die Familie für vogelfrei erklärt wird und in Acht und Bann getan wird, sagten sie: Dieser Mann hat Verrat geübt, das Blut ist schlecht, da ist Verräterblut drin, das wird ausgerottet. Und bei der Blutrache wurde ausgerottet bis zum letzten Glied in der ganzen Sippe. Die Familie Graf Stauffenberg wird ausgelöscht bis ins letzte Glied.«

Als ich heute morgen Judgie Richters Büro betrat, traf ich dort den älteren Haeften, Hans-Bernd (unsern früheren Personalchef). Er saß an seinem Schreibtisch und aß Kirschen aus einer Papiertüte. Und seinen Bruder hat man erst vorgestern wie einen Hund niedergeknallt! Er lächelte mich an und unterhielt sich mit mir, als sei nichts geschehen. Nachdem er das Büro verlassen hatte, fragte ich Judgie, ob Haeften über seinen Bruder Bescheid wisse. Judgie bejahte es. Judgie selbst sah besorgt und unglücklich aus; wie würde er erst aussehen, wenn er die Wahrheit über Adam Trott wüßte.

Ich ging in Adams Zimmer hinunter und traf ihn dort mit einem seiner Assistenten, der uns bald verließ. Adam warf sich auf das Sofa, wies auf seinen Hals und sagte: »Ich stecke bis hierher drin.« Er sah entsetzlich aus. Wir unterhielten uns flüsternd. Sein Anblick machte mich noch unglücklicher. Ich sagte es ihm. Ja, antwortete er, aber für mich bedeute es nicht mehr als den Verlust meines Lieblingsbaums im Obstgarten, während für ihn alles, worauf er gehofft hatte, verloren sei. Das Haustelephon klingelte: unser Chef, Dr. Six, wünschte ihn zu sehen. Wir verabredeten uns für den Abend. Ich hinterließ seiner Sekretärin die Nachricht, daß ich seinen Anruf erwarte.

Als ich zu Maria Gersdorff hinüberging, gestand ich ihr, wie besorgt ich um Adam war. »Aber warum?« fragte sie. »Er hat Stauffenberg doch nur oberflächlich gekannt. Nein, ich bin sicher, er war nicht wirklich in die Sache verwickelt.«

Adam rief an, und wir machten aus, uns nach sechs Uhr bei Aga Fürstenberg zu treffen. Dann ging ich ins »Adlon«, wo ich mit Loremarie Schönburg und Aga verabredet war. Letztere war wütend, denn sie war Hasso Etzdorf auf der Straße begegnet, und er hatte ihr den Rücken gekehrt. Ich nehme an, auch er ist schwer kompromittiert. Wir versammelten uns alle bei Aga und tranken Tee auf dem Rasen. Tony Saurma und Georgie Pappenheim waren auch zugegen, und dann kam Adam.

Er war bei Six gewesen und hatte versucht, ihn von der Fährte abzubringen. Adam sah wie der Tod aus. Ich fuhr mit ihm in seine Wohnung und setzte mich, während er sich umzog, auf den Balkon in die Sonne. Es ertönte Fliegeralarm; er hatte die irritierende Wirkung eines Bienenschwarms, nichts weiter. Adam erschien, setzte sich draußen zu mir und erzählte mir einen Teil des Geschehens.

Stauffenberg, sagte er, sei ein wundervoller Mann gewesen, nicht nur außergewöhnlich intelligent, sondern ebenso außerordentlich vital und energisch. Er war einer der wenigen Verschwörer, der häufig bei Hitler Zugang hatte. Schon zweimal sei er mit einer Bombe im Führerhauptquartier gewesen, aber jedesmal habe es irgendein Hindernis gegeben, oder Himmler, Göring und einige andere, die er gemeinsam mit Hitler ebenfalls hatte töten wollen, seien der Besprechung im letzten Augenblick ferngeblieben. Als er das dritte Mal zu Hitler gerufen wurde, hatte er seinen Mitverschwörern erklärt, daß er handeln werde, einerlei, wie die Umstände seien. Die Zerreißprobe wurde langsam unerträglich, und das war kein Wunder. Hätte er doch nur einen Revolver benutzen können, dann wäre der Versuch vielleicht geglückt. Aber Stauffenberg war zu schwer kriegsversehrt... Mit ihm, erklärte Adam, habe er seinen nächsten Freund verloren. Er wirkte völlig niedergeschmettert.

Adam selbst hatte am 20. Juli den ganzen Tag im Auswärtigen Amt in der Wilhelmstraße verbracht und auf die Machtübernahme der Militärs gewartet. Er wisse, sagte er, daß man ihn verhaften werde, er sei zu tief in die Angelegenheit verstrickt. Ich fragte ihn nicht, wie tief. Er hatte vor, sein Dienstmädchen zu entlassen; sie sei Zeugin zu vieler Treffen in seinem Hause gewesen und könnte, falls sie verhört würde, reden. Er fürchtete, auch Helldorf werde unter der Folter zusammenbrechen. (Ich entsann mich, daß Helldorf Loremarie gesagt hatte, selbst er habe Angst davor...)

Adam erwog, ob er nicht einen Artikel in der Londoner »Times« veröffentlichen sollte, in dem er erklärte, um was es diesen Männern gegangen war. Ich war gegen diesen Plan. Die Reaktion in Deutschland wäre lediglich die, daß sie im Sold der Feinde gestanden hätten; jetzt, da ihr Attentat fehlgeschlagen war, würde sie die öffentliche Meinung hier ohnehin noch stärker verurteilen.

Adam erzählte mir dann, daß er kurz nach der Niederlage Frankreichs im Jahre 1940 einen Brief von einem alten Freund,

Lord Lothian, der damals britischer Botschafter in Washington war, erhalten habe, in dem dieser ihn drängte, auf eine Versöhnung zwischen Deutschland und England hinzuarbeiten. Ob Lord Lothian dabei ausschließlich ein nichtnationalsozialistisches Deutschland im Sinn hatte – Adams Haß auf das Regime war ihm selbstverständlich bekannt –, war Adam nicht ganz klar. Für ihn selbst sei die Vorstellung eines möglichen »Handels« zwischen beiden Ländern, solange Hitler am Ruder war, so verabscheuungswürdig gewesen, daß er die Existenz dieses Briefes keinem Menschen gegenüber je erwähnt habe. Später, sagte er, habe er sich oft gefragt, ob er damit nicht falsch gehandelt habe.

Lord Lothian gehörte einer kleinen, aber zeitweilig einflußreichen Gruppe konservativer Politiker an, dem sogenannten »Cliveden Set«, die den Methoden Hitlers zwar kritisch gegenüberstanden, aber ein gewisses Verständnis für seine Bemühungen hatten, die diskriminierenden Aspekte des Versailler Friedensvertrages zu beseitigen; sie betrachteten auch Hitlers anfängliche wirtschaftliche Erfolge nicht ohne Wohlwollen. Vor allem aber befürchteten sie einen erneuten europäischen Krieg, der – so kurz nach dem Blutbad von 1914/18 – Europa verhängnisvoll schwächen müßte, das Ende der überseeischen Imperien und vielleicht der gesamten europäischen Zivilisation bedeuten könnte und dem Weltkommunismus Tür und Tor öffnen würde. Aber Hitlers immer brutalere Innenpolitik und seine skrupellose Entschlossenheit, Deutschland die Vorherrschaft in Europa zu erkämpfen, vereitelten alle Bemühungen, mit ihm zu einer Einigung zu kommen. Der »Cliveden Set« wurde später als Exponent der Appeasement-Politik angeprangert.

Wir saßen die ganze Nacht, redeten miteinander und lauschten auf die gelegentlichen Geräusche draußen. Jedesmal, wenn wir ein Auto hörten, das die Fahrt verlangsamte, konnte ich seinem Gesicht ansehen, was er dachte . . . Ich kann ihn in dieser Lage einfach nicht allein lassen. Wenn sie ihn holen, solange ich noch da bin, kann ich wenigstens seine Freunde alarmieren. Adam sagte, daß Alex Werth über alles Bescheid wisse und auch, was zu tun sei, falls er verhaftet würde. Er glaubt, daß Dr. Six einen Verdacht hegt, denn er dränge ihn ständig, in die Schweiz zu fahren. Ich bestand ebenfalls darauf, daß er reisen solle – und zwar unverzüglich. Aber er weigert sich seiner Frau und seiner

Kinder wegen. Er sagt, wenn sie ihn verhafteten, würde er alles ableugnen – nur um freizukommen – und es noch einmal zu versuchen. Um vier Uhr früh fuhr er mich nach Haus und versprach mir, mich später am Morgen wieder anzurufen, damit ich wüßte, daß es ihm gutgehe.

Missies Anmerkung (im September 1945 geschrieben)
Adam hatte mir nie genau erklärt, worin seine Tätigkeit für die Opposition bestand. Ich wußte nur, daß jede seiner Auslandsreisen – in die Schweiz, nach Schweden – unter einem offiziellen Vorwand unternommen worden war und mit seinen unermüdlichen Bemühungen zusammenhing, eine Grundlage für Friedensverhandlungen mit den Alliierten zu schaffen, sobald das »Ereignis« (die Ermordung Hitlers) stattgefunden hatte.

Er glaubte aufrichtig, daß die Alliierten, sobald sie einer annehmbaren deutschen Regierung gegenüberstünden, sich kompromißbereiter zeigen würden. Ich versuchte oft, diese Illusion zu zerstören, und beharrte immer wieder auf meinem Standpunkt, daß das einzig und allein Wichtige die Beseitigung Hitlers sei, sonst nichts. Ich glaube, daß mir die späteren Ereignisse recht gegeben haben . . .

Sonntag, 23. Juli: Adam Trott rief mich wie versprochen an. Bisher geht alles gut. Ich sagte ihm, daß ich nach Potsdam hinausfahren und ihn von dort anrufen würde.

Ich traf Gottfried Bismarck, der im Badeanzug im Springbrunnen plantschte. Es ist sehr heiß. Melanie und Loremarie Schönburg waren auch draußen. Melanie scheint jetzt ruhiger; sie hat sogar vor, aufs Land zurückzukehren, um dem Personal den Eindruck zu vermitteln, daß das Leben normal weiterlaufe.

Ich erzählte ihnen, wie besorgt ich um Adam sei. Gottfried glaubt nicht, daß man ihn verhaften werde. Derjenige, der sich augenblicklich in der größten Gefahr befinde, so meinte er, sei Helldorf. Sein Rolle bei dem Umsturzversuch sei zu offensichtlich gewesen, und es werde ihm nicht gelingen, sich ein Alibi zu verschaffen.

Wir sprachen über Fritzi Schulenburg, den Neffen des Botschafters und früheren Polizeivizepräsidenten von Berlin unter Helldorf. Ich erinnerte mich an ihn noch als einen jungen Mann – das war vor dem Krieg in Ostpreußen. Obgleich anfänglich ein Nazi, hatte er schon damals heftige Kritik am Regime geübt.

Adam erzählte mir gestern abend, daß er mit Stauffenbergs Sekretärin gesprochen und sie ihm beschrieben habe, wie Fritzi aus seinem provisorischen Büro im OKH herausgelaufen und auf dem Flur in den Rücken geschossen worden sei. Darauf habe man ihn verwundet auf den Hof gezerrt und dort getötet. *[Dies stellte sich als Gerücht heraus. Schulenburg gehörte zu den ersten Verhafteten, die vor den Volksgerichtshof gestellt wurden. Er wurde zum Tode verurteilt und am 10. August 1944 gehenkt.]*

Am Nachmittag legten wir uns alle zu einem kurzen Schlaf hin, denn die Spannung erschöpft einen. Später sagte mir Loremarie, Gottfried habe ihr in seinem Schrank im Büro zwei große Pakete gezeigt und sich dabei laut gefragt, was er wohl damit anfangen solle. Auf ihre Frage, was es denn sei, habe er erwidert: »Übriggebliebener Sprengstoff von der Bombe.« Sie hatte ihn angefleht, sich dieser Pakete zu entledigen, da sein Haus todsicher bald durchsucht werden würde. Er hatte sich jedoch geweigert und erklärt, es sei so schwierig gewesen, den Sprengstoff zu beschaffen, daß er beabsichtige, ihn für einen nächsten Versuch aufzubewahren. Es gelang ihr wenigstens, ihn zu überreden, das Zeug im Keller zu verstecken.

Der Sprengstoff »Plastit W«, eine deutsche Mischung, die zu 64 Prozent aus Hexogen bestand und von der Abwehr verwendet wurde, war von den Verschwörern unter beachtlichen Schwierigkeiten beschafft worden; die Zünder waren britischer Herkunft.

Rief Adam an; es ging ihm noch immer gut. Aß mit Percy Frey zu Abend.

Montag, 24. Juli: Melanie Bismarck hat mich gebeten, in der russischen Kirche eine Seelenmesse für die Opfer vom Donnerstag lesen zu lassen und auch Gebete für alle, die in Gefahr sind. Es sind so viele: Adam Trott ... Gottfried Bismarck ... Helldorf ... Melanie wagt nicht, in der katholischen oder protestantischen Kirche einen Gottesdienst halten zu lassen, und glaubt, daß ein orthodoxer weniger auffällig wäre. Ich versprach, mit Pater Johann Schachowskoy darüber zu sprechen. Wir kamen auch überein, daß nur ich teilnehmen sollte, um so wenig Aufmerksamkeit wie möglich zu erregen.

Verbrachte den Morgen im Büro und überredete dann Adam, der schon in der Kantine gegessen hatte, mit zu Maria Gersdorff zu kommen. Ich gab ihm eine Ikone des heiligen

Seraphim von Sarow und erzählte ihm von Melanies Plan mit der Messe. Er meinte, wir sollten uns keine Sorgen machen; Claus Stauffenberg sei ein so frommer Christ gewesen, daß sicherlich in ganz Deutschland Messen für ihn gelesen würden. Einige unserer Freunde gesellten sich zu uns, und wir versuchten, von andern Dingen zu sprechen. Beim Abschied sagte Adam zu mir und Loremarie Schönburg, daß man unmöglich einen zweiten Versuch unternehmen könne, wenn keiner von uns am Leben bliebe, und daß wir daher von jetzt ab sehr, sehr vorsichtig sein müßten, uns nicht mehr treffen dürften, da wir alle unter Beobachtung stünden und so weiter. Dies scheint der rote Faden zu sein, der sich durch alle ihre Gespräche zieht: sie *müssen* es noch einmal versuchen!

Am Abend fuhr uns Gottfried nach Potsdam hinaus. Wir aßen allein mit ihm. Helldorf, so berichtete er, ist heute morgen verhaftet worden. Das Polizeipräsidium gebe keine Auskunft: »Der Herr Präsident ist heute morgen ausgegangen und noch nicht zurückgekehrt.«

Nach dem Abendessen kam Hanna Bredow, Gottfrieds Schwester, entschlossenen Schritts ins Haus. Sie ist ein Original. Ihren Schirm in der Hand, setzte sie sich und sagte: »Gottfried, ich will wissen, wie weit du in diese Sache verwickelt bist. Du kannst mich nicht länger im dunkeln tappen lassen. Ich weiß nur zu gut, daß etwas vor sich geht. Ich muß wissen, wo wir stehen!« Gottfried stammelte und stotterte, sagte ihr aber nichts. Hanna ist um ihre Töchter besorgt. Die neunzehnjährige Philippa war mit dem jungen Werner von Haeften, Stauffenbergs Adjutanten, der mit ihm zusammen erschossen wurde, befreundet. Dieser scheint sehr offen, zu offen, mit ihr gesprochen zu haben.

Später legte uns Hanna die Karten; sie kann das sehr gut. Demnach ist keiner von uns dreien bisher dem Untergang geweiht. Dann gingen wir in ihr Haus hinüber, wo Georgie Pappenheim ganz wundervoll Klavier spielte. Zur Nacht kehrten er, Aga und ich nach Grunewald in Agas Haus zurück.

Ein Luftangriff holte uns aus den Betten. Diesmal begann es in unserer unmittelbaren Nachbarschaft Bomben zu hageln, und wir suchten Zuflucht im Unterstand, einem lächerlichen Holzbau unter einem Grashügel. Ganz in unserer Nähe kamen zwei aneinander gekettete Minen herunter. Sie brauchten eine Weile, da sie an Fallschirmen hingen. Wir kauerten auf dem Boden, die Helme fest auf den Kopf gedrückt. Aga, die ihren

Helm völlig schief aufhatte, sah so komisch aus, daß ich selbst in diesem schlimmsten Augenblick ein Kichern nicht unterdrücken konnte. Die rührende, alte, stocktaube Köchin hörte gar nichts von all dem Höllenlärm und warf sich nur auf den Boden, weil wir es taten.

Heute nachmittag suchte ich Pater Johann auf. Er hielt es für zu gefährlich, eine Messe in der russischen Kirche zu lesen; er hat aber eine kleine Kapelle in seiner Wohnung, und so zelebrierte er sie dort. Ich war die einzige Anwesende und schluchzte die ganze Zeit fürchterlich. Als ich Loremarie später sagte, daß ich mich an Helldorfs Vornamen nicht hätte erinnern können, rief sie erstaunt: »Aber Missie! Wölfchen!«

Dienstag, 25. Juli: Heute rief ich Adam Trott ganz früh zu Haus an; noch war alles in Ordnung. Als ich aber später in seinem Büro vorbeischaute, war er nicht da, nur seine Sekretärin – ein nettes, mit mir befreundetes Mädchen –, die verängstigt aussah. Aß hastig bei Maria Gersdorff zu Mittag und kehrte dann ins Amt zurück. Dieses Mal versuchte Adams Sekretärin, mich aus dem Zimmer zu schieben. Ich drängte mich an ihr vorbei und marschierte hinein. An Adams Schreibtisch saß ein kleiner Mann in Zivilkleidung, der sämtliche Schubladen durchsuchte. Ein anderer rekelte sich in einem Sessel. Die Schweine! Ich betrachtete sie mir näher, um festzustellen, ob sie irgendein Abzeichen im Knopfloch trügen, erinnerte mich dann aber, daß Gestapo-Beamte ihre Marke innen tragen. Ich fragte die Sekretärin ostentativ: »Wo ist Herr von Trott? Noch immer nicht da?« Beide Männer blickten auf. Sobald die Sekretärin und ich das Zimmer verlassen hatten, sah sie mich flehentlich an und legte einen Finger auf die Lippen.

Ich sprang drei Stufen auf einmal nehmend die Treppe hinauf, stürmte in Judgie Richters Büro und erklärte, es müsse sofort etwas unternommen werden, um zu verhindern, daß Adam in sein Büro zurückkehre, da es von der Gestapo durchsucht werde. Judgie sah mich gequält an und erwiderte: »Es ist zu spät. Sie haben ihn mittags abgeholt. Zum Glück war Alex Werth bei ihm und fuhr in einem andern Wagen hinter ihnen her; er wird hoffentlich bald zurück sein, um uns einen Hinweis zu geben, warum Adam verhaftet worden ist.« Judgie ahnt offenbar noch immer nichts. Er berichtete, daß Adam der täglichen Besprechung in der Zentrale des A. A. in der Wilhelmstraße beigewohnt habe. Unterdessen sei die Gestapo hier erschienen und habe wissen wollen, wo Adam sei. Die Sekretärin habe versucht, davonzuschlüpfen, um ihn zu warnen, aber man habe sie daran gehindert und ihr nicht erlaubt, das Zimmer zu verlassen. So sei Adam ihnen geradewegs in die Falle gelaufen. Staatssekretär Keppler – ein hoher Nazi im A. A., der die Abteilung Freies Indien unter sich gehabt hatte – habe ihn um ein Uhr zum Mittagessen im »Adlon« erwartet. Vorläufig scheint Dr. Six an Adams Entlassung interessiert zu sein; er hat seinen Adjutanten ausgeschickt, um festzustellen, worauf die Anklage lautet. Ich bezweifle allerdings, daß er diese Einstellung beibehalten wird.

Ich verließ das Büro und lief zu Maria Gersdorff hinüber. Steenson, der dänische Geschäftsträger, war gerade da, und ich konnte nicht viel sagen; ich brach nur in Tränen aus. Maria versuchte, mich zu trösten: es handle sich offensichtlich um einen Irrtum, er könne nicht viel mit der Sache zu tun gehabt haben und ähnliches mehr. Wenn sie nur wüßte! Aber ich darf nichts sagen.

Etwas später kam Heinz Gersdorff nach Hause. Auch er ist in Schwierigkeiten, da sein Chef, der Stadtkommandant von Berlin, Generalleutnant von Hase, den wir gut kennen und der unsere Besuche bei Jim Wjasemski im Gefangenenlager ermöglicht hat, bis zum Hals in der Verschwörung steckt und nach einer stürmischen Unterredung mit Goebbels verhaftet worden ist. Warum hat Hase diese Ratte nicht an Ort und Stelle niedergeschossen?

Verschiedene Männer haben Selbstmord verübt, auch Graf Lehndorff, auf dessen ostpreußischem Gut sich Hitlers Hauptquartier in Rastenburg befindet. *[Nach seiner ersten Verhaftung gelang es Graf Lehndorff, zunächst zu entkommen; er wurde dann abermals verhaftet und später gehenkt.]* Graf Hardenberg schoß sich, als sie ihn verhaften wollten, in den Magen und ist schwer verletzt. Er hatte schon früh zur Opposition gehört und war in Verdacht geraten, weil Stauffenberg und Werner Haeften ihr letztes Wochenende in seinem Haus verbrachten. Die zwei Gestapo-Beamten, die ihn festgenommen hatten, sind auf dem Rückweg nach Berlin bei einem Autounfall ums Leben gekommen. Endlich mal eine willkommene Nachricht! Unser Hans-Bernd Haeften ist heute morgen auch verhaftet worden. Es heißt, es seien Listen gefunden worden.

Übernachtete bei den Gersdorffs auf dem Sofa im Wohnzimmer. Es hat noch immer keine Fensterscheiben, aber draußen ist es so heiß, daß es nichts ausmacht. Um Mitternacht erfolgte ein Luftangriff; die Bomber waren so schnell über uns, daß wir kaum Zeit hatten, uns ein paar Kleider überzuwerfen und in den Keller eines Nachbarhauses zu kriechen, das im vorigen November abgebrannt ist. Sie warfen Luftminen ab. Zum ersten Mal seit Jahren hatte ich keine Angst.

Mittwoch, 26. Juli: Heute morgen war Judgie Richter noch relativ ruhig. Er ahnt offensichtlich nicht, wie kompromittiert Adam Trott und Hans-Bernd Haeften sind. Er hält das Ganze für einen Irrtum, der sehr bald aufgeklärt werden wird. Als Alex Werth hereinkam und mich mit einem verzweifelten Ausdruck ansah, brach ich in Tränen aus. Judgie und Leipoldt waren sichtlich konsterniert.

Ich hielt es nicht länger im Büro aus und ging nach Haus. Maria Gersdorff ist inzwischen außer sich. Peter Graf Yorck von Wartenburg, dessen Schwester eine ihrer besten Freundinnen ist, ist auch verhaftet worden.

Nach dem Mittagessen besuchte mich Percy Frey. Ich führte ihn in die Ruinen nebenan und erklärte ihm, daß ich ihn nicht mehr treffen könne; Marias Haus werde vermutlich längst überwacht, und sein nagelneues Auto mit ausländischem Nummernschild sei zu auffällig. Keiner von uns könne es sich im Augenblick leisten, Beziehungen mit Ausländern zu unterhalten. Wir kamen überein, daß es am besten wäre, wenn er mich gelegentlich in der Höhle des Löwen, das heißt im Büro anriefe.

Kurz vor dem Abendbrot machte ich einen langen Spaziergang im Grunewald. Dort saß ich dann den größten Teil des Abends wie ein Häufchen Elend auf einer Bank; es war mir gleichgültig, was die Vorübergehenden denken mochten.

Heute abend hat Goebbels im Radio noch einmal über das Attentat gesprochen und, wen er konnte, mit Dreck beworfen. Die öffentliche Meinung scheint jedoch nicht auf seiten der Regierung zu stehen. Auf der Straße wirken die Menschen blaß und bekümmert; sie wagen es anscheinend kaum, einander in die Augen zu blicken. Ein Straßenbahnschaffner, der in aller Öffentlichkeit Kommentare über Goebbels zum besten gab, sagte zu mir: »Alles ist zum Kotzen!«

Die geheimen Lageberichte des Sicherheitsdienstes der SS über die Stimmung in der Bevölkerung zeigen, daß der Putschversuch weder vom Mann auf der Straße noch im Militär günstig aufgenommen wurde. Selbst die Kirchen sprachen in aller Form ihre Verurteilung aus. Der deutsche Widerstand war keine Massenbewegung, sondern bestand aus den Planungen und Unternehmungen einer Reihe nicht miteinander in Verbindung stehender Personen und Gruppen, von denen nur einige untereinander Kontakt hatten. Ihre Bemühungen reichten von der Kritik an Ungerechtigkeiten und Rechtsbrüchen sowie tätiger Hilfe für Bedrohte und Verfolgte über Pläne für einen Staatsstreich bis hin zu Attentaten auf Hitler. Dieser letzte Schritt war für viele überzeugte Gegner Hitlers aus ethischen Gründen allerdings unannehmbar.

Donnerstag, 27. Juli: Heute sagte mir Judgie Richter, daß Adam Trotts Fall schlecht stehe. Der zuständige Untersuchungsbeamte, der alles vorhandene Beweismaterial bearbeitet, hat dem Adjutanten von Dr. Six bestätigt, daß Listen gefunden wurden. Adam habe Staatssekretär im Auswärtigen Amt werden sollen! Six scheint noch immer versuchen zu wollen, ihn freizubekommen. Alex Werth liegt ihm deswegen Tag und Nacht in den Ohren. Jedenfalls verschlimmert er Adams Lage im Augenblick nicht. Sie hoffen, daß es ihnen gelingen wird, eine neutrale ausländische Macht zur Intervention zu bewegen, aber ich glaube, etwas Derartiges würde Adam nur noch mehr gefährden.

Gottfried Bismarck kommt täglich in die Stadt, und wir treffen uns in den Ruinen in der Nähe meiner Wohnung. Heute hatte er noch Hoffnung. Er glaube nicht, daß sie Adam töten werden, aber Helldorf, sagte er, sei verloren; Hitler sei besonders wütend auf ihn, da er altes Parteimitglied und einer der obersten SA-Führer gewesen sei. Es heißt, daß sich Generalquartiermeister Wagner das Leben genommen hat.

General Eduard Wagner, der schon lange zum Widerstand gehörte, hatte Stauffenberg das Flugzeug zur Verfügung gestellt, mit dem dieser von Rastenburg nach Berlin zurückflog. Er erschoß sich am 23. Juli.

Gottfried plant, morgen nach Reinfeld, seinem Gut in Pommern, zu fahren. Er meint, inzwischen sei eine Woche vergangen; er habe während dieser Zeit ruhig zu Haus gesessen und damit bewiesen, daß er nichts zu befürchten habe. Jetzt sei es aber vielleicht doch ratsamer, die Stadt zu verlassen. Er will Loremarie Schönburg und mich mitnehmen, aber ich kann nicht fort. Ich muß den Schein aufrechterhalten, daß ich täglich ins Büro gehe, auch wenn ich dort nichts tue.

Freitag, 28. Juli: War heute morgen beim Friseur, um mir eine Dauerwelle machen zu lassen.

Goebbels hat den »totalen Krieg« ausgerufen. Dies bedeutet Schließung aller »überflüssigen« Läden sowie Generalmobilmachung der gesamten Bevölkerung. Er hofft offensichtlich, einen Sturz der Regierung hinter der Front unmöglich zu machen, indem er die gesamte erwachsene Bevölkerung einzieht. Das Ersatzheer, bisher unter dem Befehl aufrechter Offiziere, aber durch die jüngsten Ereignisse schwer kompromittiert, ist inzwischen Himmler unterstellt worden. Die Truppen dürfen nicht mehr mit dem herkömmlichen militärischen Gruß salutieren, sondern müssen den Arm hochreißen und »Heil Hitler« brüllen. Alle sind empört; diese frenetischen Befehle grenzen bereits ans Lächerliche.

Niemand weiß etwas über General Fromm, den früheren Befehlshaber des Ersatzheers. Gottfried Bismarck sagte, die Verschwörer hätten ihm nicht getraut, da er sich nie ausdrücklich zum Mitmachen bereit erklärt habe. Deswegen sei er auch zu Beginn der Operation festgenommen worden. General Olbricht habe dann an seiner Stelle den Befehl übernommen.

Generaloberst Fromms abwartende Haltung und dann sein energisches Handeln am Abend des 20. Juli, mit dem er Spuren zu verwischen hoffte, nützten ihm nichts. Er wurde am nächsten Tag verhaftet, verbrachte viele Monate im Gefängnis, wurde grausam gefoltert und schließlich im März 1945 im Zuchthaus Brandenburg erschossen.

Der Kommandeur des Wachbataillons »Großdeutschland«, das die Wachen für sämtliche Regierungsgebäude stellt, ein Major Remer, habe Fromm später befreit. Diesen Remer hätte man schon vor dem Staatsstreich entfernen sollen. Helldorf hatte dies anscheinend vorgeschlagen, aber die Militärs hatten seine Warnung nicht beachtet. Zuerst sei Remer anscheinend sogar zum Mitmachen bereit gewesen, dann aber zu Goebbels zitiert worden, und dieser habe für ein persönliches Telefongespräch zwischen Adolf und Remer gesorgt.

Nach dem Mittagessen kamen Gottfried und Loremarie Schönburg vorbei, um sich zu verabschieden. Sie waren mit dem Auto nach Pommern unterwegs; in einer Woche wollen sie wieder zurück sein. Sie versuchten abermals, mich zu überreden, sie zu begleiten. Beide schweben in großer Gefahr, wirkten aber unbekümmert. Tony Saurma ist nach Schlesien zurück. Keiner meiner Gefährten ist jetzt mehr in Berlin. Nur ich bin noch da. Ich *muß* in Berlin bleiben.

Samstag, 29. Juli: Adam Trotts Lage ist unverändert. Vieles ist unternommen worden, jetzt muß man abwarten. Ich werde versuchen, dieses Wochenende die Pfuels zu besuchen.

Heute morgen klingelte das Telephon. Loremarie Schönburg war am Apparat. »Wo bist du?« – »Im ›Adlon‹. Ich bin mit Melanie [Bismarck] hier. Sag es niemand. Es ist eine Überraschung. Ist das nicht nett?« Dies konnte nur heißen, daß auch Gottfried Bismarck inzwischen verhaftet worden war. Ich versprach, über Mittag zu ihnen zu stoßen. Als ich ins »Adlon« kam, war Otto bei ihnen, Gottfrieds ältester Bruder, der anscheinend über Nacht aus Friedrichsruh hergekommen ist. Sie wollten nach Potsdam hinaus. Melanie, die bleich, aber gefaßt aussah, will alle Hebel in Bewegung setzen, um Gottfried zu befreien. Sie erklärte, sie würde sich an Gott und die Welt um Hilfe wenden. Otto will versuchen, an Göring heranzukommen. Loremarie erzählte mir, was sich zugetragen hatte: gestern auf dem Wege nach Pommern hatte Gottfrieds Auto eine Panne, und so fuhren sie mit der Bahn weiter. In Reinfeld hatten sie gegen drei Uhr morgens gerade ihr Abendbrot beendet, als drei Gestapo-Beamte erschienen und Gottfried festnahmen. Sie durchsuchten auch das Haus. Die Beamten erlaubten ihm noch, Melanie anzurufen, und fuhren ihn dann schnurstracks nach Berlin zurück. Melanie sagte, man habe sie gewarnt, daß das Gersdorffsche Haus unter Bewachung stehe und unser Telephon abgehört werde. Sie flehte mich an, Percy Frey nicht mehr zu treffen. Ich versprach ihr, ihn wenigstens nicht mehr mit nach Haus zu bringen.

Am Nachmittag spazierte Lore Wolf in mein Büro; sie kam gerade aus Lissabon. Sie erwartet ein Kind und ist deswegen nach Deutschland zurückgekehrt. Sie sieht aus, als käme sie von einem anderen Planeten – ausgeruht, gepflegt und neu eingekleidet. Über die Veränderungen hier ist sie erschüttert. Vor ihrer Heirat arbeitete sie für Judgie Richter. Zu jener Zeit waren Tatjana und Luisa Welczeck noch unverheiratet, und Josias Rantzau war noch hier. Wie lange her das alles erscheint!

Traf Percy Frey und Tino Soldati am Bahnhof Zoo. Sie brachten mich mit dem Auto zu den Pfuels hinaus, die eine Stunde entfernt in Jahnsfelde wohnen. Dort trafen wir Aga Fürstenberg und Georgie Pappenheim.

Jahnsfelde, Sonntag, 30. Juli: Wenn sich das Gespräch um den 20. Juli dreht, zeigt sich C. C. Pfuel von der vorsichtigsten Seite. Ich erwähne irgendeine Einzelheit, er scheint erstaunt, ich wechsle das Thema. Ich frage mich, ob er vorher nichts gewußt hat. Es würde mich wundern, denn er arbeitet in der Abwehr, und dort waren viele in die Verschwörung verwickelt; aber heutzutage ist jeder sehr vorsichtig ...

Am Nachmittag kam Percy Frey mit dem Auto vorbei und holte verschiedene Leute nach Buckow zu den Horstmanns ab; ich blieb. Ich will keinen Menschen sehen.

Berlin, Montag, 31. Juli: Fand das Büro in Aufruhr. Der von Goebbels vor kurzem verkündete totale Krieg hat die gesamte Belegschaft in Panik versetzt. Unsere Informationsabteilung muß ihr Personal um sechzig Prozent reduzieren, die Männer sollen an die Front, die Frauen in die Munitionsfabriken. Edith Perfall, Usch von der Groeben und Loremarie Schönburg sollen entlassen werden. Mich will man behalten. Man fragt sich warum, da die letzten Techniker und Photographen in meinem Bildarchiv ebenfalls gehen müssen.

Überhaupt ist festzustellen, daß mich Dr. Six seit Adam Trotts Verhaftung ungewöhnlich rücksichtsvoll behandelt; dies geht so weit, daß ich einen Augenblick lang sogar versucht war, mit ihm über Adam zu sprechen. Judgie Richter flehte mich jedoch an, es zu unterlassen. In Wirklichkeit sei Six wütend und erkläre, Adams Verhaftung habe die ganze Abteilung in Verruf gebracht. Andererseits habe er Adams Namen in der Öffentlichkeit nie erwähnt; die einzige Ausnahme war eine Besprechung, bei der er erklärte: »Wir haben zwei Schweinehunde unter uns gehabt«, womit Adam und Haeften gemeint waren. Wahrscheinlich hielt er es für notwendig, wenigstens einmal öffentlich Stellung zu nehmen. Ansonsten erwähnt er die beiden nie. Adams Namensschild ist noch immer – wie alle anderen auch – an seine Bürotür geheftet. Das tröstet mich, so als sei es das einzige Symbol, daß er weiterlebt. Bei dem Gedanken, daß man das Schild entfernt, überkommt mich ein Grauen.

Seit Frühjahr 1944 hatte Himmler über Schweden geheime Friedensfühler ausgestreckt. Einige von Six' Reisen nach Schweden (einschließlich der von Missie erwähnten Fahrt im Juni mit Alex Werth) hatten diesem Zweck gedient. Wenn selbst Himmler am »Endsieg« zweifelte, muß der weitaus pragmatischer eingestellte Six sicher geahnt haben, was auf Deutschland zukam. Seine Haltung Trott, aber auch Missie gegenüber – sowohl vor als auch nach dem 20. Juli – mag sehr wohl von der kühlen Berechnung diktiert worden sein, daß die Beziehungen beider zum alliierten Lager eines Tages für ihn vielleicht nützlich sein könnten. In der Tat hat einer von Six' Vertrauten, Dr. Hans Mahnke, ausgesagt, Six habe ihn und einen anderen SS-Führer, Dr. Schmitz, beauftragt, einen Brief an Himmler abzufassen, in dem empfohlen wurde, in Haft befindliche Angehörige des A. A., selbst wenn sie sich als schuldig erweisen sollten (womit Trott und Haeften gemeint waren), nicht hinrichten zu lassen, da es klüger sei, sie in Gewahrsam zu halten und bei etwaigen Verhandlungen mit den Alliierten zu verwenden. Himmler scheint dieser Idee beigepflichtet zu haben, aber als er sie Hitler vortrug, habe dieser einen Wutanfall bekommen.

In der Mittagspause rief mich Paul Metternich aus dem »Adlon« an. Ich bin entsetzt, daß er das Risiko eingegangen ist, in einer solchen Zeit hier aufzutauchen. Aber das Schicksal seiner Freunde beunruhigt ihn zu sehr, als daß er fernbleiben könnte. Tatjana habe er gesagt, er führe seines tschechischen Gutes wegen nach Prag. Er fügte hinzu, daß Giorgio Cini wieder im Lande sei. Ich bin froh, Paul in der Nähe zu wissen, aber welch ein Moment, nach Berlin zu kommen!

Später traf ich mich mit Paul und Giorgio im »Adlon«. Otto Bismarck und Loremarie Schönburg waren ebenfalls dort. Aga Fürstenbergs »Humor« ist mal wieder mit ihr durchgegangen. Als sie Paul erblickte, rief sie durch die ganze Hotelhalle: »Bist du auch einer von den Verschwörern, Paul, daß du so finster aussiehst?« Sie und Tony Saurma sind zur Zeit unsere *enfants terribles*. Einen Tag nach dem Attentat begegnete Tony einem andern Offizier auf der Straße, schlug die Hacken zusammen, stellte sich vor und murmelte dabei: »Stauffenberg!«

Otto fuhr sehr bald mit Giorgio nach Potsdam, und während Paul mit jemand anderm sprach, zog mich Loremarie in eine Ecke und berichtete mir über ihre Unternehmungen in den letzten beiden Tagen: ehe die Gestapo Gottfried abführte, sei es ihm noch gelungen, ihr mitzuteilen, daß der von Stauffenbergs Attentat übriggebliebene Sprengstoff in einem Safe in der »Regierung« in Potsdam versteckt sei, und ihr den Safeschlüssel zuzustecken. Sie eilte mit dem Frühzug nach Potsdam zurück, kam dort lange vor Gottfried und seinen »Begleitern« an und bemächtigte sich der beiden Pakete. Sie seien, wie sie erzählte, so groß wie Schuhkartons gewesen. Sie habe eines unserer Fahrräder genommen, ein Paket vorsichtig vorn auf die Lenkstange gelegt und sei damit in den Park von Sanssouci gefahren. Unterwegs sei sie mit einem Lieferantenjungen zusammengestoßen und samt Paket vom Rad gefallen. Sie habe vor Angst gezittert, es könnte explodieren – da sie von derlei Dingen natürlich keine Ahnung hat –, und sich heldenmütig auf das Paket geworfen. Selbstverständlich sei gar nichts passiert. Schließlich habe sie es in einen der Teiche im Park geworfen. Es sei immer wieder an die Oberfläche gekommen, und sie habe fortwährend versucht, es mit einem Ast unter Wasser zu drükken. Schließlich habe sie es in ihrer Verzweiflung wieder herausgefischt und hinter einigen Büschen im Park vergraben. Als sie abfuhr, habe sie einen Mann gesehen, der auf der andern Seite des Teiches stand und sie beobachtete. Wieviel hatte er gesehen? Würde er sie anzeigen? Sie sei in die »Regierung« zurückgerast, aber zu sehr am Ende ihrer Nerven gewesen, das ganze Abenteuer mit dem zweiten Paket zu wiederholen, und habe es daher in einem Blumenbeet im Garten vergraben. Anna, das Bismarcksche Mädchen habe ihr dabei geholfen, ohne die geringste Neugierde an den Tag zu legen.

Es ist durchaus möglich, daß Loremarie Gottfried buchstäblich das Leben gerettet hat, denn inzwischen ist das Haus mehrmals durchsucht worden; als die Polizei das erste Mal kam, waren nur wenige Stunden seit Loremaries Unternehmung vergangen. Ich bewundere Loremaries Mut und Findigkeit sehr, auch wenn alles gelegentlich an gefährlichen Fanatismus grenzt.

Nach einem kurzen Imbiß bei Maria Gersdorff bestand Paul darauf, nach Potsdam hinauszufahren. Er wollte Melanie und Gottfried Bescheid sagen, daß ihre Freunde zu ihnen hielten. Wir kamen recht spät draußen an. Nur Otto und Loremarie waren zugegen. Wir bleiben eine Stunde und nahmen dann den letzten Zug nach Berlin zurück. Auf dem Heimweg fühlte ich mich so schlecht, daß wir unterwegs ausstiegen. Auf dem Bahnsteig mußte ich mich heftig übergeben, während Paul geduldig daneben stand. Vermutlich war das die Reaktion auf die Zerreißprobe der letzten Zeit.

Paul ist eine große Stütze – ruhig und sachlich wie immer. Er hat natürlich recht, wenn er sagt, daß das, was jetzt folgt, absolut unausweichlich sei und nichts sich dagegen unternehmen lasse. Nach dem Mißlingen des Attentats müßten selbstverständlich alle büßen, die darin verwickelt gewesen seien. Mehr noch, es biete den Nazis die langersehnte Gelegenheit, sich all jener zu entledigen, die sie schon immer gehaßt und gefürchtet hätten.

Paul geht mit einem Stock herum, der seinem Vorfahren, dem Kanzler, gehört hat. Er ist nicht daran gewöhnt, einen solchen Gegenstand zu benutzen, und stolpert ständig. Der Stock sieht trügerisch leicht aus, weil er mit einer Art Korbgeflecht überzogen ist. In Wirklichkeit besteht er jedoch aus massivem Eisen, ist zentnerschwer, und wenn Paul ihn fallen läßt, klingt es wie ein Pistolenschuß. Beim ersten Mal machte ich vor Schreck einen Riesensatz. Paul hat die Absicht, diesen Stock nötigenfalls auch zu benutzen.

Dienstag, 1. August: Paul Metternich hat inzwischen alles, was er wissen wollte, erfahren und reiste heute morgen ab. Er drängte mich, von meinem noch ausstehenden Krankenurlaub Gebrauch zu machen und zu ihnen nach Königswart zu kommen. Da der erste Prozeß, wie wir erfahren haben, frühestens in drei Wochen stattfindet, habe ich zugesagt.

Otto Bismarck kam zum Mittagessen zu Maria Gersdorff. Er versucht unermüdlich, seinem Bruder zu helfen, aber bisher sind weder er noch Melanie bei einem der Bonzen vorgelassen worden. Sie haben bei der Gestapo Nahrungmittel für ihn abgegeben, wissen aber nicht, ob sie Gottfried erreichten. Alex Werth hat Adam Trott einen Koffer geschickt, aber auch in diesem Fall wissen wir nicht, ob er ihn erhalten hat.

Am Abend traf ich mich mit Percy Frey in den Ruinen, und wir erwogen verschiedene Fluchtmöglichkeiten. Loremarie Schönburg hat Percy bearbeitet, denjenigen, die entkommen, Schweizer Papiere zu verschaffen. Alice Hoyos, Melanies Schwester, ist aus Wien gekommen und seither damit beschäftigt, festzustellen, wer in welchem Gefängnis sitzt.

Später fuhr mich Percy nach Wannsee hinaus; Otto und ich waren von Anfuso, Mussolinis hiesigem Botschafter, zum Abendessen eingeladen. Anfuso lebt dort allein mit seiner neuvermählten Frau, einer schönen Ungarin namens Nelly Tasnady, die ein bißchen wie Tatjana in blond aussieht.

Ich hatte keine Gelegenheit, Otto vorher zu fragen, ob er beabsichtige, über Gottfried zu sprechen, stellte aber bald fest, daß er es nicht vorhatte. Einerseits überraschte es mich, da er und Anfuso sehr gute Freunde sind; andererseits gehört Anfuso zu den wenigen italienischen Spitzendiplomaten, die Mussolini nach seinem Sturz die Treue gehalten haben; ich achte ihn deswegen. Wir aßen zu Abend und saßen dann noch zusammen und unterhielten uns. Anfuso konnte von nichts anderem als von »der Bombe« reden. Er war kurz nach dem Attentatsversuch im Führerhauptquartier gewesen, da er Mussolini zu einem offiziellen Besuch dort begleitete. Er sagte, an jenem Abend sei Hitler der einzige gewesen, der gefaßt zu sein schien, seine Umgebung dagegen sei noch völlig benommen gewesen. Anfuso meinte im Scherz, daß er selber zunächst auf glühenden Kohlen gesessen habe, da er fürchtete, der Anschlag sei von einem Badoglio-Italiener verübt worden; mit enormer Erleichterung habe er erfahren, daß der Täter ein Deutscher gewesen sei. Er steckte voller witziger Bemerkungen. Unterdessen waren Otto und ich bemüht, unbeteiligt bis belustigt dreinzuschauen.

Wir verabschiedeten uns zeitig. Otto chauffierte, sein Fahrer saß hinten. Er fragte mich auf Englisch, ob ich Loremarie letzthin gesehen hätte, denn Melanie sei heute abend in Potsdam verhaftet worden. Zwei Männer und eine Frau hätten Melanie in der »Regierung« abgeholt, wo sie noch immer wohnte, da Gottfried offiziell nach wie vor Regierungspräsident ist. Sie hätten das Haus durchsucht, den Garten jedoch nicht. Gott sei Dank! Zum Glück war Loremarie bereits ins »Adlon« umgezogen. Otto war überzeugt, daß er als nächstes Familienmitglied an der Reihe sei, und bat mich, ihn ins »Adlon« zu begleiten, so daß ich, falls die Polizei dort bereits auf ihn warte, um ihn zu verhaften, seine Frau Ann-Mari in Friedrichsruh benachrichtigen könnte. Ich ging also mit. Es war schon nach Mitternacht. Otto sah sich sorgfältig in der Hotelhalle um, untersuchte dann die Postfächer und fragte, ob sich jemand nach ihm erkundigt habe; alles schien in Ordnung zu sein. Wir kamen überein, daß ich ihn am nächsten Morgen um zehn Uhr anrufen würde. Falls ich die Auskunft erhielt, er sei ausgegangen, wüßte ich, daß etwas schiefgelaufen war.

Mittwoch, 2. August: Ich wohne wie Loremarie Schönburg inzwischen auch im »Adlon«. Rief Otto am Vormittag zur vereinbarten Stunde an. Alles schien in Ordnung. Es gelang mir auch, mich mit Tatjana in Verbindung zu setzen; Paul Metternich war wohlbehalten wieder in Königswart gelandet. Ich sagte ihr, daß ich sehr bald nachkommen würde.

Heute nacht gab es wieder einen Angriff. Wir waren zu müde, in den Keller zu gehen, aber plötzlich vernahmen wir zwei ganz laute Detonationen, zogen uns Hose und Pullover über und liefen wie die Hasen in den Bunker hinunter. Die anderen Hotelgäste schienen sich ebenfalls in höchster Eile angezogen zu haben; der sonst so wie aus dem Ei gepellte Karajan war barfuß, in einem Regenmantel, und seine Haare standen ihm zu Berge.

Donnerstag, 3. August: Loremarie Schönburg verbringt jetzt die meiste Zeit bei der Gestapo in der Prinz-Albrecht-Straße, wo sie einen »Bekannten« aufgetan hat. Er ist einer von Himmlers Adjutanten, den sie vor vielen Jahren flüchtig kennenlernte. Sie versucht, aus ihm herauszupressen, wie die Dinge um Gottfried Bismarck und Adam Trott stehen. Er entmutigt sie jedoch vollkommen und erklärt, die »Schweinehunde« müßten jetzt ihren Kopf hinhalten. Loremarie, die, wenn es nottut, ihren Charme spielen zu lassen weiß, läßt sich in scheinbarer Unschuld auf Diskussionen mit ihm ein. Was sie in Wirklichkeit herausfinden will, ist, ob einer der Gefängnisaufseher käuflich ist. Sie versucht auch, zu Obergruppenführer Wolff vorzudringen, der als einer der »zahmeren« SS-Generäle gilt und sich gerade zu Besuch in Berlin aufhält; in Italien ist er Feldmarschall Kesselrings zweiter Mann. Obergruppenführer Lorenz, der, verglichen mit anderen Nazis, anständig ist – er war hauptsächlich damit beschäftigt, die aus Osteuropa zurückgeführten Deutschen anzusiedeln –, ist ein Onkel von Alex Werths Frau und hat zwei schöne Töchter, mit denen Georgie früher oft zusammen war. Anscheinend tut er für Adam, was er kann, wird aber zur Zeit selbst scheel angesehen, vermutlich weil er nicht so schlecht wie die übrigen ist; daher ist sein Nutzen für uns wohl leider auch begrenzt.

Bei einem ihrer Besuche bei der Gestapo begegnete Loremarie auf dem Korridor Adam. Seine Hände waren gefesselt, er wurde offensichtlich zu einem Verhör geführt; er erkannte sie, tat aber, als sähe er sie nicht. Sein Gesichtsausdruck, so berichtete sie, war der eines Menschen, der bereits in einer andern Welt ist. Ganz sicher werden sie gefoltert.

Viele der Verhafteten wurden tatsächlich nicht nur brutal geschlagen, sondern auch grausam gefoltert; zu den üblichen Methoden gehörten Daumenschrauben, »spanische Stiefel« und selbst die mittelalterliche Streckfolter. Es gereicht den Verschwörern des 20. Juli zur Ehre, daß nur ganz wenige durch die Folter gebrochen wurden. Dies erklärt auch, warum trotz des Blutbades, das nun folgte, die Anzahl der Überlebenden relativ hoch war und die Gestapo bei Kriegsende noch immer nicht alles wußte.

Einmal ist Loremarie auch Botschafter von Hassell auf der Treppe begegnet. Er steckte in einer Zwangsjacke und trug einen Arm in der Schlinge. Wenige Tage zuvor hatte sie noch mit ihm zu Mittag gegessen; sein Arm war völlig gesund gewesen. Bei diesen zufälligen Begegnungen gibt keiner je ein Zeichen, daß man sich kennt.

Hassell hatte auf der Liste der Verschwörer als möglicher Außenminister gestanden. Nach dem Fehlschlag des Attentats war er tagelang durch die Straßen Berlins gewandert, dann aber in sein Büro zurückgekehrt, um dort in aller Ruhe seine Verhaftung abzuwarten. Viele Verdächtige weigerten sich, bei Freunden Unterschlupf zu suchen, die sie auf diese Weise ebenfalls in Gefahr gebracht hätten; andere forderten ihre Verhaftung geradezu heraus, um ihre Familien vor der drohenden Sippenhaft zu bewahren.

Heute morgen »arbeitete« ich im Büro, als plötzlich Peter Bielenberg erschien. Er hat Adam immer sehr nahegestanden. Peter war gekommen, um Alex Werth zu sehen, der jedoch gerade außer Haus war. Wir setzten uns auf die Treppe, und ich erzählte ihm alles, was es zu erzählen gab. Er sagte, es müsse gewiß einen Weg geben, Adam zu befreien. Wie er wisse, sitze er außerhalb Berlins gefangen, werde aber jeden Morgen mit nur einem Mann als Bewachung zu Verhören in das Gestapo-Hauptquartier in der Prinz-Albrecht-Straße gebracht. Man müsse den Wagen aus dem Hinterhalt überfallen, Adam befreien, ihn in den Warthegau schaffen und dann bei polnischen

Partisanen, mit denen Peter in Verbindung steht (er leitet dort eine Fabrik), untertauchen lassen. Welche Erleichterung, jemand zu hören, der zum Handeln bereit und sogar gewillt ist, es mit der SS aufzunehmen! Wenn man bedenkt, wie viele Offiziere in Schlüsselstellungen der Verschwörung angehört haben, von denen noch gar nicht alle verhaftet sein können, scheint der Plan wirklich durchführbar.

Viele der in den Anschlag vom 20. Juli Verwickelten wurden, zumindest vorübergehend, in den Kellern der Gestapo in der Prinz-Albrecht-Straße 8 eingesperrt. Die meisten waren jedoch zweieinhalb Kilometer entfernt im Zellengefängnis Moabit in der Lehrter Straße untergebracht oder in der näheren Umgebung Berlins, von wo sie jeweils zu den Verhören in das Gestapo-Gebäude geschafft wurden.

Langsam wird deutlich, daß der Putsch fast überall, außer in Berlin, gelang. In Paris lief alles wie geplant, sämtliche höheren SS-Offiziere wurden festgenommen, und die gesamte Westfront wäre beinahe unter die Kontrolle der Verschwörer gekommen. Inzwischen hat sich General von Stülpnagel, der Militärbefehlshaber Frankreich, zu erschießen versucht. Er ist jedoch nicht tot, sondern nur erblindet. Generalfeldmarschall von Kluge, der Oberbefehlshaber West, der früher lange Unterredungen mit Gottfried Bismarck geführt hat, scheint bisher noch nicht in die Sache verwickelt zu sein. Loremarie sagte mir, daß auch Rommel dazu gehört habe, jedoch kurz vor dem 20. Juli einen entsetzlichen Unfall gehabt habe und noch im Krankenhaus sei.

Viele der hohen Offiziere an der Westfront waren in die Verschwörung verwickelt, so der Nachfolger Rundstedts als Oberbefehlshaber West, Generalfeldmarschall Günther von Kluge, und der Militärbefehlshaber Frankreich, General Karl-Heinrich von Stülpnagel. Binnen weniger Stunden waren, ohne daß auch nur ein Schuß abgegeben worden war, zahlreiche SS- und Gestapo-Angehörige verhaftet worden. Als jedoch noch am gleichen Abend deutlich wurde, daß Hitler lebte und der Staatsstreich in Berlin mißglückt war, mußte Stülpnagel befehlen, die verhafteten SS-Führer wieder freizulassen. Bald nach Mitternacht war der Aufstand auch in Paris zu Ende. Trotz seiner Verwundung bei einem Selbstmordversuch wurde Stülpnagel am

30. August 1944 vor Freislers Volksgerichtshof gestellt und anschließend zusammen mit verschiedenen anderen Angehörigen der »Gruppe West« gehenkt.

Generalfeldmarschall Rommel befand sich am 17. Juli auf der Rückfahrt von der Front in der Normandie, als sein Wagen von alliierten Tieffliegern angegriffen und er schwer verwundet wurde. Rommel war auf Erholung in seinem Haus im Schwäbischen, als seine Verbindungen mit den Verschwörern ans Licht kamen. Am 14. Oktober wurde er vor die Alternative gestellt, entweder Selbstmord zu begehen oder verhaftet und vor Gericht gestellt zu werden. Rommel nahm Gift. Um den Schein zu wahren, ließ Hitler ihm ein Staatsbegräbnis geben.

Auch in Wien verlief alles glatt, aber die Übernahme der Macht hat nur achtundvierzig Stunden gedauert. Danach waren alle Beteiligten so kompromittiert, daß praktisch keiner entkommen ist.

Heute abend versammelten sich Loremarie Schönburg, Georgie Pappenheim, Tony Saurma und ich zum Abendbrot bei Aga Fürstenberg. Es gab Corned beef und sogar Whisky – Georgies letzte Vorräte aus Spanien. Dann fuhr Tony Loremarie und mich ins »Adlon« zurück. Auf Grund seiner Beinverwundung hat er noch immer Erlaubnis, ein Auto zu fahren. Er ist für uns unersetzlich geworden. Er macht viele Scherze, ist stets hilfsbereit und eine enorme Stütze für uns; überdies hat er viel Schneid. Von seiner Sorte sind nur noch wenige übrig . . .

Seit Adams Verhaftung war ich darum bemüht, Hasso Etzdorf zu erreichen, der, wie wir jetzt erfahren haben, schon sehr früh ein Mitglied der Verschwörung war. Das ist auch der Grund, warum er sich so ausweichend verhalten hat, selbst mir gegenüber. Ich hatte gehört, er sei in der Stadt, und gehofft, er würde eine Verabredung vorschlagen. Vor ein paar Tagen fuhr er im Auto auf dem Kurfürstendamm an mir vorbei, hielt an, stieg aus und kam mir entgegen. Dann nahm er meinen Arm und führte mich durch die Trümmer zur Hintertreppe des ausgebombten Hauses des Modephotographen VOG. Erst dann tat er den Mund auf. Er bestätigte das Gerücht, daß Fritzi Schulenburg Listen der Verschwörer und der für sie vorgesehenen Posten aufbewahrt habe. Wahnsinn! Ich sagte ihm, wie verzweifelt ich versucht hätte, ihn zu erreichen, und wie sehr ich auf ihn rechnete. Er erwiderte, das Schlimmste sei, daß kein Mann in einflußreicher Stellung mehr übrig sei, an den man sich wenden könne. Trotzdem versprach er, sein möglichstes zu tun. Ich hatte das Gefühl, daß er damit rechnete, jeden Augenblick selbst verhaftet zu werden; er blickte sich ständig um und hielt im Sprechen inne, sobald er ein Geräusch hörte. Er versprach mir, mich in einigen Tagen zu besuchen, aber ich habe nichts mehr von ihm gehört.

Königswart, Samstag, 5. August: Heute morgen nahm ich einen frühen Zug nach Königswart, wo ich so lang zu bleiben beabsichtige, wie es mein ärztliches Attest erlaubt.

Sonntag, 6. August: Hansi Welczeck, der in der Nähe von Dresden in Ausbildung ist, kam zum Wochenende herüber. Seine Frau Siggi ist den ganzen Sommer über hier bei Tatjana gewesen und hat mit ihr zusammen eine Kur gemacht. Wir verbrachten die meiste Zeit damit, auf der Insel in der Sonne zu liegen und über den 20. Juli zu sprechen. Paul Metternich holt seine besten Weine hervor, und Hansi wird stündlich fetter. Um die Teestunde fuhr eine riesige Limousine auf den Hof. Thanhofer, Pauls getreuer Verwalter und Sekretär, hatte alle Türen verbarrikadiert. Wir waren überzeugt, daß es die Polizei war. Tatjana ging hinunter, sie zu empfangen, bemüht, einen unbesorgten Eindruck zu machen. Der Wagenschlag öffnete sich, und heraus stieg Siggis Schwester, Reni Stinnes. Sie war im Auto ihres Freundes gekommen, eines ganz sympathischen Levantiners, der Schwarzhandel zu treiben scheint. Sie blieb zum Tee und beschrieb Budapest, wo sie gerade gewesen war, um sich Kleider zu kaufen. Alles klang wie aus einer anderen Welt.

Dienstag, 8. August: Heute steht es groß in allen Zeitungen: Generalfeldmarschall von Witzleben, Generalleutnant von Hase, Generaloberst Hoepner, Generalmajor Stieff, Peter Graf Yorck von Wartenburg und verschiedene andere – insgesamt acht – sind aus der Wehrmacht ausgestoßen und vor den gefürchteten Volksgerichtshof gestellt worden. Dies bedeutet aller Wahrscheinlichkeit nach, daß sie zum Tode durch Erschießen oder durch den Strang verurteilt werden. Die Bekanntmachung trägt die Überschrift »Hochverrat«. Keiner der anderen, von denen wir wissen, daß sie in Haft sind, wird erwähnt. Dies gibt uns die winzige Hoffnung, daß man die ganze Sache herunterspielen will.

Missie und Graf Schulenburg beim Skilaufen in Krummhübel

Mitarbeiter der Kulturpolitischen Abteilung des Auswärtigen Amtes, von rechts: Josias von Rantzau, Adam von Trott zu Solz, A. F. Richter, Alexander Werth, Kurt O. Fr. Metzner, Büttner

Loremarie Schönburg im Pferdewagen bei der Jagd in Königswart mit Percy Frey

Hasso von Etzdorf

Hans-Bernd von Haeften

Herbert Blankenhorn

Gottfried von Bismarck und Adam von Trott zu Solz vor dem Volksgerichtshof. Bismarck wurde am 4. Oktober 1944 zu Konzentrationslagerhaft verurteilt und überlebte den Krieg; Adam von Trott, am 15. August von Freisler zum Tode verurteilt, wurde elf Tage später in Plötzensee auf grausame Weise gehenkt

Bald nach dem Attentat hatte Martin Bormann sämtliche Gauleiter angewiesen, die Kommentare über den Putsch dürften unter keinen Umständen in einen Angriff auf das gesamte Offizierskorps ausarten. Um zu unterstreichen, daß es sich bei den Verschwörern um eine »kleine Clique« handelte, wurde auf Befehl Hitlers ein »Ehrenhof« eingesetzt – dem hohe Militärs unter dem Vorsitz von Feldmarschall Rundstedt angehörten –, der entsprechend den Ermittlungen des Reichssicherheitshauptamtes und ohne Anhörung der Beschuldigten die in die Verschwörung verwickelten Soldaten aus dem Heer ausstieß und sie so dem Volksgerichtshof und dem Henker überantwortete.

Wir begreifen die Rundfunksendungen der Alliierten nicht: sie nennen ständig Namen von Leuten, von denen sie behaupten, daß sie auch an dem Staatsstreich teilgenommen hätten. Dabei sind einige von ihnen offiziell noch gar nicht damit in Verbindung gebracht worden. Ich erinnere mich, Adam gewarnt zu haben, daß so etwas geschehen könnte. Er hoffte immer auf alliierte Unterstützung für das »andere« Deutschland; ich dagegen war stets der Meinung, daß es den Alliierten darum gehe, Deutschland, ein wie immer geartetes Deutschland zu vernichten und daß sie nicht davor haltmachen würden, die »guten« mit den »schlechten« in einen Topf zu werfen.

Genaues über diese alliierten Rundfunksendungen ist kaum zu ermitteln. Alle Personen, die während des Krieges für die Deutschlandsendungen der Briten verantwortlich waren oder dazu beitrugen, erklärten, nichts darüber zu wissen. Dennoch steht außer Zweifel, daß es derartige Sendungen gegeben hat. Wie Christabel Bielenberg in ihren Erinnerungen »Als ich Deutsche war« schreibt: »Nirgends war Trost ... Churchills selbstgefällige Genugtuung, daß ›Deutsche Deutsche töteten‹, oder die munteren Knaben vom Soldatensender Eins, über die man oft lachen mußte und die nun ahnungslos Nägel in Särge hämmerten, indem sie jeden, der ihnen nur einfiel, mit dem ›Friedenskomplott‹, wie sie es nannten, in Verbindung brachten ...« Einem Eingeständnis hinsichtlich der Existenz solcher Sendungen am nächsten kommt wohl Michael Balfour in »Propaganda in War: 1939–1945« (London 1970): »Gleichzeitig nährte der Soldatensender Calais nicht nur Gerüchte über Personen, die angeblich verwickelt gewesen waren, sondern trug auch dazu bei, das Mißtrauen zwischen Partei und Wehrmacht zu schüren, womit er zweifellos Erfolg hatte.« Die Soldatensender »Eins« und »Calais« benutzten ehemals deutsche Wellenlängen, um »schwarze«, d. h. demoralisierende, desinformierende Propaganda nach Deutschland auszustrahlen. Beide unterstanden der Regie des Informationsministeriums in London; journalistisch verantwortlich war Sefton Delmer, ein guter Kenner Deutschlands und der deutschen Mentalität.

Mittwoch, 9. August: Paul Metternich hat eine Postkarte von Albert Eltz erhalten, der einige Stunden in Berlin verbrachte. »Lieber Paul, bin in Berlin. Bin völlig verzweifelt. Welche Tragödie! Welch ein Schlamassel! All unsere Hoffnungen im Staub! Was sagst Du zu dem Anschlag auf das Leben des Führers? Dank der Vorsehung ist unser siegreicher Führer noch einmal gerettet worden. Herzlichst Dein Albert.«

Freitag, 11. August: Die Zeitungen bringen Einzelheiten über die erste Sitzung des Volksgerichtshofs und die Kreuzverhöre der ersten Gruppen von Angeklagten. Die meisten ihrer Antworten, so wie sie in den Zeitungen wiedergegeben werden, scheinen frei erfunden zu sein – nach dem Muster der Stalinschen Schauprozesse. Manchmal sind sie völlig unverständlich und so formuliert, daß sie die Verschwörer in den Augen ihrer Mitbürger völlig lächerlich machen. Der Vorsitzende, ein Mann namens Freisler, ist ganz offensichtlich ein zynisches Schwein. Niemand wird ihn vergessen.

Hitler hatte die Verfahrensweise für die Prozesse vorgegeben: »Blitzschnell muß ihnen der Prozeß gemacht werden; sie dürfen gar nicht groß zu Wort kommen ... Aber der Freisler wird das schon machen. Das ist unser Wyschinsky« (Stalins oberster Ankläger bei den Moskauer Schauprozessen). Um die Angeklagten in den Augen eines ausgesuchten Publikums lächerlich zu machen, hatte man ihnen Krawatten, Hosenträger und Gürtel abgenommen – was Freisler Gelegenheit gab, sich über die Art, wie manche ihre Hosen festhalten mußten, zu mokieren. Auf ein Zeichen von Freisler liefen versteckte Tonfilmkameras an. Ursprünglich hatte Goebbels die Absicht gehabt, diese Filme in der Wochenschau zu zeigen, aber das Material zeigte nicht die gewünschte Wirkung, so daß dieser Plan fallengelassen wurde. Eine Kopie dieser Filme wurde mehr als dreißig Jahre später in der DDR wiederentdeckt.

Alle Angeklagten sind zum Tode durch den Strang verurteilt worden. Mit General von Hase und seiner Familie waren wir gut befreundet, besonders Mama hatte regelmäßigen Kontakt. Sie waren hier auch zu Besuch. Graf Yorck war ein enger Freund von Adam Trott. Alle seine Geschwister sind ebenfalls verhaftet worden, mit Ausnahme einer Schwester, der Witwe des verstorbenen Botschafters von Moltke.

Samstag, 12. August: Ein Brief von Maria Gersdorff. Der Stil ist undurchsichtig, offensichtlich kann sie nicht viel sagen ... »alles so traurig und bedrückend ...« Ich klammere mich an die Hoffnung, daß sie damit den ersten Prozeß meint, bin aber dennoch sehr beunruhigt.

Antoinette Croy und ihr Mann kamen mit dem Auto aus Karlsbad herüber. Sie brachte uns die neuesten Nachrichten aus Paris. Sie hat Georgie dort oft gesehen. Anscheinend hat er ihr angeboten, mit Hilfe seiner Beziehungen zur Résistance eine gefälschte Kennkarte für sie zu besorgen, so daß sie ihre Heirat absagen und bis Kriegsende in Frankreich bleiben könnte. Er hatte ihr, als sie abreiste, dieses Dokument sogar an den Bahnhof mitgebracht in der Hoffnung auf eine Sinnesänderung in letzter Minute!

Freitag, 18. August: Wir schwammen nackt im See. Unser Leben plätschert scheinbar ruhig dahin, und die ganze Zeit spannt sich einem die Qual wie ein eisernes Band um den Kopf, das unerbittlich immer fester angezogen wird. Mein Urlaub, der mir körperlich wahrscheinlich recht gutgetan hat, ist in drei Tagen zu Ende. Ich fühle mich sonderbar erleichtert, da die Stille hier oft unerträglich ist. Es ist auch gelegentlich schwierig mit den Eltern, die wenig Verständnis zeigen, vermutlich weil sie gar nichts wissen, aber langsam Verdacht schöpfen und nun aus Sorge um mich darauf bestehen, mehr zu erfahren. Ich erzähle ihnen wenig, um sie nicht zu beunruhigen, und das macht alles noch schlimmer.

Berlin, Dienstag, 22. August: Kam heute morgen sehr früh in Berlin an und ging sofort zu Maria Gersdorff. Sie saß noch beim Frühstück, und ich fragte sie nach den neuesten Nachrichten. Sie sah mich entsetzt an. »Du weißt es also noch nicht? Adam, Haeften, Helldorf, Fritzi Schulenburg und viele andere sind zum Tode verurteilt und am vorigen Freitag gehängt worden!«

Ich rief sofort Loremarie Schönburg an, konnte ihr aber kein Wort entlocken. Sie erklärte, sie komme in einer Minute vorbei. Maria sagte, Loremaries Anstrengungen seien jetzt einzig darauf gerichtet, herauszufinden, wo unser alter Graf Schulenburg ist. Denn er sei seit gestern abend verschwunden.

Loremarie kam, wir setzten uns draußen auf die Treppenstufen und starrten auf die Ruinen. Sie ist von allem wie gelähmt. Auch sie ist keineswegs überzeugt, daß Adam wirklich gehängt worden ist. Es wird gemunkelt, er sei der einzige, dessen Hinrichtung man verschoben habe.

Am 11. August war dem A. A. mitgeteilt worden, daß Trott bei der nächsten Sitzung des Volksgerichtshofes am 15. oder 16. zum Tode verurteilt werden würde. Da Trott »zweifellos sehr stark zurückgehalten hat«, wurde das Urteil vorläufig nicht vollstreckt.

Tony Saurma hat dem Prozeß beigewohnt. Das war erstaunlich, denn nur ein sorgsam ausgewähltes Publikum wurde zugelassen. Loremarie wartete draußen in seinem Auto. Als er zurückkehrte, brach er zusammen und weinte. Alle Angeklagten hatten zugegeben, daß sie Hitler umbringen wollten. Haeften hatte erklärt, daß er es, wenn er könnte, noch einmal versuchen würde. Er bezeichnete Hitler als Deutschlands Verderbnis und nannte ihn einen »großen Vollstrecker des Bösen«, der sein Land an den Abgrund getrieben habe und für dessen Untergang verantwortlich sei. Der Richter, Freisler, habe ihn gefragt, ob er sich bewußt sei, daß seine Worte Hochverrat bedeuteten. Haeften habe erwidert, er wisse, daß man ihn hängen werde, aber das ändere seine Auffassung nicht.

Adam erklärte, daß Hitler durch Betrug an die Macht gekommen sei und ihm viele gegen ihren Willen den Treueeid geschworen hätten. Er sagte, er habe dem Krieg ein Ende machen wollen, und gestand, im Ausland mit Vertretern der Feindmächte verhandelt zu haben. Helldorf erklärte, Hitlers Untergang seit Stalingrad herbeigewünscht zu haben, da Hitler eine Bedrohung Deutschlands darstelle.

Tony berichtete, sie hätten alle bleich ausgesehen, aber es sei schwer zu erkennen gewesen, ob sie gefoltert worden sind. Ich bin sicher, daß sie gefoltert wurden. Adams letzte Worte zu mir waren, daß er alles ableugnen werde, um wieder herauszukommen und es noch einmal zu versuchen. Aber vielleicht waren die Beweise ihrer Schuld zu überwältigend gewesen oder sie selbst am Ende ihrer Kräfte?

Ich schleppte mich ins Büro und die Treppen hinauf in das Zimmer von Judgie Richter und Alex Werth. Die beiden waren allein. Wir sprachen nur im Flüsterton. Alex sagte, er wisse bestimmt, daß Adam noch lebe, denn sie stünden mit einem der Polizisten in Verbindung, die bei den Hinrichtungen zugegen sind. Alle andern sind tot. Helldorf wurde als letzter gehängt, da man ihn zwingen wollte, bei der Hinrichtung der anderen zuzusehen. Es scheint, daß sie nicht einfach gehängt, sondern mit einem dünnen Draht an Fleischerhaken langsam erwürgt werden; um ihren Todeskampf noch zu verlängern, bekommen sie anscheinend herzstärkende Spritzen. Es gibt Gerüchte, daß diese Hinrichtungen gefilmt werden und Hitler sich die Filme regelmäßig voller Genuß in seinem Hauptquartier ansieht.

Adams Frau Clarita ist auch verhaftet worden. Es wurde ihr nicht erlaubt, Adam nach seiner Verurteilung noch zu sehen. Ich habe sie nicht sehr gut gekannt, da sie während der beiden letzten Jahre meistens bei ihren Schwiegereltern auf dem Lande lebte. Ihre beiden kleinen Töchter sind auch von der Gestapo abgeholt worden, und niemand weiß, wo sie jetzt sind; Alex setzt jedoch Himmel und Hölle in Bewegung, um sie wiederzufinden.

Als Adam von Trotts Frau Clarita von seiner Verhaftung erfuhr, eilte sie sofort nach Berlin, in der Hoffnung, ihn sehen zu können – jedoch ohne Erfolg. Während ihrer Abwesenheit holte die Gestapo ihre beiden Töchter im Alter von zweieinhalb Jahren und neun Monaten ab. Am Tage von Adams Prozeß versuchte Alex Werth, sie in das Gerichtsgebäude zu schmuggeln, aber sie wurde von einer Putzfrau bemerkt, die sie bei einem SS-Posten denunzierte. Letzterer versuchte zu ihrer nicht geringen Überraschung, ihr behilflich zu sein, bis in den Gerichtssaal vorzudringen – aber auch dies mißlang.

Jetzt wohne ich mit Loremarie zusammen in Tonys Wohnung in einer Seitenstraße des Kurfürstendamms. Sie besteht aus zwei Zimmern, Küche und Bad und hat außer zwei Sofas fast keine Möbel. Tony reist zwischen seiner Einheit auf dem Land und Berlin hin und her, hauptsächlich um ein wachsames Auge auf Loremarie zu werfen, da er überzeugt ist, daß sie als nächste auf der Liste steht. Er wagt nicht, uns nachts allein zu lassen. Es ist zwar nicht genug Bettzeug da, aber es ist so heiß, daß es keine Rolle spielt.

Loremarie schwebt in der Tat in großer Gefahr; sie geht praktisch täglich zur Gestapo in die Prinz-Albrecht-Straße und versucht, sich dort Informationen über die Häftlinge zu verschaffen. Otto Bismarck ist mit dem Untersuchungsbeamten in Verbindung, der für Gottfrieds Anklageakte zuständig ist und der ihm gesagt hat, daß der Fall seines Bruders »sehr ernst« sei; der Führer kenne, was den 20. Juli betrifft, keinerlei Gnade; er sei geradezu besessen, denn er lasse täglich im Geheimen Staatspolizeiamt anrufen, um zu hören, wie viele weitere Personen gehenkt worden seien. Loremaries Bekannter bei der Gestapo sagt, wenn sie versuchten, Zeit zu gewinnen – in einigen Fällen tun sie das offenbar, um weitere Einzelheiten der Verschwörung herauszufinden –, dann fange der Führer zu toben an und treibe sie zur Eile.

Ich hatte daran gedacht, zu den Bredows nach Potsdam hinauszuziehen, obgleich Hanna, Gottfrieds Schwester, fort ist. Aber inzwischen habe ich erfahren, daß drei der Bredow-Töchter ebenfalls verhaftet wurden. Erst haben sie Philippa abgeholt, die Freundin des jungen Haeften; sie ist neunzehn. Dann haben sie die zwanzigjährige Alexandra angerufen und ihr gesagt, sie solle Decken für ihre Schwester vorbeibringen, und haben sie dabehalten. Schließlich haben sie die dritte Tochter, Diana, angerufen, die ganz frech zurückfragte, ob es nicht sehr viel praktischer wäre, wenn sie gleich Bettzeug für die ganze Familie mitbrächte. Ja, das wäre vielleicht das Beste, bekam sie zur Antwort. Die einzige, die sie nicht angetastet haben, ist Marguerite, die als Ärztin in einem Krankenhaus arbeitet. Sie wird immer wieder bei der Gestapo vorgeladen, aber wenn sie anfangen, ihre Fragen zu stellen, spielt sie die Empörte und erklärt, sie habe eine ganze Station Verwundeter zu versorgen. Von den Bredow-Söhnen ist der älteste an der Front, die andern sind noch zu jung.

Mittwoch, 23. August: Heute haben die Zeitungen einen langen Bericht über Adam Trotts Prozeß veröffentlicht, in dem es hieß, daß alle Angeklagten an Ort und Stelle hingerichtet worden seien. Adam wurde als »Stauffenbergs Berater in auswärtigen Angelegenheiten« beschrieben. Merkwürdigerweise stimmen die Angaben solcher Presseveröffentlichungen nur selten mit den Tatsachen überein – vermutlich um die letzten Reste des Widerstands in die Irre zu führen. Nach dieser Bekanntmachung wurde Adams Namensschild von seiner Bürotür entfernt und durch den Namen eines andern ersetzt. Ich werde ganz krank, wenn ich es ansehe. Ich tue es nie, ja ich vermeide überhaupt, sein Stockwerk zu betreten. Adams Wagen steht noch immer im Garten, niemand benutzt ihn, und er sieht bereits wie ein Wrack aus. Alex Werth glaubt, daß Adam noch lebt, obwohl Dr. Six offiziell Nachricht erhalten hat, daß er mit den anderen am 18. gehenkt worden sei.

Loremarie Schönburg verfolgt einen neuen Plan. Ein Luftwaffenoberst, der auf Görings Landsitz Karinhall wohnt, hat sich mit ihr fast eine ganze Nacht lang unterhalten. Er glaubt, sie zum Nationalsozialismus bekehren zu können, während sie ihm einzuflüstern sucht, wie nützlich es wäre, wenn er sie mit Göring bekannt machte. Letzterer hat sich schon seit einer Weile von der Bildfläche zurückgezogen und sich bisher auch geweigert, Otto Bismarck zu empfangen, obwohl er bei ihm in Friedrichsruh oft zur Jagd war. Er hat offensichtlich große Angst, in irgendeiner Form in die jüngsten Ereignisse hineingezogen zu werden.

Melanie Bismarck hat im Gefängnis eine Fehlgeburt gehabt und liegt jetzt unter Bewachung in einem Krankenhaus in Potsdam. Sie darf keinen Besuch empfangen, aber man kann mit der Krankenschwester sprechen.

Wir haben von Graf Schulenburg nichts mehr gehört, seit er am vorigen Dienstag verschwunden ist. Am Montag hatte er Loremarie noch aus dem »Adlon« angerufen, wo er vom Führerhauptquartier kommend gerade eingetroffen war. Sie hatte mit ihm zu Mittag gegessen und ihm über alle Ereignisse berichtet. Er schien gar nicht auf dem laufenden zu sein, war sichtlich betroffen und besonders erschüttert über Adam. Sie waren in der Hotelhalle auf und ab gegangen, unter den bösen Blicken des Gesandten Schleier (nicht sehr vorsichtig von ihnen), und hatten sich zum Mittagessen für den folgenden Tag verabredet. Anderntags hatte sich Loremarie pünktlich eingestellt, aber er war nicht erschienen. Darauf hatte sie in der Wilhelmstraße angerufen, aber seine Untergebenen wußten nicht, wo er war, und machten sich bereits Sorgen, da sie ihn an jenem Morgen erwartet hatten. Wir sind überzeugt, daß er verhaftet wurde. Aber wo haben sie ihn eingesperrt?

Goerdeler ist vor fünf Tagen verhaftet worden. Ein Blitzmädchen hatte ihn erkannt und denunziert. Er hatte sich in einem Dorf in Pommern versteckt gehalten. Wir haben den Verdacht, daß Adam seinetwegen am Leben gelassen wird (sie haben eng zusammengearbeitet) und sie einander gegenübergestellt werden. Wenn Adam doch nur rechtzeitig das Land verlassen hätte! Und wie konnte Goerdeler erwarten, sich in Deutschland verstecken zu können, wenn eine Million Mark auf seine Festnahme ausgesetzt war?

Ich werde jetzt versuchen, Himmel und Hölle in Bewegung zu setzen, um Adam und Gottfried freizukriegen, und wenn nötig auch Graf Schulenburg. Man kann nicht eine völlig passive Existenz führen und nur resigniert abwarten, bis das Beil fällt. Jetzt werden auch die Familien der Verschwörer und sogar ihre Freunde verhaftet. Viele sind inzwischen so verängstigt, daß man gewisse Namen nur zu erwähnen braucht, und schon wenden sie sich ab. Um an mein Ziel zu gelangen, habe ich mir einen neuen Weg überlegt: ich werde versuchen, an Goebbels heranzukommen. Loremarie glaubt auch, daß man durch Goebbels etwas erreichen könnte, und sei es auch nur, weil er intelligent genug ist, sich unter Umständen die Torheit dieser Hinrichtungen klarzumachen. Ich weiß noch nicht recht, wie ich es anfangen soll, denn meine einzige Bekannte, die auch ihn gut kennt, ist Frau von Dirksen, und sie würde meine Gründe sofort erraten. Vielleicht wäre es besser, so zu tun, als wollte ich eine Filmrolle. Ich werde daher Jenny Jugo anrufen, sie ist eine der beliebtesten deutschen Filmschauspielerinnen.

Donnerstag, 24. August: Rief heute morgen Jenny Jugo an. Als ich darauf drang, sie sofort zu sehen, klang sie beunruhigt. Sie sagte, sie filme in den UFA-Ateliers in Babelsberg, und wenn ich mit der S-Bahn führe, würde sie mich mit einem Wagen abholen lassen. Ich kam in erstickender Hitze draußen an und wurde von einem sonderbar aussehenden Jüngling mit langem gelben Haar und einem bunten Hemd abgeholt. Als wir ins Atelier kamen, war gerade Aufnahme: ein junger Mann lag Jenny zu Füßen und hielt ihre Knie umklammert. Zum Glück dauerte es nicht lange, und sie kehrte bald zum Umziehen in ihre Garderobe zurück. Sie schickte die Garderobiere weg, um ungehindert mit mir reden zu können, aber selbst dann wagten wir nur zu flüstern.

Ich erklärte ihr, daß ich unbedingt mit Goebbels sprechen müsse, und bat sie inständig, ein Treffen mit ihm zu arrangieren. Sie sagte, wenn es nicht anders ginge, wäre sie natürlich bereit, aber sie habe sich mit ihm überworfen und ihn schon seit zwei Jahren nicht mehr gesehen. »Sind Tatjana oder Paul Metternich in Schwierigkeiten?« Ich antwortete: »Nein, keiner von beiden.« Sie stieß einen Seufzer der Erleichterung aus. Ich sagte: »Es handelt sich um meinen Chef«, und fügte hinzu, er sei zum Tode verurteilt worden, wir vermuteten jedoch, daß er noch lebe, und daher sei Eile geboten. Schließlich sei Goebbels der Held des Tages – denn er war es, der den Aufstand niedergeschlagen hatte! Ich würde ihm erklären, daß es sich Deutschland nicht leisten könne, so viele außergewöhnlich begabte Menschen zu zerstören, die ihrem Lande noch so nützlich sein könnten. Jenny hörte mich ruhig an und führte mich dann in den Garten hinaus. Dort explodierte sie: meine Idee sei totaler Wahnsinn. Goebbels sei ein solches Schwein, er denke nicht daran, irgend jemand zu helfen. Nichts würde ihn dazu bringen, auch nur einen Finger für einen der Verschwörer zu rühren. Nachdem Helldorf gehängt worden war, habe er sich geweigert, dessen Sohn zu empfangen, der nur kam, um einen Aufschub zu erbitten – sie waren alte Parteifreunde gewesen; er habe noch nicht einmal den Anstand gehabt, ihn wissen zu lassen, daß sein Vater schon tot war. Sie sagte, Goebbels sei ein grausamer, bösartiger kleiner Sadist, und sein Haß gegen alle, die in das Attentat gegen Hitler verwickelt waren, übersteige jegliche Vorstellung. Er empfinde einen geradezu physischen Abscheu vor allem, was diese Leute repräsentieren, er sei eine Ratte aus der Gosse, und wenn ich auch nur die geringste Aufmerksamkeit auf mich lenkte, würde ich meine ganze Familie in Mitleidenschaft ziehen; Paul würde man verhaften, und meine eigenen Leiden würden kein Ende nehmen. Sie flehte mich an, den ganzen Plan fallenzulassen, und fügte hinzu, daß die UFA-Ateliers von Goebbels' Spionen wimmelten, die versuchten, unter den Schauspielern potentielle Verräter herauszuschnüffeln. Vor zwei Tagen habe ein politisches Treffen stattgefunden, und als Goebbels im Saal erschien, sei auf dem roten Rednerpult, an dem er stehen sollte, in großen, mit Kreide geschriebenen Buchstaben das Wort Scheiße zu lesen gewesen; niemand habe es gewagt, vorzutreten und es abzuwischen. Ihr Telefon werde abgehört; jedesmal wenn sie den Hörer aufnehme, könne sie das Klicken hören. Zum Abschied küßte sie mich und meinte, falls man nach dem Grund meines Besuches frage, werde sie erklären, daß ich versucht hätte, beim Film unterzukommen.

Ich kehrte entmutigt und erschöpft in die Stadt zurück und traf Loremarie Schönburg und Tony Saurma in der Wohnung. Loremarie war völlig außer Fassung. So hatte ich sie noch nie erlebt. Sie berichteten, daß die Polizei am Nachmittag dagewesen sei; Nachbarn hätten sich wegen unserer mangelhaften Verdunkelung beklagt. Wie nichtig der Grund auch sein mochte, Loremarie war plötzlich gebrochen. Tony hatte weitere schlechte Nachrichten: Generalfeldmarschall von Kluge, der Oberbefehlshaber West, habe Selbstmord verübt. Das bedeutet, daß die anderen gefoltert wurden und er verraten worden ist, denn von seiner Beteiligung hat fast niemand gewußt.

Loremarie wurde immer hysterischer. »Keiner von uns wird davonkommen ... Sie geben dir eine Spritze, die deine Willenskraft bricht und dich zum Reden bringt.« Sie flehte mich an, Percy Frey zu heiraten und sofort in die Schweiz zu reisen. Tony mischte sich ein und erklärte sich bereit, Loremarie, wann immer sie wolle, in die Schweiz zu bringen, da auch er vorhabe, Ende der Woche abzuhauen; er müsse vorher nur noch nach Schlesien fahren und dort einige Wertsachen abholen. Tony macht sich inzwischen nämlich auch um seine eigene Person Sorgen, weil er denunziert worden ist. In einem Anfall von Trunkenheit hat er in seinem Offizierskasino auf das Bild des Führers geschossen. Loremarie erklärte, sie denke nicht daran, mit ihm wegzufahren, ohne ihn vorher geheiratet zu haben, da sonst ihre Eltern in Ohnmacht fallen würden. In einer so entsetzlichen Lage fand ich diese plötzliche Sorge um den äußeren Anstand recht komisch. Tony weigerte sich und erklärte, darüber könne man auch später noch nachdenken. Die Spannung stieg; am Ende saßen wir um den Küchentisch und heulten uns aus. Tony sprang auf und begann, auf und ab zu gehen. Er erklärte, er könne die Anspannung und die Tränen nicht länger ertragen und sei fest entschlossen, alles stehen und liegen zu lassen. Ich erwiderte, sie könnten tun, was sie wollten, ich für meine Person bliebe hier, und Loremarie bliebe besser auch; in der Schweiz würde sie bis zum Kriegsende ohne Nachrichten von ihrer Familie sein, und das hielte sie nie und nimmer aus. Am Ende beschlossen wir alle zu bleiben.

Tony kam später in mein Zimmer und erzählte mir alles über Adams Prozeß. Adam hatte ihn gesehen und ihn, ohne sich zu erkennen zu geben, lang fixiert; dann habe er begonnen, sich in einer Art Schaukelbewegung aus der Hüfte vorwärts und rückwärts zu wiegen. Er war ohne Krawatte, schlecht rasiert und sehr bleich. Tony hatte den Saal, in dem der Prozeß stattfand, unter die Lupe genommen und war zu dem Schluß gelangt, daß nicht die geringste Chance bestand, jemand mit Gewalt daraus zu befreien. Selbst das sogenannte Publikum setzte sich in der Hauptsache aus Polizisten und Parteibonzen zusammen, die sämtlich bewaffnet waren. Tony war vor der Verkündung des Urteils hinausgegangen, da er von Anfang an gewußt hatte, wie es lauten würde.

Jetzt gibt es jede Nacht Luftangriffe, aber Tony hat uns eine Erlaubnis verschafft, den Bunker des Siemensbüros gegenüber zu benutzen. Dort haben sie einen fabelhaften Keller tief unter der Erde, in dem man sich wirklich sicher fühlt. Meistens sitzen wir da mit der Nachtschicht zusammen; einer der Arbeiter ist ein netter Franzose, und wir träumen beide laut davon, wie schön Paris sein wird, wenn der Krieg erst vorbei ist.

Freitag, 25. August: Loremarie hat sich von ihrem kurzen Anfall von Depression erholt und ist wieder auf dem Kriegspfad. Wir haben endlich in Erfahrung gebracht, daß sich das Gefängnis – ein Militärgefängnis – in der Nähe des Lehrter Bahnhofs befindet. Loremarie ist bereits dort gewesen und hat mit Zigaretten, die von Percy Frey stammten, einen Wärter bestochen, der sich bereit erklärt hat, Gottfried Bismarck eine auf ein winziges Stück Papier gekritzelte Botschaft zu überbringen. Er brachte sogar eine Antwort zurück, in der Gottfried über Ungeziefer klagte, um Entlausungspuder bat sowie auch um etwas zu essen, da sie nur Schwarzbrot bekämen, das er nicht vertrage. Er hat die Pakete, die man ihm geschickt hat, nicht erhalten, und so bleibt als einzige Alternative, ihm täglich Butterbrote zu bringen. Loremarie will die Wärter fragen, ob Adam Trott auch dort ist, aber man muß auf der Hut sein, denn offiziell ist er tot; jegliche ungebührliche Neugierde würde sie vorsichtig machen, ein Entkommen erschweren oder gar Adams Hinrichtung beschleunigen.

Die meisten, einschließlich Loremarie, sind schockiert, weil ich erleichtert bin, daß Adam vielleicht noch lebt. Besser tot, sagen sie, als täglichen Folterungen ausgesetzt zu sein. Aber ich bin anderer Meinung und hoffe auf ein Wunder.

Plötzlich fiel mir Peter Bielenberg ein, und ich fragte mich, was wohl aus seinem Plan geworden ist, das Auto zu überfallen, mit dem Adam zu den Verhören in die Prinz-Albrecht-Straße gebracht wurde. Das letzte Mal, als Peter mich im Büro besuchte, war er voller Hoffnung und Optimismus. Heute fuhr ich mit dem Bus zu ihm nach Dahlem. Die Tür wurde von einer jungen Frau geöffnet, die mich mißtrauisch musterte, mir keinen Einlaß gewährte und sich weigerte, irgendwelche Auskünfte zu geben; sie sagte lediglich, Peter sei nicht da und werde auch eine Zeitlang nicht zurückkehren. Ich hatte das Gefühl, daß sie mehr wußte, als sie zu sagen bereit war, aber mir nicht traute. Darauf sagte ich ihr, ich sei vom A. A. und eine Mitarbeiterin von Herrn von Trott. Daraufhin verwandelte sich ihr Gesichtsausdruck, sie ging ins Haus zurück, und eine andere junge Frau kam heraus. Diese war freundlicher. Sie sagte mir, Peter sei verschwunden und auch in der Fabrik, in der er arbeitete, nicht gesehen worden. Ich bat um seine Adresse, da ich ihn dringend erreichen müßte. Sie erwiderte, sie könne sich das sehr gut vorstellen, aber es habe keinen Sinn zu schreiben, da ihn Briefe nicht erreichten. Dies hieß, daß auch er verhaftet worden war.

Ich ging wie betäubt von dannen. Während ich auf den Bus in die Stadt wartete, setzte ich mich auf den Bordstein, da ich selbst zum Stehen zu müde und zu entmutigt war. Wohin ich mich auch wende, verschwinden sie alle, einer nach dem andern; keiner ist mehr übrig, den man um Hilfe bitten könnte. Jetzt verhaften sie sogar Leute, die lediglich Bekannte waren oder zufällig im gleichen Büro gearbeitet haben. Ich weiß nicht, ob Peter selbst ein aktiver Verschwörer war, aber an der Universität Göttingen hatten Adam und er der gleichen Verbindung angehört und sich angefreundet; das allein genügt, Peter zu kompromittieren.

Zur Zeit des 20. Juli war Peter Bielenberg Geschäftsführer einer Flugzeugmontagefabrik in Graudenz. Als er am 25. Juli von Trotts Verhaftung erfuhr, reiste er sofort nach Berlin, um dessen Rettung zu organisieren. Bei dieser Gelegenheit besprach er seinen Plan auch mit Missie. Kaum in das »Generalgouvernement« zurückgekehrt, um dort letzte Hand an seine Pläne zu legen, wurde er selbst verhaftet und in das berüchtigte Gefängnis in der Lehrter Straße eingeliefert.

Plötzlich fiel mir Claus B. ein. In der Vergangenheit hatte ich immer vermieden, allzu freundlich zu ihm zu sein, da ich mir nicht sicher war, welches Spiel er in Wirklichkeit spielte. Jetzt aber kam ich zu dem Schluß, daß er genau die Person sein mußte, die helfen konnte, wenn er wirklich war, was ich vermutete. In die Stadt zurückgekehrt, suchte ich nach einem Telefonhäuschen, das noch funktionierte, und rief sein Büro an. Ich sagte ihm, ich müsse ihn dringend sehen. Er schlug vor, daß ich in der Nähe des Bahnhofs Zoo auf ihn warten sollte. Wir gingen an der zerstörten Gedächtniskirche vorbei die Budapester Straße hinunter. Ich sagte ihm alles. Als ich geendet hatte, blieb er stehen, sah mich fast belustigt an und sagte: »Sie glauben also, daß ich einer von *denen* bin?« – »Ich hoffe«, platzte ich heraus, »denn dann können Sie vielleicht etwas unternehmen!« Er wurde sofort ernst und sagte, er wolle versuchen, herauszufinden, wie die Sache stehe, und falls sich wirklich etwas unternehmen lasse, könne ich mich selbstverständlich auf ihn verlassen. Wir verabredeten uns für den folgenden Tag vor dem zerstörten Hotel Eden.

Samstag, 26. August: Heute habe ich den Gesandten Schleier gefragt, ob ich aus dem A. A. entlassen werden könnte, da ich mich als Krankenschwester zum Roten Kreuz melden wolle. Denn wenn Judgie Richter oder Alex Werth – meinen letzten Freunden im Amt – etwas zustieße, bliebe ich mit dieser Bande hier vollkommen allein. Das einzige Problem ist, daß dies als Geste der Solidarität mit denen, die nicht mehr da sind, aufgefaßt werden könnte. Schleiers Auskunft war nicht ermutigend; Dr. Six, erklärte er, lasse niemanden freiwillig gehen. Ich komme zu dem Schluß, daß eine erneute Krankheit die einzige Lösung sein wird.

Nach Arbeitsschluß heute nachmittag lief ich zum Hotel Eden hinüber. Claus B. wanderte auf und ab und trug ein in Zeitungspapier gewickeltes Paket unter dem Arm. Ohne ein Wort zu sagen, führte er mich in den Ruinen des Zoologischen Gartens zu einer Bank. Nachdem er sich zunächst vergewissert hatte, daß niemand in Hörweite war, sagte er mir, daß er Erkundigungen eingezogen habe. Es sei gar nichts mehr zu machen, und jemand wie ich könne erst recht nichts tun. Hitler dürste nach Rache; keiner der Beteiligten würde entkommen; alle hätten solch eine Angst, daß selbst Personen, die vielleicht noch einen mäßigenden Einfluß hätten ausüben können, nicht mehr wagten, einen Finger zu rühren, um nicht selbst in Verdacht zu geraten. Er fuhr fort, daß alle, die mit irgendeinem der Verschwörer Verbindung gehabt hätten, beobachtet würden und daß auch ich jetzt in der größten Gefahr schwebte; daß ich durch ihre Verhörmethoden zum Reden gebracht werden, andere, die noch frei seien, mit hineinziehen könnte und daher meine Verhaftung um jeden Preis vermieden werden müßte. Bei diesen Worten lüftete er sein Paket, und ich blickte auf den Lauf einer kleinen Maschinenpistole. »Wenn sie kommen, um Sie abzuholen, zögern Sie nicht, alle niederzuschießen und wegzulaufen. Da sie darauf nicht gefaßt sind, kann es Ihnen gelingen, zu entkommen . . .« Ich mußte wider Willen lächeln. »Nein, Claus, wenn ich wirklich in so große Schwierigkeiten gerate, verschlimmere ich die Sache nicht noch, indem ich mich obendrein des Mordes schuldig mache . . .« Er schien ehrlich enttäuscht zu sein.

Nachdem ich mich von ihm getrennt hatte, fuhr ich nach Potsdam hinaus und holte einige meiner Sachen in der »Regierung« ab. Ich sprach mit den beiden Angestellten. Sie erzählten mir, daß Melanie von jemandem auf ihrem Gut in Pommern angezeigt worden sei, weil sie ihre Fußnägel lackiere und im Bett frühstücke, und daß dies ihren Fall kompliziere, weil sie dadurch obendrein als »asozial« abgestempelt sei. Sie sagten, Melanie sei sehr schwach und gestern, als sie das erste Mal aufstehen durfte, ohnmächtig geworden; dabei habe sie sich den Kiefer gebrochen. Es ist herzzerreißend. Ihr Bruder Jean-Georges Hoyos hatte Erlaubnis, sie zu besuchen. Sie fragte ihn immer wieder: »Il est mort?« Später fuhr ich mit dem Rad zur Gärtnerei und tauschte etwas Kaffee gegen zwei Melonen ein, die ich versuchen werde, in das Gefängnis zu bringen.

Bei meiner Rückkehr nach Berlin traf ich Loremarie bei den Gersdorffs. Sie berichtete, daß sie den Wärter, der ihr heute Gottfrieds schmutzige Wäsche brachte, gefragt habe, ob Herr von Trott noch am Leben sei. Er habe gesagt: »Ja, ja, er ist noch da«, und ihr bedeutet, sie könne ihm eine kleine Botschaft schreiben; er, der Wärter, würde ihr morgen eine Antwort bringen. Sie habe geschrieben: »Können wir etwas bringen? Alles Liebe von Missie und Loremarie.« Sie habe den Mann gefragt, ob Adam sehr hungrig sei; er verneinte, Graf Bismarck teile seine Pakete mit ihm. Wenn wir nur sicher sein könnten, daß dieser Mann nicht lügt! [*Tatsache war, daß Adam von Trott an eben diesem Tag in Plötzensee gehenkt wurde.*]

Wir haben noch immer keine Nachricht von Graf Schulenburg. Wir wissen inzwischen, daß die Häftlinge in den Zellen mit Nummern von 100 aufwärts eine Überlebenschance haben; alle mit Zellennummern unter 99 sind bereits abgeurteilt. Gottfrieds Zelle hat die Nummer 184; Adams ist 97. Es heißt, sie lägen in Ketten.

Alex Werth ist es gelungen, Adams Kinder zu retten; sie sind wieder auf dem Lande bei seiner Familie, aber Clarita ist noch im Gefängnis. Die Stauffenberg-Kinder sind unter einem anderen Namen in einem Waisenhaus, aber das ist bekannt geworden, und so wird es vielleicht möglich sein, sie eines Tages wiederzufinden.

Es heißt, daß Philippa von Bredow, Gottfrieds Nichte, auch vor das Volksgericht gestellt werden soll. Es ist ihnen gelungen, sie zum Reden zu bringen, und sie hat gestanden, daß der junge Haeften ihr das Datum des Attentats auf Hitler vorher mitgeteilt habe.

Ein langes Gespräch mit Otto und Ann-Mari Bismarck, die beide hier sind und versuchen, an hochgestellte Persönlichkeiten heranzukommen. Loremarie Schönburg meint, daß einige Wärter bestechlich seien. Aber man müsse dann auch für ihre Flucht sorgen. Sie hofft, daß die Bismarckschen Perlen hierfür geopfert werden. Wir selbst haben wenig Wertsachen anzubieten. Es scheint, daß jeder Gefangene sechs Wärter hat. Selbst wenn es uns gelänge, alle zu bestechen, hieße dies, daß wir drei Gefangene und achtzehn Gefängniswärter außer Landes bringen müßten. Ich sehe schon Percy Freys Gesicht! Ann Mari bemerkte trocken: »Warum geben wir nicht gleich eine Cocktailparty auf dem Flughafen, um ihnen allen zum Abschied zuzuwinken?« Wir besprachen das alles in einem der Schlafzimmer des Hotel Adlon.

Gottfried Cramm ist in die Stadt gekommen. Ich bin darüber nicht glücklich. Nur ein weiterer Mensch, um den man sich Sorgen machen muß. Das letzte Mal sahen wir uns am 20. Juli. Er war auch ein Freund von Adam Trott, und so können wir wenigstens offen über ihn sprechen. Cramm sagt: »Ich will nicht wissen, was mit ihnen geschieht. Ich will lediglich wissen, wer von ihnen überleben und wieder freikommen wird, wer noch frei ist und wann sie es das nächste Mal versuchen wollen. Denn dann können sie auf mich zählen!« Gleichzeitig ist er entsetzt, daß Stauffenbergs Bombe einen Angehörigen der Verschwörung getötet hat, einen Oberst Brandt, der vor dem Kriege ein berühmter Turnierreiter war. Er stand bei der schicksalhaften Besprechung in Hitlers Lagebaracke und wurde auf der Stelle getötet. Zunächst hatte man ihn als eines der Opfer des »feigen Verrats« mit allen militärischen Ehren beigesetzt, aber später, als sein Name auf einer der aufgefundenen Listen stand, wieder ausgegraben, verbrannt und seine Asche in alle Winde zerstreut.

Oberst Heinz Brandt, Erster Generalstabsoffizier in der Operationsabteilung des Generalstabes des Heeres, war zwar kein aktives Mitglied des Widerstands, stand aber vielen Verschwörern nahe und sympathisierte wohl mit ihren Ideen. Er war es, der am 20. Juli unwillentlich dazu beitrug, Hitlers Leben zu retten, indem er Stauffenbergs Aktentasche beiseite schob. Als die Bombe explodierte, wurden alle, die rechts vom Tisch standen, darunter auch Brandt, schwer verwundet, einer davon tödlich. Brandt selber erlag bald darauf seinen Verletzungen.

Gottfried Cramm möchte, daß ich eine Begegnung zwischen ihm und Alex Werth herbeiführe. Im Büro geht es nicht, und mir fällt außer Maria Gersdorffs Haus kein geeigneter Ort ein; sie hat hoffentlich nichts dagegen, obwohl sie in großer Sorge um ihren Mann ist, der dem gehenkten General von Hase so nahegestanden hat.

Sonntag, 27. August: Wir verbrachten den größten Teil des Tages damit, die Wohnung zu putzen. Hinterher fuhr uns Percy Frey zu Aga Fürstenberg, wo wir uns im Garten sonnten.

Aus einem Brief von Missie an ihre Mutter in Königswart vom 28. August 1944:
Ich lege verschiedene Briefe von Georgie bei, die ein Freund mitbrachte, der Paris kurz vor dem Einmarsch der Alliierten verlassen hat. Wie Du daraus entnehmen wirst, geht es ihm gut... Hier in Berlin und Umgebung hat es seit sieben Wochen nicht mehr geregnet. Man lebt wie in einem Bratofen. Und dazu noch so viele Sorgen und soviel Unglück. Wir haben jede Nacht und fast jeden Tag Fliegeralarm, aber es passiert nicht viel... Ich werde vermutlich nächste Woche in Königswart etwas Urlaub machen, sonst verfällt er. Übermorgen werde ich für zwei Tage nach Krummhübel zurückkehren.

Krummhübel, Mittwoch, 30. August: Heute früh bin ich nach Krummhübel gefahren. In Hirschberg verpaßte ich den Anschluß und mußte drei Stunden warten. Als ich aus dem Zug stieg, bemerkte ich Blankenhorn, der mir folgte. Sobald ich jemand begegne, der mit Adam in Verbindung steht, breche ich in Tränen aus. Ich gab meinen Koffer in der Gepäckaufbewahrung ab und schlenderte auf die Straße hinaus. Blankenhorn folgte mir noch immer. Als er mich überholte, murmelte er: »Gehen Sie in den Park, und setzen Sie sich auf eine Bank. Ich folge nach.« Aus verschiedenen Richtungen kommend, erreichten wir gleichzeitig die Bank. Erst dann wagte er zu sprechen.

Er erzählte mir, daß er sich am 21. Juli mit Adam im Grunewald getroffen und ihn bei dieser Gelegenheit gefragt habe, ob er alle seine Unterlagen vernichtet hätte. Adam habe dies bejaht. Inzwischen seien jedoch verschiedene Papiere gefunden worden, hauptsächlich Denkschriften über seine verschiedenen Auslandsreisen. Welcher Leichtsinn! Ich fragte Blankenhorn, ob er glaube, daß sie Adam umbringen werden. Er erwiderte: »Zweifellos!« Ich erzählte ihm, daß auch Graf Schulenburg verschwunden sei. Er wußte es noch nicht, meinte aber, daß man ihn, falls man ihn wirklich verhaftet habe, ganz sicher auch töten werde. Ich protestierte: »Unmöglich. Der Skandal im Ausland wäre zu groß!« – »Was kümmert denn die so etwas?« Er erzählte mir, daß Goerdeler unter einem andern Namen ein Zimmer im Hotel Bristol gemietet und dort in einem Safe seine sämtlichen geheimen Unterlagen hinterlegt habe. Im Februar wurde das »Bristol« von einer Luftmine zerstört. Zwei Wochen nach dem Attentat hatte man den Safe zufällig unter dem Schutt entdeckt und ihn ausgegraben. Der Safe und sein Inhalt waren völlig unversehrt; einige der Unterlagen trugen handschriftliche Anmerkungen und Korrekturen des Botschafters von Hassell. Dies erklärt dessen Verhaftung. Blankenhorn sagte, daß von Tag zu Tag mehr Menschen verhaftet würden.

Wir bestiegen den gleichen Zug nach Krummhübel, kamen aber überein, uns dort nicht zu sehen. Ich bin so froh, daß er noch frei ist, und bete, daß sie ihn nicht auch noch erwischen.

Übermorgen kehre ich nach Berlin zurück. Ich packe meine letzten Habseligkeiten zusammen und schicke sie nach Johannisberg, obgleich dort bisher nur das Dach des Schlosses repariert worden ist. Aber es wird sich sicher irgendeine Scheune finden, wo man sie aufbewahren kann. Krummhübel erscheint mir viel zu abgelegen und völlig unerträglich, und ohne Graf Schulenburg macht es mich noch unglücklicher. Ich besuchte seine Mitarbeiter und sprach mit ihnen; bisher weiß keiner von seinem Verschwinden, aber seine Sekretärin, Fräulein Schilling, und sein Assistent, Herr Sch. (der gottlob nicht, wie wir fürchteten, in der Schweiz geblieben ist), sind nach Berlin zitiert worden. Dort werden sie es sicherlich erfahren.

Berlin, Freitag, 1. September: Heute vor fünf Jahren begann der Krieg. Ich kam zur Mittagszeit in Berlin an und ging geradewegs zu Maria Gersdorff. Sie war ein wenig bleicher als gewöhnlich und sagte ganz ruhig: »Missie, du wirst endgültig hier bleiben müssen. Loremarie Schönburg und Percy Frey haben alle deine Sachen hergebracht« – sie wies auf einen Haufen Sandsäcke, aus denen meine Habe hervorquoll –, »Tony Saurma ist gestern verhaftet worden.« Man wirft ihm vor, er habe vor einiger Zeit auf ein Bild des Führers geschossen und nach Stauffenbergs Attentat laut verkündet: »Pech! Hoffentlich klappt es das nächste Mal besser!«

Percy hat bereits einen Anwalt besorgt, einen Mann, der für die Schweizer in deren Büro zur Sicherstellung ausländischer Interessen arbeitet. Er ist ein bekannter Gegner des Regimes – was an sich keine sehr weise Wahl ist! – und ein brillanter Jurist; er wohnt ganz in der Nähe der Woyrschstraße. Loremarie sei wieder im »Adlon« und habe Tony Saurmas Mutter aus Schlesien nach Berlin bestellt. Tony sitzt im Gefängnis in der Lehrter Straße, aber als Offizier kommt er vor ein Militärgericht. Das bedeutet, daß man ihn, falls er verurteilt wird, erschießt und nicht aufhängt. Ob das ein Trost ist?

Samstag, 2. September: Loremarie Schönburg ist jetzt ebenfalls zu Maria Gersdorff gezogen; wir teilen uns Gottfried Cramms früheres Zimmer. Sie ist zu verzweifelt, als daß sie allein sein könnte. Überdies ziehen wir vor, uns der Polizei gemeinsam zu stellen, falls . . .

Papa ist zwei Tage hier gewesen und heute nach Königswart zurückgekehrt. Er hat mir das Kreuz seines Urgroßvaters hinterlassen, das dieser auf sämtlichen russischen Feldzügen gegen Napoleon getragen hat. Papa sagt, es habe ihn damals gerettet und würde jetzt auch mich retten.

Unterdessen hat sich Loremarie mit einem Bäcker in der Nähe des Gefängnisses in der Lehrter Straße angefreundet. Er arbeitet dort halbtags als Aufseher und hat bereits Briefe und Zigaretten für Tony Saurma mitgenommen. Sie ist jetzt täglich dort und hofft auch, eine Antwort auf ihre letzte Botschaft an

Adam Trott zu bekommen. Aber der Wärter, mit dem sie deshalb in Verbindung steht, weicht ihr jetzt aus, obwohl er vor zwei Tagen noch gesagt hat: »Man sollte etwas für Graf Schulenburg tun, er wird täglich schwächer.« Das ist die erste Bestätigung, daß auch er in diesem Gefängnis sitzt. Ich werde die Aufgabe übernehmen, ihm etwas Nahrung zu bringen, denn wir müssen alle Fälle möglichst getrennt behandeln.

Wir verbrachten einen großen Teil des Nachmittags damit, Brot zu schneiden und ein winziges Hühnchen zu braten, das uns Otto Bismarck geschickt hat. Wir verteilten dann alles auf drei Päckchen, eines für den Botschafter, eines für Gottfried Bismarck und eines für Adam. Loremarie nimmt auch Gemüse und Obst für Tony mit. Dieser darf weder Brot noch Fleisch bekommen, also nichts, was ihn bei Kräften halten würde. Sie werden alle mit Absicht unterernährt – um sie »gefügiger« zu machen!

Percy Frey fuhr uns in seinem Wagen und setzte uns in einiger Entfernung vom Gefängnis ab. Loremarie hatte mir zwar genaue Verhaltensmaßregeln gegeben, aber ich muß gestehen, daß meine Knie trotzdem zitterten. Es war mein erster Besuch. Das Gebäude ist aus rotem Backstein, und von außen sieht es wie eine x-beliebige Kaserne aus. Wir hatten verabredet, daß ich nur nach dem Grafen Schulenburg fragen würde, während sich Loremarie am andern Eingang nach Tony erkundigen sollte. Erst nachdem ich wieder draußen war, wollte sie noch einmal hineingehen und die Pakete für Gottfried und Adam abgeben.

An der Pforte standen zwei SS-Wachen; dann gelangte ich durch einen Innenhof zu einer großen Tür, wo zwei weitere SS-Männer Wache standen. Sie hielten mich an. Ich erklärte, daß ich bei der Geheimen Staatspolizei vorsprechen wolle. Daraufhin führte mich einer von ihnen einen breiten Korridor entlang zu einer großen, kanariengelben Eisentür. Links davon war ein kleines Fenster angebracht, hinter dem ein Fettwanst saß, ebenfalls in SS-Uniform. Er fragte mich, was ich wolle. Ich zog mein Paket hervor und bat, es dem Botschafter Graf von der Schulenburg zu übermitteln. Er wies mich an zu warten und verschwand. Unterdessen öffnete sich die Eisentür mehrmals, und es kamen verschiedene Aufseher heraus. Jedesmal warf ich schnell einen Blick hinein. Ich konnte einen großen offenen Raum erkennen, mit vielen kleinen Eisentreppen und Plattformen auf verschiedenen Stockwerken; zu beiden Seiten dieser

Plattformen lagen die Zellen, deren Türen sehr niedrig waren, wie in einem billigen Abtritt. Es ging sehr laut zu; Aufseher stapften in schweren Stiefeln herum, pfiffen und riefen sich alles mögliche zu. Das Ganze machte einfach einen widerwärtigen Eindruck. Sehr bald kehrte der Schließer oder Wärter, was immer er war, zurück und wollte den Vornamen des Grafen wissen. Ich zögerte, erinnerte mich dann aber, daß er Werner hieß. Der Mann bemerkte mein Zögern und schnauzte mich an: »Wenn Sie so interessiert sind an ihm, sollten Sie wenigstens seinen Namen wissen!« Das ärgerte mich, und so gab ich schroff zurück: »Eine Verwechslung ist da wohl kaum möglich. Wie jeder weiß, gibt es nur einen Botschafter Graf von der Schulenburg; und da er über siebzig ist, habe ich ihn nie mit seinem Vornamen angeredet.« Dann wies mich der SS-Mann an, alles auf einen Zettel zu schreiben und auch meinen Namen, Adresse und so weiter anzugeben. Ich fügte einige freundliche Worte an den Grafen hinzu mit der Frage, ob ich ihm irgend etwas bringen könnte. Mein ganzer Mut war dahin, als ich den Zettel aushändigte, aber inzwischen war mir schon alles gleichgültig, denn falls die Gestapo will, kann sie mich ohne Zweifel sehr schnell ausfindig machen. Der Mann verschwand abermals, und ich sah, daß er sich mit zwei Kumpanen besprach. Schließlich kehrte er zurück, schleuderte mir das Paket entgegen, behielt aber meinen Zettel und fuhr mich an: »Ist nicht hier! Wenn Sie weitere Auskünfte haben wollen, müssen Sie sich bei der Gestapo in der Prinz Albrecht-Straße erkundigen.« Ich wankte hinaus und fühlte mich hundeelend. In einem Schaufenster an der Ecke sah ich mich unverhofft meinem Spiegelbild gegenüber: mein Gesicht war grün.

Ich berichtete Loremarie über den Ausgang meines Unternehmens und ging nach Haus, während sie nun ihrerseits versuchte, ihre Päckchen abzuliefern. Es dauerte lange, ehe sie wieder bei Maria erschien. Sie war in Tränen aufgelöst. Im Gefängnis hatte sie auf den Wärter gewartet, der die Botschaften für Adam angenommen hatte. Als er endlich auftauchte, ignorierte er sie abermals. Daraufhin hat sie aufgegeben und das Gebäude verlassen. Aber ein anderer Wärter hatte sie beobachtet und war ihr zur S-Bahnstation gefolgt. Im Vorbeigehen hatte er ihr zugeflüstert: »Warum kommen Sie denn Tag für Tag? Die halten Sie doch bloß zum Narren! Die ganze Zeit habe ich beobachtet, wie Sie Briefe gebracht haben, aber ich sage Ihnen, er ist tot!« Er meinte Adam. Er dachte wahrscheinlich, daß Loremarie verliebt in ihn sei. Dann fuhr er fort: »Ich kann das Leiden dieser Leute nicht mehr aushalten. Ich werde langsam verrückt. Lieber kehre ich an die Front zurück. Ich habe diesen Posten ohnehin nie gewollt. Und die Nachrichten, die Sie hier abgeben! Die Aufseher lachen sich darüber kaputt. Befolgen Sie meinen Rat: Kommen Sie nicht wieder! Verlassen Sie Berlin, so schnell Sie können. Sie werden überwacht. Der Wärter, dem Sie immer Ihre Briefe gebracht haben, ist wieder ins Hauptquartier zurückversetzt worden. Die haben ihm nicht mehr getraut ...« Er meinte den Mann, der Loremarie ursprünglich geraten hatte, an Adam zu schreiben: »Er wird sich so freuen ...« Loremarie weiß überhaupt nicht mehr, wem sie glauben soll.

Das Gefängnis in der Lehrter Straße war ein sternförmiger Bau aus den vierziger Jahren des 19. Jahrhunderts. Einer der Flügel beherbergte das Militärgefängnis und wurde von der Wehrmacht verwaltet, während zwei weitere von der Gestapo für politische Gefangene mit Beschlag belegt waren. Viele der Verschwörer des 20. Juli waren hier eingeliefert worden. Das Wachpersonal bestand aus »regulären« Gefängniswärtern, die ihrerseits unter scharfer Kontrolle von SS-Wachen standen. Die Reinigung der Zellen sowie die Verteilung von Essen und Rasierzeug oblag politisch Internierten oder einsitzenden Zeugen Jehovas, die oft den einzigen Kontakt der Gefangenen mit der Außenwelt darstellten. Die Zellen blieben die ganze Nacht über beleuchtet – außer bei Luftangriffen. Während die Aufseher sich dann in den Keller retteten, blieben die Gefangenen angekettet in ihren Zellen zurück; viele kamen um, als Teile des Gefängnisses getroffen wurden. Seltsamerweise haben dennoch mehrere der Überlebenden berichtet, daß sie inmitten des Bombenhagels ein Gefühl des Friedens empfunden hätten – es war die einzige Zeit, in der sie nicht unter Beobachtung standen.

Unter den Insassen, von denen viele gläubige Christen waren, befand sich auch eine Anzahl Geistlicher. Durch Bestechung oder auf andere Weise gelang es, daß die Wächter es stillschweigend duldeten, wenn die katholischen Priester die Beichte abnahmen und Absolution erteilten. Einer der Internierten brachte die Beichtzettel in einem verschlossenen Umschlag dem Geistlichen und nahm dann die Absolution entgegen, zusammen mit einer geweihten Oblate, die er, wieder in einem Umschlag, dem beichtenden Gefangenen zurückbrachte. So wurde trotz Einzel-

haft und absolutem Sprechverbot ein Netz christlicher Solidarität gesponnen, das selbst die Gestapo nicht zerreißen konnte.

Jeden Tag gehen wir mit Percy Frey bei Tony Saurmas Anwalt vorbei. Er ist ein junger Mann, vor der Zeit ergraut, in seiner freien Zeit Maler, vielleicht ein wenig homosexuell, aber ohne Zweifel intelligent. Als er heute Loremaries Bericht über ihre Besuche im Gefängnis hörte, fuchtelte er entsetzt mit den Armen in der Luft herum, und erklärte, sie müsse Berlin sofort verlassen; diese Besuche seien ein Wahnsinn, wir würden noch alle verhaftet werden. Überdies sei damit niemandem gedient. Er glaubt ebenfalls, daß Adam Trott noch lebt, fügte aber hinzu: »Lieber tot, als durchzumachen, was der jetzt durchmacht.« Ich scheine die einzige zu sein, die hofft, daß der Krieg schnell genug endet, damit Adam überlebt.

Wir entschieden, daß Loremarie zu ihrer Familie aufs Land gehen müsse. Hier in Berlin kann sie niemandem mehr helfen, und wenn sie bleibt, wird sie ganz sicher verhaftet. Aga Fürstenberg wird sich jetzt um Tony kümmern. Auch ist Aga für die Wärter ein neues Gesicht. Allerdings ist es heutzutage nicht leicht, Berlin zu verlassen, es sei denn, man besitzt eine Sondererlaubnis. Loremarie hat ein Telegramm erhalten mit der Nachricht, daß ihr Großvater im Sterben liege. Vielleicht ermöglicht es ihr das, eine Fahrkarte zu kaufen.

Sonntag, 3. September: Es ist heute zwar Sonntag, aber ich mußte dennoch ins Büro – Luftschutzdienst. Ich tat keinen Strich, sondern übte Ziehharmonika. Am späten Nachmittag kamen Albert Eltz und Loremarie Schönburg vorbei, und wir schwatzten eine Weile. Plötzlich zog Albert seinen Revolver und schrie: »Wo ist Six? Weg mit ihm!« und raste die Treppe hinunter. Ich hängte mich verzweifelt an seinen Rockschoß, denn der Zufall wollte es, daß Dr. Six in seinem Büro saß und arbeitete.

Später aßen wir bei Percy Frey zu Abend. Unterwegs hielt Albert ständig Polizisten an und fragte sie, wie sie über Graf Helldorf dächten. Er wollte herausbringen, wieviel sie von der Sache wußten, und ließ sie nicht los, ehe sie das Ganze nicht eine Schweinerei genannt hatten. Albert ist total verrückt! Diese hysterischen Ausbrüche lassen sich nur als Reaktion auf die ständige Anspannung erklären.

Es gab einen schweren Luftangriff; wir gingen in den Luftschutzkeller gegenüber von Percys Wohnung, da wir es nicht wagten, zu Tony zurückzukehren.

Montag, 4. September: Loremarie Schönburg ist heute morgen nach Haus gefahren, ohne sich lang um eine offizielle Reisegenehmigung zu scheren. Eine der Gersdorffschen Dienstboten begleitete sie zum Bahnhof und sah, wie sie auf einen bereits abfahrenden Zug sprang; durch die Sperre war sie mit einer Bahnsteigkarte gekommen. Das Dienstmädchen sah zuletzt noch, daß ein Schaffner drohend gestikulierte. Obgleich ich Loremarie in den Ohren gelegen habe, Berlin zu verlassen, mache ich mir jetzt doch Sorgen über die absurde Form ihrer Abreise; hierdurch können alle ihre Tätigkeiten der letzten Zeit ans Licht kommen. Aber sowohl Tony Saurmas Anwalt als auch Maria Gersdorff ist ein Stein vom Herzen gefallen.

Ich bleibe noch etwas länger, da Tony morgen zu einem ersten Verhör vor ein Militärgericht gestellt werden soll. Der Anwalt hat keine große Hoffnung, was den zweiten Anklagepunkt betrifft, nämlich die Bemerkung: »Hoffentlich klappt es das nächste Mal!« Dies allein könnte Tony Kopf und Kragen kosten. Zum Glück hat ihm sein Regimentskommandeur ein gutes Führungszeugnis ausgestellt. Der Anwalt sagt, Tony sei in gutem Zustand und nicht allzu niedergeschlagen. Er bleut ihm ein, sich nicht aggressiv zu benehmen. Ich bedauere jetzt, ihm die Flucht in die Schweiz ausgeredet zu haben. Vielleicht wäre sie ihm geglückt.

Ich erinnere mich, was mir Tony über die Nacht, in der Gottfried Bismarck verhaftet wurde, berichtete. Er selbst war auf dem Wege nach Schlesien gewesen. Die Polizei hatte Straßensperren aufgestellt, und auch Tony war angehalten worden. Er hatte die Polizisten mit ein paar Zigaretten freundlich gestimmt, und sie zeigten ihm einen Haftbefehl gegen einen Mann, der zusammen mit einem jungen Mädchen in einem silbernen Tatra fahre. Tony war sofort klar, daß damit Gottfried und Loremarie gemeint waren. Er wußte, daß sie an diesem Abend nach Reinfeld unterwegs waren, und war überzeugt, sie würden dort nie ankommen. Tatsächlich hatten sie Reinfeld nur deshalb unbehelligt erreicht, weil das Auto eine Panne gehabt hatte und sie statt dessen mit dem Zug weitergefahren waren.

Dienstag, 5. September: Tony Saurmas erster Tag vor Gericht. Der Prozeß wurde sofort um zwei Wochen vertagt, um weitere Ermittlungen in Schlesien abzuwarten. Jeder Aufschub ist heutzutage ein Gewinn. Der Anwalt macht sich jedoch Sorgen, da sich das Beweismaterial häuft und alles gegen Tony spricht. Jetzt hängt es einzig und allein von der Anständigkeit der Richter ab. Ich habe Tony heute einen Brief geschrieben, denn morgen reise ich nach Königswart ab.

Im Büro sind Adam Trotts Freunde jetzt doch überzeugt, daß er tot ist, obgleich Tonys Anwalt noch immer anderer Meinung ist. Keiner von uns kann jedoch etwas für ihn, Gottfried Bismarck oder Graf Schulenburg tun. Gottfrieds Gerichtsverhandlung scheint ebenfalls vertagt worden zu sein, dank Ottos unermüdlichen Bemühungen, Zeit zu gewinnen. Sein Name ist bisher noch nicht einmal in der Presse erwähnt worden. Allerdings klänge es auch nicht gerade gut, wenn es hieße, daß ein Bismarck versucht habe, Hitler umzubringen. Das ist selbst denen klar. Man kann nur abwarten und beten, daß er am Leben bleibt.

Jetzt ist auch für mich die Zeit gekommen zu verschwinden. Ich habe noch etwas Krankenurlaub gut, den ich wohl aufbrauchen werde. Bei dem Gedanken an meine Abreise bin ich zugleich erleichtert und deprimiert. In den letzten Wochen standen wir unter einem derartigen Druck und waren so besessen von allem, was um uns herum geschah, daß daneben nichts anderes mehr wichtig schien. Andererseits habe ich mich trotz aller Widrigkeiten daran gewöhnt, in diesen Ruinen zu leben: mit dem ständigen Gasgeruch in der Luft, vermischt mit Schwaden von schwelendem Schutt und rostendem Metall, und gelegentlich sogar mit dem Gestank verwesenden Fleisches, so daß der Gedanke an die grünen Felder von Königswart, die ruhigen Nächte und die reine Luft dort mich fast beängstigt.

Jedenfalls scheint dies jetzt das Ende meines Berliner Lebens zu sein. Paul Metternich und Tatjana werden sich in acht Tagen mit mir in Wien treffen und mich zweifellos überreden wollen, in Königswart zu bleiben, bis ich wieder ganz hergestellt bin. Aus der Ferne kann ich dem Druck der Familie widerstehen, aber wenn wir alle wieder vereint sind, werde ich ihnen vermutlich nachgeben.

Seit Wochen habe ich gefürchtet, daß die Alliierten in ihren Rundfunksendungen weitere Einzelheiten über das Attentat vom 20. Juli bringen (wie sie es zu Anfang getan haben) und damit den Zweck von Adams Auslandsreisen enthüllen und noch mehr Schaden anrichten. In seinem Fall waren sie gottlob vorsichtig und schrieben erst über ihn, nachdem seine Hinrichtung in der deutschen Presse bekanntgegeben worden war.

»Das Schwarze Korps«, die Zeitung der SS, hat sich über »blaublütige Schweinehunde und Verräter« ausgetobt, aber ein vor kurzem anonym erschienener Artikel im »Angriff«, dem Blatt der Deutschen Arbeitsfront, schlug überraschenderweise einen ganz anderen Ton an: Keine soziale Schicht in Deutschland, so hieß es, habe in diesem Krieg größere Opfer gebracht und im Verhältnis zu ihrer Anzahl so schwere Verluste erlitten wie der deutsche Adel. Einige der Nazis wollen offenbar auf Nummer sicher gehen.

Pütze Siemens kam gestern zum Mittagessen – sie ist eine enge Freundin von Maria Gersdorff. Sie trug tiefe Trauer um ihren Bruder Peter Yorck, der am gleichen Tag wie Feldmarschall von Witzleben gehenkt worden ist. Diese konventionelle Reaktion auf einen so unkonventionellen Tod erschien mir als eine rührend unangemessene Geste, einem solchen Schmerz Ausdruck zu geben. Sie stellte mir eine Menge Fragen über Adam, mit dem sie befreundet gewesen war, aber ihren Bruder erwähnten wir nicht. Mir hätten ohnehin die Worte gefehlt.

Meine Hände sind noch immer zerschunden von den Versuchen, die Austern zu öffnen, die uns Tony kurz vor seiner Verhaftung mitgebracht hat.

Wien, Mittwoch, 6. September: Verbrachte meinen letzten Abend in Berlin mit Aga Fürstenberg und Georgie Pappenheim. Georgie begleitete mich in der Straßenbahn nach Haus; zur hellen Freude der Fahrgäste spielte er während der ganzen Fahrt auf seiner Mundharmonika. Er blieb über Nacht bei uns. Maria und ich waren allein und wollten, falls ein Luftangriff kam, einen Mann im Haus haben. Er schlief im Salon auf einem Sofa und ich auf dem andern. Als uns die alte Köchin Martha heute morgen sah, rümpfte sie die Nase: »In meiner Jugend kam so etwas nicht vor, aber dieser 20. Juli stellt alles auf den Kopf.«

Januar – September 1945

Missies Anmerkung: Seit ich Berlin im September 1944 unter Ausnutzung eines Krankenurlaubs verlassen hatte, habe ich bei meiner Familie in Königswart gelebt und versucht, wieder auf die Beine zu kommen, um der letzten Runde, die, wie wir alle wußten, nicht mehr fern sein konnte, gewachsen zu sein. Auf meinem Weg nach Königswart hatte ich einige Tage mit Tatjana und Paul Metternich in Wien verbracht und mich bei Professor Eppinger einer gründlichen ärztlichen Untersuchung unterzogen. Dieser hatte mich für zwei Monate »untauglich« erklärt, denn er hatte eine vergrößerte Schilddrüse festgestellt – die auch der Grund meiner Magerkeit war – und deren Ursache hauptsächlich nervlichen Gründen zugeschrieben. Seither habe ich große Mengen von Jodpräparaten geschluckt.

Königswart, Montag, 1. Januar: Es hat heftig geschneit, und wir waren die meiste Zeit im Freien, fuhren nicht sehr geschickt Schlitten und belustigten uns mit kindischen Schneeballschlachten. Es gibt reichlich zu essen, aber wir nehmen unsere Mahlzeiten jetzt in der Küche ein, da das Personal langsam verschwunden ist – die Männer zum Militär, die Frauen in die Rüstungsindustrie. Lisette, die Haushälterin, kocht. Unsere sämtlichen Abendkleider haben wir weggepackt. Wir vertreiben uns die Zeit mit Gesellschaftsspielen und trinken Pauls beste Weine. Denn morgen müssen wir uns wieder trennen.

Dienstag, 2. Januar: Paul Metternich ist im Begriff, zu seinem Regiment zurückzukehren, nachdem er sich von dem schrecklichen Lungenabszeß, an dem er voriges Jahr an der russischen Front beinahe gestorben wäre, wieder erholt hat und nun gesundgeschrieben worden ist. Ich habe noch einen Tag zugegeben, um Tatjana zu trösten, die sehr niedergeschlagen ist.

Wien, Mittwoch, 3. Januar: Verbrachte meinen letzten Tag in Königswart in langen Gesprächen mit den einzelnen Mitgliedern meiner Familie. Dieses Mal sieht es wirklich so aus, als käme die große Entscheidung, ehe wir uns wiedersehen. Mama möchte, daß ich hierbleibe, aber da mein Krankheitsurlaub zu Ende ist, muß ich fort, sonst bekomme ich Ärger mit dem Arbeitsamt. Tatjana fuhr mich mitten in der Nacht zum Bahnhof in Marienbad.

Donnerstag, 4. Januar: Im Zug gestern nacht drehte sich das Gespräch um die Luftangriffe auf Wien, die sich jetzt häufen. Zumeist bombardieren hier die Amerikaner, von ihren Stützpunkten in Italien kommend, gewöhnlich am hellichten Tage. Die Trambahnen (das einzige noch funktionierende Verkehrsmittel in der Stadt) fahren offenbar nur mittags.

Geraume Zeit hatten die Alliierten Österreich verschont. Das Land galt als das erste Opfer Hitlers in seinem Bemühen, ganz Europa zu beherrschen. Der NS-Führung hingegen galt Österreich als »Reichsluftschutzkeller«, und so wurde eine Reihe kriegswichtiger Industrien dorthin verlagert. Das erwies sich als verhängnisvoll, als nach der Inbesitznahme des italienischen Flugplatzes Foggia im September 1943 alliierte Bomberverbände ohne größere Schwierigkeiten nun auch nach Österreich und in die Tschechoslowakei einfliegen konnten. Bereits am 13. August 1943 hatte der erste Luftangriff auf die Flugzeugwerke von Wiener Neustadt das Ende der österreichischen Immunität bezeichnet. Im Laufe der Zeit wurden fast alle größeren Städte des Landes zerstört oder zumindest schwer beschädigt.

Ich war beunruhigt, denn wie üblich schleppte ich zuviel Gepäck mit, dazu noch eine (gerupfte) Gans. Zum Glück erbot sich ein ehemaliger russischer Kriegsgefangener, meine Koffer zu tragen, im Austausch gegen eine stattliche Anzahl Zigaretten. Auf dem langen Weg zu meiner Wohnung erklärte er mir, daß Stalin eine Amnestie plane und »wir alle bald nach Haus zurückkehren können«. Er fügte hinzu, daß er in letzter Zeit kaum etwas zu essen bekommen habe, und als wir unser Ziel erreichten – Antoinette Görne-Croys Zweizimmerwohnung am Modenaplatz, die ich mit ihr teilen werde –, gab ich ihm alle Nahrungsmittel, die ich dort vorfand. Antoinette war gerade zu Besuch bei ihrem Mann in Jugoslawien.

Eine Vorladung zum Arbeitsamt wartete bereits auf mich. Die vergeuden wirklich keine Zeit!

Aß mit Franzl Thurn und Taxis im Hotel Bristol. Die Brüder Thurn und Taxis sind als »Königliche« aus der Wehrmacht entlassen worden und studieren hier an der Universität. Im Bristol scheint sich seit meinem letzten Aufenthalt hier vor vier Monaten mit den Metternichs nichts geändert zu haben. Alfred Potocki und seine Mama, die alte Gräfin »Betka«, die trotz ihrer dreiundachtzig Jahre noch erstaunlich munter ist, sitzen weiter in ihrer gewohnten Ecke. Sie mußten ihren weltberühmten Besitz Łańcut verlassen, als die Russen in Polen eindrangen. Er gilt als das Versailles Osteuropas und ist bisher unversehrt geblieben, da Göring, der vor dem Kriege dort auf Jagden zu Gast war, dafür gesorgt hatte, daß dort nur hohe deutsche Stäbe Quartier nahmen.

Freitag, 5. Januar: Ging beim Arbeitsamt vorbei. Sie schlugen mir vor, als Krankenschwester zu arbeiten. Das ist genau das, was Tatjana und ich zu Beginn des Krieges tun wollten, aber man wies uns unserer litauischen Pässe wegen ab. Jetzt herrscht ein akuter Mangel an Pflegepersonal, und so ist es offenbar gleichgültig, daß ich in meinem Leben insgesamt nur vierundzwanzig Stunden Grundausbildung in Erster Hilfe gehabt habe. Von Freunden weiß ich, wie aufreibend diese Arbeit heute oft ist. Das erklärt vermutlich auch die Verwunderung beim Arbeitsamt über meine erfreute Reaktion.

Samstag, 6. Januar: Als ich die Wohnung betrat, stolperte ich über einen Haufen Gepäck – Antoinette und ihr Mann, Jürgen Görne, waren zurückgekehrt.

Sie eilte in Lockenwicklern herbei, um mich zu begrüßen, und begann sogleich, mir ausführlich über ihren Besuch in Bled zu erzählen, wo Jürgens Einheit gegen jugoslawische Partisanen kämpft. Sie war sehr aufgeregt, denn im Wald war ihr Wagen unter Beschuß genommen worden – jetzt hat er ein großes Loch neben dem Kühler, und der Anlasser funktioniert nicht mehr. Antoinettes Leben dort unten muß recht deprimierend gewesen sein; sie durfte nie aus dem Haus gehen, da die Partisanen inzwischen auch Zivilisten entführen. Die Landschaft, sagte sie, sei jedoch prachtvoll. Antoinette ist offensichtlich glücklich, wieder in Wien zu sein.

Ferdl Kyburg kam vorbei. Seit er als »Königlicher« aus der Marine geflogen ist, studiert auch er an der Universität.

Sonntag, 7. Januar: Heute morgen Kirche. Heute abend briet Görnes Bursche die Gans, die ich aus Königswart mitgebracht hatte. Da er einen solchen Vogel noch nie zubereitet hatte, saß er vor dem Bratofen und hielt in einer Hand einen Kochlöffel, in der andern ein Kochbuch. Das Ergebnis war jedoch recht zufriedenstellend, und unsere Hauswirtin – die Frau eines deutschen Obersten, der an der Front ist – bekam auch etwas ab. Unsere Gäste: Franzl Taxis, Ferdl Kyburg und Sita Wrede (die hier als Krankenschwester in einem Luftwaffenlazarett arbeitet).

Donnerstag, 11. Januar: Mein Geburtstag.

Sita Wrede hat die Ärzte in ihrem Lazarett überredet, mich dort anzustellen. Heute morgen mußte ich mich beim Chefarzt vorstellen, einem dunkelhäutigen Gesellen, der achtzehn Jahre in Indien gelebt hat. Das ist eine erfreuliche Entwicklung, denn dieses Lazarett gilt als das beste Wiens. Es kann allerdings sein, daß ich erst einen Auffrischungskurs absolvieren muß, denn sie verlangen, daß wir normalen Krankenschwestern im Notfall in der Lage sein sollen, die Sanitäter zu ersetzen, die jetzt allesamt an die Front geschickt werden. Diese Ausbildung schließt auch Erste Hilfe unter Beschuß ein (falls wir auf einem Flugplatz eingesetzt werden) usw. Man hat mir eine Rot-Kreuz-Uniform zugeteilt, neue Ausweise und ein Metallschild, auf dem mein Name zweimal eingraviert ist und das entzweigebrochen werden kann, falls ich »fallen« sollte, so daß eine Hälfte an meine »Hinterbliebenen« geschickt werden kann – ein recht sonderbares Gefühl.

Am Abend kam Ferdl Kyburg mit einer Flasche Champagner, und wir feierten meine achtundzwanzig Jahre *à trois*.

Samstag, 13. Januar: War zum Tee bei den Trauttmannsdorffs, die im Palais Schönburg wohnen. Es gehört Loremarie Schönburgs Großvater und stammt von Lucas von Hildebrandt, dem berühmtesten Baumeister seiner Zeit. Es ist ein bezauberndes, kleines Stadtpalais aus dem achtzehnten Jahrhundert, von einem großen Garten mit schönen Bäumen umgeben, das aber in einem vergleichsweise uneleganten Stadtteil steht; die Straßen in der Nachbarschaft sind recht schäbig. Das Hübscheste im Haus ist ein kleiner, kreisrunder Ballsaal.

Alfred Potocki hatte Gabrielle Kesselstatt, die drei Brüder Liechtenstein und mich ins Theater eingeladen. Ihr ältester Bruder ist der regierende Fürst, Franz Joseph. Sie sind alle in den Dreißigern und entsetzlich schüchtern. Hinterher aßen wir im Bristol zu Abend, und der arme Alfred gab sich die allergrößte Mühe, sie in die Unterhaltung hineinzuziehen. Gabrielle wohnt genau gegenüber im Hotel Imperial. Aber Alfred, der bereits vorzeitig »gaga« ist, wollte absolut nicht dulden, daß ich allein zu Fuß nach Haus ging, und da sich keiner der Liechtensteins erbot, mich zu begleiten, zauberte er aus dem Nichts eine alte Dame herbei, an die er sich öfters wendet, wenn seine Mutter auszugehen wünscht.

Dienstag, 16. Januar: Die Russen sind in Ostpreußen eingedrungen.

Donnerstag, 18. Januar: Zusammen mit vielen andern Krankenschwestern wurde ich heute zum Luftgaukommando zitiert, wo man uns anbot, uns nach Bad Ischl im Salzkammergut zu verlegen. Dies stellt mich vor ein Problem: einerseits will ich Wien im Augenblick nicht verlassen, andrerseits ist es aber auch klar, daß ich, wenn ich mich jetzt nicht aus dem Staub mache, vielleicht überhaupt nicht mehr wegkomme, da die Russen zügig vordringen. Schließlich entschied ich mich und erklärte ihnen, daß ich es vorzöge, weiter in Wien zu arbeiten. Als ich Antoinette Görne und Ferdl Kyburg heute abend meinen Entschluß mitteilte, waren sie entsetzt.

Die Russen haben Warschau erobert.

Sonntag, 21. Januar: Ungarn hat einen Waffenstillstand mit den Alliierten unterzeichnet.

Sonntag, 28. Januar: Ging in die russische Kirche – die anderen gingen in den Stephansdom. Ich war gerade wieder in die Wohnung zurückgekehrt, als ein schwerer Luftangriff begann. Ferdl Kyburg hat einen sicheren Luftschutzkeller im Hause seines Onkels Hohenlohe ganz in der Nähe entdeckt. Es ist mir ziemlich unangenehm, allein dorthin zu gehen. Meine stete Furcht ist, lebendig begraben zu werden, ohne daß jemand weiß, wo ich bin, aber heute ließ es sich nicht ändern. Als ich wieder zum Vorschein kam, sah ich, daß unsere Gegend stark beschädigt worden war. Antoinette Görne war nirgends zu sehen, und ich fing an, mir Sorgen zu machen, daß ihr etwas zugestoßen sein könnte.

Schrieb einige Briefe beim Licht einer Kerze, die in einer Flasche steckte, da unser Bezirk schon seit einigen Tagen ohne

Elektrizität ist. Wasser gibt es auch nicht, und so ging ich ins Hotel Imperial hinüber und nahm ein herrliches Bad in Gabrielle Kesselstatts Suite. Dann tauchte Antoinette wieder auf, und gemeinsam trotteten wir zur Wasserpumpe auf der Straße unten, füllten dort je zwei Eimer und schleppten sie nach Haus. Zuerst hatten wir gedacht, wir könnten einfach Schnee in Eimer füllen und ihn benutzen, doch nachdem er geschmolzen war, blieb nur eine schwarze Brühe übrig, in der Kartoffelschalen schwammen.

Montag, 29. Januar: Habe mit der Arbeit im Luftwaffenlazarett begonnen, dem früheren Kaufmännischen Spital, und alles wäre gut und schön, wenn es nicht auf einem Hügel hinter dem großen Türkenschanzpark im XIX. Bezirk läge, also schon fast außerhalb der Stadt. Die Trambahnfahrt allein dauert eine Stunde, und da der Verkehr heutzutage nur noch im Schneckentempo vorankommt, weil die Straßen entweder voller Bombenlöcher oder voller Schnee sind, muß ich schon um sechs Uhr früh aufstehen.

Ich arbeite als eine von zwei Gehilfinnen im Krankenrevier für Innere Medizin, wo unser Chef, Dr. Thimm, täglich 150 Personen untersucht. Zu den Untersuchungen gehören verschiedene Proben, Röntgenaufnahmen und ähnliches. Dr. Thimm diktiert mir seine Befunde. Er kommt aus Königsberg und ist ganz witzig, wenn auch recht sarkastisch. Wir arbeiten bis sieben oder acht Uhr abends mit einer halben Stunde Pause zum Mittagessen, das aus einer besonders ekelhaften Suppe besteht.

Sita Wrede, der ich diese Arbeit zu verdanken habe, arbeitet hier als Operationsschwester, eine Tätigkeit, die sie praktisch seit Anfang des Krieges ausgeübt hat. Im Vergleich zu uns ist sie ein alter Hase, denn zuvor hat sie bereits zwei Jahre im spanischen Bürgerkrieg Verwundete gepflegt. Ich bin beruhigt, sie in meiner Nähe zu wissen, doch sie ist verärgert darüber, daß man mich nicht ihrer Abteilung zugeteilt hat, und behauptet, das sei Absicht gewesen, »weil sie nicht wollen, daß wir Adligen zusammen arbeiten«! Sie kommt mich aber jeden Morgen hier unten besuchen und bringt mir belegte Brote, da sie Zugang zur Sonderverpflegung für die Verwundeten hat. Sie will mir von jetzt ab etwas Milch zukommen lassen, täglich etwa eine Säuglingsflasche voll. So hoffe ich, trotz Übermüdung und meines Gesundheitszustands widerstandsfähig zu bleiben. Es entbehrt nicht der Ironie, daß ich das Auswärtige Amt in Berlin angeblich aus Gesundheitsgründen verlassen habe und hier sehr viel härter arbeiten muß als jemals dort. Im Grunde tut es mir gut, denn auf diese Weise habe ich keine Zeit zum Nachdenken ...

Sita hat begonnen, mich mit dem Personal und den Patienten bekannt zu machen. Die schwersten Fälle liegen unten auf der sogenannten Kellerstation, die sich zwar nicht ganz unter der Erde befindet, wo aber die Patienten, die nicht transportfähig sind, etwas besser vor den Angriffen geschützt sind. Drei unserer besten Schwestern arbeiten auf dieser besonderen Station, darunter auch ein sehr heiteres Mädchen namens Agnes, das aus Westfalen stammt. Wir haben uns schon etwas angefreundet. Ein anderes, ziemlich häßliches Mädchen namens Lutzi ist mit einem Luftwaffenleutnant verlobt. Der arme Kerl wurde vor zwei Wochen hier eingeliefert; auf einem Übungsflug hatte er beide Beine eingebüßt. Bisher war er ohne eine Schramme durch den ganzen Krieg gekommen. Er heißt Heini, hat ein hübsches Gesicht, ist ungefähr dreißig, aber sein Haar ist bereits grau. Obgleich er und Lutzi sich lieben, dürfen sie es nicht zeigen, da persönliche Beziehungen zwischen Schwestern und Patienten verboten sind.

Dienstag, 30. Januar: Da ich noch keinen Schwesterndienst mache, hat mir die Oberschwester, die ein Schatz ist, erlaubt, ohne die übliche Schwesternhaube herumzulaufen. Aber es hat schon Proteste gegeben, und einige der andern Schwestern haben sich über meine »Hollywood-Allüren« beklagt. Wenn man heutzutage in Deutschland akzeptiert werden will, muß man wie eine graue Maus aussehen! Aber solange die Ärzte und die Oberschwester nichts dagegen haben, weigere ich mich weiter, diese Haube zu tragen. Ich muß mich ohnehin schon daran gewöhnen, jeden Tag mit weniger Lippenstift herumzulaufen, aber auch das tue ich nur widerwillig. Das bringt Sita Wrede in Rage; sie fleht mich ständig an, die Schminke abzuwischen.

Heute befahl mir die Oberschwester, mich von unserm Truppenarzt, Dr. Tillich, untersuchen zu lassen. Dies sei, wie Sita Wrede mir versicherte, nicht zum Lachen, da er als der Gary Cooper unseres Unternehmens gilt. Sie behauptet, selbst als sie an Mandelentzündung litt, habe sie sich nicht von ihm anrühren lassen. Sie habe sogar bei der Oberschwester deswegen Trara gemacht, und als ich zum Röntgen ging, stand sie mit eingestemmten Armen daneben, offensichtlich bereit, es mit dem Teufel persönlich aufzunehmen. Schließlich mußte sie mich aber dennoch mit ihm allein lassen, wenn auch mit sichtlichem Unwillen. Dr. Tillich und ich unterhielten uns lange – ich leicht geschürzt – über meinen Sturz vom Pferd vor zwei Jahren in Berlin und eine dadurch verursachte Rückgratverletzung. Es ging alles höchst professionell vor sich. Attraktiv ist er allerdings. Er war offenbar ein Musterschüler von Professor Eppinger, dem ich verdanke, aus Berlin überhaupt entkommen zu sein.

Dienstag, 6. Februar: Jürgen Görne hat Antoinette schon seit einer Weile gedrängt, Wien zu verlassen, ehe es zu spät ist. Ihre Familie in Westfalen wurde auch immer nervöser. Gestern ist sie daher nach Tutzing in Bayern abgereist, wo sie bei einer alten Schulfreundin unterkommen wird. Mir wird sie ganz schrecklich fehlen. Görne schickte uns seinen Burschen zur Hilfe, und so haben wir gestern auch gleich meine Sachen gepackt, da ich nicht vorhabe, allein bei der Frau Oberst zu bleiben. Lieber versuche ich, wieder in das Hotel Bristol zu ziehen (wo ich bei früheren Aufenthalten in Wien gewohnt habe) und mit ihnen eine Dauervereinbarung über das winzigste Zimmer, das sie haben, zu treffen (denn ich besitze noch immer sehr wenig Geld). Dies läßt sich vielleicht einrichten, da ich in einem »kriegswichtigen Betrieb« beschäftigt bin.

Jetzt gehen mir auch die Lebensmittelmarken aus, und ich mußte mir einige von Christian von Hannover leihen. Er wohnt im Imperial und studiert an der Universität, nachdem man ihn aus der Wehrmacht ausgeschlossen hat, da auch er ein königlicher Prinz ist; obendrein ist er mit dem englischen Königshaus verwandt.

Da ich den Vormittag frei hatte, besprach ich meine Wohnungsnöte mit Herrn Fischer, dem Geschäftsführer des Hotels Bristol, der ganz zuversichtlich klang.

Mittwoch, 7. Februar: Heute morgen fand hier wieder ein schwerer Luftangriff statt. Ich suchte in der Kellerstation Zuflucht, wo die Schwerverwundeten liegen. Das hilft einem zwar nicht viel, da man jede Bombe herabpfeifen hört und jede Explosion verspürt, aber ich setze mich dann immer absichtlich zu den schwersten Fällen, denn wenn man sieht, wie hilflos diese sind, fühlt man sich selbst sehr viel stärker. Ich freue mich, daß Antoinette Görne noch fortgekommen ist, denn dieses Mal ist der Westbahnhof getroffen worden.

Donnerstag, 8. Februar: Ein weiterer schwerer Luftangriff. Tatjana rief aus Prag an, wo sie sich wieder einmal einer ärztlichen Behandlung unterzieht. Es tat mir gut, ihre Stimme zu hören. Herr Fischer hat mir gesagt, ich könne Ende der Woche ins »Bristol« ziehen.

Samstag, 10. Februar: Die Angriffe werden immer schlimmer. Dies ist der dritte in drei Tagen. Unser Chefarzt hat Befehl gegeben, daß sämtliche gehfähigen Patienten sowie auch alle jüngeren Schwestern während dieser Angriffe nicht mehr im Lazarett bleiben dürfen, sondern in den Luftschutzkeller im langen Eisenbahntunnel, der unter dem Türkenschanzpark verläuft, gehen müssen, der zu Fuß etwa fünf Minuten entfernt liegt. Die ganze Nachbarschaft scheint der Überzeugung zu sein, daß dies der sicherste Platz ist, und so drängen sich täglich über achtzigtausend Menschen in den Keller. Schon um neun Uhr früh fangen sie an, Schlange zu stehen, und wenn dann die Sirenen heulen, drängt sich am Eingang eine brodelnde Menschenmenge, die gewaltsam versucht, sich einen Weg ins Innere zu bahnen. Da man sich einer solchen Situation nicht täglich aussetzen kann, zumal wenn man, wie wir, bis zur letzten Minute im Lazarett bleiben muß und daher stets als letzte ankommt, sind wir bisher erst zweimal dort gewesen. Ich muß gestehen, daß meine Nerven (deren Zustand schon infolge der zahllosen Angriffe, die ich in Berlin über mich ergehen lassen mußte, denkbar schlecht ist) nicht besser geworden sind und ich jetzt, da die Bomben auch auf Wien herunterprasseln, mich jedesmal ziemlich mitgenommen fühle.

Sonntag, 11. Februar: Habe meinen freien Tag und kann daher ins »Bristol« umziehen, wo ich ein winziges, aber blitzsauberes Zimmer bekommen habe. Der Geschäftsführer, Herr Fischer, hat allerdings Zweifel, ob ich sehr lange bleiben kann, denn das Hotel ist bis unters Dach mit SS angefüllt. Ich sehe nicht ein, warum ich, die ich ja schließlich auch ein schwer arbeitendes Mitglied der Gemeinschaft bin, nicht ebenfalls ein anständiges Dach über dem Kopf verdiene.

Aß mit Franzl Taxis und Heinz Tinti zu Mittag. Die Wohnung des ersteren ist schwer beschädigt worden, und so hat er die Überreste seiner Habe nebenan im Grand Hotel deponiert. Darunter fanden wir zwei Fahrräder, mit denen wir zunächst die Hotelflure entlangfuhren, ehe wir uns auf ihnen in meine frühere Wohnung aufmachten. Dort luden wir mein Gepäck auf die Räder und schoben sie zum Bristol zurück. Der Geschäftsführer gestand uns, daß Paul Metternich bei seinem letzten Besuch zwei Flaschen Napoleon-Cognac zurückgelassen habe. Es ist höchst unwahrscheinlich, daß sie die Angriffe überstehen, und so haben wir sie seinen widerstrebenden Händen entwunden und sofort eine aufgemacht.

Montag, 12. Februar: Luftangriff.

Dienstag, 13. Februar: Luftangriff.

Mittwoch, 14. Februar: Luftangriff.

Das einzige, was in Wien noch funktioniert, ist das Philharmonische Orchester. Nach dem Lazarett besuche ich dessen Konzerte fast täglich.

Die Konferenz der Alliierten in Jalta ist beendet. Mit meinem kleinen Radioapparat bekomme ich nur deutsche Sender, und die sagen natürlich sehr wenig darüber.

Es geht ein Gerücht um, daß Dresden durch zwei aufeinanderfolgende Luftangriffe der Alliierten dem Erdboden gleichgemacht worden sei.

Die Russen sind in Budapest eingedrungen.

Am Vorabend der Konferenz von Jalta hatten die westlichen Alliierten beschlossen, Stalin zu beeindrucken, indem sie abermals massive Luftangriffe auf Bevölkerungszentren flogen mit dem Ziel, nun endlich die deutsche Kampfmoral zu brechen und weitere Flüchtlingsströme zu schaffen, die den Transport von Truppen und Material erschweren würden. In einer Reihe von konzentrierten Angriffen, die bis April fortgesetzt wurden, machten britische und amerikanische Luftstreitkräfte Dresden (13./14. Februar) und andere mitteldeutsche Städte fast gänzlich dem Erdboden gleich. Die vorsätzliche Zerstörung Dresdens zählt heute zu den aufsehenerregendsten Greueltaten der westlichen Alliierten. Selbst Churchill empfand verspätete Gewissensbisse, und bei den Friedensfeiern 1945 wurde Luftmarschall

Harris und seinem Bomber Command zunächst kein Wort der Würdigung zuteil.

Donnerstag, 15. Februar: Fange an, mich krank zu fühlen. Wegen des Luftangriffs gestern mußte ich meine Arbeit drei Stunden lang unterbrechen und die verlorene Zeit hinterher aufholen. Gegen neun Uhr fühlte ich mich so elend, daß ich mein Fieber maß, während der Arzt einen Patienten untersuchte. Das Thermometer zeigte 39,4°. Dr. Thimm rieb sich vergnügt die Hände und erklärte, das sei nur Müdigkeit, bis morgen würde es wieder fallen, und ich könnte ruhig Dienst tun.

Gerade waren wir mit der Arbeit fertig, als zwei amerikanische Piloten, die gestern früh abgeschossen worden waren, hereingebracht wurden, auf jeder Seite von einem deutschen Soldaten gestützt. Sie schienen schwer verwundet zu sein und kaum in der Lage, einen Fuß vor den andern zu setzen. Einer hatte ein verbranntes, ganz geschwärztes Gesicht, sein helles Haar stand steif ab. Inzwischen liegen etwa dreißig amerikanische Piloten in unserm Lazarett. Sie werden ordentlich behandelt, aber nur in den Luftschutzkeller gebracht, wenn die Angriffe besonders schwer sind. Ich hätte mich gern mit ihnen unterhalten, aber das ist streng verboten. Eine Schwester, die vor dem Krieg in England Gouvernante gewesen war, hat einem von ihnen einmal Blumen mitgebracht und ist dafür auf der Stelle entlassen worden. Während eines Luftangriffs hat mich jedoch Sita Wrede einmal auf die Sonderstation mitgenommen, auf der sie liegen. Einige von ihnen sahen sehr nett aus, aber die meisten waren so schwer verwundet, daß sie fast völlig unter Bandagen verschwanden. Fast ausnahmslos leiden sie an schweren Verbrennungen.

Die Patienten in meinem Revier sind alle in mehr oder minder schlechtem Zustand. Die meisten von ihnen sind entweder über fünfzig oder unter zwanzig. Im allgemeinen handelt es sich dabei um Männer, die eben erst eingezogen worden sind, und Dr. Thimm hat die Aufgabe festzustellen, ob sie wirklich krank sind oder nur simulieren. Wegen seines ziemlich abwegigen Humors führt dies zu gelegentlich herzzerreißenden und gelegentlich grotesken Zwiegesprächen.

Die Heimfahrt war wieder endlos.

Samstag, 17. Februar: Heute gab es zum ersten Mal seit zehn Tagen keinen Luftangriff. Mein Fieber ist gesunken, und am Nachmittag stand ich auf, schluckte eine Menge Aspirin und wankte zum Friseur, mit einem Stoßgebet auf den Lippen, daß ich nicht einem unserer Ärzte in die Arme lief. Freunde kamen mich besuchen. Zum Glück schickt mir das Hotel meine Mahlzeiten auf das Zimmer.

Sonntag, 18. Februar: Luftangriff.

Verbrachte den Morgen im Keller des Lazaretts, dann ging ich zu unserm Gary Cooper, Dr. Tillich. Er stellte akute Mandelentzündung fest und befahl mir, sofort nach Haus zu gehen und nicht vor Mittwoch wiederzukommen. Ich habe keine Stimme mehr.

Sita ärgert sich über mich, weil ich so bald nach meinem Eintritt ins Lazarett krank geworden bin: »Was sollen die von uns Aristos denken, wenn du so schnell schlappmachst?« Dieser Gesichtspunkt war mir ehrlich gesagt nicht in den Sinn gekommen!

Dienstag, 20. Februar: Luftangriff.

Mittwoch, 21. Februar: Der heutige Angriff war besonders unangenehm. Als er begann, war ich noch im Hotel. Wir gingen alle in den Keller, so tief hinunter wie möglich: Vinzi Windisch-Graetz, Martha Plonai, die Potockis, die Sapiehas, Etti Berchtold mit ihrer Mutter usw. Der Lärm war ohrenbetäubend – die Einschläge und das Klirren von zersplitterndem Glas schienen überhaupt kein Ende zu nehmen.

Nach der Entwarnung ging ich mit Veichtel Starhemberg den Ring hinunter. Wir hatten gehört, daß das Liechtenstein-Palais getroffen worden sei. Als wir dort ankamen, stellten wir fest, daß zwar das Dach fehlte, aber das Gebäude im übrigen nicht sehr schwer beschädigt zu sein schien. Vor dem Haus lagen die Trümmer einer abgeschossenen amerikanischen Maschine über den ganzen Bürgersteig verstreut, die munter weiterbrannte; hin und wieder gab es kleine Detonationen, wenn die Munition hochging. Die gesamte Besatzung bis auf einen war umgekommen. Ein einziger war abgesprungen, aber an einem Dachgiebel hängengeblieben, wobei ihm beide Beine abgerissen worden waren. Einer der Umstehenden erzählte uns, daß seine Schreie während des ganzen Angriffs zu hören gewesen seien, aber es keiner gewagt habe, den Luftschutzkeller zu verlassen. Als man ihn schließlich erreichte, war er schon tot.

Wir gingen weiter. Neben dem Burgtheater lag ein Blindgänger. Die gesamte Umgebung war abgesperrt worden, aber wir gingen, ohne auch nur einen Gedanken an ihn zu verschwenden, vorbei. In der ganzen Stadt hing dichter Rauch; auf dem Karlsplatz, auf der anderen Seite des Rings unserm Hotel gegenüber, klaffte ein riesiger Bombenkrater.

Donnerstag, 22. Februar: Bin völlig heiser. Da der öffentliche Verkehr seit dem letzten Luftangriff gänzlich zusammengebrochen ist, muß ich jetzt zu Fuß in den Dienst laufen. Ich brauchte zwei Stunden.

Freitag, 23. Februar: Verbrachte die Nacht im Hospital. Sita Wrede hatte Dienst, so konnte ich ihr Feldbett benutzen, das im Arbeitszimmer ihres Chefs steht.

Samstag, 24. Februar: Verbrachte eine weitere Nacht auf Sitas Feldbett. Es ist so viel bequemer, hier im Hause zu schlafen, als jeden Tag meilenweit hin- und wieder zurückzulaufen.

Dr. Tillich hat vorgeschlagen, ich solle seine Assistentin werden, da die Schwester, die ich bisher im Krankenrevier für Innere Medizin vertreten habe, dort ihren Dienst wieder antritt. Ich bin nicht sehr glücklich darüber. Er ist zwar freundlich und anziehend, aber auch unser Politischer Leiter und als solcher für die Moral der Belegschaft verantwortlich. Jeden Montag finden in der Kapelle Vorträge über politische Themen statt, die wir alle zu besuchen gezwungen sind, einerlei, wieviel Arbeit wir haben. Am Tage meiner Ankunft hielt er uns eine kurze Predigt über die »Pflichten einer Krankenschwester in diesem, dem fünften Kriegsjahr«. Der Kern seiner Rede: nicht zuviel Mitleid zeigen, da viele der Patienten Simulanten seien; die Ärzte müßten strenger werden, da jeder diensttaugliche Mann an der Front gebraucht werde; wenn wir andrerseits aber Zeugen einer unangemessen harten Behandlung würden, sollten wir dazwischentreten. Als Abschreckung erzählte er uns noch in »strengstem Vertrauen« von einer Schwester, die einem jungen Verwundeten – einem Freund ihres gefallenen Sohnes – eine Spritze gegeben hatte, die ihn zeitweilig dienstuntauglich machte und so davor bewahrte, wieder an die Front geschickt zu werden. »Sie bekam zehn Jahre!« Wir stünden mit dem Rücken zur Wand, erklärte er weiter, es gebe keine Alternative, als bis zum letzten Mann zu kämpfen usw. usw. All dies klang so erschreckend, daß ich seither auf keinem seiner Vorträge mehr gewesen bin und mich mit einem nicht abreißenden Patientenstrom entschuldigt habe. Ich rechne schon seit einer Weile damit, deswegen Ärger zu bekommen, aber Dr. Tillich hat bisher kein Sterbenswort verlauten lassen.

Die Oberschwester hingegen meint, ich würde vielleicht dem Prinzen Auersperg zugeteilt, unserm führenden Neurologen im Lazarett, der zwar etwas spinnt, aber ein faszinierender Mann ist und zu den hiesigen Berühmtheiten gehört. Es sieht daher so aus, als sei über mein Schicksal noch nicht entschieden.

Ich war gerade im Begriff, nach Haus zu gehen, als die Sirenen mit ihrem Geheule begannen. Aß mit Freunden zu Abend, danach nahm mich Meli Khevenhüller auf eine Party mit, wo ein guter Jazzpianist im Stile von Charlie Kunz spielte. Wir saßen noch sehr lange zusammen, kauten Speck und hörten ihm zu.

Sonntag, 25. Februar: Messe im Stephansdom. Die Straßen waren mit Menschen angefüllt. Heutzutage drängen sich Tausende von Wienern aus den Außenbezirken in das Stadtzentrum, weil es heißt, daß die uralten Katakomben die allersichersten Luftschutzkeller seien; niemand traut den normalen Kellern, die nur zu leicht einstürzen und bereits viele hundert Opfer unter sich begraben haben. Die meisten dieser Menschen kommen aus den Arbeitervierteln und haben stundenlange Fußmärsche hinter sich, um hierher zu gelangen.

Aß mit den Potockis zu Mittag, die keine Mühe gescheut haben, da sie eine Frau Heryz bewirten, die mit einem deutschen Millionär aus der von deutschen Truppen besetzten polnischen Stadt Lodz verheiratet ist und von der sie Auskunft über ihr Haus zu erhalten hoffen. Das Essen war fabelhaft, sogar Gänseleberpastete gab es!

Mein Speiseplan scheint zwischen wässerigen Suppen im Lazarett und gelegentlichen Schlemmereien im Hotel hin und her zu schwanken. Wenn nur meine Lebensmittelkarten etwas länger reichten! So wie es jetzt ist, bleibt mir nach den ersten zehn Tagen des Monats keine einzige übrig. Schwester Agnes füttert mich gelegentlich mit in Milch verquirlten Eiern, die speziell für die Schwerverwundeten zubereitet werden; zum Glück scheinen sie denen sehr viel weniger gut zu schmecken als mir.

Sisi Wilczek, die seit vier Jahren als Operationsschwester im Spital in der Hofburg arbeitet, kam heute vorbei. Wir gingen gemeinsam zu Freunden zum Kaffee und unternahmen dann einen langen Spaziergang. Vor dem Palais Liechtenstein lagen die Reste des am Mittwoch abgeschossenen amerikanischen Flugzeugs noch immer herum, obgleich die Andenkenjäger bereits viel mitgenommen hatten. »Be« Liechtenstein erschien in der Haustür mit einer großen, malvenfarbigen Ziehharmonika, die er bei mir abstellen will, da auch er, wie er uns sagte, Wien jetzt »endgültig« verlassen will.

Aus irgendeinem Grunde werde ich zur Hüterin all der Sachen, die die Leute in Wien deponieren, ehe sie vor den Russen fliehen. Die Ironie dabei ist, daß, wenn überhaupt jemand Wien verlassen sollte, ehe die Russen kommen, ich diejenige bin. Und falls es mir tatsächlich gelingt zu entkommen (was keineswegs feststeht), werde ich das ganze Zeug sowieso zurücklassen müssen.

Wir liefen Geza Andrassy, einem andern Flüchtling aus Ungarn, über den Weg. Er erzählte, seine Schwester Ilona habe sich geweigert, Budapest, wo sie ebenfalls als Krankenschwester arbeitet, zu verlassen. Zum Schluß landeten wir alle im Wilczek-Palais in der Herrengasse. Ich ging dann ins Hotel zurück und ins Bett. Ich bin so müde, daß ich abends fast nie mehr ausgehe.

Montag, 26. Februar: Die Brüder Taxis haben von ihrem Gut in Böhmen eine Gans geschickt bekommen. Heute haben wir sie bei Meli Khevenhüller gebraten. Selbst für fünf gab sie ein richtiges Festessen ab, da wir ja alle zumeist unterernährt sind.

»Puka« Fürstenbergs Vater ist gestorben. Er war ein reizender österreichischer Diplomat der alten Schule. Meines Erachtens besteht ein großer Unterschied zwischen der Generation österreichischer Aristokraten, die noch ein großes Kaiserreich verwaltet haben, und der jetzigen, die in einem verstümmelten, kargen, kleinen Land ohne Zukunft aufgewachsen ist. Letztere sind im Grunde fast alle provinziell, und selbst wenn viel Geld vorhanden ist, können sie kaum eine Fremdsprache, und die wenigsten haben je längere Zeit im Ausland verbracht. Auch sind sie, bei allem Charme und allen Vorzügen als unterhaltsame Gesellschafter, zumeist oberflächliche Leute, denen die wirklich verläßlichen Tugenden abgehen, welche die vergleichbaren Deutschen dieser Generation, von denen ich in Berlin so viele kannte, noch auszeichnen. Dies mag natürlich zum Teil am Anschluß von 1938 liegen mit den sich daraus ergebenden Einschränkungen (Wehrdienst, Arbeitsdienst usw.), auf die dann fast unmittelbar der Krieg folgte.

Dienstag, 27. Februar: Beendete die Arbeit heute etwas früher und hatte daher Zeit, den Zahnarzt des Lazaretts aufzusuchen. Am Abend brachte Sisi Wilczek Geza Andrassy vorbei, und wir bereiteten unser Abendessen in meinem Zimmer auf einer kleinen elektrischen Kochplatte zu und machten sogar vorzüglichen Kaffee, dank einer Maschine, die mir Christian von Hannover geschenkt hat.

Mittwoch, 28. Februar: Tatjana rief an. Sie ist noch in Prag, aber im Begriff, die Otto Bismarcks in Friedrichsruh bei Hamburg zu besuchen, da Paul Metternich in das benachbarte Lüneburg versetzt worden ist. Gottfried Bismarck, der endlich aus dem Konzentrationslager entlassen worden ist, in dem er seit seinem Freispruch im vergangenen Herbst interniert war, sei ebenfalls auf seinem Wege dorthin, aber irgendwie kann ich noch immer nicht glauben, daß er wirklich frei sein soll. Er ist durch den Anschlag vom 20. Juli zu stark kompromittiert worden. Tatjanas bevorstehende Reise macht mir Sorge, da heute auch Passagierzüge ständig angegriffen werden.

Freitag, 2. März: Vor zwei Tagen mußten wir während eines Luftangriffs die Verbände von Heini (dem Flieger mit den amputierten Beinen) wechseln. Schwester Lutzi, seine Verlobte, war nicht da; die Lichter waren schon wieder ausgegangen, und ich mußte dem Arzt und den Schwestern bei ihrer Arbeit mit zwei Öllampen leuchten. Was der arme Heini jedesmal durchmacht, ist unvorstellbar, denn beide Stümpfe sind völlig kaputt, die Knochen zertrümmert; und immer wieder kommen kleine Splitter zum Vorschein, die mit der Pinzette herausgezogen werden müssen. Sita meint, wenn ich mir das ansehen könnte, ohne umzukippen, sei ich allem andern auch gewachsen. Anfänglich hatte ich nicht geglaubt, daß ich es aushalten könnte. Aber merkwürdigerweise ist es doch erträglich, vor allem wenn man selber mithilft. Man konzentriert sich so vollkommen auf die Aufgabe, daß einem alles andere kaum ins Bewußtsein dringt. Gott sei Dank!

Samstag, 3. März: Kein Luftangriff heute, daher konnten wir endlich mal pünktlich heimgehen.

Im Lazarett ist es inzwischen sehr kalt geworden, da uns die Kohlen ausgegangen sind und heutzutage selbst Lazarette nicht mehr vorrangig beliefert werden.

Sonntag, 4. März: Ich wollte gerade mit Hansi Oppersdorff zum Stephansdom gehen, als die Sirenen ertönten. Er begleitet mich in letzter Zeit meistens, da er sich nach einem Kehlkopfschuß in Behandlung befindet; er kann nur flüstern.

Später ging ich bei Meli Khevenhüller vorbei. Sie arbeitet in einer Munitionsfabrik und wird daher Wien nicht verlassen dürfen, bevor die Russen kommen. Sie läßt sich jedoch gerade einen Wagen und zwei Pferde vom Gut ihrer Familie in die Stadt schmuggeln, falls wir in letzter Minute fliehen müssen.

Heute kam ein Paket an, das Mama in Königswart am 2. Januar abgeschickt hatte. Es war zwei Monate lang unterwegs – ein Rekord bisher.

Dienstag, 6. März: Die Fugger Großmama ist gestorben. Ihr Sohn Poldi, ein Luftwaffengeneral, ist seit einigen Tagen hier. Sisi Wilczek drängte mich, ihn darum zu bitten, mich in ein anderes, westlicher gelegenes Luftwaffenlazarett versetzen zu lassen. Er besitzt einigen Einfluß, da er ein Fliegerheld aus dem Ersten Weltkrieg ist und damals den Pour le mérite erhalten hat – den höchsten Tapferkeitsorden des kaiserlichen Deutschland. Sisi soll mit ihrer gesamten Belegschaft nach Gmunden bei Salzburg versetzt werden. Aber auch sie will im Augenblick Wien noch nicht verlassen und sucht die Sache hinauszuziehen. Die Hannovers besitzen ein Schloß in Gmunden, das inzwischen in ein Lazarett umgewandelt worden ist, und Christian hat vorgeschlagen, daß sowohl Sisi als auch ich im Hause seiner Eltern (einem umgebauten Stallgebäude) wohnen, falls wir je bis dorthin gelangen sollten; er versprach, hierfür alle notwendigen Anordnungen zu treffen. Dies ist eine große Beruhigung für uns, denn wenn es uns überhaupt gelingen sollte zu fliehen, dann sicherlich nur Hals über Kopf im allerletzten Augenblick.

Mittwoch, 7. März: Sisi Wilczek nahm mich zu Poldi Fugger mit. Er hat zwar weißes Haar, aber sein Gesicht ist noch ganz jung. Er sieht fabelhaft aus und hat viel Charme. Er versprach mir, meinen Fall dem Luftgauarzt vorzutragen, der uns zwar wie der liebe Gott vorkommt, aber zum Glück ein Freund von Poldi ist. Im Grunde tue ich dies alles nur, um meine Freunde zu beruhigen, die glauben, daß sich Wien höchstens noch zehn Tage halten kann, und entsetzt sind, daß ich noch immer hier bin. Die Russen dringen allerdings unaufhaltsam vor, und daß sie nicht schon hier sind, liegt gewiß nicht am Widerstand der Deutschen, der, wie man hört, merklich nachläßt.

Heute abend lud Wladschi Mittrowsky Gabrielle Kesselstatt, Franzl Taxis und mich zum Abendessen in einen privaten Speiseraum im Hotel Sacher ein. Die Atmosphäre dort war noch immer vollkommen unwirklich – Kellner mit weißen Handschuhen, Fasane, von unserm Gastgeber persönlich geschossen, Champagner im Eiskübel usw. Wladschi setzt das Leben eines wohlhabenden Großgrundbesitzers fort, obgleich die Front nur noch wenige Kilometer von seiner Haustür entfernt verläuft!

Donnerstag, 8. März: Luftangriff. Mußten daher wieder Überstunden machen, um Zeit aufzuholen.

Die Alliierten haben den Rhein überquert und kämpfen jetzt, Rundfunkmeldungen zufolge, in der Umgebung von Köln und Bonn. Obgleich die Alliierten auf allen Seiten vordringen, scheinen die Deutschen im Westen noch besonders zähen Widerstand zu leisten. Ich begreife es nicht. Man würde meinen, daß sie, wenn sie die Wahl hätten, lieber die Russen zurückhielten.

Samstag, 10. März: Ein Herr Mühlbacher (den ich nicht kannte) brachte mir einen Brief von Antoinette Görne und Ferdl Kyburg (der Wien ebenfalls im vorigen Monat verlassen hat). Sie sind beide in München und bitten mich inständig, Wien sofort zu verlassen. Ich traf den Herrn in der Hotelhalle; er war offensichtlich beauftragt worden, meine Abreise zu organisieren. Dies wird nicht leicht sein, da vor einer Woche sämtliche Privatreisen verboten worden sind. Er überreichte mir eine unausgefüllte, vom Rüstungskommando in München ausgestellte Reisegenehmigung und erklärte, ich brauchte lediglich Namen und Adresse einzusetzen. Aber selbst eine solche Erlaubnis nützt nichts, da ich das Lazarett nicht verlassen kann, ehe nicht die Verhältnisse völlig chaotisch geworden sind; bis dahin werden aber keine Züge mehr fahren, und es wird vermutlich überhaupt zu spät sein. Ich bin aber von Antoinettes Bemühungen tief gerührt.

Mitten in der Nacht rief mich Marianne Thun aus Karlsbad über eine Wehrmachtleitung an im Auftrag von Mama, die, wie sie sagte, außer sich vor Sorge sei. Ich übermittelte ihr meine Neuigkeiten.

Im Hotel fand ich ein Telegramm von Mama vor. Gute Nachrichten sowohl von Irena in Rom als auch Georgie in Paris. Es ist erstaunlich, aber noch immer gelangen persönliche Botschaften über sämtliche Fronten hinweg, vermutlich mit Hilfe der Schweiz. Mama bat mich, sie anzurufen. Jeden Abend melde ich ein Gespräch nach Königswart an, aber es ist unmöglich durchzukommen.

Montag, 12. März: Ein schwarzer Tag für Wien.

Sita Wrede platzte in mein Büro im Lazarett mit der Warnung, daß riesige feindliche Luftverbände im Anflug seien. Ich hatte viel zuviel zu tun, als daß ich mit ihr in den Tunnel hätte rennen können. Sita geht gern früh hin, wenn er noch nicht so überfüllt ist. Als ich endlich fertig war, hatte sie die Geduld verloren und erklärte, jetzt könnten wir auch an Ort und Stelle bleiben. Ich fühlte mich schuldbewußt, da es an mir lag. Viele andere schienen jedoch auch im Lazarett geblieben zu sein, denn unten im Keller drängten sich Verwundete und Schwestern. Ich setzte mich zu den ersteren. Einer von ihnen, ein Hauptmann Bauer, ist ein berühmtes Flieger-As und hat das Ritterkreuz mit Eichenlaub. Er hat eine schwere Schulterverwundung, darf aber aufstehen und herumlaufen. Wir schwatzten eine Weile, aber dann gingen die Lichter aus, und bald übertönte der Lärm draußen jegliche Unterhaltung. Ich machte einen kurzen Besuch in der Kellerstation, wo Schwester Agnes schluchzend auf einer Tischkante saß, während ihr ein junger Chirurg beruhigend auf den Rücken klopfte. Sonst ist sie ein so beherztes und fröhliches Geschöpf, aber während der Luftangriffe verliert sie jedesmal die Fassung. Ich setzte mich zu ihr auf die Tischkante, und wir umklammerten uns gegenseitig. Draußen war ein solches Gepfeife und Getöse, wie ich es in Wien noch nie erlebt hatte. Oben auf dem Dach steht ein Wachtposten, der seinen Platz, komme was da wolle, nicht verlassen darf. Dieser meldete uns jetzt, daß der Tunnel einen Volltreffer erhalten habe. Uns fielen sofort unsere vielen Patienten und Schwestern ein, die dort Schutz gesucht hatten. Etwa zehn Minuten später, als sich der Lärm ein wenig gelegt hatte, kamen auch schon Leute mit Bahren herein, auf denen die Männer und Frauen lagen, die noch vor einer knappen Stunde fröhlich in den Tunnel gewandert waren. Es brach einem das Herz! Einige von ihnen schrien laut. Ein Mann, der eine Bauchverletzung erhalten hatte, umklammerte meinen Fuß und bettelte: »Narkose, Schwester, Narkose! . . .« Er wimmerte in einem fort. Einige der Verwundeten wurden auf der Stelle im Keller operiert, wo es weder Licht noch Wasser gab, aber dieser arme Junge starb bald. Der Chefarzt schrie ständig all jene an, die gegen seinen ausdrücklichen Befehl im Lazarett geblieben waren. Er war wütend, denn er stellte fest, daß sich fast das gesamte Personal im Lazarett befand: »Wenn wir hier einen Volltreffer abbekommen hätten, wäre ich meine ganzen Leute auf einmal losgeworden.« Anscheinend hat die Bombe am Eingang des Tunnels eingeschlagen, gerade als einige der Schutzsuchenden herausgekommen waren, um frische Luft zu schnappen. Andere behaupten, es habe fälschlich geheißen, der Angriff sei vorüber. Jedenfalls wurden vierzehn Personen sofort getötet, und die Szenen in unserm Keller, als die Überlebenden hereingebracht wurden, werde ich mein Lebtag nicht vergessen.

Später kletterten wir aufs Dach und blickten von dort zum Zentrum hinüber. Professor Auersperg behauptete, er könne das Opernhaus brennen sehen, aber überall war so viel Rauch, daß man nicht wirklich erkennen konnte, was vor sich ging.

Am Abend erschien Willy Taxis. Er hatte von dem Unglück im Tunnel gehört und sich um mich gesorgt. Er wartete, bis ich mit meiner Arbeit fertig war, und dann gingen wir gemeinsam zu Fuß in die Stadt zurück. Überall lagen Trümmer. Er erzählte, daß das Zentrum schwer getroffen worden sei – die Oper, der Jockeyklub, selbst unser Hotel Bristol. Ich fragte ihn, ob es mein Zimmer noch gäbe. Er wußte es nicht. Bis wir das Zentrum erreichten, war es Nacht, dennoch hätte man vielerorts im Schein der Flammen, die aus den Gebäuden loderten, Zeitung lesen können. Es roch auch stark nach Gas, genau wie in Berlin in der schlimmsten Zeit.

Erst gingen wir bei den Wilczeks in der Herrengasse vorbei, um diese zu beruhigen. Sisi lag mit Mandelentzündung und hohem Fieber im Bett. Alle Hausbewohner waren leicht hysterisch und benahmen sich fast wie Betrunkene. Das fürchterlichste Unglück war, wie wir hörten, im Jockeyklub geschehen, in dessen Keller 270 Personen umkamen. Das Gebäude brennt noch immer, und niemand kann auch nur in seine Nähe kommen. Josy Rosenfeld erzählte mir, in den schlimmsten Augenblicken habe sie sich an Poldi Fugger geklammert in dem Gefühl, daß ein mit Orden bedeckter Fliegergeneral bei einem Luftangriff die sicherste Zuflucht böte!

Poldi ist nämlich noch immer hier, um seine Mutter zu beerdigen. Bisher ist es ihm aber nicht gelungen, da Särge knapp sind. Anscheinend fertigte man diese zunächst aus dem gleichen Pappkarton an, der als Ersatz für die zerstörten Fensterscheiben in den Gebäuden dient, aber jetzt ist selbst dieses Material ausgegangen. Vor ein paar Tagen erklärte Meli Khevenhüller, sie verbiete mir, jetzt zu sterben: »Das kannst du uns nicht antun!« Womit sie sagen wollte, daß ihnen meine Beerdigung zu viele Probleme verursachen würde. Nicht nur Särge sind knapp, sondern Verwandte und Freunde müssen inzwischen auch die Gräber selber schaufeln, da alle Totengräber beim Militär sind. An verschiedenen Orten warten ohnehin bereits ganze Stapel improvisierter Särge auf ihre Beisetzung. Solange der Winter andauert, ist dies lediglich gespenstisch, aber Gott allein weiß, was geschieht, wenn der Frühling kommt und der Schnee schmilzt. Neulich fand die feierliche Beerdigung eines verstorbenen Obersten statt. Sogar eine Militärkapelle spielte. Just als man den Sarg ins Grab senken wollte, verrutschte der Deckel und das Gesicht eines grauhaarigen alten Weibleins kam zum Vorschein. Die Zeremonie wurde fortgesetzt!

Von den Wilczeks aus machten wir uns weiter auf den Weg. Die Staatsoper brannte noch immer. Das Bristol hatte keine einzige Fensterscheibe mehr, und von der Straße aus konnte man direkt den Speisesaal betreten. Menschen huschten herum, zerzaust und nach Rauch riechend.

Ich aß mit Poldi Fugger, seiner Tochter Nora und seiner Schwester Sylvia Münster zu Abend. Poldis ehemalige Frau hatte kurz vor dem Krieg Kurt Schuschnigg, den früheren österreichischen Bundeskanzler, geheiratet, und jetzt befinden sich beide in einem Konzentrationslager.

Die Geschäftsleitung des Bristol ist erstaunlich. Es gibt kein elektrisches Licht, auf jedem Tisch steht nur eine Kerze, aber ansonsten funktioniert das Restaurant wie eh und je. Hinterher ging ich zu Peter Habigs Laden nebenan und beobachtete von dort aus das noch immer brennende Opernhaus. Peter standen Tränen in den Augen. Für die Wiener ist die Zerstörung ihrer geliebten Oper ein persönlicher Schicksalsschlag.

Das Opernhaus war 1869 in Anwesenheit von Kaiser Franz Joseph mit einer Aufführung von Mozarts »Don Giovanni« eingeweiht worden. Die Laune des Schicksals wollte es, daß die letzte Aufführung im alten Hause vor der Zerstörung Wagners »Götterdämmerung« war. Bei dem Brand gingen auch Bühnenbilder für rund 120 Inszenierungen und 160 000 Kostüme verloren. Trotz aller Härten der Nachkriegszeit wurde dem Wiederaufbau des Opernhauses Vorrang eingeräumt, und nichts hätte die Wiedergeburt eines »zivilisierten Österreich« besser symbolisieren können als die Wiedereröffnung der Oper im November 1955 mit »Fidelio«.

Mittwoch, 14. März: Wieder mußte ich zu Fuß ins Lazarett. Der Weg hin und zurück kostete mich jetzt vier Stunden. Sehr bald werde ich einfach per Anhalter fahren, aber zur Zeit sind die Straßen durch den Schutt so blockiert, daß Fahrzeuge gar nicht durchkommen können und jedermann zu Fuß läuft.

Donnerstag, 15. März: Man hat mir zwei Tage freigegeben. Ich soll eine andere Arbeit übernehmen: Wehrbetreuung und Fürsorge. Mir ist bisher nicht klar, worum es sich dabei handelt, aber wie ich höre, gehört auch Korrespondenz mit dem Luftgau über Beförderungen und die Verleihung von Orden an die Verwundeten im Lazarett dazu sowie auch das Beraten der Patienten über persönliche Probleme. Man muß mit einer bunten Vielfalt von Menschen umgehen, und der Chefarzt glaubt, daß ich dafür besonders geeignet bin. Leider muß ich mich auch um alles, was mit Todesfällen zusammenhängt, kümmern, und seit unserer Tragödie im Tunnel-Keller häufen sich die traurigen Unterredungen mit den Hinterbliebenen. Heute suchte mich die Verlobte eines der jungen Männer auf, die dabei umkamen; sie wollte sämtliche grauenhaften Einzelheiten genau wissen.

Freitag, 16. März: Heute morgen kam ein weiterer Luftangriff. Ich überquerte den Opernplatz, um ins Hotel Sacher zu gehen, denn dessen Keller soll sicherer sein als der im Bristol. Die Taxis-Brüder und Heinz Tinti kamen auch mit. Vier Stunden saßen wir dort fest, und obgleich dieses Mal alles gutging, waren alle sehr viel ängstlicher als bisher. Nach der Entwarnung machte sich Josy Rosenfeld (deren Familie ein Gut in der Nähe von Linz besitzt) geradewegs zum Bahnhof auf, obgleich man uns gesagt hat, daß keine Züge mehr gehen. Sie ist in Panik und will keine weitere Nacht in Wien verbringen. Sie hinterließ mir ein paar Eier.

Samstag, 17. März: Sita Wrede und ich verbrachten wieder mehrere Stunden im Keller des Hotels Sacher. Dieser macht in der Tat einen recht soliden Eindruck, aber man weiß ja nie, in welchem Winkel die Bomben einschlagen.

Seit diese schweren Angriffe begonnen haben, schickt mir meine Familie verzweifelte Briefe, die ich nicht beantworten kann, da die Post nicht mehr aus Wien hinausgelangt.

Sonntag, 18. März: In der Kirche mit Hansi Oppersdorff. Besuchte dann Sisi Wilczek, die noch im Bett lag. Am Tage, als das Opernhaus zerstört wurde, schrieb mir ihr Onkel Cary einen Brief, der das Datum »Der schlimmste Tag, den Wien je erlebt hat« trug. Der Ärmste, er ist völlig gebrochen, ebenso Sisis Vater. Franzl Taxis erklärte mir, daß für ihre Generation Wien das gleiche bedeute wie für uns unsere Schlafzimmer: jede Ecke »gehörte« ihnen, jeden Stein kannten sie . . .

Aß mit Gabrielle Kesselstatt und einem Fürsten Sebastian Lubomirski, einem weiteren polnischen Flüchtling, im Bristol zu Mittag. Die Potockis haben Wien vor drei Tagen verlassen. Sie hatten ihre Abreise immer wieder aufgeschoben. Es kommt einem sonderbar vor ohne sie. Wir waren zu einer Art Familie geworden. Jede Abreise hinterläßt eine Leere. Dann tranken wir Kaffee in Gabrielles Hotel gegenüber. Sie hatte sich gerade neue Hüte gekauft – die einzigen Kleidungsstücke, die man noch ohne Punkte bekommt. Sie wird jetzt auch sehr bald mit dem Auto abreisen, dank ihres liechtensteinischen Passes (sie ist eine Kusine des regierenden Fürsten).

Montag, 19. März: Wieder ein Alptraumtag. Dieses Mal fiel ein sogenannter Bombenteppich auf das Lazarettgelände. Wir befanden uns in jenem Tunnel, in dem das letzte Unglück geschah. Seither ist eine direkte Verbindung zwischen Lazarett und Tunnel hergestellt worden, so daß die Berichte des Wachtpostens auf dem Dach weitergegeben werden können. Heute wurde der Tunnel von drei Bomben getroffen. Sita Wrede schrie: »Knie dich hin!«, da ich größer war als die meisten Anwesenden und sie die Wirkung der Explosionen fürchtete. Anfänglich benahmen sich die Leute im Keller wie eine Hammelherde, sie schrien und drängelten. Nach einer Weile beruhigten sie sich wieder. Obgleich der Luftdruck nach jeder Detonation uns alle zu Boden warf, wurde dennoch niemand verletzt, und der Tunnel hielt stand. Sieben weitere Bomben landeten auf dem Gelände unseres Lazaretts. Eine traf die chirurgische Abteilung, durchschlug dann drei Stockwerke und blieb, ohne zu explodieren, genau oberhalb des Luftschutzkellers stecken. Sämtliche Fenster wurden allerdings zertrümmert.

Ein amerikanisches Flugzeug stürzte im nahen Türkenschanzpark ab, und einige unserer Sanitäter wurden ausgeschickt, die Besatzung zu bergen. Vier Mann fanden sie, der fünfte war verschwunden.

Wir machten uns daran, etwas Ordnung zu schaffen, und mußten dabei über Haufen von Glas und Schutt klettern. Das Mädchen, deren Nachfolge ich antreten soll, bekam einen hysterischen Anfall; der Luftangriff hatte sie auf ihrem Weg zur Arbeit überrascht, und sie mußte sich in einem Schuppen unterstellen. Ich schickte sie nach Haus und fuhr dann fort, zersplitterte Möbelstücke, eingedrückte Fensterrahmen und ähnliches zu Haufen zu stapeln.

Gegen sechs Uhr machte auch ich mich auf den Heimweg. Unterwegs warf jemand eine zerbrochene Fensterscheibe aus einem Obergeschoß auf die Straße, die mir tief in die Hand schnitt. Ein vorbeifahrendes Militärauto nahm mich mit und setzte mich bei den Wilczeks ab, wo ich gehofft hatte, Sisi anzutreffen. Sie war aus, aber ihr Vater verband meine Hand mit einem Tuch, was genügte, um ins Hotel Bristol zu gelangen, wo sich die Sapiehas meiner annahmen. Sie sagten, ich hätte gräßlich ausgesehen.

Unsere Situation ist besonders unbequem geworden, weil es in der Stadt schon seit Wochen praktisch kein Wasser mehr gibt. Wie sie es im Hotel immer noch fertigbringen, unsere Mahlzeiten zu kochen, ist mir ein Rätsel. Keiner von uns traut sich mehr, Tee oder Kaffee zu trinken. Elektrisches Licht gibt es auch noch immer nicht, und ich verbrauche in Windeseile sämtliche Weihnachtskerzen, die Sisi Wilczek mir geschenkt hat. Abends sitze ich in meinem Zimmer im Dunkeln und übe Ziehharmonika.

Dienstag, 20. März: Die Straßen sind von Glassplittern wie mit Teppichen bedeckt. Ich fahre inzwischen per Anhalter ins

Lazarett. Dies ist gar nicht so einfach, aber zweimal hintereinander hat mich jetzt das gleiche Militärfahrzeug mitgenommen, und der Fahrer hat mir versprochen, nach mir auszuschauen, da er meinen Weg täglich fahren muß. Peter Habig hat versprochen, mir sein eben angeschafftes Fahrrad zu leihen, da er es bei Tage nicht braucht. Dies wird mich ein wenig unabhängiger machen.

Wieder ein Luftangriff. Kein Schaden.

Mittwoch, 21. März: Ein Luftangriff, der fünf Stunden dauerte, aber wiederum ohne Schaden anzurichten. Sie kamen aus Italien und flogen nach Berlin weiter – durchaus eine Leistung!

Ein Brief von Georgie hat mich gerade auf unbekanntem Wege erreicht. Er ist noch in Paris, arbeitet bei einer Nachrichtenagentur und setzt zugleich seine Sciences-Politiques-Studien fort. Er rät uns »zusammenzubleiben« – »Schwimm-ans-Ufer-Ratschläge« nennen die Russen so etwas. Denn unterdessen befinden sich Tatjana und Paul Metternich oben im Norden, die Eltern in Königswart, und ich stecke in Wien fest! Aber Georgie meint es gut.

Samstag, 24. März: Jeden Abend gehen Sebastian Lubomirski und ich in den Keller und holen uns dort in großen Marmeladengläsern Wasser. Das Hotel gießt uns zwar ein Zahnputzglas voll in jedes Waschbecken, aber man wird so schmutzig, da der Rauch durch alle Fugen dringt. Letzthin habe ich im Lazarett gebadet – während der Luftangriffe –, aber das ist inzwischen so gefährlich geworden, daß ich es nicht länger wage; im übrigen ist auch dort das Wasser sehr knapp. Die Kriegsgefangenen, einschließlich der abgeschossenen amerikanischen Flieger, werden, soweit sie kräftig genug sind, ausgeschickt, aus einem Reservoir in der Nähe Wasser zu holen; dieses Wasser, das sehr verschmutzt ist, wird sogar zum Kochen verwendet. Die hygienischen Zustände verschlechtern sich rapide, und wir Schwestern werden jetzt gegen Cholera geimpft, da in Budapest eine Epidemie ausgebrochen ist. Wir sind aber so beschäftigt, daß wir eigentlich keine Zeit haben, nachzudenken oder uns Sorgen zu machen.

Ich bin im Begriff, zu den Wilczeks zu ziehen. Sisi reist nächste Woche mit ihren Patienten ab, aber ihr Bruder Hansi, obgleich schwer verwundet, ist Reserveoffizier und muß bleiben, bis die Russen kommen. Wenigstens wird er mich über ihr

Vordringen auf dem laufenden halten. Ich habe schon begonnen, meine Habseligkeiten in die Herrengasse zu schaffen.

Endlich ist es gelungen, einen Weg durch den Schutt in den eingestürzten Keller des Jockeyklubs zu graben, und jetzt sind die Rettungsmannschaften dabei, die Leichen zu bergen. Der Geruch ist zum Übelwerden und bleibt einem noch tagelang in der Nase. Im allgemeinen fahre ich mit dem Rad um den Stephansdom herum, um ja diese Straße zu meiden.

Die Überreste des Philippshofes, in dem der Jockeyklub untergebracht war – um die Ecke vom berühmten Hotel Sacher –, wurden 1947 gesprengt; an ihrer Stelle wurde ein öffentlicher Garten angelegt. Die meisten Leichen sind nie geborgen worden und ruhen noch immer dort.

Montag, 26. März: Der erste Tag bei meiner neuen Arbeit. War sehr beschäftigt.

Gestern waren Onkel Cary Wilczek und ich auf dem Wege zur Messe im Stephansdom (es ist der erste Tag der Karwoche nach dem westlichen Kalender), als die Sirenen losgingen. Rundum war viel Staub, aber die Sonne schien. Wir saßen auf den Stufen der Kirche am Michaelerplatz, wohin Franzl Taxis gelegentlich kam, um zu berichten, wo sich die Flugzeuge befänden.

Onkel Cary erzählte mir, daß ihn die Sapiehas, als sie am Samstag endlich Erlaubnis erhalten hatten, Wien mit ihrem Hab und Gut zu verlassen, noch mitten in der Nacht angerufen hätten, um ihm mitzuteilen, daß sie Platz übrig hätten und einige der Kisten mitnehmen könnten, die die Potockis zurücklassen mußten und die jetzt im Palais Liechtenstein lagern. Onkel Cary hatte sich sofort aufgemacht und alle erreichbaren Kisten aufgeladen. Jetzt, nachdem die Sapiehas abgefahren sind, hatte er im Inventarverzeichnis nachgesehen. Łańcut, das berühmte Schloß der Potockis, enthielt weltbekannte Sammlungen von Porzellan, Möbeln, Gemälde von Watteau und Fragonard usw., die ein Vorfahr, der zur Zeit der Französischen Revolution in Paris war, dort zu Schleuderpreisen eingekauft hatte, als das Schloß von Versailles geplündert worden war. Göring war es zu danken, daß alle diese Schätze sicher in Wien gelandet waren. Was Onkel Cary aber im Lastwagen der Sapiehas versehentlich weitergeschickt hatte, so gestand er mit einem verschämten Grinsen, seien die Livreen des Privatorchesters der Potockis gewesen! Nun gut, auch diese stammten aus dem achtzehnten Jahrhundert, aber man kann sich das Gesicht von Alfred nur zu gut vorstellen, wenn er die Kisten öffnet...

Dienstag, 27. März: Im Lazarett hat es ein kleines Mißverständnis gegeben: ich habe diverse Soldaten für Tapferkeit ausgezeichnet, nicht ahnend, daß die Verleihung von Orden allein das Privileg des Chefarztes ist. Die Orden waren auf meinem Schreibtisch gelandet mit der Weisung, daß sie sofort verteilt werden sollten. Der Chefarzt war wütend, da er solche feierlichen Anlässe sehr ernst nimmt.

Als ich nach Haus zurückkehrte, sah ich Geza Pejacsevichs Auto auf dem Michaelerplatz stehen. Geza ist Sisi Wilczeks Schwager. Bei dem Anblick seines Wagens fiel mir ein Stein vom Herzen, da niemand mehr Schneid und Initiative hat als er. Er ist der größte Draufgänger, den man sich vorstellen kann. Zwar ist er von Geburt Ungar, hat aber einen kroatischen Paß, da seine Familie einen Besitz im früheren Jugoslawien hat. Er ist gerade aus dem kroatischen diplomatischen Dienst entlassen worden, weil sein Bruder, der kroatischer Botschafter in Madrid war, zu den Alliierten übergewechselt ist. Geza kam, um Sisi abzuholen, sitzt aber jetzt in Wien fest, bis er genug Benzin zur Weiterreise auftreibt.

Später fuhr ich mit dem Rad zum Bristol und holte dort meine Ziehharmonika ab. Auf dem Rückweg wollte ich eine Abkürzung zur Herrengasse nehmen, als mir die verflixte Ziehharmonika vom Rad fiel – gerade als ich an dem unglückseligen Jockeyklub vorbeikam. Als ich mich bückte, um mein Instrument aufzuheben, stieß ich an einen Lastwagen, der vor der Ruine geparkt hatte. Noch immer hing ein schrecklicher Gestank in der Luft, und als ich aufblickte, sah ich, daß der Lastwagen mit lose zusammengebundenen Säcken beladen war. Aus dem mir am nächsten gelegenen ragten ein paar Frauenbeine heraus. Die Schuhe steckten noch an den Füßen, aber ich sah, daß ein Absatz fehlte.

Geza fuhr mich ins Lazarett zurück, wo ich Sita Wrede begegnete, die in einer sehr merkwürdigen Verfassung war. Sie schlüpfte in mein Büro und flüsterte, daß sie unbedingt ihr Herz erleichtern müsse: seit der Zerstörung unserer chirurgischen Station liegen die Verwundeten alle schrecklich gedrängt. Vorher hatten wir im Keller eine sogenannte Wasserbad-Station, eine speziell österreichische Erfindung, die Wunder wirkt. Sie bestand aus Badewannen, in denen Rückgratverletzte Tag und Nacht in lauwarmem Wasser lagen; sie wurden nie herausgehoben und schliefen auch in den Wannen. Dies verhinderte, daß ihnen das Mark aus den Knochen lief, und linderte überdies die Schmerzen. Ich hatte dort immer einen sowjetischen Kriegsgefangenen besucht, der sehr jung war, an schrecklichen Verletzungen litt und die ganze Zeit weinte. Ich hoffte ihn etwas aufzuheitern, indem ich in seiner Muttersprache mit ihm redete. In der Tat ging es ihm auch bald wieder besser, und er spielte sogar Mundharmonika. Nachdem aber die Wasserversorgung unterbrochen war, mußten diese Verwundeten wieder in trockene Betten gelegt werden. Einer von ihnen, ein Serbe, litt an einer Art innerem Wundbrand und stank so entsetzlich, daß es unmöglich war, ihn mit anderen Patienten im gleichen Raum unterzubringen. Schließlich legte man ihn allein in einen Raum, in dem weitere acht Betten leer standen. Die Ärzte hatten ihn schon vor einer Weile als hoffnungslos aufgegeben, aber er siechte weiter dahin, und inzwischen war in geheimer Sitzung beschlossen worden, »ihn aus seiner Misere zu befreien« und auf diese Weise auch die acht weiteren Betten belegen zu können. Sita hatte dies gerade in Erfahrung gebracht und war ganz fassungslos. Sie nahm mich auf einen Besuch zu ihm mit, um mir seinen hoffnungslosen Zustand vor Augen zu führen. Wir traten an sein Bett, sie hob das Leinentuch auf und berührte seinen Arm. Dieser war rabenschwarz, und ihr Finger ging glatt durch ihn hindurch. Er sah uns mit suchendem Blick unverwandt an. Es war fürchterlich!

Geza holte mich nach der Arbeit ab, und wir fuhren auf den Kahlenberg, setzten uns dort eine Weile hin und versuchten, Ordnung in unsere Gedanken zu bringen. Dann kehrten wir in die Stadt zurück. Ich verabschiedete mich von Gabrielle Kesselstatt, die heute endgültig abreist. Aß mit Wladschi Mittrowsky im Bristol zu Abend. Auf dem Wege dorthin begegnete ich einem alten Mann, der einen Karren schob, auf dem ein Sarg lag. Er trug die Aufschrift ›Herr von Larisch‹ – vermutlich gehörte er zu denen, die im Jockeyklub umgekommen sind. Ich wendete mein Fahrrad und wurde mir erst, als ich den Arm des Alten berühren wollte, bewußt, welche Frage ich ihm hatte stellen wollen . . . nämlich, wo er den Sarg aufgetrieben habe!

Das Palais Wilczek leert sich allmählich ebenfalls: Sisis Eltern und Renée, Hansis Frau, sind vor zehn Tagen abgefahren. Jetzt bleiben noch Onkel Cary, Hansi, Sisi, Geza, die beiden

Taxis-Brüder (ihr Palais ist auch vor zwei Wochen zerstört worden) und ich übrig.

Die Russen haben die österreichische Grenze überschritten und nähern sich im Eilmarsch. Der deutsche Widerstand gegen sie ist, wie wir hören, minimal.

Mittwoch, 28. März: Sita Wrede hatte darauf bestanden, daß ich mit unserm Chefarzt Dr. Thimm sprechen und ihm erklären sollte, warum es für mich als weißrussische Emigrantin »ungesund« wäre, wenn mich die Rote Armee in Wien anträfe. Heute habe ich es getan. Er antwortete, sein Hobby sei Astrologie und seinen neuesten Berechnungen zufolge werde der Führer noch zehn Jahre leben. Ergo – ist der Krieg noch nicht verloren! Dann redete er sich in Rage und schrie mich an, ich solle lieber keine Schreckensgerüchte verbreiten, sonst ließe er mich wegen Defätismus verhaften, und so fort.

Ich verließ das Zimmer, fest entschlossen, das Thema nicht wieder anzuschneiden, sondern mich, wenn die Zeit kommt, irgendwie aus dem Staub zu machen. Von meinem eigenen Fall ganz abgesehen, ist es überhaupt unglaublich, daß keinerlei Vorkehrungen getroffen worden sind, die Verwundeten und das Pflegepersonal zu evakuieren. Und dabei haben die Russen bereits Wiener Neustadt erreicht, das praktisch ein Vorort ist.

Geza Pejacsevich fuhr mich wieder nach Haus.

Donnerstag, 29. März: Sita Wrede ist jetzt auf dem Kriegspfad. Heute hatte sie eine stürmische Unterredung mit dem Chefarzt und verlangte, nach Bayreuth versetzt zu werden. Woraufhin er drohte, daß, wenn unter dem Personal der Defätismus noch weiter um sich greife, er uns samt und sonders an die Front befördern lassen werde.

Heute abend arbeitete ich friedlich in meinem Büro, als Sita mit der Nachricht hereinplatzte, daß soeben Befehl vom Luftgau eingegangen sei, das gesamte Lazarett – Verwundete, Personal und Ausrüstung – umgehend nach Tirol zu evakuieren.

Geza Pejacsevich fuhr mich nach Haus, und ich versuchte, Telegramme an meine Familie aufzugeben, um sie endlich zu beruhigen: aber Telegramme werden nicht angenommen. Die Züge fahren auch nicht. Die ganze Stadt ist in Panik.

Freitag, 30. März: Verbrachte den Morgen im Büro und war voll damit beschäftigt, das, was ich für wichtig erachte, zu verpacken und alles Dringliche noch zu erledigen. Wir haben Weisung, alles nicht unbedingt Notwendige zu verbrennen. Das macht mir sogar Spaß, denn das meiste ist ohnehin nur bürokratischer Unsinn. Auch haben wir so viele Verwundete, die Hilfe und Rat brauchen, daß ich den ganzen Tag über nicht zu Atem komme.

Um vier Uhr nachmittags sagte mir die Oberschwester, wir sollten heute abend um neun wieder im Lazarett sein, da dann die erste Gruppe mit Verwundeten und Personal bereits abgehen solle. Sita Wrede und ich gehören diesem ersten Kontingent an. Geza Pejacsevich und ich eilten in das Hotel Sacher zurück, um Sita Wrede, die ihren freien Tag hatte, zu benachrichtigen, trafen sie aber nicht an. So hinterließen wir eine Nachricht für sie, und ich machte mich hastig nach Haus auf, um zu packen.

Geza glaubt allerdings nicht, daß das Lazarett wirklich wegkommt, und rät mir statt dessen, auf eigene Faust zusammen mit ihm, Sisi Wilczek und Sita zu fliehen. Zuerst muß er aber die Genehmigung bekommen, sein Auto aus Wien herauszubringen; und wir müssen uns die Erlaubnis des Lazaretts einholen, sonst werden wir womöglich noch als Deserteure angesehen.

Baldur von Schirach, der örtliche Gauleiter und frühere Reichsjugendführer, hat sämtliche Mauern der Stadt mit Plakaten bepflastern lassen, die verkünden, daß Wien in eine Festung verwandelt und sich bis zum letzten Mann verteidigen werde.

Vor dem Hotel Sacher lief ich Nora Fugger, Poldis Tochter, über den Weg. Sie war in Tränen aufgelöst, da der Lastwagen, mit dem sie hatte fliehen wollen, nicht erschienen war.

Sita und ich machten uns dann auf den Weg ins Lazarett und nahmen mit, was wir tragen konnten. Dort herrschte totales Chaos. Bisher war noch niemand abgefahren, ja keiner wußte, ob wir überhaupt abfahren würden. Sita sprach mit der Oberschwester, und schließlich erhielten wir unsere Marschbefehle. Wir dürfen Wien auf jede beliebige Weise verlassen, müssen uns aber bis zum 10. April beim Luftwaffen-Lazarett in Schwarzach-St. Veit in Tirol gemeldet haben. Somit haben wir genau zehn Tage Zeit, dorthin zu gelangen. Inzwischen herrscht überall allgemeine Panik und wilde Fluchtstimmung. Traf Professor Högler, der mir erklärte, daß er bleiben werde, da er zu viele Schwerverwundete in seiner Obhut habe, die nicht transportfähig seien. Viele Ärzte denken ähnlich. Sie sitzen gerade in einer Besprechung und erwägen sogar, so wird geflüstert, den hoffnungslosen Fällen Spritzen zu geben, um sie nicht in russische Hände fallen zu lassen.

Loremarie Schönburgs ältester Bruder war Offizier und lag verwundet in einem Prager Lazarett; er wurde wenige Tage später aus seinem Bett gerissen und kaltblütig ermordet. Insgesamt verlor Loremarie fünf Brüder im Krieg.

Samstag, 31. März: Sita Wrede kehrte ins Lazarett zurück, um nachzusehen, was dort vor sich ging. Einige der Verwundeten und die jüngsten Krankenschwestern waren schon fortgeschickt worden. Die übrigen waren verwundert, daß wir noch hier sind.

Mittags eine überraschende Wendung: kein ungarisches Auto darf Wien verlassen, und jedes Fahrzeug, das dennoch den Versuch macht, wird von den Behörden beschlagnahmt. Und Geza Pejacsevichs Wagen hat ein Budapester Nummernschild! Trotz dieses Schicksalsschlags versucht er noch immer, Benzin aufzutreiben. Unterdessen mache ich meine Abschiedsrunde. Peter Habig klang überrascht, daß alle Welt so erpicht darauf ist wegzukommen; er bleibt; aber er ist schließlich schon älter und riskiert nicht viel; überdies meint er, daß es sich alles in die Länge ziehen werde wie in Berlin. Ich bin anderer Meinung. Berliner sind Berliner, und Wiener sind Wiener! Zwei völlig verschiedene Paar Stiefel. In der Nähe der ausgebrannten Ruine der Oper stieß ich auf Wolly Seybel. Er trug eine Melone auf dem Kopf und schwang einen Schirm – ein couragierter, wenn auch abwegiger Anblick. Aber schließlich ist er ein bekannter Wiener Dandy. »C'est épouvantable, mais que faire? Je reste!«

Wir legten letzte Hand an unser Gepäck. Sisi Wilczek packte ihren einzigen Rucksack immer wieder um; Laszlo Szapary und Erwein Schönborn kamen herüber, um uns behilflich zu sein, alle Kleinigkeiten, die uns in letzter Minute einfielen, noch in die Gepäckstücke zu stopfen. Beide hatten sich gerade aus dem Palais Schönborn herausgewühlt, wo eine Bombe in den Hof gefallen war, ehe sie den Keller erreichen konnten. Das Haus ist ziemlich mitgenommen, und nun graben sie im Schutt nach Erweins Jagdtrophäen; er besaß viele in Silber gefaßte Elfenbeinstoßzähne sowie auch zwei ausgestopfte Orang-Utans aus

Kamerun; all dies ist jetzt vermutlich verloren. Laszlo will versuchen, zu seinem Gut zurückzukehren, aber aus dieser Richtung kann man bereits Geschützfeuer hören. Die Russen stehen jetzt vor Baden bei Wien.

Geza ist in seinem Element: er hat gleichzeitig drei verschiedene Verabredungen an drei verschiedenen Orten, und zwischendurch trifft er sich in ausgebombten Kellern mit irgendwelchen Dunkelmännern, die ihm Benzin versprechen gegen horrende Summen amerikanischer Dollars – kurz, er vergnügt sich auf ganz aufreizende Weise, während wir drei Frauen trübselig auf unsern Bündeln sitzen und darauf warten, daß ein Wunder geschieht.

Ich nahm ihn ins Hotel Imperial mit, wo Sandro Solms (ein Beamter des Auswärtigen Amts) über die Geschicke der Marionettenregierungen von Rumänien, Bulgarien usw. verfügt, die jetzt in die Salzburger Gegend evakuiert werden sollen. Wir wagten nicht, Sandro zu gestehen, daß Geza gerade aus seinem eigenen auswärtigen Dienst hinausgeflogen ist, und wiesen seinen kroatischen Diplomatenpaß vor, um sein ungarisches Nummernschild zu erklären. Der arme Sandro klagte, daß er gar nichts mehr zu sagen habe, seitdem Baldur von Schirach den alleinigen Befehl übernommen habe; er riet uns, hinüber zum Ballhausplatz zu gehen – dem berühmten Palais der früheren k. u. k. österreichischen Kanzler –, in dem sich jetzt Schirachs Büro befindet.

Ich wartete im Wagen, während Geza dort mit Schirachs Handlangern verhandelte. Er blieb eine lange Zeit weg. Ich war versucht, ihm in das Gebäude zu folgen, wagte aber nicht, das Auto zu verlassen, aus Angst, es könnte beschlagnahmt werden. Schließlich kehrte Geza zurück. Er hatte nichts erreicht und machte sich Vorwürfe, er allein sei daran schuld, daß wir noch immer in Wien säßen. Die untergeordneten Stellen seien freundlich, aber bestimmt gewesen: der Herr Gauleiter unterschreibt alles selbst und befindet sich nicht in Wien. »Kommen Sie morgen wieder!«

Im Wilczekschen Hause herrscht helle Aufregung. Hansis Kaserne ist in Bereitschaftsalarm, und an unserer Pförtnerloge kommt eine bunte Gesellschaft vorbei: Anni Thun mit Eimern voll Wasser; Erwein Schönborn mit einer Leiter (er gräbt immer noch voller Hoffnung nach seinen Orang-Utans!); Fritzi Hohenlohe mit schwarzem, struppigem Bart, die Brust mit Orden bedeckt, ist gerade aus Schlesien geflüchtet und erzählt lauter haarsträubende Geschichten, wie die Russen die Frauen dort behandelt hätten (Massenvergewaltigungen, willkürliches Morden usw.). Das versetzt unsere Männer, angefangen mit Onkel Cary Wilczek, in Panik. Sisi und ich haben beschlossen, daß, falls Geza bis morgen nicht irgend etwas zuwege bringt, wir uns zu Fuß auf den Weg machen, ehe Onkel Cary etwas Unüberlegtes tut und Schwierigkeiten bekommt.

Aß mit Franzl Taxis zu Mittag. Wir verspeisten riesige Schnitzel, die wir mit den letzten Fleischmarken erstanden hatten, die mir Tatjana noch geschickt hatte. Wir brieten sie auf einem Spirituskocher – sehr fettig, aber köstlich; dazu einen der viel zu guten Taxis-Weine, die Franzl aus dem Keller des ausgebombten Palais seiner Familie gerettet hat; es wäre doch jammerschade, sie den Eroberern zu überlassen. Franzls Bruder Willy scheint sich einer österreichischen Widerstandsgruppe angeschlossen zu haben und rennt mit geheimnisvoller Miene herum.

Dies war die sogenannte »05«, eine militärische Organisation, die die Tätigkeiten der verschiedenen Widerstandsgruppen koordinierte. Nach Ende des Krieges spielten die Angehörigen dieser Gruppe eine wesentliche Rolle beim Wiederaufbau der Demokratie in Österreich.

Heute abend organisierte Franzl ein echtes Abschiedsdiner. Inzwischen ist auch Gezas Schwager, Capestan – was für ein Name! – Adamovich, zu uns gestoßen, der gerade mit Frau und vielen Kindern aus Kroatien geflüchtet ist und nun darauf wartet, daß ihn Geza weiter nach Westen befördert. Sisi Wilczeks Kusine, Gina Liechtenstein (die mit dem regierenden Fürsten verheiratet ist), hat ihr spezielles Nervenelixier geschickt; wir taten reihum einen tiefen Schluck aus dieser Flasche, und sie war bald leer. Ich kochte auf meinem Spirituskocher unentwegt Kaffee, und Paul Metternichs letzter Napoleon-Cognac mußte nun auch daran glauben.

Katalin Kinsky und ihre zwei Töchter sowie auch Freddy Pallavicini sind in der gleichen Lage wie Geza wegen ihrer ungarischen Nummernschilder. Gigha Berchtold war mit einem Auto voller Lebensmittel angekommen; die Gestapo hielt ihn an, nahm ihm alles weg, beschlagnahmte das Auto und erklärte ihm, er könne zu Fuß weitergehen. Er war einer der großen Dandys seiner Zeit, ebenso wie Pali Pàlffy, der jetzt auch hier festsitzt.

Bis jetzt haben alle diese Leute die Kriegsjahre wie in der »guten alten Zeit« verbracht, haben auf ihren riesigen Gütern gelebt, frei von allen Härten und Entbehrungen, von Gefahr ganz zu schweigen, in einem Lande, dessen Läden noch bis vor kurzem brechend voll gewesen waren mit Waren aller Art (Budapest war für das übrige von deutschen Truppen besetzte Europa das reinste Mekka). Oft wußten sie nicht, ja sie interessierten sich nicht einmal dafür, worum es in diesem Krieg überhaupt ging. Und nun war ihre Welt praktisch über Nacht zusammengebrochen, die Russen hatten ihre Besitzungen überrollt und alles vor sich hergetrieben. Mit dem Vordringen der sowjetischen Armee ändert sich auch die Staatsangehörigkeit der vorbeiflutenden Flüchtlinge ständig – die neueste Welle kommt aus der Preßburger Gegend in der Slowakei, vom gegenüberliegenden Donauufer.

Die Russen sind in Danzig einmarschiert – da wo alles anfing.

Sonntag, 1. April: Ostern. Ging zum Hochamt in den Stephansdom und fragte mich im stillen, ob ich ihn wohl je wiedersehen würde, vor allem das Muttergottesbild in der Kapelle rechts, das Tatjana so besonders liebt. Später schlüpfte ich zu einem Gebet in die kleine Kirche des Hl. Antonius von Padua in der Kärntnerstraße.

Unterdessen war Geza Pejacsevich abermals zum Ballhausplatz gegangen, wo ihm wieder gesagt wurde, daß sich Baldur von Schirach noch immer nicht in Wien befinde. Daraufhin nahm Sita Wrede die Sache in die Hand – wie üblich. Sie erklärte, sie wisse ganz genau, wo er untergeschlüpft sei – nämlich in einem besonderen, eigens für ihn gebauten Keller auf dem Kahlenberg –, und fügte hinzu, sie sei mit Wieshofer, seinem persönlichen Adjutanten, bekannt und würde sich an den wenden. Sie machte sich mit Geza auf den Weg, während Sisi Wilczek, Meli Khevenhüller und ich in einem Zustand höchster Spannung in einer benachbarten Teestube besonders scheußliche belegte Brote verzehrten.

Meli plant noch immer, in aller Ruhe in letzter Minute mit ihrem Pferdewagen aus Wien zu fliehen. Wir sprachen über die uns hier bekannten jungen Männer, von denen sich die meisten aus dem Staube gemacht zu haben scheinen, ohne sich verabschiedet, geschweige denn uns Hilfe angeboten zu haben. Vielleicht kann man ihnen wirklich keinen Vorwurf machen, denn sie schweben sicher in noch größerer Gefahr als wir Mädchen.

Trotzdem muß ich feststellen, daß dem sogenannten »schwächeren Geschlecht« nicht der Schutz zuteil wird, den es mit Fug und Recht erwarten kann. Hier ist wiederum der Unterschied zwischen den Generationen auffallend! Wenn nicht Geza wäre, der sich um uns alle fabelhaft kümmert, wären wir gänzlich auf uns selbst gestellt.

Baldur von Schirachs hysterische Proklamationen schießen über Nacht wie die Pilze hervor. Er betont immer wieder, »das Land unserer Vorväter« müsse gegen diese »jüngste Barbarenhorde« verteidigt werden; Jan Sobieski und sein Sieg über die Türken im siebzehnten Jahrhundert müssen da ständig herhalten.

Sita und Geza kamen zurück. Dieses Mal war Geza im Wagen geblieben, während Sita in das Allerheiligste eindrang. Sie hatte sämtliche kleinen Untergebenen beiseite geschoben und sich Wieshofer, Schirachs Adjutanten, gegriffen – gelegentlich erweisen sich die sonderbaren Freundschaften der Wrede-Zwillinge doch als nützlich! – und war sehr bald bei Schirach vorgelassen worden. Sie berief sich auf ihre Bekanntschaft mit Heinrich Hoffmann (Hitlers Leibphotograph, der zugleich Schirachs Schwiegervater ist) und bat ihn um eine Sondergenehmigung, die es Geza erlauben würde, Wien zu verlassen. Zunächst schien Schirach bereit zu sein, aber nachdem er ein Telephongespräch geführt hatte, änderte sich sein Ton völlig: »Man hat mir soeben gesagt, daß Graf Pejacsevich kein kroatischer Diplomat mehr ist!« Sita sagte, das sei ihr neu, und erklärte, daß Geza drei Krankenschwestern befördere, die wieder zu ihren Einheiten gelangen müßten. Daraufhin erwiderte Baldur, er könne gar nichts unternehmen, bestenfalls könne sich Geza einer Diplomatenkolonne anschließen, in der auch andere Mitglieder seiner Botschaft reisten; ansonsten stehe es ihm frei, einfach in Wien zu bleiben. Und damit basta! Zu uns zurückgekehrt, vergoß Sita eine Träne über Wieshofer (den Adjutanten), der ihr anscheinend zum Abschied gesagt hatte: »Wir werden uns nie wiedersehen. Hier stehen wir, und hier fallen wir!« Ich glaube kein Wort davon; sie werden vermutlich in letzter Minute Reißaus nehmen.

Als Wien an die Russen fiel, entkam Baldur von Schirach in der Tat in den Westen, wo er zunächst bei den Amerikanern Arbeit fand. Nach einer Weile stellte er sich jedoch den Behörden, stand im Nürnberger Hauptkriegsverbrecherprozeß vor Gericht und wurde wegen Verbrechen gegen die Menschlichkeit zu zwanzig Jahren Gefängnis verurteilt. Er gehörte zu den wenigen Angeklagten, die sich schuldig bekannten.

Natürlich kann sich Geza seinen früheren Kollegen nicht anschließen, da sie sich gegenseitig von Herzen hassen. Letztlich beschlossen wir Frauen, uns allein auf den Weg zu machen, um Geza freiere Hand zu lassen. Er wird sicherlich viel besser vorankommen, wenn er sich nicht auch um drei Weiber kümmern muß. Franzl Taxis (einer der wenigen uns verbliebenen ›Getreuen‹) wurde nun zum Bahnhof geschickt, um sich nach Zügen zu erkundigen. Er kam mit der Nachricht zurück, daß die meisten Bahnstrecken unterbrochen seien, aber wir es noch mit der Donau-Ufer-Bahn versuchen könnten – eine kleine Lokalbahn, die sich am Flußufer entlangschlängelt und sämtliche kleinen Weindörfer zwischen Wien und Linz miteinander verbindet. Ein Zug gehe um vier Uhr früh ab.

Sita wurde zu einem kurzen Nickerchen ins Hotel Sacher zurückgeschickt; Sisi verschwand in Hansis Zimmer, wo sich beide fast die ganze Nacht unterhielten, während Geza und ich Kaffee kochten. Keiner von uns zog sich aus. Geza sagte mir, daß er nun Verbindung aufgenommen habe mit drei undurchsichtigen SS-Leuten niederen Ranges, die bereit waren, ihm falsche Wagenpapiere und Nummernschilder auszustellen, falls er seinerseits gewillt war, sie im Auto mitzunehmen. Die Ratten fangen also schon an, das sinkende Schiff zu verlassen! Er war sehr versucht, das Angebot anzunehmen, da er keine Alternative sah. Im gegenwärtigen Durcheinander mag es sogar eine vernünftige Lösung sein.

Wir nahmen Abschied in der Herrengasse. Der arme Onkel Cary Wilczek sah sehr unglücklich drein; wer weiß, ob und wann wir ihn jemals wiedersehen. Dann fuhr Geza Sisi und mich an den Franz-Josef-Bahnhof, nachdem wir unterwegs noch Sita abgeholt hatten. Unser ganzes schweres Gepäck haben wir zurückgelassen, einschließlich unserer Pelzmäntel; Geza versprach mitzubringen, was er kann. Wenn er es nicht kann, *tant pis!*

Dorf an der Enns, Dienstag, 3. April: Die Kontrollen am Bahnhof waren streng, Unbefugten war das Besteigen der Züge verboten. Zum Glück reisten wir völlig legal – worauf wir nicht mehr zu hoffen gewagt hatten – mit amtlich gestempelten

Marschbefehlen. Meiner lautete: »DRK-Schwester Maria Wassiltschikow kommandiert nach Schwarzach-St. Veit zum Vorkommando des Luftwaffenlazaretts 4/XVII«. Weiter heißt es darauf, daß jede Fahrt, die nicht in direkter Linie zum obengenannten Zielort führt, als ein Akt der Fahnenflucht angesehen werde.

Der Zug war selbstverständlich knüppeldickevoll; Sisi Wilczek und ich zwängten uns in einen Wagen, Sita Wrede in einen andern. Wir fuhren pünktlich ab, von Sorgen um Geza Pejacsevich geplagt. Der Zug kroch dahin. Wir hatten kaum etwas gegessen und wurden sehr bald hungrig. Gegen Mittag, kurz nach Krems tauchten die ersten feindlichen Jagdflugzeuge auf. Sie schienen sich für uns zu interessieren. Der Zug kroch in einen Tunnel, wo er sechs Stunden stehenblieb, während feindliche Bomber Krems kurz und klein schlugen.

Ihr Zug war der letzte, der Wien verließ, da dieser Angriff alle bis dahin noch bestehenden Zugverbindungen unterbrach.

Zu ihrem Rucksack und diversen andern Beuteln hielt Sisi auch noch ein Paket in der Größe einer Schuhschachtel an den Busen gedrückt. Es enthielt mehrere Millionen Mark und ebenso viele tschechische Kronen – kurz, das gesamte Barvermögen der Wilczeks. Sie soll es in Kärnten ihren Eltern übergeben. Natürlich wird uns der Karton auf der ganzen Fahrt Kopfschmerzen bereiten.

Da wir im Tunnel langsam zu ersticken drohten, stiegen wir aus und vertraten uns vor dem Tunneleingang die Beine. Über uns waren viele Bomber zu sehen, die in Richtung Wien flogen. Als sich der Zug endlich wieder in Bewegung setzte, war es dunkel. Immer wieder machte er halt, und jedesmal stieg Sisi aus und legte sich draußen neben den Gleisen lang. Im Abteil saßen wir dicht gedrängt und fühlten uns bereits erschöpft. Inzwischen hatte sich auch Sita zu uns gesellt und lag in voller Länge auf dem Boden unter unserer Bank ausgestreckt. Kurz vor unserer Abfahrt hatte sie in der Herrengasse noch alles, was Sisi als nutzlos weggeworfen hatte, aufgelesen – alte Pumps mit Korksohlen, Thermosflaschen ohne Deckel, falschen Schmuck – und dieses ganze Zeug reist jetzt mit uns, denn, wie sie sagte: »Man kann nie wissen . . .«

Um zwei Uhr nachts hielt neben uns ein Güterzug. Sisi ging die Lage auskundschaften. Sie erfuhr, daß dieser Zug noch vor dem unseren abfahren würde, und so beschlossen wir umzusteigen. Wir kletterten hinaus, vergaßen das Geldpaket, kehrten eilig zurück, um es zu holen, und bestiegen den Güterzug, der aus offenen Waggons bestand, auf denen Menschen in Decken gehüllt saßen, die, wie sich herausstellte, Flüchtlinge aus Ungarn waren. Sita setzte sich aus Versehen auf eine dieser Personen, und jemand rief: »Vorsicht! Frisch operiert!« Inzwischen hatte sich der Zug in Bewegung gesetzt. Es war eine wunderschöne Mondnacht, aber bitter kalt. Und dann ging die Sonne jenseits der Donau auf. Eine ganze Weile hielten wir in Schwertberg an, dem Familiensitz der Hoyos – Melanie Bismarcks Familie. Jetzt erfuhren wir, daß der Zug, den wir verlassen hatten, uns bald ein- und überholen würde und danach Vorfahrt habe. Sita, sprachlos vor Empörung, griff sich den Stationsvorsteher, zeigte ihm unsere Marschbefehle und erklärte, wir hätten ein Anrecht auf bevorzugte Behandlung. Der Vorsteher starrte sie nur teilnahmslos an. Dann wandte sie sich an den Lokomotivführer und bot ihm Zigaretten an – ebenfalls ohne Erfolg. Unser früherer Zug dampfte in den Bahnhof und machte quietschend halt. Im Nu hatten wir ihn wieder bestiegen und waren bald auf dem Wege nach St. Valentin an der Enns, der Endstation dieser Strecke.

In St. Valentin kletterten wir über aufgerissene Schienen hinweg zu einem anderen Zug, der uns nach Dorf an der Enns brachte (wo Josy Rosenfelds Gut ist); dort kamen wir heute um neun Uhr früh an. Mit Geza Pejacsevich hatten wir ausgemacht, daß wir hier auf ihn warten würden. Unterdessen waren wir über vierundzwanzig Stunden lang gereist und hatten keinen Bissen gegessen. Josys Haus liegt eine halbe Stunde zu Fuß von der Bahn entfernt. Wir schleppten uns fast krank vor Hunger dorthin und brachen buchstäblich vor ihren Füßen samt Rucksäcken, Beuteln und Geldpaket zusammen. Wir müssen ziemlich übel ausgesehen haben!

Josy nahm uns unter ihre Fittiche. Zunächst gab sie uns Frühstück, dann durften wir alle baden. Zwei Stunden später sahen wir schon wieder menschlicher aus. Das Haus – wie viele Landschlösser in dieser Gegend – ist um einen offenen Laubenhof gebaut, und die Atmosphäre ist sehr *fin de siècle* und malerisch. Josy wohnt hier mit ihrer Mutter und zwei unverheirateten Tanten – gutmütige, aber pedantische alte Damen, die uns leicht entsetzt anstarren. Aber Josy hat nicht die Absicht, hier unter russischer Besetzung zu bleiben, und ist bereits fieberhaft damit beschäftigt, zu packen. Die Tanten weigern sich wegzugehen, und die Lage wird noch weiter kompliziert durch die Anwesenheit zweier Hohenberg-Kinder im Alter von acht und eins mit ihrer Kinderfrau. Ihr Vater, Prinz Ernst, der zweite Sohn des Erzherzogs Franz-Ferdinand (dessen Ermordung in Sarajewo 1914 den Krieg auslöste), gehörte zu den ersten Österreichern, die gleich nach dem Anschluß in Dachau interniert wurden. Die Mutter der Kinder ist Engländerin. Die Eltern sind in Wien geblieben, wo der Prinz hofft, Österreich später von Nutzen sein zu können.

Wir kleben am Radio, aber über Wien wird nichts Neues berichtet. Nebenbei helfen wir Josy, riesige Mengen ziemlich scheußlichen Silbers in Waschkörbe zu verpacken. Mit Hilfe einiger freundlich gesinnter französischer Kriegsgefangener (die als Landarbeiter auf dem Gut arbeiten) werden die Körbe in Zementröhren gesteckt und dann im Garten vergraben. Die Franzosen – sämtlich fröhliche *méridionaux* – kommen danach auf ein Glas Wein ins Haus. All dies geschieht bei Kerzenlicht, um nicht den Verdacht der örtlichen Bevölkerung zu erwecken. Dabei gibt es natürlich viel Geflüster und Gelächter, aber die Arbeit ist anstrengend.

Viele französische Kriegsgefangene waren in der Landwirtschaft eingesetzt und erwiesen sich fast ausnahmslos als erstaunlich hilfsbereit und einfallsreich. Nach ihrer Befreiung bei Kriegsende boten sie Hilfsbedürftigen ihren Schutz an und bildeten sogar häufig die Leibwachen ihrer früheren Arbeitgeber auf deren Flucht in den Westen.

Mittwoch, 4. April: Noch immer kein Zeichen von Geza Pejacsevich. Wir haben beschlossen, noch weitere vierundzwanzig Stunden auf ihn zu warten und dann ohne ihn nach Gmunden weiterzureisen.

Gmunden, Donnerstag, 5. April: Wir standen um vier Uhr früh auf und verließen das Haus noch bei Dunkelheit. Josy Rosenfeld begleitete uns ein Stück des Weges; sie hoffte, im nahegelegenen Steyr einen Friseur aufzutreiben. Wir begegneten zwei betrunkenen Soldaten, die den ganzen Weg von der ungarischen Grenze zu Fuß gelaufen waren und bisher nicht ein einziges Mal angehalten worden sind. Das zeigt, in welchem Zustand sich die deutsche Wehrmacht jetzt befinden muß.

Das Luftwaffenlazarett in Wien, Missies Arbeitsstätte von Januar bis März 1945

Missie und Sita von Wrede in der Tracht der Rotkreuzschwestern

Die Stallungen der „Königinvilla“ in Gmunden

Bei dem schweren Bombenangriff auf die Wiener Innenstadt vom 12. März 1945 wurde auch der Philipp-Hof getroffen; das Gebäude wurde 1947 gesprengt

Sisi von Wilczek

Geza von Pejacsevich

Missie gegen Ende des
Krieges

Gegen 10 Uhr kamen wir nach Linz. Die Bahnhofsgegend war ein einziger Trümmerhaufen, in dem sich die Menschenmassen drängten. Das ganze Bild war tief deprimierend. Hitler hatte davon geträumt, aus Linz ein bedeutendes Kunstzentrum zu machen. Soweit wir sehen konnten, ist von der Stadt nicht viel übriggeblieben.

Da der Zug nach Attnang-Puchheim (unserm nächsten Ziel) erst um zwei Uhr abfahren sollte und man nirgends das Gepäck abgeben konnte, wanderten wir im Gänsemarsch in die Stadt und schleppten es mit. Es war sehr heiß. Sita Wrede trödelte hinterher, mit kleinen Körben behängt, die vollgestopft waren mit alten Schuhen, alten Thermosflaschen und allem andern Plunder, den Sisi Wilczek aussortiert hatte. Wir flehten sie an, das Zeug wegzuwerfen, aber sie ließ sich nicht erweichen.

Zu guter Letzt fanden wir ein kleines, unversehrtes Hotel, wo wir uns waschen und ausruhen konnten. Dann machten wir uns auf die Suche nach einem Postamt, um unseren jeweiligen Familien zu telegraphieren. Vergebens. Danach versuchte ich, einen Metzger zu finden, und kehrte nach einer Weile ganz stolz mit einem halben Pfund Wurst zurück. Aber sowohl Sisi als auch Sita waren überzeugt, daß sie aus Pferdefleisch oder – noch schlimmer – gar aus Hundefleisch bestand, und weigerten sich, sie anzurühren. Wir schenkten sie der Kellnerin, die begeistert war. Nachdem wir ein wenig wässerige Suppe geschluckt hatten, setzten Sisi und ich uns auf eine Parkbank in die Sonne. Wir waren von Bombenkratern umgeben. Die Sirenen begannen zu heulen. Wir holten Sita und unser Gepäck im Hotel ab und rannten zum Bahnhof zurück. Was auch geschehen mochte, wir hatten nicht die Absicht, in Linz steckenzubleiben, und wenn wir dies vermeiden wollten, mußten wir auch die Luftschutzkeller meiden.

Auf dem Bahnhof ging es drunter und drüber. Niemand schien zu wissen, wohin oder was tun. Sisi entdeckte auf einem andern Gleis einen Zug; er dampfte, und seine Nase schien in unsere Reiserichtung zu weisen. Wir stiegen ein und harrten der Dinge. Wir hatten Glück, denn anstatt fahrplanmäßig abzufahren, fuhr er schon jetzt, um nicht in den drohenden Luftangriff zu geraten!

Attnang-Puchheim ist ein wichtiger Bahnknotenpunkt für Züge nach Gmunden und Salzburg. Wir stiegen aus und gingen ins Dorf. Es bestand aus einer einzigen Straße. An einer der Verteilungsstellen des Roten Kreuzes, das sämtliche Gasthäuser belegt hatte, erhielten wir Suppe. Man erzählte uns, daß hier ein nicht abreißender Strom von Verwundeten durchziehe. Der Anblick dieser hübschen, sonnenverbrannten Schwestern, die alle adrett und freundlich aussahen, war eine angenehme Überraschung. Hier schien der Krieg noch viel entrückter. Auf dem Postamt nahmen sie sogar mein Telegramm an Mama an; ich frage mich, ob es sie wohl je erreichen wird. Tatjana ist in Hamburg, zu weit entfernt, als daß sich auch nur der Versuch lohnte, Verbindung mit ihr aufzunehmen.

Um fünf Uhr nachmittags bestiegen wir einen Zug nach Gmunden, Sisis und meinem Reiseziel, während Sita nach Altmünster weiterfuhr. Nächste Woche wollen wir uns wieder treffen und uns auf den Weg nach Schwarzach-St. Veit machen.

Unser erster Eindruck von Gmunden war nicht sehr günstig. Wir mußten lange auf eine Trambahn warten, aber inzwischen haben wir uns an diese endlose Warterei gewöhnt. Sie brachte uns bis zum Marktplatz, genau vor das Hotel Zum Schwan in der Nähe des Sees. Auch hier herrscht großes Durcheinander, da immer neue Lastwagen mit Flüchtlingen aus Wien eintreffen. Da keiner weiß, wohin, lädt man sie einfach ab, und da sitzen sie dann auf ihren Bündeln. Unter ihnen erkannte ich auch einen spanischen Diplomaten.

Wir erklommen den steilen Hügel zur Königinvilla, die ursprünglich von einem Herzog von Cumberland erbaut wurde und jetzt Prinzessin Olga, einer unverheirateten Tante von Christian von Hannover, gehört. Das Haus sah verlassen aus. Ich wanderte zu den Stallungen hinüber, während Sisi von einem großen Wolfshund in Schach gehalten wurde, der sie laut bellend umkreiste. Es gab einige Schilder mit der Aufschrift »Bissiger Hund«, und wir haten nicht wenig Angst. Schließlich ließ uns die Frau eines Obersten ein, die selbst mit ihren zwei kleinen Töchtern als Flüchtling hier lebt. Fräulein Schneider, eine typische, altmodische Zofe mit Pincenez und hochgestecktem Dutt, wurde herbeigerufen, nahm uns hinauf und brachte uns im Schlafzimmer der Hausherrin unter. Es war klein, mit einem schmalen Bett und einer Chaiselongue. Wir losten unsere Schlafstelle aus. Fräulein Schneider entschuldigte sich sehr, da ihr Christian zwar mitgeteilt hatte, daß sie mit uns rechnen solle, ihr aber nicht den genauen Ankunftstag genannt hatte, und so habe sie keine besseren Vorbereitungen treffen können. Wir hingegen waren Christian so dankbar, uns diesen Aufenthalt überhaupt ermöglicht zu haben, daß wir nicht im

Traum daran gedacht hätten, uns zu beklagen. Die Frau des Obersten lud uns zum Abendbrot ein. Sie ist sehr freundlich. Danach genossen wir den Gipfel des Luxus, ein heißes Bad in einem Zimmer, das vom Fußboden bis zur Decke mit Familienphotos europäischer königlicher Hoheiten der viktorianischen Zeit vollgeklebt war.

Plötzlich hupte es. Es war Geza Pejacsevich! Er war in Begleitung seines Schwagers, Capestan Adamovich. Sie waren gesund und wohlbehalten und hatten sogar unser gesamtes Gepäck und Mäntel mitgebracht. Doch nicht genug damit. Geza hat auch irgendwo einen Anhänger für seinen Wagen aufgetrieben, in den er das zurückgelassene Hab und Gut vieler anderer Freunde geladen hatte. Es ist erstaunlich, wie viel ein entschlossener und mutiger Mann selbst in Zeiten wie diesen fertigbringen kann! Nur meine lila Ziehharmonika und einen von Sisis Koffern mußte er zurücklassen.

Wir bestanden darauf, daß sie bei uns übernachteten – aber wo? Das Haus ist ziemlich groß, aber jedes Zimmer ist bis zur Decke mit Möbeln aus dem benachbarten Schloß vollgestopft, das jetzt ein Lazarett ist. Zum Schluß schliefen wir beiden Mädchen in dem winzigen Bett, Geza bekam die Chaiselongue und Capestan wurde auf einem improvisierten Sofa im Bad untergebracht. Zuerst ließen wir uns allerdings berichten, wie es ihnen seit unserer Abfahrt aus Wien ergangen war.

Die Dinge hatten sich sehr rasch entwickelt: Sisis Bruder Hansi war noch am gleichen Nachmittag mit seinem Regiment nach Amstetten ausgerückt; Geza und Capestan waren am nächsten Morgen abgereist, zusammen mit den drei SS-Deserteuren, die für Benzin, Wagenpapiere und Nummernschilder gesorgt hatten. Dafür hatte Geza auch ihr gesamtes Gepäck mitgenommen. Zu unserer Verwunderung stellte sich einer dieser SS-Leute als Freund heraus – Herr Rusch, der stellvertretende Geschäftsführer des Hotel Bristol. Er war viel zu nett, um ein SS-Mann zu sein, und so hatte ich den Verdacht, daß auch er mit falschen Papieren reiste, um aus Wien herauszukommen. Gezas Ausweise besagen, daß er in geheimer Mission für die Gestapo unterwegs ist! Sie gelten einen Monat und erlauben ihm, sich frei in der ganzen Salzburger Gegend zu bewegen. Er soll seinen Wagen in St. Gilgen an die drei SS-Leute aushändigen, ist hierzu aber nicht bereit, da er findet, er habe genug für sie getan. Mittlerweile hat er sie in Linz abgesetzt.

Bad Aussee, Freitag, 6. April: Wir luden das Auto aus, und die Männer fuhren zu Geza Pejacsevichs Frau Ali (Sisi Wilczeks Schwester) weiter, die mit ihren beiden Kindern und Capestan Adamovichs Frau Steff samt ihren vier Kindern bei den Eltzens in Bad Aussee untergekommen sind. Wir haben vor, sie über das Wochenende zu besuchen.

Zunächst mußten wir uns jedoch offiziell die Genehmigung verschaffen, in der Königinvilla zu wohnen. Der Nazi-Kreisleiter von Gmunden war höchst unfreundlich, der Bürgermeister hingegen erwies sich als anständig, und als wir ihm unsere Namen nannten (die ihm Christian von Hannover schon angekündigt hatte), erteilte er uns sofort eine Aufenthaltserlaubnis. Christian hatte auch mit dem Gärtner gesprochen, der uns erlaubt hat zu nehmen, was an Obst und Gemüse vorhanden ist, und so sieht es aus, als kämen wir durch. Sisi versucht, möglichst nicht aufzufallen, denn das Lazarett hier in Gmunden, dem sie zugeteilt worden ist, weiß bislang noch nichts von ihrer Ankunft. Wir aßen im »Schwan« zu Mittag, wo uns ein soeben aus Wien eingetroffener Flüchtling erzählte, daß die Russen bereits gestern Parteimitglieder an den Bäumen von Floridsdorf, einem Vorort von Wien, aufgeknüpft hätten.

Am Nachmittag nahmen wir einen Zug nach Bad Ischl und besuchten die Starhembergs. Geza holte uns dort ab und fuhr uns nach Bad Aussee hinüber. Mama Eltz hat keine Nachrichten von ihren Söhnen, aber es geht ein Gerücht, daß sich Albert in den Wäldern der Umgebung versteckt halte.

Bad Ischl, Samstag, 7. April: Frühstück *en famille,* danach ein Spaziergang mit den Kindern, um Löwenzahn zu suchen, der einen sehr guten Salat abgibt. Dann beim Friseur. Steff Adamovich kocht für uns alle, was schwierig ist, da keiner von uns Lebensmittelmarken besitzt.

Gmunden, Sonntag, 8. April: In der Kirche heute morgen waren viele Flüchtlinge aus Wien anwesend – Hohenlohes, Pàlffys, usw. Nach dem Mittagessen fuhren die Pejacsevichs Sisi Wilczek und mich nach Bad Ischl zurück. Unterwegs wurden wir von einer SS-Streife angehalten. Grauenhafter Augenblick! Geza zeigte seine gefälschten Ausweise vor. Sie wollten auch unsere sehen. Meine besagen, daß ich mich auf dem Weg nach Schwarzach-St. Veit befinde, das keineswegs in unserer Fahrtrichtung lag; das machte sie sofort mißtrauisch. Sie machten mir wegen des Datums Vorhaltungen und fragten, warum ich von meinem Reiseziel noch so weit entfernt sei. Ich erklärte ihnen, daß ich Wien erst sehr viel später verlassen hätte als an dem auf meinem Marschbefehl angegebenen Tag. Der Streifenführer meinte schließlich, wenn er nicht so gutmütig wäre, würde er mich jetzt aus dem Auto holen und mich Schützengräben ausheben lassen. Ich antwortete, daß in »diesem, dem sechsten Kriegsjahr« Krankenschwestern sicherlich sinnvoller beschäftigt werden könnten. Unsere Unterhaltung war unangenehm, und wir setzten unsere Fahrt ziemlich mitgenommen fort. In Bad Ischl nahmen Sisi und ich den Zug zurück nach Gmunden. Jetzt haben wir vor, uns zwei Tage auszuruhen.

Montag, 9. April: Das Wetter ist zauberhaft. Wir sonnen uns auf der Terrasse der Königinvilla, von der aus man einen herrlichen Blick auf den See und die dahinter gelegenen Berge hat. Sisi Wilczek wird sich wohl sehr bald in ihrem Lazarett unten in Gmunden melden müssen.

Im Hotel Zum Schwan begegneten wir heute den Erbachs. Er war der letzte deutsche Gesandte in Athen vor dem Krieg, und seine Frau Erzsébet ist Katalin Kinskys Schwester. Sie sind gerade aus Ungarn geflüchtet und erzählten uns, daß die SS Katalin in Linz angehalten und alles, was sie bei sich trug, beschlagnahmt habe – hauptsächlich Speck, Mehl und Würste –, die sie den ganzen Weg aus Ungarn mitgeschleppt hatte und mit denen sie hoffte, ihre Kinder bis zum Ende des Krieges durchzubringen. Die Erbachs dürfen nur eine Nacht im Hotel bleiben und wissen nicht, wohin. Wir fühlen uns schuldbewußt, da wir so bequem untergebracht sind, wagen aber nicht, ohne Erlaubnis der Hannovers (die alle in Deutschland sind) jemand aufzunehmen.

Dienstag, 10. April: Sisi Wilczek hat mit dem Chefarzt des sogenannten Cumberland-Spitals oben im Schloß gesprochen; er hat ihr vorgeschlagen, dort zu arbeiten. Dies wäre die allerbequemste Lösung, denn dann brauchte sie nur quer durch den Park dorthin zu laufen; sie zögert jedoch, da es dort keine chirurgische Station gibt und sie den ganzen Krieg über als Operationsschwester gearbeitet hat.

Mittwoch, 11. April: Der Oberst, dessen Familie hier über dem Stall wohnt, kam mit dem Auto von Lambach herunter zu

Besuch. Er glaubt nicht, daß er Krieg noch länger als vierzehn Tage dauern kann, und rät mir von dem Versuch ab, Schwarzach-St. Veit zu erreichen. Er befehligt ein Sprengkommando und sieht in Linz häufig Gauleiter Eigruber, der diesen Teil Österreichs praktisch wie ein König regiert. Er ist ein besonders widerwärtiger Kerl, der unentwegt feurige Reden über »Widerstand«, »Ehre« und ähnliches schwingt.

Inzwischen haben wir erfahren, daß keiner unserer Verwundeten bis Schwarzach-St. Veit durchgekommen ist, nur einigen der jüngeren Schwestern und ein paar Ärzten ist dies gelungen. Aber ich habe meinen Marschbefehl, und sosehr ich es auch vorziehen würde, hierzubleiben und den Zusammenbruch mit Freunden abzuwarten, scheint es im Augenblick klüger, dem Befehl Folge zu leisten. Geza Pejacsevich wird mich mit dem Auto ein Stück des Weges bringen.

St. Gilgen, Donnerstag, 12. April: Der Oberst fuhr Sisi Wilczek und mich zum Bahnhof von Gmunden hinunter, denn obgleich ich einige meiner Sachen vorausgeschickt habe, sind meine Koffer noch immer ziemlich schwer. Die kleine Lokalbahn nach St. Gilgen war so voll, daß wir unser Gepäck zu den Fenstern hineinschoben und uns selbst auf das unterste Trittbrett stellten und uns an allem, was sich zum Festhalten eignete, anklammerten. Der Schaffner kam und zwang uns abzusteigen. Wir liefen um den Zug herum, und gerade als er sich in Bewegung setzte, kletterten wir auf das Trittbrett der anderen Seite. Sisi stand mit jedem Fuß auf dem Trittbrett eines anderen Waggons. Wir fühlten uns gar nicht sicher, während wir so durch die Gegend brausten, wurden aber von einem Wehrmachtarzt vor dem Ärgsten bewahrt, der hinter uns aufsprang und verhinderte, daß wir von gelegentlichen Ästen oder den Wänden schmaler Tunnels von unserm unsicheren Standplatz gerissen wurden. In St. Gilgen warteten Geza und Ali Pejacsevich auf dem Bahnhof auf uns.

Gmunden, Freitag, 13. April: Die Fahrt nach Radstadt erwies sich als nervenaufreibendes Erlebnis. Überall gibt es jetzt Straßensperren, und wenn es nicht die Heeresfeldgendarmerie war, dann war es die SS. Im letzteren Fall zeigte Geza jeweils seine falschen Gestapo-Ausweise, im ersteren seinen kroatischen Diplomatenpaß. Da sich das reguläre Heer und die SS mehr denn je hassen, mußte er seine Augen offenhalten, um sie nicht zu verwechseln. Das war gar nicht so einfach, da die Uniformen aus der Ferne fast gleich aussehen. Uns wurde gesagt, daß jenseits von Fuschl (Ribbentrops früherem Unterschlupf) die Sperren besonders streng seien, verschiedene Autos seien beschlagnahmt und ihre Insassen hinausgeworfen worden. An einer der SS-Sperren drängten sich die Wachen bedrohlich um uns, aber als sie Gezas Dokumente sahen, winkten sie uns weiterzufahren und murmelten nur »Kolonne der Geheimen Staatspolizei«. Sie ermahnten uns sogar, vorsichtig zu sein: einer ihrer Leute war von einem als Feldgendarm verkleideten Fahrer, nach dem sie jetzt fahndeten, erschossen worden.

Wir erreichten Radstadt gerade rechtzeitig, daß ich noch auf den bereits anfahrenden Zug springen konnte; da warf mir Geza noch ein Bündel Lebensmittelmarken zu. Eine Stunde später kam ich in Schwarzach-St. Veit an. Unterwegs passierten wir einen Ort namens Bischofshofen, und ich stellte schokkiert fest, daß zu beiden Seiten des Gleises Stacheldraht gezogen war. Dies, so wurde mir gesagt, sei ein Lager für Russen und Polen; sie drängten sich an den Zaun, als wir vorbeikamen, und starrten uns aus leblosen Augen an.

Schwarzach-St. Veit ist ein winziges, zwischen finstere, wenig anziehend wirkende Berge gezwängtes Dorf. Als ich aus dem Zug stieg, war es sechs Uhr. Mir wurde gesagt, der Chefarzt sei beim Abendbrot in einem der Gasthäuser, und ich solle mich dort melden. Auf dem Marktplatz lief ich Schwester Agnes und zwei andern Kolleginnen in die Arme, die alle hübsche Dirndlkleider trugen. Sie begrüßte mich mit einem Freudenschrei und berichtete mir den neuesten Klatsch: alles stehe still, es gebe noch mindestens zwei Wochen lang keine Arbeit. Anscheinend hatte sich das Lazarett hier in zwei rivalisierende Lager gespalten, von denen eines inzwischen nach Bad Gastein weitergezogen ist . . .

Schließlich fand ich Dr. Thimm, der mit sechs oder sieben weiteren Offizieren beim Abendessen saß. Seine erste Frage lautete: »Wo ist Carmen?« – womit Sita Wrede gemeint war. Dann erkundigte er sich, ob ich schon eine Unterkunft gefunden hätte, denn er habe absolut keinen Platz für mich, alles sei voll; er könne mir lediglich sein eigenes Bett anbieten! Ich schlug zögernd vor, daß ich mich vielleicht an einem andern Ort in einem andern Lazarett melden könnte. Er sagte, er habe bereits geglaubt, Sita und ich seinen desertiert, und er habe uns als fahnenflüchtig beim Luftgaukommando in Bad Ischl gemeldet – dies letztere begleitet von einem deutlichen Zwinkern. Dann fügte er hinzu: »Nein, nein, ich bestehe absolut darauf, daß Sie hier bei uns auf der chirurgischen Station arbeiten. Wir machen in zehn Tagen auf.« Unterdessen sei mir erlaubt, nach Gmunden zurückzukehren, aber dann müsse ich auf jeden Fall mit Sita wiederkommen. Er schlug überdies vor, daß mich ein Oberst, der bei ihm zu Abend aß, im Auto mitnehmen solle. Hastig raffte ich all mein Gepäck zusammen, das vorausgeschickte sowie auch die Bündel, die ich jetzt bei mir trug, und um acht Uhr waren wir bereits wieder unterwegs. Der Oberst, der vorn neben seinem Fahrer saß, wirkte nervös. Er sagte, in den Bergen trieben sich jetzt überall Partisanen herum. Nach einem langen Umweg über Salzburg kamen wir um ein Uhr nachts endlich in Gmunden an.

Samstag, 14. April: Obgleich ich von der vielen Reiserei erschöpft war, ging ich dennoch zu Fuß nach Altmünster – Hin- und Rückweg dauern etwa zwei Stunden –, um Sita Wrede die angenehme Botschaft zu überbringen.

Gestern haben die Russen Wien besetzt. Wie wir hören, gab es keinen Widerstand.

Die Schlacht um Wien, die mit der Einkreisung der Stadt am 6. April begann und bis zum 13. April dauerte, war durch besonders blutige und erbitterte Straßenkämpfe gekennzeichnet.

Gauleiter Eigruber hat in einer Rundfunkrede donnernd bekanntgegeben, daß Oberdonau – die Nazi-Bezeichnung für das Land Oberösterreich – bis zum letzten Mann verteidigt werden müsse; es gebe jetzt keine Flucht. Frauen und Kinder werde man nicht evakuieren; wie mulmig die Situation auch würde, Flucht sei nicht drin. In seiner Rhetorik ahmt er Adolf nach, aber wenigstens ist er ehrlich und versucht nicht, den Ernst der Lage zu vertuschen. Als Trost hat er der Bevölkerung eine Sonderzuteilung von Reis und Zucker versprochen.

Sonntag, 15. April: Habe mich heute ausgeruht und mein Zimmer umgeräumt. Habe auch endlich ausgepackt.

Montag, 16. April: Da es keine Züge mehr gibt (aus Kohlemangel), fuhr ich die vierzig Kilometer nach Bad Ischl mit dem Fahrrad, um dort einen Rucksack und einen Pelzmantel abzuholen, den ich bei den Starhembergs deponiert hatte. Der Ausflug dauerte fünf Stunden! Die Landschaft hier ist wunderhübsch. Aber unterwegs kam ich an einem weiteren Konzentrationslager vorbei. In der Entfernung konnte man die Baracken erkennen. Es war gänzlich von Stacheldraht umgeben. Es heißt Ebensee. Niemand scheint zu wissen, wer hier eigentlich eingesperrt ist, noch wie viele es sind, aber es gilt als eines der schlimmsten Lager in Österreich, und auch nur nahe an ihm vorbeizufahren, ist allein ein quälendes Erlebnis.

Das Konzentrationslager von Ebensee (ein Nebenlager von Mauthausen) war wegen seiner grauenhaften Lebensbedingungen und hohen Sterbeziffern berüchtigt. Als General Pattons 3. Armee näher rückte, traf der SS-Kommandant Vorbereitungen, um die verbliebenen 30 000 Insassen in einem mit Sprengstoff gefüllten Tunnel in die Luft zu jagen, aber die Lagerwachen – zumeist aus dem Osten repatriierte Volksdeutsche – weigerten sich, seinen Befehl auszuführen, und die Häftlinge überlebten. Der Ort ist heute ein Gedenkfriedhof.

Mittwoch, 18. April: Geza Pejacsevich rief aus St. Gilgen an und erzählte, daß er jemand begegnet sei, der Paul Metternich in Berlin gesehen habe. Er sei endlich aus der Wehrmacht geflogen und auf dem Heimweg nach Königswart gewesen. Das hatten wir alle schon viel eher erwartet, erstens weil er ein Fürst ist (wenn auch nicht aus regierendem Haus) und zweitens weil er eine ausländische Mutter und eine ausländische Frau hat. Aber all das scheint den Behörden erst vor kurzem aufgegangen zu sein. Tatjana sei bei ihm gewesen. Jetzt müssen wir beten, daß sie noch aus Berlin herausgekommen sind, ehe sich der Ring schließt. Es wird dort bereits in den Außenbezirken der Stadt gekämpft.

Donnerstag, 19. April: Sisi Wilczek und ich haben die größten Schwierigkeiten, genug zum Essen aufzutreiben. In den Läden gibt es nichts mehr, die Gasthäuser sind überfüllt, und was man dort zu essen bekommt, ist schrecklich. Da wir beide nicht arbeiten – in den Lazaretten gibt es wenigstens Kantinen –, sind wir nahe dem Verhungern. Trotzdem schiebt Sisi ihre Rückkehr ins Lazarett noch immer hinaus. Sie ist im Zustand völliger Erschöpfung, schläft stundenlang und sieht sehr elend aus. Ihre fünf Jahre als Operationsschwester machen sich jetzt bemerkbar. Sie ist so hübsch, daß es noch trauriger ist, sie in so bemitleidenswerter Verfassung zu sehen.

Freitag, 20. April: Adolfs Geburtstag. Eine lächerliche Rede von Goebbels: »Der Führer ist in uns und wir in ihm!« Wie weit will er das noch treiben? Er fügte hinzu, daß es keine Schwierigkeit bereiten werde, alles Zerstörte wieder aufzubauen. Unterdessen rücken die Alliierten von allen Seiten weiter vor, und die Fliegeralarme dauern den ganzen Tag. Die Frau des Obersten scheint jedoch all diese Kundgebungen zu glauben. Sie ist überzeugt, daß Deutschland eine geheime Wunderwaffe besitzt, die in letzter Minute eingesetzt werden wird; die Arme kann sich nicht vorstellen, wie sie sonst derartige Dinge sagen könnten. Sie besteht darauf, daß wir mit ihr frühstücken. Das ist sehr freundlich von ihr, denn es ist unsere einzige Mahlzeit am Tage.

Samstag, 21. April: Sisi Wilczek rief mich um 11 Uhr zu sich aufs Dach. Der Himmel war voller Flugzeuge. Aus allen Richtungen kamen sie angeflogen und schimmerten silbern in der Sonne. Es war ein schöner Tag, der sich aber für Attnang-Puchheim als tragisch erweisen sollte. Wir konnten sehen, wie die Bomben herabhagelten. Die Flugzeuge blieben stets in Sichtweite. Sobald sie ihr Werk beendet hatten, flogen sie nochmals über uns hinweg. Der Angriff dauerte drei Stunden. Ich hatte nie Gelegenheit gehabt, einen Angriff aus so großer Nähe zu beobachten, denn im allgemeinen kauerte man, wenn die Bomber kamen, im Keller. Dieses Mal konnte ich alles beobachten. Bei jeder Explosion zitterte buchstäblich die Erde. Es war schrecklich und schön zugleich.

Sonntag, 22. April: Es regnet in Strömen. Wir gingen in die Kirche. Auf dem Rückweg kam ein Lastwagen voller Soldaten an uns vorbei. Wir ließen uns mitnehmen, aber zu unserem Schrecken bog er plötzlich ab und fuhr in Richtung Linz. Wir hatten die größte Mühe, die Aufmerksamkeit des Fahrers auf uns zu lenken und ihn zum Anhalten zu bewegen. Einige der Soldaten trugen das Ritterkreuz. Sie wurden an die Front zurückgeschickt. Sie boten uns Speck an.

Offenbar hat der gestrige Angriff auf Attnang-Puchheim große Opfer gefordert, da auf dem Bahnhof diverse Sanitätszüge auf Nebengleisen standen. Ich mußte an all die hübschen, sonnenverbrannten Schwestern denken, die so fürsorglich zu uns gewesen waren, als wir vor vierzehn Tagen auf unserem Wege von Wien dort Station gemacht hatten! Die Reis- und Zuckervorräte, die Gauleiter Eigruber der hungernden Bevölkerung versprochen hatte, sind ebenfalls in Rauch aufgegangen.

Heute ist Eger von den Russen eingenommen worden. Dies bedeutet, daß auch Königswart in ihrer Hand ist. Ist die Familie noch weggekommen?

Montag, 23. April: Sisi Wilczek hat sich jetzt schließlich doch bei ihrem Lazarett unten in Gmunden gemeldet. Ich fuhr wieder mit dem Rad nach Bad Ischl. Beim Mittagessen in einem Gasthaus sprach ich mit jemand, der am 11. aus Wien herausgekommen war. Er erzählte einige grausige Geschichten über Kämpfe, die noch in letzter Minute zwischen Volkssturm und SS stattgefunden hatten.

Dienstag, 24. April: Sisi Wilczek hat den ganzen Tag in ihrem Lazarett damit verbracht, schmutzige Verbände zu waschen. Sie scheinen dort noch immer keine chirurgische Abteilung zu haben. Inzwischen hat Sisi Fieber. Ich bemühe mich unentwegt, etwas Eßbares für sie aufzutreiben. Wieder regnet es in Strömen.

Mittwoch, 25. April: Endlich ein sonniger Tag. Wir versuchten, uns auf der Terrasse ein wenig zu bräunen. Am Nachmittag unternahmen wir eine lange Fahrradtour um den See. Als wir am Ufer saßen, schien es uns plötzlich, als würden die Berge rundum grollen und erzittern. Irgendwo muß ein Luftangriff stattgefunden haben, aber wir konnten nicht ausmachen, wo. Er schien so nah, und doch sahen wir keine Flugzeuge. Auf dem Heimweg hörten wir, daß der Angriff dieses Mal Berchtesgaden gegolten habe, das rund fünfzig Kilometer entfernt liegt. Es hatte nur durch den Widerhall der Berge so nah geklungen. Sita Wrede berichtete uns die Einzelheiten später am Telefon. Sie sprach von Berchtesgaden als dem »Fels«.

An diesem Tag, dem 25. April 1945, trafen sich amerikanische und sowjetische Vorhuten an der Elbe in der Nähe von Torgau.

Donnerstag, 26. April: Heute morgen besuchte uns Sita Wrede. In der Umgebung gab es einen weiteren Luftangriff. Wir lagen im Negligé auf der Terrasse und beobachteten die Flugzeuge. Nach einer Weile kehrte eine Maschine zurück und begann, über dem See zu kreisen. Da sie selten allein fliegen, meinte Sita, es handle sich um einen amerikanischen Bomber, der einen Treffer abbekommen habe. Unsere Blicke folgten ihm träge, als er in die Kurve ging, aber plötzlich stürzte er direkt auf uns zu. Im Nu waren wir auf den Beinen und rannten ins Wohnzimmer zurück, in der Überzeugung, die Maschine werde jeden Augenblick das Haus rammen. Wir hatten uns noch nicht von unserem Schrecken erholt, als die Maschine in unserem Park abstürzte. Wir eilten zum Unglücksort, aber als wir dort eintrafen, brannte sie bereits so stark, daß niemand mehr in die Nähe kommen konnte. Uns wurde gesagt, die Besatzung sei abgesprungen, aber dies schien in der kurzen Zeit, die ihr zur Verfügung gestanden hatte, kaum glaublich. Vielleicht hatte der Pilot versucht, eine Notlandung auf dem Rasen zu machen, und sie war ihm mißlungen. Wir waren alle tief betroffen.

Der Oberst hat ein paar Leute herübergeschickt, die im Park einen Gemüsegarten anlegen sollen. Das Schlimmste, was nun zu befürchten steht, ist, daß wir verhungern.

Freitag, 27. April: Als ich heute abend nach Hause kam, stand ein riesiges graues Auto vor der Tür. Ich erkannte den Fahrer von Antoinette Croys Mann, Jürgen Görne (der vor vier Monaten in Wien unsere Gans gebraten hatte!). Jürgen erzählte, daß er gerade ein paar Tage mit Antoinette in Bayern verbracht habe. Er hat inzwischen Befehl erhalten, sich in der Tschechoslowakei Feldmarschall Schörners Heeresgruppe anzuschließen, die dort Gefahr läuft, umzingelt zu werden; aber seine Truppe steckt in Klagenfurt fest. Er versucht offensichtlich, Zeit zu schinden. Wir erzählten ihm, wie schwierig unsere Ernährungslage sei, und er versprach zu helfen.

Wir haben im Rundfunk gehört, daß das Bismarcksche Haus in Friedrichsruh bombardiert und zerstört worden sei und es mehrere Tote gegeben habe. Welche Erleichterung zu wissen, daß Paul und Tatjana nicht mehr dort sind! Aber wo können sie sein? Eger und Marienbad scheinen nicht in russischer, sondern in amerikanischer Hand zu sein. Und was ist aus allen Bismarcks geworden?

Obgleich die Alliierten von allen Seiten näher rücken und die Fortführung des Krieges vollkommen sinnlos erscheint, sind die deutschen Truppen in unserer Gegend im großen und ganzen noch immer diszipliniert und gehorsam.

Sonntag, 29. April: Wir haben Jürgen Görne und seinen Adjutanten Auer in unserem Haus untergebracht, da sie keine Bleibe haben. Den Verwalter des Hannoverschen Besitzes, Herrn Stracke, macht all dies unentwegte Kommen und Gehen nervös, aber in Zeiten wie diesen kann er schwerlich Einwände erheben. Überdies sind alle, die bisher im Haus übernachtet haben, persönlich mit den jungen Hannovers bekannt, und die hätten gewiß nichts dagegen. Jürgen meint nicht, daß ich nach Schwarzach-St. Veit zürückkehren sollte. Er glaubt, daß der Krieg in einer Woche zu Ende ist.

Das Wetter hat sich verändert, es regnet wieder stark und hat sogar geschneit. Wir fuhren mit dem Rad in die Kirche hinunter, blieben aber ansonsten zu Haus. Dann kam Geza Pejacsevich mit dem Auto vorbei, um Sisi Wilczek zu besuchen und weitere Pläne zu besprechen. Er hat für sich und seine Familie Pässe bekommen und will sie alle in die Schweiz bringen. Er will, daß Sisi mitkommt, aber sie bricht in Tränen aus und weigert sich.

Ich habe mit dem Chefarzt des Cumberland-Spitals oben im Schloß gesprochen. Er sagt, er könne mich nur einstellen, wenn ich offiziell vom Luftgauarzt in Bad Ischl entlassen würde, da alle Spitäler hier dem Heer unterstünden. Wir haben alle drei beschlossen, dort zu arbeiten. Wenn es mir gelingt, das zu organisieren, werde ich Sisi und Geza für ein paar Tage nach Moosham begleiten, wo die Wilczeks ein Schloß haben, in dem sie das Ende des Krieges abzuwarten gedenken. Danach werde ich hierher zum Dienst zurückkehren. Sisi willigt zwar nicht ein, mit in die Schweiz zu kommen, ist aber bereit, ihre Eltern zu besuchen. Vielleicht ist dies die letzte Gelegenheit, mit dem Auto nach Moosham zu fahren, und dort bekommt sie wenigstens etwas zu essen. Sita Wrede ihrerseits hat beschlossen, alle Befehle zu ignorieren und sich freiwillig zur Arbeit in einem örtlichen Lazarett zu melden.

Moosham, Montag, 30. April: Wir machten uns bei Regenschauern auf den Weg. Wiederum schleppte ich eine Menge überflüssiges Gepäck mit für den Fall, daß meine Unterredung in Bad Ischl fehlschlug und ich meine Reise doch nach Schwarzach-St. Veit fortsetzen mußte.

In Bad Ischl hatte ich einige Schwierigkeiten, den Luftgauarzt ausfindig zu machen, da er bereits mit einigen Offizierskameraden zum Abendessen gegangen war. Zum Glück war ich in »Uniform«, und er führte mich in sein Büro. Ich beschrieb ihm die Verhältnisse in Schwarzach-St. Veit, worauf er mir sofort einen Entlassungsschein ausstellte, der mich von allen Verpflichtungen der Luftwaffe gegenüber befreite, was bedeutet, daß ich jetzt im Lazarett meiner Wahl arbeiten kann. Ich war von dem Charme dieses Mannes sofort hingerissen.

Jetzt konnten wir alle nach Moosham weiterfahren. Geza Pejacsevich führte die Kolonne mit Ali, Sisi Wilczek und mir an. Steff Adamovich folgte mit sämtlichen Kindern. Im dritten Auto, das Jakob Eltz gehört, fuhr Capestan. Jeder Wagen war mit allerlei sonderbarem Gepäck beladen, einschließlich Säkken voller Mehl und Reis sowie Konservendosen, die der Pejacsevich-Adamovich-Klan während seines Auszuges aus Ungarn an Land gezogen und sich auf wundersame Weise auch erhalten hatte.

Als wir durch Bad Aussee kamen, fiel unser Blick plötzlich auf Dicky Eltz. Es war eine wundervolle Überraschung, er aber sah unglücklich und verloren aus. Sein einziger Wunsch sei, so erklärte er, in seine Heimat auf dem Balkan zurückzukehren!

Wir kamen sehr gut vom Fleck, aber plötzlich war Capestan verschwunden. Wir warteten und warteten und stiegen schließlich aus, um uns die Beine etwas zu vertreten. Nach einer Weile tauchte er wieder auf, und wir fuhren weiter. Sechs Kilometer weiter stieß Sisi unvermittelt einen schrillen Schrei aus: sie hatte ihre Handtasche und den Karton mit dem Familienvermögen der Wilczeks auf unserm Halteplatz am Straßenrand liegenlassen. Steff wendete den Wagen und fuhr sie zurück. Als sie an der Stelle ankamen, fanden sie zwar das Paket, aber nicht die Handtasche. Sie fuhren ein Stück weiter und trafen auf zwei Frauen auf Fahrrädern. Sisis Tasche baumelte an der Lenkstange des einen Rades. Es folgte eine häßliche Kontroverse, da die Frau darauf bestand, die Tasche zur Polizei zu bringen. Schließlich gab sie jedoch nach, und wenig später waren wir wieder in der beabsichtigten Richtung unterwegs.

Nach Radstadt kam der Tauernpaß. Dort schneite es stark, und unser Wagen blieb stecken. Sisi und ich schoben: alles nicht sehr bequem in Uniform und um vier Uhr früh. Plötzlich erschienen zwei Pferde um eine Biegung, die ein Gefährt zogen, auf dem Meli Khevenhüller von ihren Bündeln umgeben hockte, der Inbegriff eines Flüchtlings. Ihrem Versprechen getreu, war sie auf diese Weise die ganze Strecke von Wien gefahren und jetzt nach Hoch-Osterwitz unterwegs, dem Schloß ihrer Familie in Kärnten. Schließlich kamen wir alle über den Paß und den Berg hinab und erreichten unser Ziel um fünf Uhr morgens.

Schloß Moosham stellte sich als eine mittelalterliche bewehrte Burg heraus, die ein ganzes Dorf umschloß. Es machte den Eindruck, am Ende der Welt zu sein. Wir weckten Renée Wilczek, Hansis Frau, die sich eilig bemühte, alles zu unserem Empfang herzurichten. Sisi und ich teilten ein großes Himmelbett. Morgen werden wir uns umsehen und unsere nächsten Schritte planen . . .

Am gleichen Tag, dem 30. April, beging Hitler in seinem Berliner Bunker Selbstmord.

Missies Anmerkung (September 1945):
Einige Tage später kehrten Sisi Wilczek und ich nach Gmunden zurück, wo wir beide im Cumberland-Lazarett im Schloß auf der andern Seite des Parks zu arbeiten begannen. Die Bedingungen dort waren jedoch so grauenhaft, daß wir beide fast sofort schwer an Scharlach erkrankten, den wir uns vermutlich bei der Entlausung ungezählter Soldaten, die von Osten durchpassierten, geholt hatten und der durch den Umstand, daß wir beide an völliger Unterernährung und Erschöpfung litten, noch verschlimmert wurde.

Während wir krank darniederlagen, rückte die amerikanische 3. Armee in Gmunden ein. Für uns war der Krieg vorbei.

Es ist überflüssig zu erwähnen, daß ich in der ganzen darauffolgenden Zeit kein Tagebuch führte. Der Kampf ums nackte Überleben inmitten des Chaos und der völligen Auflösung in Deutschland und Österreich während der ersten Nachkriegsmonate nahm alle Reserven an Energie und Nervenkraft in Anspruch – unter Ausschluß von praktisch allem andern. Das einzige, was mich persönlich immer wieder anspornte, war das Bedürfnis, um jeden Preis mit meinen verstreuten Familienangehörigen wieder Verbindung zu bekommen, von deren Schicksal ich nichts ahnte und die, wie mir bewußt war, sich gewiß ebenso verzweifelt um mich sorgten wie ich mich um sie.

General Pattons 3. Armee erreichte Gmunden am 4. Mai. Am folgenden Tag ergaben sich die deutschen Streitkräfte in Bayern. Vier Tage darauf, am 8. Mai, endeten die Kampfhandlungen in Europa offiziell.

Sisi Wilczek (heute Gräfin Geza Andrassy) hat die in Missies Tagebuch fehlende Periode beschrieben:
Eines Tages fuhr ein amerikanischer Jeep mit zwei Offizieren bei der Königinvilla vor. Da weder der Hausverwalter, Herr Stracke, noch Fräulein Schneider Englisch sprachen, wurde Missie, die im Cumberland-Lazarett auf der andern Seite des Parks arbeitete, zum Dolmetschen gerufen. Die beiden Offiziere zeigten sichtliches Interesse an Missie, und unter dem Vorwand, daß die Russen kämen und die Offiziere sie in ihren Schutz nehmen wollten, versuchten sie Missie zu überreden, mit ihnen wegzufahren. Sie lehnte ab und erklärte, sie könne mich nicht im Stich lassen; es wurde verabredet, daß die beiden in zwei Tagen wiederkommen würden. Unterdessen verboten sie uns, das Haus zu verlassen. Zwei Tage später erschienen sie wieder und drängten dieses Mal uns beide, mit ihnen wegzufahren. Wir lehnten ab. Daraufhin verboten sie uns abermals, das Haus zu verlassen, und erklärten, daß wir widrigenfalls erschossen würden. Uns war inzwischen klar geworden, daß die Geschichte von den angeblich im Anmarsch befindlichen Russen erfunden war und daß die beiden etwas ganz anderes vorgehabt hatten. Zum Glück ließen sie sich nicht wieder blicken.

Kurz darauf erkrankten wir beide an Scharlach, wurden auf einen offenen, von Pferden gezogenen Sanitätswagen geladen und nach Gmunden hinuntergefahren, wo wir zu zweit in ein Bett in die Isolierstation des Spitals gelegt wurden, in dem ich bis dahin gearbeitet hatte. Wir waren uns der Dinge, die um uns herum geschahen, kaum bewußt. Eines Tages war das Geräusch vieler vor dem Gebäude haltender Fahrzeuge zu hören und auf amerikanisch gerufene Befehle. Plötzlich platzten einige waffenstrotzende Soldaten in uns unbekannten Khaki-Uniformen und Helmen in unser Krankenzimmer und wurden von Ärzten und Schwestern sogleich wieder hinausgedrängt. Ein paar Tage später erzählte man uns, daß der Krieg zu Ende sei.

Ich erinnere mich nur an sehr wenig aus der Zeit, die wir dort verbrachten. Ich kann mich zum Beispiel noch dunkel entsinnen, daß wir eines Tages ein Kochbuch fanden mit Abbildungen von Brot, Milch und Fleisch und uns vorzustellen versuchten, wie es wäre, das alles zu verschlingen. Ein anderes Mal schlich ich mich in den Spitalgarten und stahl ein Glas voll Johannisbeeren. Eine der Klosterfrauen ertappte mich in flagranti, beschimpfte mich und nannte mich eine Diebin, während ich, das kostbare Glas noch immer umklammert haltend, schnurstracks in unser Zimmer zurücklief, wo wir gierig die Beeren hinunterschluckten, ehe man sie uns wieder wegnehmen konnte. Nach ungefähr sechs Wochen wurden wir total verhungert entlassen.

Als wir in die Königinvilla zurückkehrten, mußten wir feststellen, daß das Haus vom amerikanischen CIC (Abwehrdienst des Heeres) beschlagnahmt worden war und unter dem Kommando eines Major Christel stand. Aus der Folgezeit erinnere ich mich wiederum am lebhaftesten an das ständige Gefühl nagenden Hungers. Wir erhielten zwar vom Cumberland-Spital (dem Missie, trotz Erholungsurlaub, noch angehörte) unsere Zuteilungen an Pferdefleisch und ähnlichem, die wir uns in der Küche der Amerikaner aufwärmen durften, aber ich entsinne mich noch, wie uns das Wasser im Munde zusammenlief beim Anblick all der Herrlichkeiten, die »unsere Hausgäste« aßen. Schließlich wandten Missie und ich aus purer Verzweiflung einen Trick an. Um die Zeit, zu der sich die Amerikaner zu Tisch setzten, krochen wir jedesmal vor die Fenster des Speisezimmers und wirtschafteten dann mit den Blumentöpfen herum, beschnitten die Rosen und dergleichen mehr. Und siehe da, wir wurden fast immer eingeladen, an ihren Mahlzeiten teilzunehmen (in diesen ersten Nachkriegszeiten war das »Fraternisieren« mit Deutschen offiziell noch verboten). Dies hatte zur Folge, daß wir von der vielen Erdnußbutter und den großen Schalen Bohnenkaffee die ganze Nacht im Bett kerzengerade aufrecht saßen und kein Auge zutaten.

Major Christel erwies sich als ein sehr netter, höflicher und rücksichtsvoller Mann. Er gab sich die größte Mühe, dafür zu sorgen, daß das ständig wechselnde Personal unter seinem Kommando sich uns gegenüber ordentlich benahm. Dies war um so notwendiger – und wurde um so dankbarer von uns empfunden –, als das Haus sehr bald in ein Wochenend-Erholungszentrum verwandelt wurde mit allem, was dies besagt. Wir merkten erst, was nächtlich in den Zimmern des Erdgeschosses vor sich ging, als wir schon drauf und dran waren auszuziehen – da wir aus dem Dienst des Roten Kreuzes entlassen werden sollten.

In dieser Beziehung machte sich Major Christel besonders um Missie Sorgen. Sie hatte ihm von ihren Berliner Erfahrungen erzählt, vor allem über die Zeit um den 20. Juli, und er fürchtete, daß sie deswegen noch zu weiteren Verhören festgehalten werden könnte. Zum Glück stellten sich seine Befürchtungen als grundlos heraus.

Eines Tages wurden wir auf eine Kolonne offener Last- und Pferdewagen verladen, zusammen mit einer Gruppe blutjunger Burschen in SS-Uniform und unter schwerer Bewachung nach Mauerkirchen bei Braunau am Inn (Hitlers Geburtsort!) zur »Überprüfung« gebracht. Die SS-Jungen wurden gleich entlassen, da klar war, daß sie erst in den letzten Kriegswochen eingezogen worden waren und man sie, ohne lange zu fragen, in SS-Uniformen gesteckt hatte. Wir übrigen mußten vor einer ganzen Reihe von Untersuchungsbeamten Revue passieren, die in drei Eisenbahnwaggons saßen, uns Hunderte von Fragen stellten und immer wieder unsere Namen mit langen Listen verglichen, um ganz sicher zu gehen, daß wir keine prominenten Nazis gewesen waren. Missie war ihnen natürlich ein Rätsel; allein schon deshalb, weil sie so fehlerlos Englisch sprach und behauptete, Russin zu sein. Wenn das zutraf, fragten sie immer wieder, warum war sie dann nicht in Rußland? Offensichtlich hatten sie noch nie etwas von weißrussischen Emigranten gehört! Schließlich wurden wir aus dem letzten Eisenbahnwagen entlassen und bekamen einen weißen Punkt auf die Beine gepinselt zum Zeichen, daß wir »reingewaschen« waren. Nach einer weiteren langen Wartezeit wurde uns erklärt, wir seien frei und könnten gehen, wohin wir wollten. Für uns beide war der Krieg endlich und wahrhaftig vorbei.

Am gleichen Abend nach einer abermaligen langen Reise, die wir teils zu Fuß, teils per Anhalter machten, langten wir wieder in der Königinvilla in Gmunden an, wo uns Major Christel ein wunderbares Willkommensmahl bereitet hatte.

Wir blieben noch ein paar Wochen in Gmunden, besuchten verschiedene Verwandte und Freunde, die in der Nähe Zuflucht gefunden hatten – meine Eltern in Moosham, die Eltzens in Aussee . . .

Missie führte erst vier Monate später wieder Tagebuch:

Bad Aussee, 23. August: Sisi Wilczek und ich haben Gmunden endgültig verlassen.

Ich habe jetzt vor, zu meiner Familie in Deutschland zu stoßen, einerlei, auf welche Weise, vorausgesetzt, daß es ihr gelungen ist, rechtzeitig aus Königswart zu entkommen (das sich jetzt in tschechischer Hand befindet).

Ich ließ den größten Teil meines Gepäcks bei den Starhembergs in Bad Ischl zurück und begleitete Sisi für einen Tag nach Bad Aussee. Auf dem Bahnhof trafen wir Wilhelm Liechtenstein, der sich auf dem Wege von der Schweiz in die Steiermark befand und uns aus seinem Koffer mit Speck, Käse und Zwieback fütterte. Dies war uns höchst willkommen, da wir uns ganz schwach vor Hunger fühlten. In verschiedenen Taschen seines Anzugs hatte er sieben kleine Flaschen Schnaps versteckt, die er Autofahrern anzubieten gedachte, die bereit waren, ihn im Wagen mitzunehmen. Er erzählte mir beiläufig, daß Paul und Tatjana Metternich in Johannisberg seien, Pauls ausgebombtem Weingut am Rhein, das jetzt in der amerikanischen Besatzungszone liegt. Dies war die erste Nachricht, die ich seit April über sie empfangen hatte! Er begleitete uns bis nach Aussee und half uns mit dem Gepäck.

Strobl, Freitag 24. August: Verbrachte den Morgen in Bad Aussee im Gespräch mit Albert Eltz' Mutter. Sie hat bisher keine Nachricht von ihrer Tochter Stephanie Harrach, die in der Tschechoslowakei unter russischer Besatzung zurückgeblieben ist. Dicky Eltz wurde in den allerletzten Kriegstagen gefangengenommen und ist noch immer in einem alliierten Kriegsgefangenenlager an der bayerischen Grenze; anscheinend werden sie dort sehr schlecht behandelt; dabei war Dicky so anglophil! Ich werde versuchen, ihm durch Jim Wjasemsky helfen zu lassen, der von den einmarschierenden Russen aus seinem Kriegsgefangenenlager bei Dresden befreit worden ist.

Spät am Abend kamen zwei Amerikaner aus der Königinvilla in Gmunden – sie heißen beide Jim – vorbeigefahren, um uns für morgen zu einer Party in Gmunden einzuladen. Einer von ihnen ist mit einer Französin verlobt.

Samstag, 25. August: Ali Pejacsevich und ich versuchten, per Anhalter nach St. Gilgen zu kommen, um Zimmer zu besichtigen, die eventuell frei werden sollen. Aber es fuhren keine Autos vorbei, und es endete damit, daß wir von zwei ehemaligen deutschen Soldaten in ihrem Pferdewagen mitgenommen wurden, die an jedem Haus haltmachten auf der vergeblichen

Suche nach Heu für ihre Rösser. Wir trennten uns bald wieder von ihnen. Während ich mich am Straßenrand in die Sonne legte, setzte sich Ali in die Mitte der Straße, um den vorbeifahrenden Verkehr besser aufhalten zu können. Schließlich liefen wir bis St. Wolfgang zu Fuß und wurden dort von einem Jeep mitgenommen. Wir hatten drei Stunden gebraucht, um zwölf Kilometer zurückzulegen!

Die Zimmer stellten sich als arge Enttäuschung heraus, und wir fragten uns gerade, wie wir wohl zurückgelangen sollten, als wir wieder unsern beiden Jims begegneten, die auf dem Wege waren, uns zu ihrer Party abzuholen. Als wir dort ankamen, stellten wir fest, daß viele Mädchen ziemlich elegant aufgemacht waren. In unsern einfachen Dirndlkleidern kamen wir uns wie DPs vor. Verbrachte den größten Teil des Abends damit, mich mit Jim Nr. 1 zu unterhalten, der gerade wieder zum Stab von General Mark Clark in Wien zurückkehren soll. Ich selbst habe vor, mich Dienstag nach Johannisberg auf den Weg zu machen.

Sonntag, 26. August: Am Nachmittag gingen Geza Pejacsevich, Sisi Wilczek, Alfred Apponyi und ich mehrere Kilometer zu Fuß, da wir Karl Schönburg, einen Vetter von Loremarie, besuchen wollten, der in einem Bauernhaus einige Dörfer entfernt von hier lebt. Das Anwesen gehört seinem Bruder, der in der Tschechoslowakei verschollen ist. Karl selbst war zunächst auch unter der russischen Besatzung dageblieben, aber der tschechische Gutsverwalter, der ein anständiger Kerl war, hatte ihn überredet, sich aus dem Staub zu machen, da die Sache brenzlig wurde. Jetzt ist aus seinem Schloß ein russisches Lazarett geworden. Er bot uns köstliche frische Milch und Schnaps an. Beides nahmen wir dankbar an. Er füllte auch zwei Rucksäcke mit Kartoffeln, die wir den Apponyis mitbringen sollten. Auf der ganzen Strecke klagte Geza unablässig, daß ihm die Füße weh täten; sein Lebtag hätte er noch keinen so langen Fußmarsch unternommen. Schließlich nahm uns ein amerikanischer Jeep ein Stück mit. Zum großen Vergnügen des Fahrers jodelten Sisi und Alfred während der ganzen Fahrt.

Montag, 27. August: Sisi Wilczek und ich teilen das gleiche Bett, die eine liegt am Fußende, die andere am Kopfende; manchmal kitzeln wir uns gegenseitig mit den Zehen an der Nase. Aber seit man uns, als wir Scharlach hatten, im Krankenhaus in ein Bett gestopft hat, sind wir an diese Schlafstellung à la »U-Boot-Besatzung« gewöhnt.

War in Salzburg, um einen Herrn von Lehn aufzusuchen. Dieser versucht, mit Hilfe der österreichischen Behörden mehrere hundert deutsche Flüchtlingskinder zu repatriieren, die während des Krieges aus den ausgebombten norddeutschen Städten nach Österreich evakuiert worden waren. Er schlug vor, daß ich mich dem Rot-Kreuz-Begleitpersonal anschließen solle. Die organisatorische Seite zieht sich jedoch in die Länge. Am Nachmittag war ich zum Tee bei Puka Fürstenbergs Mutter. Sie ist eine reizende alte Ungarin und wohnt in einem sehr hübschen Haus. Sie gab mir einige englische Bücher mit und auch ein paar Makkaroni und Sardinen. Die Lebensmittel waren höchst willkommen, denn da wir alle hier behördlich nicht gemeldet sind, bekommen wir auch keine Marken und fangen wieder einmal an, Hunger zu leiden. Jeden Tag gehen wir in den Wald und suchen Pilze, die unsere Hauptnahrung ausmachen. Neulich lief ich barfuß und schlitzte mir den Fuß auf. Er blutete stark, und Geza Pejacsevich bestand darauf, die Wunde auszusaugen, um eine Blutvergiftung zu verhindern. Wir essen bei den Apponyis, die so rührend nett und gastfrei sind, aber selbst sehr wenig haben.

Dienstag, 28. August: Heute fuhren Ali Pejacsevich und ich in der Pferdekutsche der Apponyis nach St. Wolfgang, in der Hoffnung, auf meine Gmundener Lebensmittelmarken etwas Eßbares einkaufen zu können. Da Strobl im Land Salzburg und Gmunden in Oberösterreich liegt, sind meine hier nicht gültig. Wir hatten Erfolg und brachten meine Wochenration an Lebensmitteln zurück – ein Laib Schwarzbrot, ein Viertelpfund Butter und eine halbe Wurst. So weit, so gut.

Dann besuchten wir die Thuns, die mit ihren drei Kindern und seiner Mutter in vier Zimmern leben. Sie boten uns Tee an und erzählten uns weitere haarsträubende Geschichten über abenteuerliche Fluchten aus dem Osten. Auf dem Heimweg machten wir vor jedem Pflaumenbaum, den wir sahen, halt und schüttelten sie mit Hilfe des Kutschers jedesmal kräftig.

Wladschi Mittrowsky (ein anderer, der in letzter Minute aus Wien entkam) hat mir eine Dose Sardinen geschenkt. Dies ist eine besonders wertvolle Gabe, da ich keinerlei Vorbereitungen für meine Reise getroffen habe und unter Umständen mehrere Tage unterwegs sein werde.

Mittwoch, 29. August: Nach dem Mittagessen erschienen Gina Liechtenstein (die Frau des regierenden Fürsten), ihr Vater Ferdinand Wilczek und Geza Andrassy, Sisi Wilczeks zukünftiger Mann – sie haben sich gerade verlobt – in einem Wagen, der die Liechtensteinische Standarte trug. Sie hatten Nachricht von den Metternichs, über Gabrielle Kesselstatt, die in Johannisberg haltgemacht hatte auf ihrem Wege von Trier nach Vaduz, wo sie ihre Familie besuchen wollte.

Nach dem Abendessen reiste Gina ab und ließ uns mehrere Flaschen Gin da. Die Apponyis und wir tranken uns einen ganz hübschen Schwips an. Im Grunde war es ein Abschiedsfest, da Geza und Ali Pejacsevich morgen nach Altmünster und von dort in die Schweiz fahren und meine eigene Abreise jetzt endlich auch in Sicht ist.

Donnerstag, 30. August: Ali und Geza Pejacsevich sind fort. Das Zimmer sieht ohne ihre Sachen sehr leer aus. Ich habe auch angefangen zu packen. Herr von Lehn hat mir letzte Anweisungen erteilt. Der Kindertransport, mit dem ich nach Deutschland zurückkehren soll, fährt morgen um fünf Uhr nachmittags ab.

Herr von Lehn begleitete uns zu den Mittrowskys, wo wir etwas Wein tranken. Da mein Zug ohne Aufenthalt quer durch ganz Deutschland direkt nach Bremen fährt, gab mir Christl Mittrowsky eine Adresse dort, für den Fall, daß es mir nicht gelingen sollte, unterwegs abzuspringen. Wir gingen recht spät heim und wurden von einer Streife der Militärpolizei angehalten. Wir hatten unsere Ausweise vergessen und wurden ausgeschimpft.

Da meine Abreise jetzt unmittelbar bevorsteht, fühle ich mich immer nervöser. Es ist das erste Mal, daß ich nach Deutschland zurückkehre, seit ich vor fast genau einem Jahr aus Berlin flüchtete.

Auszug aus einem Brief von Sisi Wilczek-Andrassy aus dem Jahre 1979:
Ich sah Missie zum letzten Mal auf dem Bahnsteig in Strobl, von wo aus sie mit einem Transport heimkehrender Flüchtlingskinder nach Deutschland fuhr. Als wir uns zum Abschied umarmten, gaben wir einander das feierliche Versprechen, noch eine lange Zeit nicht zu heiraten, sondern »frei zu bleiben« . . . Binnen weniger als einem Jahr hatte Missie dieses Versprechen gebrochen!

In Johannisberg am Rhein im September 1945 niedergeschrieben:
Schrieb einen Brief an Irena in Rom. Dann zog ich mir zum letzten Mal meine frischgewaschene Rot-Kreuz-Uniform an (da ich als Schwester reise), machte eine letzte Runde durch Strobl, aß zu Mittag und machte mich dann in Begleitung von Sisi Wilczek, Albert Eltz und Wladschi Mittrowsky zum Bahnhof auf.

Herr von Lehn sollte in Salzburg zu uns stoßen. Wir brauchten sechs Stunden bis dahin, da quer über die Gleise zwei amerikanische Lastwagen zusammengestoßen waren und es lange dauerte, bis man sie wieder auseinandergezogen hatte.

In Salzburg wurde mir gesagt, ich solle mich dem Führungsstab in einem andern Zug anschließen. Dort half mir eine reizende Krankenschwester, mein Gepäck zu verstauen. Nur zwei Bänke waren frei, der Rest des Wagens war mit Weißbrot und riesigen Mengen Butter, Wurst und Käse vollgeladen – ein Geschenk der amerikanischen Armee. Dies stellt die Lebensmittelration für achthundert Kinder und vierzig Erwachsene für zwei Tage dar. Wir mußten lange warten, da noch mehrere hundert Kinder aus Berchtesgaden kommen sollten. Schließlich waren alle eingestiegen und wir fuhren los.

Im ganzen besteht der Zug aus fünfundvierzig Eisenbahnwagen. In jedem sind die Kinder aus jeweils einem Flüchtlingslager zusammen mit ihren Lehrern untergebracht. Die meisten der Kinder sehen sauber und ordentlich ernährt aus. Sie sind sichtlich begeistert, nach Haus zu dürfen. Seit einem Jahr haben sie keine Nachrichten mehr von ihren Familien erhalten, da sie nach der Zerstörung Bremens nach Österreich evakuiert worden waren.

Unser Führungsstab besteht aus Herrn von Lehn, einem Arzt, einer Sekretärin, uns zwei Schwestern und einer Dame mit einer vierjährigen Tochter, die bei den Lehns in Strobl gewohnt hatte. Wir haben auch eine amerikanische Eskorte, die aus einem Offizier und vier Mann besteht.

Nachdem wir lange an der bayerischen Grenze aufgehalten worden waren, kamen wir um 2 Uhr früh in München an. Ein riesiges Eisenskelett ist alles, was vom Bahnhof noch steht. Das örtliche Rote Kreuz hatte für die Verteilung von Kaffee und Broten an die Kinder gesorgt, die der Reihe nach gefüttert wurden. Wir schliefen schlecht, es gab zu wenig Platz und die Bänke waren hart.

Samstag, 1. September: Heute vor sechs Jahren begann der Krieg. Es kommt einem wie ein ganzes Leben vor.

Früh am Morgen fuhren wir durch Augsburg, wo sich einige meiner Reisegefährten an einer Pumpe auf dem Bahnsteig zu waschen versuchten. Ich schlummerte weiter. Wir setzten unsere Fahrt durch Nürnberg, Bamberg und Würzburg fort. Vom Zug aus betrachtet sahen alle Städte gleich aus – die gleichen Trümmerhaufen, die gleiche Trostlosigkeit. In Würzburg hielten wir lange. Ich stieg aus und wusch mich gründlich. Dann machten wir uns mit unseren Lebensmittelvorräten an die Arbeit, schnitten Brot (über achthundert Laibe), beschmierten es mit Butter, schnitten Wurst auf usw. Wir waren beschäftigt, bis es dunkel wurde.

Wo immer wir anhalten, versuchen Menschen, den Zug zu besteigen. Zumeist sind es Soldaten, die gerade entlassen worden sind. Theoretisch darf niemand in den Zug, aber unser amerikanischer Offizier hat ein gutes Herz und erlaubt ihnen, im Gepäckwagen zu fahren. Wir sind insofern privilegiert, als wir als Sonderzug Vorfahrt haben. Seit Beginn unserer Reise habe ich noch keinen Personenzug gesehen. Alle Zivilisten scheinen heutzutage in Güterzügen zu reisen. Fahrpläne gibt es auch nicht. Überhaupt bietet Deutschland ein trostloses Bild.

Wir studierten eine Landkarte und versuchten zu entscheiden, wo ich am besten ausstieg. Einige meiner Mitreisenden raten mir, bis Bremen durchzufahren und von dort aus zu versuchen, Johannisberg zu erreichen. Ich würde diesen Teil Deutschlands (der von den Briten besetzt ist) aus reiner Neugier gern sehen, aber das scheint mir ein absurder Umweg und daher nicht sehr vernünftig zu sein.

Heute nacht hielten wir irgendwo und begannen, das Essen zu verteilen. Ich stand draußen, die Kinder stellten sich Lager für Lager in einer Reihe auf, und das Essen wurde ihnen aus dem Zug hinausgereicht. Sie sahen sehr niedlich aus, schienen sehr dankbar, vor allem für das Weißbrot, und es waren viele »Dankeschöns« zu hören. Als sie alle versorgt waren, kamen auch viele der Zivilisten, denen erlaubt worden war, in den Zug zu steigen, heran und baten um Essen für ihre Kinder. Da wir mehr als genug hatten, fütterten wir auch sie. Wir steckten Kerzen in Becher, und alle wurden sehr viel heiterer, vor allem die Krankenschwester und die Sekretärin, die beide aus Salzburg sind und in zwei Tagen wieder dorthin zurückkehren. Sie sangen Wiener Lieder, und wir übrigen stimmten mit ein.

Wiederum besprachen wir, was ich tun sollte. Einer der Schaffner sagte, er wolle eine Station vor Fulda aussteigen, da der Zug dort zwei Minuten halten werde. Er schlug mir vor, ebenfalls dort auszusteigen. Auf dem Bahnhof werde er mir für die Nacht Unterkunft verschaffen, und am folgenden Morgen könne ich dann den Zug nach Frankfurt nehmen. Fulda selbst, meinte er, solle ich meiden, da die Stadt in Trümmern liege, fast ganz leer sei und auch keinen Bahnhof mehr besitze.

Als wir uns der bewußten Station näherten, stellten wir uns an der Wagentür auf. Der Schaffner hatte eine Laterne. Herr von Lehn und die Mädchen hielten mein Gepäck parat. Der Zug fuhr langsam durch den Bahnhof, hielt aber nicht. Der Schaffner sprang trotzdem ab und winkte energisch mit seiner Laterne, um dem Zugführer das Signal zum Anhalten zu geben, damit auch ich aussteigen könnte. Statt dessen beschleunigte sich das Tempo. So sollte es für mich also doch bei Fulda bleiben.

Herr von Lehn war sehr aufgeregt und versuchte, mich umzustimmen, aber ich weigerte mich, bis nach Bremen mitzufahren. Mittlerweile hatten sich die übrigen wieder schlafen gelegt. Wir hielten Ausschau nach Fulda, und als ein Ort nahte, der danach aussah, machte ich mich zum Absprung bereit, da ich längst nicht mehr daran glaubte, daß der Zug überhaupt anhalten würde. Und er tat es auch wirklich nicht, verlangsamte aber die Fahrt wenigstens soweit, daß ich auf die Gleise hinuntergleiten konnte. Herr von Lehn warf mir mein Gepäck nach und rief mir noch zu, daß er in vierzehn Tagen in Johannisberg vorbeischauen werde, um nachzusehen, ob ich dort wohlbehalten angekommen sei.

Zum Glück war ich einem Streckenarbeiter in die Arme gefallen, der eine große Laterne trug, selbst vom Zug abgesprungen war und ebenfalls nach Fulda wollte. Er half mir, mein Gepäck zu tragen, und in der pechschwarzen Nacht stolperten wir den Überresten eines Bahnhofs entgegen, über aufgerissene, verbogene Gleise hinweg, an klaffenden Löchern und Signaldrahtgestrüpp vorbei, in dem unsere Füße hängenblieben. Ich fühlte mich todunglücklich, und die Aussicht, in Fulda die ganze Nacht auf dem Bahnsteig zu sitzen, machte mich noch verzagter. Mein Schutzengel war vor mir von der Dunkelheit geschluckt worden; er wollte die Lage auskundschaften. Plötzlich sah ich die Scheinwerfer einer Lokomotive, die mir langsam entgegendampfte. Ich winkte fieberhaft, und als sie genau auf meiner Höhe war, blieb sie stehen. Ich fragte den Lokomotivführer, wohin seine Fahrt gehe. Er antwortete: »Nach Hanau.« Vorher müsse er jedoch noch einen Güterzug auf ein anderes Gleis rangieren, aber wenn ich wolle, könne ich aufsteigen.

Die Vorstellung, die ganze Nacht auf einer Lokomotive zu fahren, schien etwas weniger trostlos, als auf einem ausgebombten Bahnhof herumzusitzen. Daher kletterte ich mit seiner Unterstützung hinauf. Es waren zwei Mann im Führerstand, und sie hängten mein Gepäck rundum an Haken auf. Dann kam der Mann von vorhin, der Streckenarbeiter, aus dem Dunkel angelaufen, und wir zogen auch ihn herauf. Obgleich die Funken auf mich herniederrieselten, war ich dennoch dankbar, da mich die Feuerbüchse wärmte; wie allerdings meine blitzsaubere Uniform am nächsten Tag aussehen würde, malte ich mir lieber nicht aus. Die drei Männer waren gutmütig, aber zunächst einsilbig. Der Streckenarbeiter stieg sehr bald wieder ab, als er sich seinem Heimatort näherte. Er schlug mir vor, mitzukommen und bei ihm zu Haus auf den Frankfurter Zug zu warten; dort könne er mir auch Kaffee und Kuchen anbieten, »alles von den Amis«. Ich war gerührt, lehnte aber ab in der Hoffnung, schneller nach Frankfurt zu gelangen, wenn ich auf der Lokomotive bliebe.

Wir ratterten hinein in die Dunkelheit in einem, wie mir schien, halsbrecherischen Tempo. Die Gegend ringsum ist so entstellt, daß die Schienen immer wieder im Nichts zu enden scheinen. Wir erreichten einen Ort namens Elm, wo wir hielten und die Güterwagen abkoppelten. Dann verschwanden Führer und Heizer, während ich auf einem Schemel vor dem Feuerloch döste. Nach einer Weile tauchten die beiden sehr ärgerlich wieder auf. Sie hatten zwar schon vierundzwanzig Stunden ohne Pause gearbeitet, dennoch verlangte die Direktion, daß sie jetzt noch, ehe sie nach Hanau zurückkehrten, einen anderen Güterzug nach Würzburg brächten – das ich bereits vor zehn Stunden passiert hatte! Ich war dem Heulen nahe! Der Lokführer, ein großer, stämmiger Bursche, erklärte darauf, er habe mir versprochen, mich nach Hanau zu bringen, und nichts in der Welt würde ihn jetzt dazu bewegen, woanders hinzufahren. Zunächst versuchten die beiden, sich heimlich mit der Lokomotive aus dem Staube zu machen, aber man hatte ihnen listigerweise die Weichen verstellt. Dann beschlossen sie, die ganze Nacht einfach sitzenzubleiben. Falls jemand vorbeikomme, dürfte ich mich auf keinen Fall blicken lassen, denn sonst könnte es Ärger geben. Ich versuchte, auf der Landkarte auszumachen, wo wir uns befanden, konnte aber nichts erkennen. Meine Vorstellung vom Niemandsland! Ich stieg aus, trottete zum Bahnhof, tat so, als käme ich gleichsam aus dem Nichts, und erkundigte mich nach dem nächsten Zug nach Frankfurt. Übermorgen, lautete die Antwort.

Der Lokomotivführer war mir gefolgt. Er erzählte mir, daß er früher Göring und Hitler gefahren habe und inzwischen auch Eisenhower schon zweimal; man habe ihm einen Posten in den Vereinigten Staaten angeboten, für zweitausend Dollar im Monat, hier verdiente er nur vierhundert Mark, und in Deutschland würde man wie ein Hund behandelt. Ihm stehe es bis hierher! Ob ich mit ihm nicht nach Amerika kommen wolle? »Ich bin schon halb verliebt in Sie! Das wäre doch eine Sache!« Ich kehrte zur Lokomotive zurück und hoffte auf den Schutz seines Kollegen, aber der schlief inzwischen fest. Es wurde immer kälter. Ich versuchte, das Feuer zu schüren – ohne Erfolg. Ich weckte den schlafenden Heizer und flehte ihn an, mehr Kohle aufzuschütten. Inzwischen war jedoch mein Bewunderer zurückgekehrt. Beide versicherten mir, ich solle mir keine Sorgen machen – in Deutschland gebe es praktisch keine Lokführer mehr; die Direktion werde klein beigeben müssen, sonst würden sie einfach die Arbeit verweigern. Ich bemerkte, wie gut es sei, daß der Krieg zu Ende wäre, sonst hätte man sie beide wegen Sabotage aufgehängt. Sie pflichteten mir bei.

Sonntag, 2. September: Eine Stunde später wurde es hell. Die beiden Lokführer nahmen ihre Taschen und machten sich auf den Weg, versicherten mir aber, sie würden bald zurück sein. Um sieben Uhr früh wurde der Bahnhofsvorsteher, der zuvor überall herumtelefoniert hatte, weich und gab uns das Signal zur Abfahrt. Er brauchte das Gleis für andere Züge. Die Lokomotive fuhr an, und bald waren wir in einem beschwingten Tempo nach Hanau unterwegs. Meine Beutel schwangen wild im Fahrtwind, die Landschaft war wunderschön – jedenfalls kam sie mir in meiner Erleichterung so vor.

Um neun Uhr kamen wir in Hanau an, und einer der Männer trug mir mein Gepäck zu einem Raum auf dem Bahnhof, auf dessen Tür die Aufschrift »Off Limits« stand. Freundlicher Abschied, dankbares Händeschütteln und meine letzten Zigaretten!

Der amerikanische Sergeant vom Dienst sah mich überrascht an und fragte: »Wollen Sie sich waschen?« und reichte mir zugleich einen Spiegel. Mein Gesicht war schwarz verschmiert, die Uniform mit der weißen Schürze und Haube sah schlimm aus. Er brachte mir etwas Wasser in seinem Helm, und nach großen Anstrengungen gelang es mir, etwas manierlicher auszusehen. Auf einem Feldbett in der Ecke hatte ein anderer Soldat ein Mädchen auf dem Schoß. Sie sagte mir, sie warte seit zwei Tagen auf einen Zug nach Köln, schien sich aber inzwischen mit einem andern Schicksal abgefunden zu haben.

Nach einigen Erkundigungen gelang es mir, einen andern Lokführer ausfindig zu machen, der in zehn Minuten in Richtung Frankfurt abfahren sollte und sich bereit erklärte, mich mitzunehmen. Dieses Mal stiegen auch eine Menge anderer Leute mit zu. Zwei amerikanische Soldaten halfen mir mit dem Gepäck, und bald waren wir abermals unterwegs. Wir dampften langsam durch Frankfurt – ein weiterer trostloser Trümmerhaufen. Ich zählte sechs Brücken über den Main – alle zerstört. Zwei Pontonbrücken ersetzen sie jetzt. In Höchst mußte ich dreieinhalb Stunden warten, dann eine Stunde Fahrt nach Wiesbaden; weitere zwei Stunden Wartezeit; und schließlich noch ein Zug nach Geisenheim, dem kleinen Dorf unterhalb von Johannisberg. Ein junges Mädchen, das mit mir ausgestiegen war, erbot sich, mir mein Gepäck bis zum nahegelegenen Ursulinerinnenkloster tragen zu helfen. Wir machten uns bergan auf den Weg durch Paul Metternichs berühmte Weinberge, und ich hoffte inständig, daß er und Tatjana nicht über das Wochenende fortgefahren waren.

Es dauerte eine ganze Weile, ehe ich das zerstörte Schloß erreichte. Auch dies ist ein trauriger Anblick. Nur eines der Pförtnerhäuschen ist unversehrt. Der erste Mensch, dem ich begegnete, war Kurt, der Butler aus Königswart. Er berichtete, daß Tatjana und Paul vor zehn Tagen mit dem Auto nach Salzburg gefahren seien – um mich zu suchen!

Inzwischen war ich so erschöpft, daß ich nicht einmal weinen konnte, und brach in dem Zimmer, das ich für das Wohnzimmer der Haushälterin hielt, schlicht und einfach zusammen. Sehr bald erschien auch Kurts Frau, Lisette, und plötzlich fühlte ich mich wie in alten Zeiten. Rührend von ihnen umsorgt, kroch ich in das einzige Bett eines sehr blank poliert aussehenden neuen Schlafzimmers. Morgen werden wir weiter sehen. Jetzt will ich nur schlafen. Und vergessen.

Johannisberg am Rhein, 3. September: Heute habe ich angefangen, mich ein wenig umzusehen. Dieses Pförtnerhaus war das einzige, was bei dem alliierten Bombenangriff auf Johannisberg im Jahre 1943 mehr oder weniger unversehrt übrigblieb. Die kleine Wohnung, in der ich jetzt bin, gehörte früher der Haushälterin, inzwischen wohnen aber Tatjana und Paul Metternich darin, während die Haushälterin ein Stockwerk höher gezogen ist. Sie besteht aus einem Wohnzimmer, einem Schlafzimmer und einem Bad. Die Fenster blicken auf ein rundes – jetzt mit Spinat bepflanztes – Blumenbeet und einen weitläufigen quadratischen Eingangshof vor der Ruine des Schlosses. Durch seine klaffenden Fensterhöhlen kann man auf das Rheintal hinuntersehen. Überall wimmelt es von Metternichschen Dienstleuten, die sich von den verschiedenen Ländereien, die jetzt wieder auf tschechischem Boden liegen, hier eingefunden haben in der Hoffnung, Arbeit zu finden, aber den ganzen Tag buchstäblich nichts zu tun haben. Es ist alles sehr deprimierend...

Ich habe inzwischen erfahren, daß Tatjana, Paul, Mama und Papa zwei Tage nach Eintreffen der Amerikaner Königswart in einem von zwei Pferden gezogenen Treckwagen verlassen haben, in Begleitung von sieben ehemaligen französischen Kriegsgefangenen, die bei Paul auf dem Land gearbeitet hatten. Der amerikanische Ortskommandant, der zufällig mit Vettern von uns in den Vereinigten Staaten befreundet ist, hatte sie davon unterrichtet, daß die Amerikaner diesen Teil der Tschechoslowakei sehr bald den Sowjets überlassen würden, und ihnen geraten, sich unverzüglich abzusetzen. Sie hatten achtundzwanzig Tage gebraucht, Deutschland zu durchqueren, und in Bauernhäusern oder Scheunen, gelegentlich auch bei Freunden übernachtet. Kurt und Lisette (die mich jetzt hier versorgen) waren mit Tochter und Schwiegersohn sowie Pauls Sekretär Thanhofer einige Stunden später in einem zweiten Wagen gefolgt. Sie haben das meiste ihrer Habe zurücklassen müssen und sind sehr unglücklich. Tatjana und Paul scheinen auch nur sehr wenig mitgenommen zu haben. Als sie hier ankamen, hatten sie nicht einmal Decken für ihre Betten, denn hier ist 1943 alles den Bomben zum Opfer gefallen. Mama und Papa sind jetzt in Baden-Baden (wo wir als Kinder viele Jahre gewohnt haben) in der französischen Besatzungszone.

Man hat mir erzählt, daß zwei unserer Verwandten, die bei den alliierten Streitkräften dienen, bereits vorbeigekommen seien, um festzustellen, wo wir uns befinden und ob wir Hilfe benötigen: Jim Wjasemsky, der jetzt Verbindungsoffizier zwischen dem sowjetischen und französischen Oberkommando ist, und Onkel Georg Schtscherbatow, Korvettenkapitän in der amerikanischen Marine. Er war bei der Jalta-Konferenz Dolmetscher.

Verbrachte den größten Teil des Vormittags mit dem Versuch, mir eine Reiseerlaubnis für die französische Zone zu besorgen, um die Eltern zu besuchen. Thanhofer weicht nicht von meiner Seite. Er begleitet mich sogar zum Pilzesuchen. Er traut den Amerikanern nicht, von denen einige das Mummsche Haus nebenan beschlagnahmt und sich dort offenbar sehr schlecht benommen haben: so warfen sie unter anderem Möbel und Porzellan aus den Fenstern und verteilten Olilis und Madeleines Kleider an die Mädchen im Dorf.

Dann tauchte unverhofft Brat Mumm auf, der kürzlich aus einem alliierten Kriegsgefangenenlager bei Reims entlassen worden war. Während der deutschen Besatzungszeit war er nach Paris gegangen, um sich dort um die Champagnerfirma der Familie zu kümmern (die man ihnen zurückerstattet hatte, nachdem sie nach dem ersten Weltkrieg beschlagnahmt worden war). Die Franzosen zeigten sich wenig versöhnlich. Er sieht aber wohl aus, obgleich er vier Monate lang kaum etwas zu essen bekam. Jetzt wohnt er mit seiner Familie bei den Ysenburgs, nördlich von Frankfurt, da er sein eigenes Haus hier nicht betreten darf. Er nahm einige der Briefe, die ich aus Österreich mitgebracht hatte, nach Frankfurt mit und versprach, sie von dort aus weiterzusenden. Mir ist damit eine große Verantwortung von der Seele genommen. Er erzählte mir, daß Freddie Horstmann anscheinend gesund und wohlbehalten sei und die Eroberung Berlins durch die Russen überlebt habe, indem er in einem Zelt im Wald hauste.

Heute abend nahm mich Thanhofer mit, hinunter nach Geisenheim, um dort eine Gräfin Lucie Ingelheim aufzusuchen, die für Major Gavin, den US-Kommandanten von Rüdesheim, arbeitet. Sie ist eine Kusine von Claus Stauffenberg. Sie hat versprochen, mir bei einer Reiseerlaubnis für Baden-Baden behilflich zu sein.

Dienstag, 4. September: Olili Mumm kam mit einem Lobkowitz vorbei, der gerade aus der britischen Zone eingetroffen war. Er sagte, die Briten seien korrekt, aber höchst unfreundlich und neigten zum Plündern. So hätten sie zum Beispiel die

Pferde »requiriert«, die er von seinem Besitz im Osten mitgebracht hatte.

Das Essen hier ist unausgeglichen. Wir haben fabelhaften Wein, es ist reichlich Milch vorhanden, und wir ziehen unser eigenes Obst und Gemüse; aber es gibt absolut kein Fleisch. Dennoch besteht Kurt darauf, unsere frugalen Mahlzeiten mit weißen Handschuhen zu servieren und mir die Jahrgänge der Weine ins Ohr zu flüstern. Alle Dienstboten treten sich gegenseitig auf die Füße in ihrem Eifer, sich auf diesem verwüsteten Besitz irgendwie nützlich zu machen.

Mittwoch, 5. September: Brat Mumm erschien wieder mit der Nachricht, daß Alfy Clary mit Lidi aus der Tschechoslowakei geflohen sei und jetzt irgendwo hier in der Nachbarschaft leben soll. Ich werde mich sofort auf die Suche nach ihnen machen.

Auf meinem Rückweg vom Schuster, dem ich alle Schuhe gebracht habe, die ich besitze, begegnete ich Joe Hamlin, einem der Amerikaner, die ich in Gmunden kennengelernt hatte. Jetzt ist er Major. Er erzählte mir, daß er in Hanau eine amerikanische Armeehelferin des Women's Army Corps getroffen habe, mit der er über mich gesprochen habe und auch über das, was ich ihm von Berlin während des Krieges erzählt hatte, was er mir aber nicht so recht geglaubt habe, bis er die Stadt selbst gesehen hatte. Sie habe ihm darauf erzählt, daß sie mit Tatjana bekannt sei, und ihm die hiesige Adresse gegeben. Er war nach Johannisberg gekommen, um die Metternichs kennenzulernen und ihnen Nachrichten von mir zu geben, und jetzt findet er statt ihrer mich vor! Er will sofort nach Österreich zurückfahren. Ich flehte ihn an, mich mitzunehmen, aber er hatte Angst, denn hier in Deutschland ist das sogenannte »Fraternisieren« noch immer verboten, und ich gelte in jeder Hinsicht als Deutsche. Er hat sich allerdings bereit erklärt, Briefe mitzunehmen. Wir leerten gemeinsam eine Flasche von Pauls guten Weinen, und dann machte er sich wieder auf den Weg.

Am Nachmittag besuchte ich unsere Nachbarn, die Matuschkas, um mir von ihnen ein paar englische Bücher zu leihen. Sie hatten großes Glück. Ihr schönes Schloß ist unversehrt, und sie haben nicht einmal Einquartierung. Allerdings hat er dem deutschen Widerstand angehört.

Freitag, 7. September: Ich habe wieder mit der Arbeit an meinem Tagebuch begonnen. Nach dem 20. Juli schrieb ich alle meine Notizen in einer von mir selbst erfundenen Kurzschrift nieder. Wenn ich die Sache noch lange aufschiebe, fürchte ich, alles zu vergessen und auch meine eigenen Notizen nicht mehr entziffern zu können.

Samstag, 8. September: Ging mit Kurt auf Pilzsuche. Wir fanden nicht viele, da die Zeit schon fast vorbei ist. Das ist eine ziemliche Tragödie, denn sie ersetzen uns das nicht vorhandene Fleisch.

Joe Hamlin ist wieder da. Er hat Tatjana und Paul Metternich gesehen, die bei den Fürstenbergs in Strobl sind, und hat Briefe mitgebracht. Sie bitten um 300 Flaschen Wein, vermutlich als Tauschobjekt. Joe bedauert jetzt, mich nicht mitgenommen zu haben. Jetzt muß er nach Berlin, will aber versuchen, eine Arbeit für mich zu finden, die mir einen Vorwand bietet, ihn nach Österreich zu begleiten und zu den Metternichs zu gelangen. Wenn sich das nicht machen läßt, werde ich nach Baden-Baden fahren und die Eltern besuchen.

Hans Flotow erschien heute mit zwei Freunden aus Heidelberg. Er ist schon wieder an der Arbeit, und es scheint ihm gutzugehen. Wir hatten uns seit Berlin nicht mehr gesehen. Er erzählte, daß Loremarie Schönburg beim amerikanischen CIC arbeite, in einem Dorf in der Nähe des Ortes, wo ich eine ganze Nacht auf der Lokomotive zugebracht hatte.

Heute abend traf aus Königswart ein ehemaliger Offizier mit Briefen für Paul ein. Er war mit einem Freund vor sechs Wochen dorthin zurückgekehrt, dann an Diphtherie erkrankt, von den Tschechen eingesperrt worden, aber wieder entkommen. Was er erzählte, klang sehr bedrückend. Die Amerikaner, die noch immer im Hause wohnen, geben Feste, zu denen sie die Mädchen aus dem Dorfe einladen. Diese erscheinen mit leeren Koffern und ziehen mit vollgepackten wieder ab. Jetzt laufen sie in unsern Kleidern herum. Der Königswarter Gärtner schreibt: »Es war ein Jammer zuzusehen, wie an dem schönen Schloß gesündigt wurde.« Der Offizier brachte auch einen Brief von Marguerite Rohan, Loremaries Kusine; er war in Königswart mit der normalen Post aus der russisch besetzten Zone der Tschechoslowakei eingetroffen. Man hat sie und ihre fünf Schwestern im Alter von fünfzehn bis zweiundzwanzig Jahren gezwungen, als Dienstmädchen in einem Hotel in Turnau zu arbeiten. Die Tschechen haben ihr Schloß Sichrow (wo ich sie 1944 besuchte) geplündert und sämtliche Möbel nach

Prag geschafft. Ich frage mich, was wohl aus den schönen von Mignard, Nattier und Rigaud gemalten Ahnenbildern geworden ist, die die Rohans während der Französischen Revolution nach Böhmen gerettet hatten. Marguerite versucht verzweifelt, nach Österreich und zu ihrem dort lebenden Verlobten zu gelangen. Sie haben Hilfe von einem der Brüder des Fürsten Josef von Liechtenstein, der Genehmigung hat, frei in der Tschechoslowakei herumzureisen.

Die Sudetendeutschen müssen jetzt schwer büßen, daß sie 1938 für den Anschluß an Deutschland gestimmt haben. Die Tschechen werfen sie ohne Gnade hinaus und siedeln ihre eigenen Leute in deren Häusern an. Pauls Gutsverwalter ist verhaftet und seine Frau und Kinder des Landes verwiesen worden, ohne auch nur das geringste mitnehmen zu dürfen. Den Oberförster von Plaß, einem andern Metternichschen Besitz, haben sie ermordet zusammen mit seiner Schwester, die dort Haushälterin war. Die Amerikaner sahen zu.

Sonntag, 9. September: Mein winziges Radio hat die Anstrengungen der Reise nicht überstanden. Ich habe es zur Reparatur gegeben, aber inzwischen bin ich ohne jegliche Nachricht über das, was auf der Welt geschieht. Ich kann nur lesen. Und an meinem Tagebuch arbeiten.

Montag, 10. September: Verbringe die Tage mit Lesen, Schreiben, Schlafen und Wanderungen in den wunderschönen Wäldern. Es ist ein bißchen unheimlich, da ich nie jemanden sehe.

Donnerstag, 13. September: Abendessen bei den Ingelheims. Ein junger Stauffenberg war auch anwesend. Er war viele Monate lang in Dachau eingesperrt und sagt, daß einer der Verschwörer vom 20. Juli, ein Herr von Schlabrendorff, überlebt und sehr viele Dokumente über den Widerstand gegen Hitler habe, die er zu veröffentlichen gedenke. Es ist allerdings höchste Zeit, daß der wahre Sachverhalt berichtet wird, denn bisher ist der allgemeinen Öffentlichkeit sehr wenig darüber bekannt geworden. Die Wahrheit über Rommels angeblichen Selbstmord zum Beispiel ist eben erst ans Licht gekommen. Ich erinnere mich, daß sich Adam Trott kurz vor seiner Verhaftung fragte, ob man nicht, nun da die Sache fehlgeschlagen war, der Londoner *Times* die wahre Geschichte übermitteln sollte, und wie heftig ich mich diesem Gedanken widersetzt hatte, aus Angst, es könnte sie alle noch mehr in Gefahr bringen. Jetzt hingegen liegen die Dinge anders. Und sei es auch nur als Tribut an ihr Opfer.

Freitag, 14. September: Weitere Nachrichten aus Königswart. Die Alberts sind verhaftet und von den Tschechen der Spionage bezichtigt worden. Warum um alles in der Welt sind sie dort geblieben?

Samstag, 15. September: Heute morgen lieh ich mir Lucie Ingelheims Fahrrad und fuhr nach Wiesbaden hinüber, um mein Radio abzuholen. Es war eine lange Fahrt und leider fruchtlos. Die Philips-Röhre war durchgebrannt und läßt sich nicht ersetzen. Ich hatte als Bezahlung eine Flasche von Pauls Wein mitgenommen und mußte sie wieder zurückschleppen. Es ist traurig, keine Musik zu haben.

Wiesbaden wimmelt von amerikanischen Soldaten, die in Jeeps herumrasen, und überhaupt von alliierten Uniformen aller Art, aber im Gegensatz zu Salzburg sind keine Russen zu sehen. Die Stadt ist ein Trümmerhaufen.

Auf dem Heimweg machte ich in Eltville Station und besuchte die Eltzens. Jakobs Mutter sieht jung aus und ist noch sehr schön. Ihre Mutter, die alte Prinzessin Löwenstein, war auch da mit noch einigen andern alten Flüchtlingsdamen. Ich erinnere mich noch an Sargents Bildnis von ihr und ihrer schönen Schwester Therèse Clary, Alfys Mutter in Teplitz. Welch ein Unterschied zu ihrer jetzigen mißlichen Lage – das goldene Zeitalter König Eduards VII. und jetzt dies! Alfy und Lidi leben, wie ich höre, bei den Löwensteins in Bronnbach. Sie sind wohlbehalten aus Teplitz entkommen, nachdem man sie zuerst gezwungen hatte, auf dem Feld Kartoffeln zu graben. Markus, ihr einziger überlebender Sohn, ist in Rußland in Kriegsgefangenschaft.

Sonntag, 16. September: Die Uhr ist um eine Stunde zurückgestellt worden, was mir vierzehn Stunden Schlaf gewährt. Langsam hole ich die vielen schlaflosen Nächte der vergangenen Monate auf. In der Kirche heute hielt der hiesige Pfarrer – ein Savonarola im Westentaschenformat – eine feurige Predigt, in der er viel auf die Nazis schimpfte. Jetzt! . . .

Fuhr mit dem Rad zu den Matuschkas zum Mittagessen.

Mittendrin platzte eines der Dienstmädchen aus Johannisberg herein, die mit dem Fahrrad gekommen war, um zu berichten, daß soeben ein amerikanischer General vorgefahren sei und mich zu sprechen wünsche.

Es war Brigadegeneral Pierce, der bis vor kurzem Befehlshaber der US-Streitkräfte in der Königswarter Gegend gewesen war. Er war eigens vorbeigekommen, um den Metternichs die neuesten Nachrichten über ihr Haus zu bringen, ehe er wieder in die Staaten zurückkehrte. Anscheinend haben sich die Tschechen bereit erklärt, das Haus dem amerikanischen Botschafter Laurence Steinhardt als Sommerresidenz zu überlassen; das mag das weitere Bestehen des Schlosses sicherstellen, oder wenigstens des Teils, der noch übrig ist. General Pierce brachte auch einen Brief von den Alberts, die noch immer verhaftet sind.

Montag, 17. September: Schloß mich den Matuschkas an, die den ganzen Tag in der Gegend herumfahren und politisch tätig sind. Eine neue Christlich-Demokratische Partei ist im Entstehen.

Fuhr nach Johannisberg zurück über Bad Schwalbach und die wunderschönen Taunuswälder. Die Stille dort ist vollkommen, das Gefühl der Ruhe und des Friedens liegt über allem . . .

Hier endet mein Tagebuch.

Etwa um diese Zeit lernte ich meinen späteren Mann, Peter Harnden, kennen.

Marie Wassiltschikow-Harnden
Berlin 1940 – London 1978

Epilog

Am 28. Januar 1946 heiratete *Missie* in Kitzbühel (Österreich) *Peter Harnden.* Nach seinem Kriegsdienst beim U.S. Army Intelligence Corps war Peter eine Zeitlang als Captain bei der amerikanischen Militärregierung in Bayern tätig. Ein Augenzeuge, Hans von Herwarth (der selbst schon früh zur Opposition gehört hatte und später einer der angesehensten deutschen Diplomaten der Nachkriegszeit wurde), hat das Ereignis wie folgt beschrieben: »Im Winter heirateten Peter und Missie in Kitzbühel. Da Missie orthodox war, wurde die Trauung von einem Popen nach orthodoxem Ritus vollzogen. An einem sonnigen Wintertag zogen wir in einer kleinen Prozession hinauf zur altehrwürdigen katholischen Frauenkirche, die beherrschend über Kitzbühel liegt. Nach orthodoxem Brauch muß ein kleiner Junge dem Brautpaar eine Ikone vorantragen. Unsere vierjährige Tochter Alexandra wurde also als Junge verkleidet. Der Bräutigam trug amerikanische Uniform. Dem Brautpaar folgten die drei Trauzeugen, Hauptmann Graf Guy de La Brosse von der französischen Militärregierung in französischer Uniform, Paul Metternich und ich, die wir beide deutsche Offiziere gewesen waren. Abwechselnd hielten wir während der Trauungszeremonie eine schwere Krone über die Köpfe des jungen Paares. Wir waren wohl alle ergriffen von der symbolischen Bedeutung dieser Stunde. Menschen aus vier Nationen, die noch vor kurzem in einem grausamen Krieg gegeneinander gekämpft hatten, waren in dieser feierlichen Handlung miteinander vereint« (Hans von Herwarth, *Zwischen Hitler und Stalin,* Frankfurt/M.–Berlin–Wien 1985, S. 355).

Nach Peters Rückkehr ins Zivilleben ließen sich Missie und er in Paris nieder, wo er nach kurzer Tätigkeit beim Marshall-Plan sein eigenes Architektenbüro eröffnete, das sich mit der Zeit internationalen Ruf erwarb. Er starb 1971 in Barcelona. Missie übersiedelte nach London, wo sie ihre letzten Lebensjahre verbrachte. Sie hatten vier Kinder, von denen zwei bereits eine eigene Familie gegründet haben.

Viele Monate vergingen, ehe die weitverstreuten Mitglieder der Wassiltschikow-Familie sich wieder besuchen konnten.

Missies Mutter wurde im November 1948 in Paris von einem Auto überfahren und getötet. Ihr Vater starb im Juni 1969 in Baden-Baden. Missies Schwester *Irena* verbrachte die Nachkriegsjahre in Italien und lebt seit 1980 in Deutschland.

Sobald der größere Teil von Schloß Johannisberg wieder aufgebaut war, machten es *Tatjana* und *Paul Metternich* zu ihrem ständigen Wohnsitz. Paul ist eine angesehene Persönlichkeit im internationalen Motorsport; Tatjana arbeitet aktiv beim Roten Kreuz mit.

Nach dem Krieg wurde Missies Bruder *Georgie* internationaler Konferenzdolmetscher, zuerst bei den Nürnberger Kriegsverbrecherprozessen und später bei den Vereinten Nationen. Er war verheiratet und hat zwei Kinder. Gegenwärtig ist er Geschäftsmann.

Wie zahlreiche Angehörige ehemals regierender Häuser war auch *Konstantin von Bayern* schon in einer frühen Phase des Krieges aus der Wehrmacht entlassen worden. Daher hatte er nicht nur überlebt, sondern auch – wie andere in der gleichen Lage – sein Universitätsstudium beenden können. Nach Kriegsende gehörte er zu den ersten, die sich als Journalist in der neu aufgebauten deutschen Presse einen Namen machten. Auch hielt er öfters Vorträge in den Vereinigten Staaten. Später widmete er sich der Politik und wurde als Abgeordneter in den Bundestag gewählt. 1969 kam er bei einem Flugzeugunglück ums Leben.

Nach seiner Verhaftung wurde *Peter Bielenberg* monatelang von dem berüchtigten Gestapo-Kriminalrat Lange verhört, aber er gab nichts preis. Lange Zeit verbrachte er im Konzentrationslager Ravensbrück. Er und seine Familie leben heute in Irland.

Gottfried von Bismarck wurde im Gefängnis zwar wiederholt geschlagen und gefoltert, aber es gelang seinen Anwälten, den Prozeß einige Monate hinauszuschieben. Schließlich wurde er am 4. Oktober 1944 vor Freislers Volksgerichtshof gestellt und zur allgemeinen Überraschung freigesprochen – auf Hitlers persönlichen Befehl, wie sich später herausstellte. Von der Gestapo abermals verhaftet, wurde er in einem Konzentrationslager interniert, aus dem er im Frühjahr 1945 entlassen wurde. In den Jahren unmittelbar nach dem Krieg lebten er und seine Frau *Melanie* auf einem Besitz der Familie in der Nähe von Hamburg. 1947 kamen beide auf dem Wege zu den Metternichs bei einem Verkehrsunfall ums Leben.

Nach Kriegsende gehörte *Herbert Blankenhorn* zu den Gründern der CDU und wurde später ihr Generalsekretär. Als enger Vertrauter von Bundeskanzler Adenauer spielte er eine entscheidende Rolle beim Aufbau der Bundesrepublik wie auch der Montanunion. Später kehrte er in den diplomatischen Dienst zurück und war Botschafter der Bundesrepublik zunächst bei der Nato (1955), dann in Frankreich (1958) und in Großbritannien (1965). Heute lebt er im Ruhestand.

Nach dem Krieg zeichnete sich *Gottfried von Cramm* abermals in internationalen Tennisturnieren aus und war eine kurze Zeit mit Barbara Hutton verheiratet. Viele Jahre war er Präsident des Deutschen Internationalen Tennisverbandes. 1976 kam er in Ägypten bei einem Autounfall ums Leben.

Sowohl *Albert* als auch *Dicky Eltz* überlebten den Krieg unversehrt. Beide leben heute in Österreich.

Hasso von Etzdorf verdankte sein Überleben vermutlich der Tatsache, daß er in den letzten Kriegsmonaten als Generalkonsul nach Genua versetzt wurde. Nach Gründung der Bundesrepublik Deutschland trat er wieder in den auswärtigen Dienst ein, wo er eine Reihe bedeutender Posten bekleidete, u. a. als Botschafter in Kanada (1956), Ministerialdirektor im Auswärtigen Amt (1958) und als Botschafter in Großbritannien (1961–65). Heute lebt er im Ruhestand.

Am 3. Februar 1945, als die vordringende Rote Armee nur hundert Kilometer vor Berlin stand, wurde die Stadt am Tage von einem der schwersten amerikanischen Luftangriffe des ganzen Krieges heimgesucht. Er kam völlig unerwartet nach einer zweimonatigen, durch das Winterwetter bedingten Pause. Über 2000 Menschen fanden den Tod (ungefähr eine Person pro abgeworfene Tonne Bomben) und 120 000 wurden obdachlos. Eine Bombe setzte das Geheime Staatspolizeiamt in der Prinz-Albrecht-Straße in Brand. Eine andere traf den Volksgerichtshof, wo Hitlers Scherge *Roland Freisler* gerade *Dr. Fabian von Schlabrendorff,* ein bedeutendes Mitglied des Widerstandes, verhörte. Richter, Bewacher, Gefangene und Publikum wurden eiligst in den Luftschutzkeller des Gebäudes gebracht. Nach der Entwarnung fand man Freisler tot auf; er war von einem herabstürzenden Balken erschlagen worden, Schlabrendorffs Akte hielt er noch immer umklammert. Dieser Angriff rettete Schlabrendorffs Leben, obwohl er die restlichen Kriegsmonate in Konzentrationslagern verbringen mußte.

Nach der Hinrichtung des Stadtkommandanten von Berlin, General von Hase, wurde *Heinz von Gersdorff* (der seit langem

Hases Stab angehört hatte) zum Volkssturm eingezogen. Noch viele Monate nach Kriegsende hatte seine Frau *Maria,* die in Berlin geblieben war, keinerlei Nachricht von ihm. Im Winter 1945 wurde ihr mitgeteilt, ihr Mann sei bei den letzten Kämpfen um Berlin gefallen; daraufhin erlitt sie einen Nervenzusammenbruch und nahm sich das Leben. *Heinz* lebte bis 1955.

Obgleich Kerzendorf, der Landsitz der *Horstmanns,* durch alliierte Bomben zerstört worden war, hatte sich *Freddie* geweigert, die Überreste seiner Sammlungen im Stich zu lassen. Als die Sowjetarmee eintraf, hielten *Lally* und er sich in einem nahegelegenen Wald versteckt. Auch jetzt wollte er noch immer nicht fliehen und wurde schließlich verhaftet. Er ist 1947 in einem ostdeutschen Konzentrationslager verhungert. Lallys Erinnerungen *(Nothing for Tears,* London 1953) waren in England ein Bestseller. Sie starb kurze Zeit später in Südamerika.

Nachdem sich die *Pejacsevichs* im August 1945 von Missie getrennt hatten, führte sie ihr Weg über die Schweiz nach Südamerika, wo *Geza* noch heute lebt.

Aus amerikanischer Gefangenschaft entlassen, war *C. C. von Pfuel* einige Jahre in der deutschen Kommunalverwaltung tätig. Später wurde er Repräsentant des Straßburger Europa-Parlaments in Bonn und bekleidete diesen Posten fast drei Jahrzehnte. Heute lebt er im Ruhestand in Bonn.

Carl Friedrich Graf von Pückler-Burghaus, der 1941 Missies Mutter bei der Gestapo angezeigt hatte, ließ sich von der Wehrmacht zur SS versetzen, stieg zum Rang eines Brigadeführers auf und wurde Himmlers Polizeichef in Prag. Als Prag in den ersten Maitagen 1945 befreit wurde, nahm er sich das Leben.

Als Bukarest am 31. August 1944 in russische Hand fiel, wurden die deutschen Diplomaten und ihre Familien sofort interniert. Frauen und Kinder durften schließlich heimkehren, die Männer wurden jedoch in die UdSSR verschleppt, wo *Josias von Rantzau* im Moskauer Lubjanka-Gefängnis umgekommen sein soll.

Bei Kriegsende befand sich *Judgie Richter* mit seiner Familie in Westfalen. Dort machte er mit seiner Frau ein später florierendes Dolmetscher- und Übersetzungsbüro auf. Im Jahre 1949 trat er in Generalleutnant Gehlens Organisation ein, aus der später der Bundesnachrichtendienst (BND) hervorgehen sollte. Er starb 1972.

Tony Saurma überlebte den nach dem 20. Juli 1944 einsetzenden Terror dank der Anständigkeit seines Kommandeurs, dem es gelang, das Kriegsgerichtsverfahren gegen ihn »zwecks weiterer Ermittlungen« vertagen zu lassen. Als das Gericht schließlich wieder zusammentrat, waren viele der Indizienbeweise nicht mehr genau nachzuprüfen, um eine Verurteilung zu rechtfertigen, und in Anbetracht seiner Verwundung wurde Saurma lediglich aus der Wehrmacht entlassen. In den letzten Kriegstagen gelang es ihm, sich von seinem Familienbesitz in Schlesien in den Westen durchzuschlagen, wo er schließlich bei der amerikanischen Besatzungsmacht als Lastkraftwagenfahrer Arbeit fand. Nach einiger Zeit konnte er sich einen eigenen Lkw anschaffen, dann mehrere, bis er am Ende ein ganzes Transportunternehmen besaß. Heute lebt er mit seiner Familie auf einem Hof in Bayern.

Botschafter *Graf Werner von der Schulenburg* war nie ein aktives Mitglied des Widerstands gewesen. Als aber der Krieg mit der Sowjetunion – auf dessen Verhinderung durch das Molotow-Ribbentrop-Bündnis er gehofft hatte – Deutschland immer näher an den Rand der Katastrophe trieb, bot er seine Dienste als Unterhändler mit Stalin an. Dies scheint auch der Grund für seine Berufung in Hitlers Hauptquartier Anfang Juli 1944 gewesen zu sein (die Missie notierte). Schulenburg hatte jedoch über Botschafter von Hassell auch mit einigen der Verschwörer in Verbindung gestanden, die ihn ohne sein Wissen neben Hassell als möglichen zukünftigen Außenminister auf ihre Listen setzten. Als die Gestapo diese Listen entdeckte, wurde er verhaftet, in der Lehrter Straße gefangengehalten und schließlich am 4. Oktober 1944 zusammen mit Gottfried von Bismarck vor den Volksgerichtshof gestellt. Schulenburg hatte weniger Glück als dieser, wurde von Freisler zum Tode verurteilt und am 10. November gehenkt.

Loremarie Schönburg gehörte ebenfalls zu denjenigen, die den 20. Juli auf wundersame Weise überlebten. Nach ihrer eiligen Abreise aus Berlin im August 1944 hatte sie unauffällig auf dem Besitz ihrer Familie in Sachsen gelebt, bis das Vordringen der Roten Armee sie alle zwang, in den Westen zu flüchten. Dort fand sie nach Kriegsende sehr bald Arbeit beim amerikanischen Counter-Intelligence Corps (CIC). Später heiratete sie einen amerikanischen Offizier und lebte einige Jahre in den Vereinigten Staaten. Zuletzt beschäftigte sie sich leidenschaftlich mit Umweltproblemen, denen sie sich mit der gleichen Intensität und Zielstrebigkeit widmete, die sie in ihrem Kampf gegen den Nationalsozialismus an den Tag gelegt hatte. Sie starb im Juli 1986 in Wien.

SS-Brigadeführer *Dr. Franz Six* wußte, wenn auch aus anderen Gründen, ebenfalls zu überleben. Kaum war der Krieg zu Ende, als er zusammen mit dem berüchtigten Klaus Barbie und vielen anderen SS-Angehörigen seine Kenntnisse dem amerikanischen Geheimdienst zur Verfügung stellte. Bald kam seine Vergangenheit jedoch ans Licht. Im Frühjahr 1946 wurde er verhaftet, im Nürnberger Einsatzgruppenprozeß vor Gericht gestellt und trotz aller Beteuerungen, er sei »immer nur ein Wissenschaftler und niemals ein Polizist« gewesen, 1948 zu 20 Jahren Haft verurteilt. 1951 wurde seine Strafe auf 10 Jahre reduziert, und 1952 wurde er begnadigt. Kurze Zeit später wurde er abermals »weißgewaschen«, diesmal von General Gehlens späterem Bundesnachrichtendienst. Dort arbeiteten viele frühere Kollegen aus SS und Gestapo, über die Gehlen wegen ihres »Fachwissens« auf verschiedenen Gebieten seine schützende Hand hielt. Später war Dr. Six Vertreter für Porsche-Wagen. Er starb 1975 in Essen.

Tino Soldati war eine glänzende Karriere beschieden: er wurde Schweizer Beobachter bei den Vereinten Nationen und später Botschafter seines Landes in Frankreich.

Trotz Hitlers fürchterlichen Drohungen kamen nur zwei *Stauffenbergs* um: *Claus* und sein Bruder und Mitverschwörer *Berthold*, von Beruf Marinejurist. Die übrige Familie wurde in verschiedenen Konzentrationslagern eingesperrt, während die Kinder unter dem Namen »Meister« in einem anderen Lager verborgen gehalten wurden. Claus' Witwe *Nina* erwartete ihr viertes Kind. Nach wochenlangen Verhören durch einen unerwartet anständigen Gestapo-Beamten wurde sie nach Ravensbrück geschafft (wo zwischen 1939 und 1945 über 92 000 Frauen und Kinder umkamen). Als sich die Sowjetarmee näherte, wurde das Lager nach Westen verlegt und Nina unter immer laxerer Bewachung von einer Entbindungsstation in die andere transportiert, bis das Ende des Krieges die Befreiung der gesamten Familie und schließlich auch die Zusammenführung mit den Kindern brachte.

Der Name von *Adam von Trott zu Solz* wird mit denen anderer Deutscher, die im letzten Krieg umkamen, auf einer Gedenktafel im Balliol College in Oxford geehrt. Seine Witwe *Clarita* war bereits im September 1944 aus der Haft entlassen worden; kurz darauf sah sie auch ihre beiden kleinen Kinder wieder. Sie wurde später Psychoanalytikerin und lebt heute in West-Berlin.

Nach der Befreiung Frankreichs wurde *Henri (»Doudou«) de Vendeuvre* Soldat in der nach Deutschland vordringenden französischen Armee; er fiel, dreiundzwanzigjährig, im Januar 1945 im Elsaß. Sein Bruder *Philippe* wurde später einer der Adjutanten von General de Gaulle.

Bei Kriegsende befand sich *Alex Werth* in der sowjetischen Besatzungszone. Später wurde er dort verhaftet und verbrachte viele Jahre in ostdeutschen Gefängnissen. Nach seiner Entlassung floh er in den Westen, wo er zu einem erfolgreichen Geschäftsmann aufstieg. Aber die lange Leidenszeit hatte seine Gesundheit untergraben. Er starb Mitte der siebziger Jahre.

Sisi Wilczek brach ihr Missie beim Abschied im August 1945 gegebenes Versprechen ebenfalls sehr bald und heiratete Geza von Andrassy. Heute lebt sie in Vaduz (Liechtenstein).

Sita Wrede und ihre Zwillingsschwester *Dickie* verbrachten die ersten Jahre nach dem Krieg bei der Familie ihrer Mutter in Argentinien. Sita heiratete einen deutschen Diplomaten, *Alexander zu Solms-Braunfels,* den Missie in ihren Wiener Aufzeichnungen von 1945 kurz erwähnt. Er war viele Jahre Botschafter in verschiedenen lateinamerikanischen Ländern. Heute leben beide in Monte Carlo und München.

Namenregister